ro
ro
ro

Albert Camus, am 7. November 1913 als Sohn einer Spanierin und eines Elsässers in Mondovi (Algerien) geboren und in kärglichen Verhältnissen aufgewachsen, studiert von 1933 bis 1936 an der Universität Algier Philosophie und schließt mit einer Diplomarbeit über «Die Beziehungen zwischen Hellenismus und Christentum in den Werken von Plotin und Augustinus» ab. 1934 tritt Camus der Kommunistischen Partei Algeriens bei, bricht jedoch drei Jahre später mit der KP und beginnt bald darauf journalistisch zu arbeiten. 1940 zieht er nach Paris. 1942 erscheinen mit seinem Roman «Der Fremde» und dem Essay «Der Mythos von Sisyphos» die Werke, die Camus' literarisches Ansehen begründen. 1957 erhält er den Nobelpreis für Literatur. Am 4. Januar 1960 stirbt Camus bei einem Autounfall.

Albert Camus

Ein Lesebuch mit Bildern

Ausgewählt von
Barbara Hoffmeister

Rowohlt Taschenbuch Verlag

Der Fremde wurde von Uli Aumüller übersetzt. *Sommer in Algier*
von Peter Gan. *Helenas Exil* und *Das Meer* von Monique Lang.
Die Gerechten und die drei Erzählungen *Die Ehebrecherin, Der Abtrünnige*
und *Jonas* übersetzte Guido G. Meister.
Alle Texte erschienen im Rowohlt Verlag.

Originalausgabe
Veröffentlicht im Rowohlt Taschenbuch Verlag,
Reinbek bei Hamburg, November 2003
Copyright © 2003 by Rowohlt Verlag GmbH,
Reinbek bei Hamburg
Weitere Copyrightvermerke siehe Seite 288

Albert Camus. Dargestellt von Brigitte Sändig
Originalausgabe, Copyright © 1995, 2000
by Rowohlt Taschenbuch Verlag,
Reinbek bei Hamburg

Umschlaggestaltung any.way,
Barbara Hanke / Cordula Schmidt
(Foto: Hulton-Deutsch Collection / Corbis)
Satz Proforma & Foundry Sans PostScript
Gesamtherstellung Clausen & Bosse, Leck
Printed in Germany
ISBN 3 499 23528 5

Inhalt

Albert Camus, um 1946

Der Fremde

Roman

I.

I

Heute ist Mama gestorben. Vielleicht auch gestern, ich weiß
nicht. Ich habe ein Telegramm vom Heim bekommen: «Mutter verstorben. Beisetzung morgen. Hochachtungsvoll.» Das
will nichts heißen. Es war vielleicht gestern.

Das Altersheim ist in Marengo, achtzig Kilometer von Algier entfernt. Ich werde den Bus um zwei nehmen und nachmittags ankommen. Auf die Weise kann ich Totenwache halten und bin morgen abend wieder zurück. Ich habe meinen
Chef um zwei Tage Urlaub gebeten, und bei so einem Ent-
schuldigungsgrund konnte er sie mir nicht abschlagen. Aber
er sah nicht erfreut aus. Ich habe sogar gesagt: «Es ist nicht
meine Schuld.» Er hat nicht geantwortet. Da habe ich gedacht,
dass ich das nicht hätte sagen sollen. Ich brauchte mich ja
nicht zu entschuldigen. Vielmehr hätte er mir sein Beileid aus-
sprechen müssen. Aber das wird er wahrscheinlich übermor-
gen tun, wenn er mich in Trauer sieht. Vorläufig ist es ein bisschen so, als wäre Mama gar nicht tot. Nach der Beerdigung
allerdings wird es eine abgeschlossene Sache sein, und alles
wird einen offizielleren Anstrich bekommen haben.

Ich habe den Bus um zwei genommen. Es war sehr heiß.
Ich habe im Restaurant von Céleste gegessen, wie gewöhnlich.
Sie hatten alle viel Mitgefühl mit mir, und Céleste hat gesagt:
«Man hat nur eine Mutter.» Als ich gegangen bin, haben sie
mich zur Tür begleitet. Ich war etwas abgelenkt, weil ich noch
zu Emmanuel hinauf musste, um mir einen schwarzen Schlips
und eine Trauerbinde von ihm zu borgen. Er hat vor ein paar
Monaten seinen Onkel verloren.

Ich bin gelaufen, um den Bus nicht zu verpassen. Diese
Hetze, dieses Laufen – wahrscheinlich war es all das, zusam-

men mit dem Gerüttel, dem Benzingeruch, der Spiegelung der Straße und des Himmels, weswegen ich eingenickt bin. Ich habe fast während der ganzen Fahrt geschlafen. Und als ich aufgewacht bin, war ich gegen einen Soldaten gerutscht, der mich angelächelt hat und gefragt hat, ob ich von weit her käme. Ich habe «Ja» gesagt, um nicht weiterreden zu müssen.

Das Heim ist zwei Kilometer vom Dorf entfernt. Ich bin zu Fuß hingegangen. Ich wollte sofort zu Mama. Aber der Pförtner hat gesagt, ich müsste erst den Heimleiter sprechen. Da der beschäftigt war, habe ich ein wenig gewartet. Während dieser ganzen Zeit hat der Pförtner geredet, und dann habe ich den Heimleiter zu Gesicht bekommen: Er hat mich in seinem Büro empfangen. Es war ein kleiner Alter, mit einem Orden der Ehrenlegion. Er hat mich mit seinen hellen Augen angesehen. Dann hat er mir die Hand gedrückt und sie so lange festgehalten, dass ich nicht recht wusste, wie ich sie zurückziehen sollte. Er hat in einer Akte nachgelesen und hat gesagt: «Madame Meursault ist vor drei Jahren hierher gekommen. Sie waren ihr einziger Beistand.» Ich habe geglaubt, er wollte mir etwas vorwerfen, und habe angefangen, es ihm zu erklären. Aber er hat mich unterbrochen: «Sie brauchen sich nicht zu rechtfertigen, mein liebes Kind. Ich habe die Akte Ihrer Mutter gelesen. Sie konnten sie nicht versorgen. Sie brauchte Pflege. Ihre Einkünfte sind bescheiden. Und alles in allem war sie hier glücklicher.» Ich habe gesagt: «Ja, Monsieur le Directeur.» Er hat hinzugefügt: «Wissen Sie, sie hatte Freunde, Leute in ihrem Alter. Sie hatten gemeinsame Interessen, die aus einer anderen Zeit stammen. Sie sind jung, und mit Ihnen musste sie sich ja langweilen.»

Das stimmte. Als Mama noch zu Hause war, verbrachte sie ihre Zeit damit, mir schweigend mit dem Blick zu folgen. In den ersten Tagen im Heim weinte sie oft. Aber das war wegen der Umstellung. Nach ein paar Monaten hätte sie geweint, wenn man sie wieder aus dem Heim herausgeholt hätte. Wieder wegen der Umstellung. Das war ein wenig der Grund, weshalb ich im vergangenen Jahr fast nicht mehr hingefahren bin. Und auch, weil es mich um meinen Sonntag brachte – ganz abgesehen von der Mühe, zum Bus zu gehen, Fahrkarten zu lösen und zwei Stunden zu fahren.

Der Heimleiter hat noch weitergeredet. Aber ich hörte ihm kaum noch zu. Dann hat er gesagt: «Ich nehme an, Sie wollen Ihre Mutter sehen.» Ich bin aufgestanden, ohne etwas zu sagen, und er ist mir zur Tür vorausgegangen. Auf der Treppe hat er mir erklärt: «Wir haben sie in unsere kleine Leichenhalle gebracht. Um die anderen nicht aufzuregen. Jedes Mal, wenn ein Heimbewohner stirbt, sind die anderen zwei oder drei Tage nervös. Und das erschwert die Arbeit.» Wir sind über einen Hof gegangen, auf dem viele alte Leute waren, die in kleinen Gruppen miteinander plauderten. Sie verstummten, als wir vorbeigingen. Und hinter uns setzten die Unterhaltungen wieder ein. Wie das gedämpfte Schnattern von Sittichen. An der Tür eines kleinen Gebäudes hat der Leiter sich verabschiedet. «Ich gehe jetzt, Monsieur Meursault. Ich stehe Ihnen in meinem Büro zur Verfügung. Im Prinzip ist die Beerdigung für zehn Uhr morgens angesetzt. Wir haben gedacht, dass Sie so Totenwache bei der Verstorbenen halten können. Noch eins: Ihre Mutter hat, wie es scheint, ihren Mitbewohnern gegenüber oft den Wunsch geäußert, kirchlich beerdigt zu werden. Ich habe es übernommen, das Nötige zu veranlassen. Aber ich wollte Sie davon in Kenntnis setzen.» Ich habe ihm gedankt. Mama hatte, ohne dass sie Atheistin war, zu ihren Lebzeiten nie an die Kirche gedacht.

Ich bin hineingegangen. Es war ein sehr heller Raum, weiß gekalkt und mit einem Glasdach. Er war mit Stühlen und x-förmigen Gestellen ausstaffiert. Zwei davon, in der Mitte, trugen einen Sarg, auf dem der Deckel lag. Man sah nur glänzende, kaum angezogene Schrauben sich von den nussbraun gebeizten Brettern abheben. Neben dem Sarg saß eine arabische Krankenpflegerin im weißen Kittel und mit einem grellen Tuch um den Kopf.

In dem Moment ist der Pförtner hinter meinem Rücken hereingekommen. Er war wohl gelaufen. Er hat ein bisschen herumgestottert: «Man hat sie zugemacht, aber ich muss den Sarg nur aufschrauben, damit Sie sie sehen können.» Er näherte sich schon dem Sarg, als ich ihn zurückgehalten habe. Er hat gesagt: «Wollen Sie nicht?» Ich habe «Nein» geantwortet. Er hat innegehalten, und ich war verlegen, weil ich merkte, dass ich das nicht hätte sagen sollen. Nach einer Weile hat er mich angesehen und hat gefragt: «Warum nicht?», aber ohne Vorwurf, so als wollte er sich informieren. Ich habe gesagt: «Ich weiß nicht.» Da hat er seinen weißen Schnurrbart gezwirbelt und hat, ohne mich anzusehen, erklärt: «Ich verstehe.» Er hatte schöne Augen, hellblau, und eine etwas rote Gesichtsfarbe. Er hat mir einen Stuhl gegeben und hat sich selbst etwas hinter mir hingesetzt. Die Pflegerin ist aufgestanden und zum Ausgang gegangen. Im gleichen Moment hat der Pförtner zu mir gesagt: «Das ist ein Schanker, was sie da hat.» Weil ich nicht verstand, habe ich die Krankenschwester angeschaut und habe gesehen, dass sie unter den Augen eine Binde trug, die um den ganzen Kopf ging. In Höhe der Nase war die Binde platt. Man sah nur das Weiß der Binde in ihrem Gesicht.

Als sie weg war, hat der Pförtner gesagt: «Ich lasse Sie jetzt allein.» Ich weiß nicht, was für eine Geste ich gemacht habe, aber er ist hinter mir stehen geblieben. Diese Anwesenheit hinter meinem Rücken störte mich. Der Raum war von einem schönen Spätnachmittagslicht erfüllt. Zwei Hornissen brummten gegen das Glasdach. Und ich fühlte, wie mich Müdigkeit überkam. Ich habe, ohne mich umzudrehen, zum Pförtner gesagt: «Sind Sie schon lange hier?» Prompt hat er geantwortet: «Fünf Jahre», als hätte er schon immer auf meine Frage gewartet.

Danach hat er viel geschwatzt. Er hätte schön gestaunt, wenn man ihm gesagt hätte, dass er als Pförtner im Heim von Marengo enden würde. Er wäre vierundsechzig Jahre alt und käme aus Paris. Da habe ich ihn unterbrochen: «Ach, Sie sind nicht von hier?» Dann ist mir eingefallen, dass er von Mama geredet hatte, bevor er mich zum Heimleiter brachte. Er hatte gesagt, sie müsste sehr schnell beerdigt werden, weil es im Flachland heiß wäre, besonders in dieser Gegend. In dem Zusammenhang hatte er mir mitgeteilt, dass er in Paris gelebt hätte und es ihm schwer fiele, es zu vergessen. In Paris bliebe man drei, manchmal vier Tage mit dem Toten zusammen. Hier hätte man nicht die Zeit dazu, man hätte sich noch nicht an den Gedanken gewöhnt, und schon müsste man hinter dem Leichenwagen herlaufen. Da hatte seine Frau zu ihm gesagt: «Sei still, solche Sachen darfst du dem Herrn nicht erzählen.» Der Alte war rot geworden und hatte sich entschuldigt. Ich hatte mich eingemischt und gesagt: «Ach wo. Ach wo.» Ich fand das, was er erzählte, richtig und interessant.

In der kleinen Leichenhalle hat er mir erzählt, dass er als Mittelloser in das Heim gekommen wäre. Da er sich kräftig fühlte, hätte er sich um diese Stelle als Pförtner beworben. Ich habe ihn darauf hingewiesen, dass er genau genommen ein Heimbewohner wäre. Er hat es verneint. Mir war schon seine Art aufgefallen, «sie», «die anderen» und, seltener, «die Alten» zu sagen, wenn er von den Heimbewohnern sprach, von denen manche nicht älter waren als er. Aber das war natürlich etwas anderes. Er war Pförtner und war ihnen bis zu einem gewissen Grad übergeordnet.

In dem Moment ist die Pflegerin eingetreten. Der Abend war jäh hereingebrochen. Sehr schnell war die Dunkelheit über dem Glasdach undurchdringlich geworden. Der Pförtner hat den Schalter gedreht, und ich war vom plötzlichen Aufspritzen des Lichts geblendet. Er hat mich eingeladen, zum Abendessen in den Speisesaal zu gehen. Aber ich hatte keinen Hunger. Er hat daraufhin angeboten, mir eine Tasse Milchkaffee zu bringen. Da ich Milchkaffee sehr gern mag, habe ich angenommen, und er ist nach einer Weile mit einem Tablett zurückgekommen. Ich habe getrunken. Dann habe ich Lust bekommen zu rauchen. Aber ich habe gezögert, weil ich nicht wusste, ob ich es vor Mama tun könnte. Ich habe nachgedacht, das machte gar nichts. Ich habe dem Pförtner eine Zigarette angeboten, und wir haben geraucht.

Irgendwann hat er gesagt: «Übrigens, die Freunde Ihrer Frau Mutter kommen auch gleich zur Totenwache. Das ist so üblich. Ich muss Stühle und schwarzen Kaffee holen.» Ich habe ihn gefragt, ob man eine der Lampen ausmachen könnte. Das Gleißen des Lichts auf den weißen Wänden ermüdete mich. Er hat gesagt, das ginge nicht. Die Anlage wäre nun einmal so: entweder alles oder nichts. Ich habe ihn nicht mehr besonders beachtet. Er ist hinausgegangen, ist wiedergekommen, hat Stühle aufgestellt. Auf einen hat er Tassen rings um eine Kaffeekanne gestapelt. Dann hat er sich mir gegenübergesetzt, auf die andere Seite von Mama. Die Pflegerin saß auch hinten, mit dem Rücken zu mir. Ich konnte nicht sehen, was sie machte. Aber der Bewegung ihrer Arme nach konnte ich vermuten, dass sie strickte. Es war mild, der Kaffee hatte mich aufgewärmt, und durch die offene Tür drang ein Duft von Nacht und von Blumen. Ich glaube, ich habe ein bisschen gedöst.

Ein Rascheln hat mich geweckt. Weil ich die Augen geschlossen hatte, ist mir das Weiß des Raums noch greller erschienen. Vor mir war nicht ein Schatten, und jeder Gegenstand, jede Kante, alle Krümmungen zeichneten sich mit einer Klarheit ab, die den Augen wehtat. In diesem Moment sind Mamas Freunde hereingekommen. Es waren insgesamt etwa zehn, und sie huschten lautlos in dieses blendende Licht. Sie haben sich gesetzt, ohne dass ein einziger Stuhl knarrte. Ich sah sie, wie ich nie jemanden gesehen habe, und keine Einzelheit in ihren Gesichtern oder an ihrer Kleidung entging mir. Dabei hörte ich sie nicht und hatte Mühe, an ihre Realität zu glauben. Fast alle Frauen trugen eine Schürze, und das Band, das ihre Taille schnürte, ließ ihren gewölbten Bauch noch mehr hervortreten. Ich hatte noch nie bemerkt, was für einen Bauch alte Frauen haben können. Die Männer waren fast alle sehr dünn und hielten Spazierstöcke in der Hand. Was mir an ihren Gesichtern auffiel, war, dass ich ihre Augen nicht sah, sondern nur einen glanzlosen Schimmer mitten in einem Faltennest. Als sie sich setzten, haben die meisten mich angesehen und verlegen mit dem Kopf genickt, die Lippen ganz von ihrem zahnlosen Mund verschluckt, ohne dass ich erkennen konnte, ob sie mich grüßten oder ob es sich um einen Tic handelte. Ich glaube eher, sie grüßten mich. In dem Moment habe ich bemerkt, dass sie mir alle gegenübersaßen, um den Pförtner herum, und mit dem Kopf wackelten. Ich habe einen Moment lang den lächerlichen Eindruck gehabt, sie wären da, um über mich zu richten.

Kurz darauf hat eine der Frauen angefangen zu weinen. Sie saß in der zweiten Reihe, von einer ihrer Mitbewohnerinnen verdeckt, und ich konnte sie schlecht sehen. Sie weinte stetig, in kurzen Schluchzern: Mir schien, sie würde nie aufhören. Die anderen sahen aus, als hörten sie sie nicht. Sie saßen zusammengesackt, trübsinnig und schweigend da. Sie sahen den Sarg an oder ihren Stock oder irgendetwas, aber sie sahen nur das an. Die Frau weinte immer noch. Ich war sehr verwundert, weil ich sie nicht kannte. Ich hätte gewünscht, sie nicht mehr zu hören. Ich wagte jedoch nicht, es ihr zu sagen. Der Pförtner hat sich zu ihr hingebeugt, hat mit ihr gesprochen, aber sie hat den Kopf geschüttelt, hat etwas gestammelt und mit derselben Stetigkeit weitergeweint. Der Pförtner ist dann auf meine Seite herübergekommen. Er hat sich neben mich gesetzt. Nach einer ganzen Weile hat er mir, ohne mich anzusehen, erklärt: «Sie war sehr eng mit Ihrer Frau Mutter befreundet. Sie sagt, es wäre ihre einzige Freundin hier gewesen und jetzt hätte sie niemand mehr.»

Wir sind eine ganze Weile so sitzen geblieben. Die Seufzer und Schluchzer der Frau wurden seltener. Sie schniefte viel. Sie ist endlich still geworden. Ich war nicht mehr müde, aber erschöpft, und das Kreuz tat mir weh. Jetzt war es das Schweigen all dieser Leute, das mich quälte. Nur hin und wieder hörte ich ein eigentümliches Geräusch und konnte nicht herausfinden, was es war. Mit der Zeit habe ich dann erraten, dass einige der alten Leute die Innenseite ihrer Wangen einsogen und dieses sonderbare Schnalzen von sich gaben. Sie waren so sehr in Gedanken versunken, dass sie es nicht merkten. Ich hatte sogar den Eindruck, dass diese in ihrer Mitte aufgebahrte Tote ihnen nichts bedeutete. Aber ich glaube jetzt, dass das ein falscher Eindruck war.

Wir haben alle den vom Pförtner ausgeschenkten Kaffee getrunken. Was dann war, weiß ich nicht mehr. Die Nacht verging. Ich erinnere mich, dass ich irgendwann die Augen aufgemacht habe und gesehen habe, dass die alten Leute in sich zusammengesunken schliefen, bis auf einen, der mich, das Kinn auf dem Rücken seiner den Stock umklammernden Hände, starr ansah, als wartete er nur auf mein Erwachen. Dann habe ich wieder geschlafen. Ich bin aufgewacht, weil mein Kreuz immer mehr schmerzte. Über dem Glasdach wurde es hell. Kurz darauf ist einer der alten Männer aufgewacht und hat viel gehustet. Er spuckte in ein großes kariertes Taschentuch, und jedes Mal war es, als wenn er den Auswurf aus sich herausrisse. Er hat die anderen geweckt, und der Pförtner hat gesagt, sie müssten gehen. Sie sind aufgestanden. Von dieser unbequemen Totenwache hatten sie Aschegesichter. Beim Hinausgehen, und zu meinem großen Erstaunen, haben mir alle die Hand gedrückt – als hätte diese Nacht, in der wir kein Wort gewechselt hatten, unsere Verbundenheit vergrößert.

Ich war erschöpft. Der Pförtner hat mich mit in seine Wohnung genommen, und ich habe mich ein bisschen frisch machen können. Ich habe noch einen Milchkaffee getrunken, der sehr gut war. Als ich hinausgegangen bin, war es heller Tag. Über den Hügeln, die Marengo vom Meer trennen, war der Himmel voller Rottöne. Und der Wind, der darüberstrich, trug einen Salzgeruch hierher. Ein schöner Tag stand bevor. Es war lange her, dass ich auf dem Land gewesen war, und ich fühlte, welchen Spaß es mir gemacht hätte, spazieren zu gehen, wenn da nicht Mama gewesen wäre.

Aber ich habe im Hof unter einer Platane gewartet. Ich atmete den Geruch der kühlen Erde ein und war nicht mehr müde. Ich habe an die Kollegen im Büro gedacht. Um diese Zeit standen sie auf, um zur Arbeit zu gehen: Für mich war das immer der schwierigste Augenblick. Ich habe noch ein wenig über diese Dinge nachgedacht, aber ich bin von einer Glocke abgelenkt worden, die im Innern der Gebäude läutete. Es hat ein Hin und Her hinter den Fenstern gegeben, dann ist alles wieder ruhig geworden. Die Sonne war am Himmel etwas höher gestiegen: Sie begann meine Füße zu wärmen. Der Pförtner ist über den Hof gekommen und hat mir gesagt, der Heimleiter wollte mich sprechen. Ich bin in sein Büro gegangen. Er hat mich eine Reihe Schriftstücke unterschreiben lassen. Ich habe gesehen, dass er schwarz gekleidet war, mit einer gestreiften Hose. Er hat den Telefonhörer in die Hand genommen und hat mich dabei angesprochen: «Die Angestellten des Bestattungsinstituts sind eben gekommen. Ich werde sie herbitten, damit sie den Sarg schließen. Wollen Sie Ihre Mutter vorher ein letztes Mal sehen?» Ich habe nein gesagt. Er hat mit leiserer Stimme ins Telefon befohlen: «Figeac, sagen Sie den Männern, sie können hingehen.»

Danach hat er mir gesagt, dass er an der Beerdigung teilnehmen würde, und ich habe ihm gedankt. Er hat sich hinter seinen Schreibtisch gesetzt, hat seine kurzen Beine übereinander geschlagen. Er hat mich davon unterrichtet, dass ich und er allein sein würden, mit der Dienst habenden Krankenpflegerin. Im Prinzip dürften die Heimbewohner nicht an den Beerdigungen teilnehmen. Er ließe sie nur die Totenwache halten. «Es ist eine Frage der Menschlichkeit», hat er angemerkt. Aber im vorliegenden Fall hätte er einem alten Freund von Mama die Erlaubnis erteilt, im Trauerzug mitzugehen: «Thomas Pérez.» Hier hat der Heimleiter gelächelt. Er hat gesagt: «Sie müssen wissen, es ist ein etwas kindisches Gefühl. Aber er und Ihre Mutter waren fast unzertrennlich. Im Heim hat man sie geneckt, man sagte zu Pérez: ‹Das ist Ihre Braut.› Er lachte. Das machte ihnen Spaß. Und tatsächlich ist ihm Madame Meursaults Tod sehr nahe gegangen. Ich dachte, ich dürfte ihm die Erlaubnis nicht verwehren. Aber auf Anraten des Hausarztes habe ich ihm die gestrige Totenwache verboten.»

Wir haben ziemlich lange geschwiegen. Der Heimleiter ist aufgestanden und hat aus dem Bürofenster gesehen. Irgendwann hat er festgestellt: «Da ist schon der Pfarrer von Marengo. Er ist zu früh da.» Er hat mich darauf hingewiesen, dass man zu Fuß mindestens eine Dreiviertelstunde bis zur Kirche brauchte, die im Dorf selbst wäre. Wir sind hinuntergegangen. Vor dem Gebäude waren der Pfarrer und zwei Chorknaben. Der eine hielt ein Weihrauchfass, und der Pfarrer bückte sich zu ihm hinunter, um die Länge der silbernen Kette zu regulieren. Als wir gekommen sind, hat der Priester sich wieder aufgerichtet. Er hat mich «mein Sohn» genannt und mir ein paar Worte gesagt. Er ist hineingegangen; ich bin ihm gefolgt.

Ich habe sofort gesehen, dass die Schrauben am Sarg festgezogen waren und dass vier schwarze Männer in dem Raum waren. Ich habe den Heimleiter zu mir sagen hören, dass der Wagen auf der Straße wartete, und gleichzeitig den Priester seine Gebete beginnen hören. Von diesem Moment an ist alles sehr schnell gegangen. Die Männer haben sich dem Sarg mit einem Tuch genähert. Der Priester, sein Gefolge, der Heimleiter und ich sind hinausgegangen. Vor der Tür stand eine Dame, die ich nicht kannte. «Monsieur Meursault», hat der Leiter gesagt. Ich habe den Namen dieser Dame nicht verstanden und habe nur begriffen, dass sie die Dienst habende Krankenpflegerin war. Sie hat ohne ein Lächeln ihr knochiges, langes Gesicht geneigt. Dann sind wir beiseite getreten, um die Leiche vorbeizulassen. Wir sind den Trägern gefolgt und haben das Heim verlassen. Vor dem Tor stand der Wagen. Lackiert, länglich, glänzend, erinnerte er an einen Federkasten. Daneben standen der Ordner, ein kleiner Mann in lächerlicher Kleidung, und ein unbeholfen wirkender Alter. Ich habe gleich gewusst, dass es Monsieur Pérez war. Er trug einen weichen Filzhut mit runder Kappe und breiter Krempe (er hat ihn abgenommen, als der Sarg durch das Tor gekommen ist), einen Anzug, dessen Hose sich in Ziehharmonikafalten auf den Schuhen staute, und eine Fliege aus schwarzem Stoff, die für sein Hemd mit großem weißem Kragen zu klein war. Seine Lippen bebten unter einer mit Mitessern gespickten Nase. Sein ziemlich feines weißes Haar ließ merkwürdige, ausgefranste Schlappohren frei, deren blutrote Farbe in diesem fahlen Gesicht mich überraschte. Der Ordner wies uns unsere Plätze zu. Der Pfarrer ging vornweg, dann der Wagen. Um ihn herum die vier Männer. Dahinter der Heimleiter, ich und, den Zug beschließend, die Dienst habende Pflegerin und Monsieur Pérez.

Der Himmel war schon voll Sonne. Sie begann auf die Erde zu drücken, und die Hitze nahm schnell zu. Ich weiß nicht, warum wir ziemlich lange gewartet haben, bevor wir uns in Bewegung setzten. Mir war heiß in meiner dunklen Kleidung. Der kleine Alte, der seinen Hut wieder aufgesetzt hatte, nahm ihn wieder ab. Ich hatte mich ein wenig zu ihm umgewandt und sah ihn an, als der Heimleiter von ihm gesprochen hat. Er hat mir gesagt, dass meine Mutter und Monsieur Pérez abends oft von einer Pflegerin begleitet bis zum Dorf spazierten. Ich sah die Landschaft um mich her an. Bei den Zypressenreihen, die zu den Hügeln am Himmel führten, diesem rotbraunen und grünen Land, diesen vereinzelten, klar gezeichneten Häusern verstand ich Mama. Der Abend musste in dieser Gegend wie eine melancholische Atempause sein. Heute machte die übermäßige Sonne, unter der die Landschaft erzitterte, sie unmenschlich und deprimierend.

Wir haben uns in Bewegung gesetzt. In dem Moment habe ich bemerkt, dass Pérez leicht hinkte. Der Wagen gewann allmählich an Fahrt, und der alte Mann verlor an Boden. Einer der Männer, die neben dem Wagen gingen, hatte sich auch überholen lassen und ging jetzt auf meiner Höhe. Ich war überrascht von der Schnelligkeit, mit der die Sonne am Himmel stieg. Ich habe gemerkt, dass das Land schon lange vom Zirpen der Insekten und vom Knistern von Gras summte. Schweiß lief mir über die Wangen. Weil ich keinen Hut hatte, fächelte ich mir mit meinem Taschentuch Luft zu. Der Angestellte des Bestattungsinstituts hat daraufhin etwas zu mir gesagt, was ich nicht verstand. Gleichzeitig wischte er sich den Schädel mit einem Taschentuch ab, das er in der linken Hand hielt, während die rechte den Rand seiner Mütze anhob. Ich habe zu ihm gesagt: «Wie bitte?» Er hat auf den Himmel deutend wiederholt: «Die knallt ganz schön.» Ich habe «Ja» gesagt. Kurz darauf hat er mich gefragt: «Ist das Ihre Mutter da drin?» Ich habe noch einmal «Ja» gesagt. «War sie alt?» Ich antwortete: «Ziemlich», weil ich die genaue Zahl nicht wusste. Danach hat er geschwiegen. Ich habe mich umgedreht und habe den alten Pérez ungefähr fünfzig Meter hinter uns gesehen. Er beeilte sich, wobei er seinen Filzhut in der Hand hin- und herschwenkte. Ich habe auch den Heimleiter angesehen. Er marschierte mit großer Würde ohne eine unnötige Bewegung. Ein paar Schweißperlen standen auf seiner Stirn, aber er wischte sie nicht ab.

Es schien mir, als bewegte sich der Trauerzug etwas schneller fort. Um mich herum war immer noch dieselbe leuchtende, von Sonne gesättigte Landschaft. Die Helligkeit des Himmels war unerträglich. Irgendwann sind wir über ein Stück Straße gekommen, das kurz zuvor ausgebessert worden war. Die Sonne hatte den Teer aufplatzen lassen. Die Füße versanken darin und legten sein glänzendes Fleisch frei. Oberhalb des Wagens schien der Lederhut des Kutschers aus diesem schwarzen Schlamm geformt zu sein. Ich war ein bisschen verloren zwischen dem blauweißen Himmel und der Monotonie dieser Farben, dem klebrigen Schwarz des aufgerissenen Teers, dem matten Schwarz der Kleider, dem Lackschwarz des Wagens. All das, die Sonne, der Geruch des Wagens nach Leder und Pferdemist, der nach Lack und nach Weihrauch, die Müdigkeit nach einer schlaflosen Nacht, trübte meinen Blick und meine Gedanken. Ich habe mich noch einmal umgedreht: Pérez schien mir sehr weit weg, in einem Schwall Hitze versunken, dann habe ich ihn nicht mehr gesehen. Ich habe nach ihm Ausschau gehalten und habe bemerkt, dass er die Straße verlassen hatte und querfeldein ging. Ich habe auch festgestellt, dass vor mir die Straße einen Bogen machte. Mir wurde klar, dass Pérez, der die Gegend kannte, den kürzesten Weg nahm, um uns einzuholen. In der Kurve war er wieder bei uns. Dann haben wir ihn verloren. Er ist wieder querfeldein gelaufen, und so mehrmals. Ich fühlte, wie mir das Blut in den Schläfen pochte.

Danach ist alles so überstürzt, vorschriftsmäßig und natürlich abgelaufen, dass ich mich an nichts mehr erinnere. Nur an eines: Am Dorfeingang hat die Dienst habende Pflegerin mit mir gesprochen. Sie hatte eine eigenartige Stimme, die nicht zu ihrem Gesicht passte, eine klangvolle, tremolierende Stimme. Sie hat zu mir gesagt: «Wenn man langsam geht, riskiert man einen Sonnenstich. Aber wenn man zu schnell geht, ist man verschwitzt und holt sich in der Kirche eine Erkältung.» Sie hatte Recht. Es war ausweglos. Ich habe noch einige Bilder von diesem Tag behalten: zum Beispiel Pérez' Gesicht, als er uns zum letzten Mal in der Nähe des Dorfes eingeholt hat. Dicke Tränen der Entkräftung und des Kummers rannen über seine Wangen. Aber wegen der Falten liefen sie nicht ab. Sie breiteten sich aus, flossen wieder zusammen und bildeten einen Wasserfirnis auf diesem zerstörten Gesicht. Dann waren da noch die Kirche und die Dorfbewohner auf den Bürgersteigen, die roten Geranien auf den Friedhofsgräbern, Pérez' Ohnmacht (als wäre er ein verrenkter Hampelmann), die blutrote Erde, die auf Mamas Sarg polterte, das weiße Fleisch der Wurzeln, die sich darunter mischten, wieder Leute, Stimmen, das Dorf, das Warten vor einem Café, das unaufhörliche Dröhnen des Motors und meine Freude, als der Bus in das Lichternest von Algier eingefahren ist und ich gedacht habe, dass ich gleich ins Bett gehen und zwölf Stunden schlafen würde.

II

Als ich aufwachte, ist mir klar geworden, warum mein Chef verstimmt aussah, als ich ihn um zwei Tage Urlaub gebeten habe: Heute ist Sonnabend. Ich hatte es sozusagen vergessen, aber beim Aufstehen ist es mir eingefallen. Mein Chef hat natürlich gedacht, dass ich so mit meinem Sonntag vier Tage Urlaub hätte, und das konnte ihn nicht freuen. Aber einerseits ist es nicht meine Schuld, dass man Mama gestern und nicht heute beerdigt hat, und andererseits hätte ich auf alle Fälle meinen Sonnabend und meinen Sonntag gehabt. Selbstverständlich kann ich meinen Chef deswegen trotzdem verstehen.

Das Aufstehen ist mir schwer gefallen, weil ich vom gestrigen Tag müde war. Beim Rasieren habe ich mich gefragt, was ich tun sollte, und habe beschlossen, baden zu gehen. Ich habe die Straßenbahn genommen, um zur Badeanstalt am Hafen zu fahren. Dort habe ich mich ins Getümmel gestürzt. Es waren viele junge Leute da. Im Wasser habe ich Marie Cardona wiedergetroffen, eine frühere Sekretärin aus meinem Büro, auf die ich damals scharf war. Sie auch auf mich, glaube ich. Aber sie ist wenig später ausgeschieden, und wir haben keine Gelegenheit gehabt. Ich habe ihr geholfen, auf eine Boje zu steigen, und bei dieser Bewegung habe ich ihre Brüste gestreift. Ich war noch im Wasser, als sie schon bäuchlings auf der Boje lag. Sie hat sich zu mir umgedreht. Das Haar hing ihr in die Augen, und sie lachte. Ich habe mich neben sie auf die Boje gehievt. Es tat gut, und ich habe wie zum Spaß den Kopf nach hinten sinken lassen und auf ihren Bauch gelegt. Sie hat nichts gesagt, und ich bin so liegen geblieben. Ich hatte den ganzen Himmel in den Augen, und er war blaugolden. Unter meinem Nacken fühlte ich Maries Bauch leise pochen. Wir sind lange auf der

Boje geblieben, halb eingeschlafen. Als die Sonne zu stark wurde, ist sie ins Wasser gesprungen, und ich hinterher. Ich habe sie eingeholt, habe die Hand um ihre Taille gelegt, und wir sind zusammen geschwommen. Sie lachte immerzu. Auf dem Kai hat sie, während wir uns abtrockneten, zu mir gesagt: «Ich bin brauner als Sie.» Ich habe gefragt, ob sie abends mit ins Kino kommen wollte. Sie hat wieder gelacht und gesagt, sie hätte Lust, einen Film mit Fernandel zu sehen. Als wir uns anzogen, hat sie sehr überrascht gewirkt, mich mit einem schwarzen Schlips zu sehen, und hat gefragt, ob ich in Trauer wäre. Ich habe ihr gesagt, dass Mama tot wäre. Da sie wissen wollte, seit wann, habe ich geantwortet: «Seit gestern.» Sie ist ein bisschen zusammengezuckt, hat aber keine Bemerkung dazu gemacht. Ich hätte ihr am liebsten gesagt, dass es nicht meine Schuld wäre, habe aber an mich gehalten, weil ich dachte, dass ich es schon zu meinem Chef gesagt hatte. Das bedeutete nichts. Man ist sowieso immer ein bisschen schuldig.

Am Abend hatte Marie alles vergessen. Der Film war dann und wann komisch und dann wieder wirklich zu dumm. Sie hatte ihr Bein an meinem. Ich streichelte ihre Brüste. Gegen Ende der Vorstellung habe ich sie geküsst, aber schlecht. Nach dem Kino ist sie mit zu mir gekommen.

Als ich aufgewacht bin, war Marie weg. Sie hatte mir erklärt, sie müsste zu ihrer Tante. Ich habe gedacht, dass Sonntag war, und das hat mich angeödet: Ich mag den Sonntag nicht. Also habe ich mich im Bett umgedreht, habe im Kopfpolster den Salzgeruch gesucht, den Maries Haar darin hinterlassen hatte, und habe bis zehn Uhr geschlafen. Ich habe dann Zigaretten geraucht, immer noch im Bett, bis mittags. Ich wollte nicht bei Céleste essen wie sonst, weil sie mir bestimmt Fragen gestellt hätten, und das mag ich nicht. Ich habe mir Spiegeleier gemacht und sie direkt aus der Pfanne gegessen, ohne Brot, weil ich keins mehr hatte und nicht hinuntergehen wollte, um welches zu kaufen.

Nach dem Essen habe ich mich ein bisschen gelangweilt

und bin in der Wohnung herumgewandert. Sie war bequem, als Mama da war. Jetzt ist sie zu groß für mich, und ich habe den Esszimmertisch in mein Zimmer räumen müssen. Ich wohne nur noch in diesem Zimmer, zwischen den etwas durchgesessenen Strohstühlen, dem Schrank, dessen Spiegel gelb verfärbt ist, dem Toilettentisch und dem Messingbett. Das Übrige ist verwahrlost. Etwas später habe ich, um irgendetwas zu tun, eine alte Zeitung genommen und habe sie gelesen. Ich habe eine Werbung für Kruschen-Salz ausgeschnitten und sie in ein altes Heft eingeklebt, in dem ich die Sachen sammle, die mich in der Zeitung amüsieren. Ich habe mir auch die Hände gewaschen, und schließlich bin ich auf den Balkon getreten.

Mein Zimmer geht auf die Hauptstraße der Vorstadt hinaus. Der Nachmittag war schön. Doch das Pflaster war glitschig, vereinzelt Leute und noch in Eile. Zuerst Familien, die einen Spaziergang machten, zwei kleine Jungen im Matrosenanzug, mit Hosen bis unter das Knie, etwas von ihrer steifen Kleidung eingeengt, und ein kleines Mädchen mit einer großen rosa Schleife und schwarzen Lackschuhen. Hinter ihnen eine ungeheuer dicke Mutter in braunem Seidenkleid und der Vater, ein ziemlich schmächtiger kleiner Mann, den ich vom Sehen kenne. Er trug einen flachen Strohhut und einen Querbinder und hatte in der Hand einen Spazierstock. Und als ich ihn mit seiner Frau sah, habe ich begriffen, warum man im Viertel von ihm sagte, er wäre vornehm. Etwas später kamen die jungen Männer der Vorstadt vorbei – pomadisiertes Haar und roter Schlips, eng taillierter Sakko mit einem bestickten Ziertüchlein und Schuhe mit eckigen Kappen. Ich habe gedacht, dass sie in die Kinos im Zentrum gingen. Deshalb machten sie sich so früh auf den Weg und eilten unter lautem Lachen zur Straßenbahn.

Nach ihnen wurde die Straße allmählich leer. Die Vorstellungen hatten überall angefangen, glaube ich. Auf der Straße waren nur noch Ladenbesitzer und Katzen. Der Himmel war klar, aber glanzlos über den Feigenbäumen, die die Straße säumen. Auf dem gegenüberliegenden Bürgersteig hat der Tabakhändler einen Stuhl herausgeholt, hat ihn vor seine Tür gestellt und sich, die Arme auf die Lehne stützend, rittlings darauf gesetzt. Die vorhin überfüllten Straßenbahnen waren fast leer. In dem kleinen Café «Chez Pierrot», neben dem Tabakhändler, kehrte der Kellner in dem ausgestorbenen Lokal Sägemehl zusammen. Es war wirklich Sonntag.

Ich habe meinen Stuhl umgedreht und so gestellt wie den des Tabakhändlers, weil ich fand, dass es bequemer war. Ich habe zwei Zigaretten geraucht, bin hineingegangen, um ein Stück Schokolade zu holen, und habe es, wieder am Fenster, gegessen. Kurz darauf hat sich der Himmel verdunkelt, und ich habe geglaubt, wir würden ein Sommergewitter bekommen. Es hat sich jedoch nach und nach wieder aufgeklart. Aber das Vorüberziehen der Wolken hatte auf der Straße etwas wie eine Ankündigung von Regen hinterlassen, die sie dunkler gemacht hat. Ich habe lange den Himmel betrachtet.

Um fünf Uhr sind Straßenbahnen angerattert gekommen. Sie brachten aus dem Vorortstadion Trauben von Zuschauern zurück, die auf den Trittbrettern und an den Haltegriffen hingen. Die folgenden Straßenbahnen haben die Spieler zurückgebracht, die ich an ihren Köfferchen erkannte. Sie grölten und sangen aus vollem Hals, dass ihr Verein nie untergehen würde. Mehrere haben mir zugewinkt. Einer hat mir sogar zugerufen: «Wir haben sie fertig gemacht.» Und ich habe bejahend mit dem Kopf genickt. Von diesem Moment an hat ein Zustrom von Autos eingesetzt.

Der Tag hat sich noch etwas verändert. Über den Dächern ist der Himmel rötlich geworden, und mit einbrechendem Abend haben sich die Straßen belebt. Die Spaziergänger kamen nach und nach zurück. Ich habe den vornehmen Herrn inmitten von anderen erkannt. Die Kinder weinten oder ließen sich ziehen. Fast gleich darauf hat sich aus den Kinos des Viertels ein Strom von Zuschauern auf die Straße ergossen. Die jungen Männer unter ihnen hatten entschiedenere Gesten als sonst, und ich habe gedacht, dass sie einen Abenteuerfilm gesehen hatten. Die Besucher der Kinos in der Stadt kamen etwas später an. Sie wirkten ernster. Sie lachten noch, aber hin und wieder schienen sie müde und versonnen. Sie sind auf der Straße geblieben und auf dem Bürgersteig gegenüber auf und ab gegangen. Die jungen Mädchen des Viertels, ohne Kopfbedeckung, hielten sich untergehakt. Die jungen Männer hatten es so eingerichtet, dass sie ihren Weg kreuzten, und riefen scherzhafte Bemerkungen, über die die Mädchen mit abgewandtem Kopf lachten. Mehrere von ihnen, die ich kannte, haben mir zugewinkt.

Die Straßenlampen sind dann plötzlich angegangen und haben die ersten Sterne, die in der Nacht aufstiegen, verblassen lassen. Ich habe gespürt, wie es meine Augen ermüdete, so die Bürgersteige mit ihrer Fracht von Menschen und von Lichtern anzusehen. Die Lampen ließen das feuchte Pflaster schimmern, und die Straßenbahnen warfen in regelmäßigen Abständen deren Widerschein auf glänzendes Haar, auf ein Lächeln oder ein silbernes Armband. Wenig später, als die Straßenbahnen seltener wurden und die Nacht über den Bäumen und Lampen schon schwarz war, hat sich das Viertel unmerklich geleert, bis die erste Katze langsam die wieder ausgestorbene Straße überquerte. Da habe ich gedacht, dass ich zu Abend essen müsste. Der Hals tat mir ein bisschen davon weh, dass ich so lange auf die Lehne meines Stuhls gestützt dagesessen hatte. Ich bin Brot und Nudeln einkaufen gegangen, habe gekocht und im Stehen gegessen. Ich wollte eine Zigarette am Fenster rauchen, aber die Luft hatte sich abgekühlt, und ich habe ein bisschen gefroren. Ich habe meine Fenster zugemacht und beim Umdrehen im Spiegel ein Stück Tisch gesehen, auf dem meine Spirituslampe neben Brotresten stand. Ich habe gedacht, dass immerhin ein Sonntag herum war, dass Mama jetzt beerdigt war, dass ich wieder zur Arbeit gehen würde und dass sich eigentlich nichts geändert hatte.

III

Heute habe ich im Büro viel gearbeitet. Der Chef war freundlich. Er hat mich gefragt, ob ich nicht zu müde wäre, und er wollte auch Mamas Alter wissen. Ich habe gesagt, «So ungefähr sechzig», um mich nicht zu vertun, und ich weiß nicht, warum er erleichtert ausgesehen hat und so, als hielte er die Sache für erledigt.

Auf meinem Tisch stapelte sich ein Haufen Seefrachtbriefe, und ich musste sie alle durchsehen. Bevor ich das Büro verließ, um essen zu gehen, habe ich mir die Hände gewaschen. Mittags mag ich diesen Augenblick sehr. Abends macht er mir weniger Spaß, weil das Rollhandtuch, das man dabei gebraucht, ganz feucht ist: Es ist den ganzen Tag benutzt worden. Ich habe meinen Chef eines Tages darauf hingewiesen. Er hat geantwortet, er fände das bedauerlich, aber es wäre doch eine belanglose Nebensache. Ich bin etwas spät gegangen, um halb eins, mit Emmanuel, der im Versand arbeitet. Das Büro geht aufs Meer hinaus, und wir haben einen Moment damit verloren, die Frachter in der Sonnenglut des Hafens anzusehen. In dem Augenblick ist ein Lastwagen mit ohrenbetäubendem Klirren und Knattern angekommen. Emmanuel hat mich gefragt, «ob wir den nehmen wollten», und ich habe angefangen zu laufen. Der Lastwagen hat uns überholt, und wir sind hinter ihm hergerannt. Ich versank im Lärm und im Staub. Ich sah nichts mehr und fühlte nur dieses kopflose Voranstürmen inmitten von Winden und Maschinen, von Masten, die am Horizont tanzten, und von Schiffsrümpfen, an denen wir vorbeirasten. Ich habe als erster einen Halt gefunden und bin aufgesprungen. Dann habe ich Emmanuel heraufgeholfen. Wir waren außer Atem, der Lastwagen holperte über das unebene

Pflaster des Kais, inmitten von Staub und von Sonne. Emmanuel lachte, dass ihm die Luft wegblieb.

Wir sind in Schweiß gebadet bei Céleste angekommen. Er war immer noch da, mit seinem dicken Bauch, seiner Schürze und seinem weißen Schnurrbart. Er hat mich gefragt, ob «es trotzdem gut ginge». Ich habe ja gesagt und dass ich Hunger hätte. Ich habe sehr schnell gegessen und habe einen Kaffee getrunken. Dann bin ich nach Hause gegangen, habe ein bisschen geschlafen, weil ich zu viel Wein getrunken hatte, und als ich aufwachte, habe ich Lust gehabt zu rauchen. Es war spät, und ich bin gelaufen, um eine Straßenbahn zu erwischen. Ich habe den ganzen Nachmittag gearbeitet. Es war sehr heiß im Büro, und abends, beim Weggehen, war ich froh, langsam über die Kais zurückzuschlendern. Der Himmel war grün, ich fühlte mich wohl. Trotzdem bin ich direkt nach Hause gegangen, weil ich mir Kartoffeln kochen wollte.

Beim Hinaufgehen bin ich auf der dunklen Treppe mit dem alten Salamano zusammengestoßen, meinem Flurnachbarn. Er hatte seinen Hund bei sich. Seit acht Jahren sieht man sie zusammen. Der Spaniel hat eine Hautkrankheit, die Räude, glaube ich, von der ihm fast das ganze Fell ausgeht und die ihn mit braunen Flecken und Schorf überzieht. Durch das Zusammenleben mit ihm, zu zweit allein in einem kleinen Zimmer, ist der alte Salamano ihm schließlich ähnlich geworden. Er hat rötlichen Schorf im Gesicht und schütteres gelbes Haar. Der Hund hat von seinem Herrchen eine Art gebeugten Gang angenommen, mit vorgestreckter Schnauze und gerecktem Hals. Sie sehen aus wie ein und dieselbe Rasse, und dabei hassen sie sich. Zweimal täglich, um elf und um sechs, führt der Alte seinen Hund spazieren. Seit acht Jahren haben sie ihre Route nicht geändert. Man kann sie in der Rue de Lyon unterwegs sehen, wo der Hund den Mann so lange zieht, bis der alte Salamano stolpert. Dann schlägt er seinen Hund und beschimpft ihn. Der Hund kriecht vor Schreck und lässt sich ziehen. Jetzt ist es der Alte, der ihn zieht. Wenn der Hund es vergessen hat, zieht er wieder seinen Herrn und wird wieder geschlagen und beschimpft. Dann bleiben beide auf dem Bürgersteig stehen und sehen sich an, der Hund voller Schrecken, der Mann voller Hass. Und so geht es jeden Tag. Wenn der Hund Wasser lassen will, lässt der Alte ihm keine Zeit dazu und zieht an ihm, und der Spaniel lässt eine Spur kleiner Tropfen hinter sich. Wenn der Hund zufällig ins Zimmer macht, wird er wieder geschlagen. Acht Jahre dauert das schon. Céleste sagt immer, «Es ist ein Jammer», aber im Grunde kann es niemand wissen. Als ich ihm auf der Treppe begegnet bin, war Salamano dabei, seinen Hund zu beschimpfen. Er sagte: «Du Biest! Du Aas!», und der Hund winselte: Ich habe «Guten Abend» gesagt, aber der Alte schimpfte weiter. Da habe ich ihn gefragt, was der Hund ihm denn getan hätte. Er hat nicht geantwortet. Er sagte nur: «Du Biest! Du Aas!» Ich ahnte, dass er, über seinen Hund gebeugt, dabei war, etwas am Halsband zu richten. Ich habe lauter gesprochen. Da hat er mir, ohne sich umzudrehen, wie in einer Art unterdrückter Wut geantwortet: «Er ist immer da.» Dann ist er losgegangen und zerrte das Tier, das sich auf seinen vier Pfoten ziehen ließ und winselte, hinter sich her.

Genau in dem Moment ist mein anderer Flurnachbar hereingekommen. Im Viertel heißt es, er lebe von Frauen. Wenn man ihn jedoch nach seinem Beruf fragt, ist er «Lagerverwalter». Im Allgemeinen ist er nicht sehr beliebt. Aber er unterhält sich oft mit mir, und manchmal verbringt er einen Moment bei mir, weil ich ihm zuhöre. Ich finde, was er sagt, ist interessant. Im Übrigen habe ich keinerlei Grund, nicht mit ihm zu reden. Er heißt Raymond Sintès. Er ist ziemlich klein, hat breite Schultern und eine Boxernase. Er ist immer sehr korrekt gekleidet. Auch er hat, als er über Salamano sprach, gesagt: «Das ist doch ein Jammer!» Er hat mich gefragt, ob mich das nicht anekelte, und ich habe verneint.

Wir sind hinaufgegangen, und ich wollte mich gerade von ihm verabschieden, als er gesagt hat: «Ich habe Blutwurst und Wein im Haus. Wollen Sie vielleicht einen Happen mit mir essen?» Ich habe gedacht, dass ich dann nicht zu kochen brauchte, und habe angenommen. Er hat auch nur ein Zimmer, mit einer Küche ohne Fenster. Über seinem Bett hat er einen Engel aus rosa und weißem Stuck, Fotos von berühmten Sportlern und zwei oder drei Bilder von nackten Frauen. Das Zimmer war schmutzig und das Bett ungemacht. Er hat zuerst seine Petroleumlampe angezündet, dann hat er einen ziemlich schmuddeligen Verband aus der Tasche gezogen und hat seine rechte Hand damit umwickelt. Ich fragte, was er hätte. Er hat gesagt, er hätte eine Schlägerei mit einem Typ gehabt, der Streit mit ihm suchte.

«Verstehen Sie, Monsieur Meursault», hat er gesagt, «nicht, dass ich bösartig wäre, aber ich bin hitzig. Der andere, der hat zu mir gesagt: ‹Steig aus der Straßenbahn aus, wenn du ein Mann bist.› Ich habe zu ihm gesagt: ‹Komm, bleib ruhig.› Er hat gesagt, ich wäre kein Mann. Da bin ich ausgestiegen und habe zu ihm gesagt: ‹Jetzt reicht's aber, sonst mach ich dich fertig.› Er hat ‹Ach ja?› geantwortet. Da habe ich ihm eine verpasst. Er ist gestürzt. Ich wollte ihn aufheben. Aber er hat von unten nach mir getreten. Da habe ich ihm einen Stoß mit dem Knie und zwei Kinnhaken gegeben. Sein Gesicht war voll Blut. Ich habe ihn gefragt, ob er genug hätte. Er hat ‹Ja› gesagt.» Während der ganzen Zeit brachte Sintès seinen Verband in Ordnung. Ich saß auf dem Bett. Er hat gesagt: «Wie Sie sehen, habe ich nicht angefangen. Sondern er ist frech geworden.» Das stimmte, und ich habe es bestätigt. Da hat er mir erklärt, dass er mich gerade wegen dieser Sache um Rat fragen wollte, dass ich ein Mann wäre und das Leben kennen würde, dass ich ihm helfen könnte und dass er dann mein Kumpel wäre. Ich habe nichts gesagt, und er hat mich wieder gefragt, ob ich sein Kumpel sein wollte. Ich habe gesagt, das wäre mir egal: Darüber schien er froh zu sein. Er hat Blutwurst herausgeholt, hat sie in der Pfanne angebraten und hat Gläser, Teller, Bestecke und zwei Flaschen Wein hingestellt. Das alles schweigend. Dann haben wir uns gesetzt. Beim Essen hat er angefangen, mir seine Geschichte zu erzählen. Er zögerte zuerst etwas. «Ich habe eine Dame gekannt ... es war sozusagen meine Geliebte.» Der Mann, mit dem er sich geprügelt hätte, wäre der Bruder dieser Frau. Er hat mir gesagt, er hätte sie ausgehalten. Ich habe nichts erwidert, und trotzdem hat er gleich hinzugefügt, er wüsste, was im Viertel geredet würde, er hätte aber ein reines Gewissen, und er wäre Lagerverwalter.

«Um zu meiner Geschichte zu kommen», hat er gesagt, «ich habe gemerkt, dass Betrug im Spiel war.» Er gab ihr gerade genug zum Leben. Er bezahlte selbst die Miete für ihr Zimmer und gab ihr zwanzig Francs am Tag für das Essen. «Dreihundert Francs das Zimmer, sechshundert Francs das Essen, ab und zu ein Paar Strümpfe, das machte tausend Francs. Und die gnädige Frau arbeitete nicht. Aber sie sagte mir, es wäre knapp, sie käme mit dem, was ich ihr gäbe, nicht aus. Dabei sagte ich ihr: ‹Warum arbeitest du nicht halbtags? Du würdest mich bei all diesen Kleinigkeiten sehr entlasten. Ich habe dir diesen Monat eine Garnitur gekauft, ich bezahle dir zwanzig Francs am Tag, ich bezahle deine Miete, und du, du trinkst nachmittags mit deinen Freundinnen Kaffee. Du schenkst ihnen den Kaffee und den Zucker. Ich schenke dir das Geld. Ich war anständig zu dir, und du dankst es mir so schlecht.› Aber sie arbeitete nicht, sie sagte immer, sie würde es nicht schaffen, und auf die Weise habe ich gemerkt, dass Betrug im Spiel war.»

Er hat mir dann erzählt, er hätte ein Lotterielos in ihrer Tasche gefunden, und sie hätte ihm nicht erklären können, wovon sie es gekauft hatte. Etwas später hätte er bei ihr «einen Beleg» des Leihhauses gefunden, der bewies, dass sie zwei Armbänder versetzt hatte. Bis dahin hätte er nichts von der Existenz dieser Armbänder gewusst. «Ich habe genau gemerkt, dass Betrug im Spiel war. Da habe ich sie verlassen. Aber erst mal habe ich sie versohlt. Und dann habe ich ihr die Meinung gesagt. Ich habe ihr gesagt, alles, was sie wollte, wäre Spaß mit ihrem Ding haben. Verstehen Sie, Monsieur Meursault, was ich ihr gesagt habe, war: ‹Du siehst nicht, dass dich alle um das

Glück beneiden, das ich dir schenke. Später wirst du das Glück erkennen, das du hattest.›»

Er hatte sie bis aufs Blut geschlagen. Vorher schlug er sie nicht. «Ich versohlte sie, aber liebevoll sozusagen. Sie schrie ein bisschen. Ich schloss die Fensterläden, und es endete wie immer. Aber jetzt ist es ernst. Und für mein Gefühl habe ich sie nicht genug bestraft.»

Er hat mir dann erklärt, dass er deswegen einen Rat brauchte. Er hat sich unterbrochen, um den Docht der Lampe zu regulieren, der rußte. Ich hörte ihm immer noch zu. Ich hatte fast einen Liter Wein getrunken, und mir war sehr heiß an den Schläfen. Ich rauchte Raymonds Zigaretten, weil ich keine mehr hatte. Die letzten Straßenbahnen fuhren vorbei und trugen die jetzt fernen Geräusche der Vorstadt mit sich. Raymond hat weitergeredet. Was ihn ärgerte, war, «dass er noch etwas für ihren Beischlaf übrig hatte». Aber er wollte sie bestrafen. Er hatte zuerst daran gedacht, sie in ein Hotel mitzunehmen und die «Sitte» zu rufen, um einen Skandal zu verursachen und ihr eine Registrierung einzuhandeln. Danach hatte er sich an Freunde gewandt, die er im Milieu hatte. Ihnen war nichts eingefallen. Und wie Raymond mir klarmachte, lohnte es sich doch wirklich, zum Milieu zu gehören. Er hatte es ihnen gesagt, und darauf hatten sie vorgeschlagen, sie zu «zeichnen». Aber das wollte er nicht. Er würde nachdenken. Vorher wollte er mich etwas fragen. Außerdem wollte er, bevor er es mich fragte, wissen, was ich zu dieser Geschichte meinte. Ich habe geantwortet, dass ich nichts dazu meinte, dass es aber interessant wäre. Er hat mich gefragt, ob ich dächte, dass Betrug im Spiel wäre, und mir schien es allerdings so, dass Betrug im Spiel war, ob ich fände, dass man sie bestrafen müsste, und was ich an seiner Stelle täte, ich habe gesagt, man könnte nie wissen, aber ich verstände, dass er sie bestrafen wollte. Ich habe noch etwas Wein getrunken. Er hat sich eine Zigarette angesteckt und hat mir seine Idee verraten. Er wollte ihr einen Brief schreiben «mit Gemeinheiten und gleichzeitig mit Sachen, dass sie es bereute». Danach, wenn sie zurückkäme, würde er mit ihr schlafen, «und genau in dem Moment, wenn sie so weit wäre», würde er ihr ins Gesicht spucken und sie hinauswerfen. Ich fand, dass sie auf diese Weise tatsächlich bestraft wäre. Aber Raymond hat mir gesagt, dass er sich nicht imstande fühlte, den nötigen Brief hinzukriegen, und dass er an mich gedacht hätte, ihn zu schreiben. Da ich nichts sagte, hat er mich gefragt, ob es mir lästig wäre, es gleich zu tun, und ich habe mit Nein geantwortet.

Er ist dann aufgestanden, nachdem er ein Glas Wein getrunken hat. Er hat die Teller und das bisschen kalte Blutwurst, das wir übrig gelassen hatten, weggeschoben. Er hat das Wachstuch auf dem Tisch sorgfältig abgewischt. Er hat aus einer Schublade seines Nachttischchens ein Blatt kariertes Papier, einen gelben Umschlag, einen kleinen Federhalter aus rotem Holz und ein viereckiges Tintenfass mit violetter Tinte geholt. Als er mir den Namen der Frau genannt hat, habe ich gemerkt, dass es eine Maurin war. Ich habe den Brief aufgesetzt. Ich habe ihn ein bisschen aufs Geratewohl geschrieben, aber ich habe mich bemüht, Raymond zufrieden zu stellen, weil ich keinen Grund hatte, ihn nicht zufrieden zu stellen. Dann habe ich den Brief vorgelesen. Er hat mir zugehört, und dabei rauchte er und nickte mit dem Kopf, dann hat er mich gebeten, ihn noch einmal zu lesen. Er war völlig zufrieden. Er hat gesagt: «Ich wusste doch, dass du das Leben kennst.» Ich habe zuerst nicht bemerkt, dass er mich duzte. Erst als er mir erklärt hat: «Jetzt bist du ein richtiger Kumpel», ist es mir aufgefallen. Er hat seinen Satz wiederholt, und ich habe «Ja» gesagt. Mir war es egal, sein Kumpel zu sein, und er sah wirklich so aus, als wäre er erpicht darauf. Er hat den Brief zugemacht, und wir haben den Wein ausgetrunken. Dann haben wir eine Weile geraucht, ohne etwas zu sagen. Draußen war alles ruhig, wir haben das Sausen eines vorbeifahrenden Autos gehört. Ich habe gesagt: «Es ist spät.» Raymond meinte das auch. Er hat angemerkt, dass die Zeit schnell verginge, und in gewisser Weise stimmte es. Ich war müde, aber es fiel mir schwer aufzustehen. Ich muss abgespannt ausgesehen haben, weil Raymond zu mir gesagt hat, man dürfte sich nicht gehen lassen. Zuerst habe ich nicht verstanden. Er hat mir dann erklärt, dass er von Mamas Tod gehört hätte, dass es aber etwas wäre, was irgendwann kommen musste. Das war auch meine Meinung.

Ich bin aufgestanden, Raymond hat mir sehr fest die Hand gedrückt und gesagt, unter Männern verstände man sich immer. Beim Hinausgehen habe ich die Tür zugemacht und bin einen Moment im Dunkeln auf dem Treppenabsatz stehen geblieben. Das Haus war still, und aus den Tiefen des Treppenhauses stieg ein kaum spürbarer feuchter Hauch auf. Ich hörte nur das Pulsieren meines Blutes, das in meinen Ohren pochte. Ich habe mich nicht gerührt. Aber im Zimmer des alten Salamano hat der Hund dumpf gewinselt.

IV

Ich habe die ganze Woche fleißig gearbeitet. Raymond ist gekommen und hat mir gesagt, er hätte den Brief abgeschickt. Ich bin zweimal mit Emmanuel ins Kino gegangen, der nicht immer versteht, was auf der Leinwand geschieht. Man muss es ihm dann erklären. Gestern war Sonnabend, und Marie ist gekommen, wie wir verabredet hatten. Ich hatte große Lust auf sie, weil sie ein schönes Kleid mit rot-weißen Streifen und Ledersandalen anhatte. Man ahnte ihre straffen Brüste, und die Sonnenbräune gab ihr das Gesicht einer Blume. Wir haben einen Bus genommen und sind ein paar Kilometer aus Algier hinausgefahren, an einen zwischen Felsen eingeengten und landwärts von Schilf gesäumten Strand. Die Vieruhrsonne war nicht sehr heiß, aber das Wasser war warm, mit langen und trägen kleinen Wellen. Marie hat mir ein Spiel beigebracht. Man musste beim Schwimmen vom Kamm der Wellen Schaum trinken, ihn im Mund ansammeln und sich auf den Rücken legen, um ihn in den Himmel zu spritzen. So entstand ein sprühender Spitzenschleier, der in der Luft zerstäubte oder mir als warmer Regen wieder aufs Gesicht fiel. Aber nach einiger Zeit brannte mein Mund von der Schärfe des Salzes. Marie ist dann zu mir geschwommen und hat sich im Wasser an mich geschmiegt. Sie hat ihren Mund auf meinen gedrückt. Ihre Zunge erfrischte meine Lippen, und wir haben uns eine Zeit lang in den Wellen herumgewälzt.

Als wir uns am Strand wieder angezogen haben, sah Marie mich mit glänzenden Augen an. Ich habe sie geküsst. Von dem Moment an haben wir nicht mehr gesprochen. Ich habe sie an mich gedrückt gehalten, und wir hatten es eilig, einen Bus zu erreichen, zurückzufahren, zu mir zu gehen und uns auf mein

Bett zu werfen. Ich hatte mein Fenster offen gelassen, und es war schön, die Sommernacht über unsere braunen Körper fließen zu fühlen.

An diesem Morgen ist Marie geblieben, und ich habe ihr gesagt, wir würden zusammen zu Mittag essen. Ich bin Fleisch einkaufen gegangen. Als ich zurückkam, habe ich in Raymonds Zimmer eine Frauenstimme gehört. Etwas später hat der alte Salamano mit seinem Hund geschimpft, wir haben das Geräusch von Schuhsohlen und Krallen auf den hölzernen Treppenstufen gehört und dann: «Du Biest, du Aas», und sie sind auf die Straße hinausgegangen. Ich habe Marie die Geschichte des Alten erzählt, und sie hat gelacht. Sie trug einen meiner Schlafanzüge, dessen Ärmel sie aufgekrempelt hatte. Als sie gelacht hat, bekam ich wieder Lust auf sie. Kurz darauf hat sie mich gefragt, ob ich sie liebte. Ich habe geantwortet, dass das nichts hieße, dass es mir aber nicht so schiene. Sie hat traurig ausgesehen. Aber während des Kochens und wegen nichts hat sie wieder so gelacht, dass ich sie geküsst habe. Genau in dem Moment ist bei Raymond ein lautstarker Streit ausgebrochen.

Man hat zuerst eine schrille Frauenstimme gehört und dann Raymond, der sagte: «Du hast mich beleidigt, du hast mich beleidigt. Ich werd dir zeigen, mich zu beleidigen.» Ein paar dumpfe Geräusche, und die Frau hat geheult, aber so schrecklich, dass der Treppenabsatz sofort voller Leute war. Marie und ich sind auch hinausgegangen. Die Frau schrie immer noch, und Raymond schlug immer noch. Marie hat zu mir gesagt, das wäre schrecklich, und ich habe nichts geantwortet. Sie hat mich gebeten, einen Polizisten zu holen, aber ich habe gesagt, dass ich Polizisten nicht mag. Trotzdem ist einer mit dem Mieter aus dem zweiten Stock gekommen, der Klempner ist. Er hat an die Tür geklopft, und man hat nichts gehört. Er hat lauter geklopft, und nach einer Weile hat die Frau geweint, und Raymond hat aufgemacht. Er hatte eine Zigarette im Mund und eine zuckersüße Miene. Das Mädchen ist zur Tür gestürzt und hat dem Polizisten erklärt, Raymond hätte sie geschlagen. «Dein Name», hat der Polizist gesagt. Raymond hat geantwortet. «Nimm die Zigarette aus dem Mund, wenn du mit mir sprichst», hat der Polizist gesagt. Raymond hat gezögert, hat mich angesehen und an seiner Zigarette gezogen. Da hat der Polizist ihm mit voller Wucht eine saftige, feste Ohrfeige mitten auf die Wange gegeben. Die Zigarette ist ein paar Meter weiter zu Boden gefallen. Raymond hat die Farbe gewechselt, aber zuerst einmal hat er nichts gesagt, und dann hat er unterwürfig gefragt, ob er seine Kippe aufheben dürfte. Der Polizist hat erklärt, er dürfte, und hat hinzugefügt: «Aber beim nächsten Mal weißt du, dass ein Polizist kein Hanswurst ist.» Währenddessen weinte das Mädchen, und es hat wiederholt: «Er hat mich verprügelt. Das ist ein Zuhälter.» – «Herr Polizist», hat Raymond da gefragt, «ist das denn gesetzlich erlaubt, Zuhälter zu einem Mann zu sagen?» Aber der Polizist hat ihm befohlen, «die Schnauze zu halten». Raymond hat sich dann zu dem Mädchen umgedreht und hat gesagt: «Warte nur, Kleine, wir sehen uns wieder.» Der Polizist hat «Schnauze» zu ihm gesagt, dass das Mädchen gehen und er in seinem Zimmer bleiben sollte, bis er auf das Kommissariat vorgeladen würde. Er hat hinzugefügt, Raymond sollte sich schämen, so besoffen zu sein, dass er dermaßen zitterte. Da hat Raymond ihm erklärt: «Ich bin nicht besoffen, Herr Polizist. Bloß, ich stehe hier vor Ihnen, und ich zittere, das ist unvermeidlich.» Er hat seine Tür zugemacht, und alle Leute sind gegangen. Marie und ich haben das Mittagessen fertig zubereitet. Aber sie hatte keinen Hunger, ich habe fast alles allein gegessen. Sie ist um ein Uhr gegangen, und ich habe ein bisschen geschlafen.

Gegen drei Uhr hat es an meiner Tür geklopft, und Raymond ist hereingekommen. Ich bin liegen geblieben. Er hat sich auf meine Bettkante gesetzt. Er hat eine Weile ohne zu reden dagesessen, und ich habe ihn gefragt, wie seine Sache gelaufen wäre. Er hat mir erzählt, er hätte getan, was er wollte, dass sie ihm aber eine Ohrfeige gegeben und er sie dann geschlagen hätte. Das Übrige hätte ich ja gesehen. Ich habe gesagt, mir schiene, dass sie jetzt bestraft wäre und er zufrieden sein müsste. Das war auch seine Meinung, und er hat angemerkt, dass der Polizist sich noch so sehr bemühen könnte, die Prügel hätte sie jedenfalls weg. Er hat hinzugefügt, er würde Polizisten gut kennen und er wüsste, wie man mit ihnen umgehen muss. Er hat dann gefragt, ob ich erwartet hätte, dass er die Ohrfeige des Polizisten erwiderte. Ich habe geantwortet, dass ich überhaupt nichts erwartet hätte und dass ich außerdem Polizisten nicht leiden könnte. Raymond hat sehr zufrieden gewirkt. Er hat gefragt, ob ich mit ihm ausgehen wollte. Ich bin aufgestanden und habe angefangen, mich zu kämmen. Er hat gesagt, ich müsste mich ihm als Zeuge zur Verfügung stellen. Mir war das egal, aber ich wusste nicht, was ich sagen sollte. Laut Raymond genügte es, zu erklären, dass das Mädchen ihn beleidigt hätte. Ich habe eingewilligt, mich ihm als Zeuge zur Verfügung zu stellen.

Wir sind in ein Lokal gegangen, und Raymond hat mir einen Cognac spendiert. Dann wollte er eine Partie Billard spielen, und ich habe knapp verloren. Danach wollte er ins Bordell gehen, aber ich habe nein gesagt, weil ich das nicht mag. Also sind wir nach Hause geschlendert, und er sagte mir, wie froh er wäre, dass es ihm gelungen war, seine Geliebte zu bestrafen. Ich fand ihn sehr nett mir gegenüber und habe gedacht, dass es angenehm mit ihm war.

Von weitem habe ich auf der Türschwelle den alten Salamano gesehen, der aufgeregt wirkte. Als wir näher gekommen sind, habe ich gemerkt, dass sein Hund nicht bei ihm war. Er schaute nach allen Seiten, drehte sich um sich selbst, versuchte das Dunkel des Hausflurs zu durchdringen, murmelte zusammenhanglose Wörter und begann von neuem die Straße mit seinen kleinen roten Augen abzusuchen. Als Raymond ihn fragte, was er hätte, hat er nicht gleich geantwortet. Ich habe undeutlich gehört, dass er «Biest, Aas» murmelte, und er bewegte sich weiter aufgeregt herum. Ich habe ihn gefragt, wo sein Hund wäre. Er hat schroff geantwortet, er wäre weg. Und dann auf einmal sprudelte es aus ihm hervor: «Ich habe ihn zum Champ de Manœuvres mitgenommen, wie gewöhnlich. Es war viel Betrieb rings um die Jahrmarktsbuden. Ich bin stehen geblieben, um mir den ‹Entfesselungskönig› anzusehen. Und als ich weitergehen wollte, war er nicht mehr da. Natürlich, ich wollte ihm schon lange ein engeres Halsband kaufen. Aber ich hätte nie gedacht, dass dieses Aas einfach so weglaufen könnte.»

Raymond hat ihm dann erklärt, dass der Hund sich verlaufen haben könnte und dass er zurückkommen würde. Er hat ihm Beispiele von Hunden genannt, die zig Kilometer gelaufen waren, um ihren Herrn wieder zu finden. Trotzdem hat der Alte noch aufgeregter gewirkt. «Aber sie werden ihn mir wegnehmen, verstehen Sie. Wenn ihn wenigstens jemand aufnehmen würde. Aber das ist ausgeschlossen, er ekelt alle an, mit seinem Schorf. Die Polizisten werden ihn mir wegnehmen, das ist sicher.» Ich habe ihm darauf gesagt, er sollte zum Pfandstall gehen, und gegen Zahlung einer Gebühr würde man ihn ihm zurückgeben. Er hat mich gefragt, ob diese Gebühr hoch wäre. Ich wusste es nicht. Da ist er in Wut geraten: «Auch noch Geld für dieses Aas hinlegen. Ha, soll er doch krepieren!» Und er hat angefangen, ihn zu beschimpfen. Raymond hat gelacht und ist ins Haus gegangen. Ich bin ihm gefolgt, und wir haben uns oben auf dem Treppenabsatz verabschiedet. Nach einer Weile habe ich den Schritt des Alten gehört, und er hat an meine Tür geklopft. Als ich aufgemacht habe, ist er einen Moment auf der Schwelle stehen geblieben und hat gesagt: «Verzeihen Sie, verzeihen Sie.» Ich habe ihn hereingebeten, aber er wollte nicht. Er blickte auf seine Schuhspitzen, und seine grindigen Hände zitterten. Ohne mich anzusehen, hat er gefragt: «Sie werden ihn mir doch nicht wegnehmen, oder, Monsieur Meursault? Sie werden ihn mir zurückgeben. Was soll sonst aus mir werden?» Ich habe ihm gesagt, der Pfandstall hielte die Hunde drei Tage für ihre Besitzer bereit, und dann würde er mit ihnen machen, was ihm beliebte. Er hat mich schweigend angesehen. Dann hat er «Gute Nacht» gesagt. Er hat seine Tür zugemacht, und ich habe ihn hin und her gehen hören. Sein Bett hat gequietscht. Und an dem eigentümlichen leisen Geräusch, das durch die Zwischenwand drang, habe ich erkannt, dass er weinte. Ich weiß nicht, warum ich an Mama gedacht habe. Aber ich musste am nächsten Tag früh aufstehen. Ich hatte keinen Hunger und bin ohne Abendessen ins Bett gegangen.

V

Raymond hat mich im Büro angerufen. Er hat mir gesagt, einer seiner Freunde (er hatte ihm von mir erzählt) lüde mich ein, den ganzen Sonntag in seinem Strandhaus in der Nähe von Algier zu verbringen. Ich habe geantwortet, das täte ich gern, aber ich hätte für den Tag einer Freundin zugesagt. Raymond hat mir sofort erklärt, dass er sie auch einlüde. Die Frau seines Freundes würde heilfroh sein, wenn sie nicht allein unter lauter Männern wäre.

Ich wollte gleich auflegen, weil ich weiß, dass der Chef es nicht mag, wenn wir von auswärts angerufen werden. Aber Raymond hat mich gebeten zu warten und hat gesagt, er hätte diese Einladung auch am Abend an mich weitergeben können, er wolle mir aber noch etwas anderes mitteilen. Er wäre den ganzen Tag von einer Gruppe von Arabern verfolgt worden, unter denen sich der Bruder seiner ehemaligen Geliebten befand. «Wenn du heute abend nach Hause kommst und ihn in der Nähe siehst, sag mir Bescheid.» Ich habe gesagt, das ginge in Ordnung.

Kurz darauf hat der Chef mich rufen lassen, und ich war erst einmal verärgert, weil ich gedacht habe, er würde mir sagen, ich sollte weniger telefonieren und besser arbeiten. Das war es aber gar nicht. Er hat mir erklärt, er wollte mit mir über ein noch sehr vages Projekt sprechen. Er wollte nur meine Meinung dazu wissen. Er hätte die Absicht, in Paris ein Büro zu eröffnen, das seine Geschäfte mit den großen Firmen an Ort und Stelle und direkt führen sollte, und er wollte wissen, ob ich bereit wäre hinzugehen. Das würde es mir ermöglichen, in Paris zu leben und auch einen Teil des Jahres zu reisen. «Sie sind jung, und mir scheint, es ist ein Leben, das Ihnen gefallen muss.» Ich habe ja gesagt, dass es mir im Grunde aber egal wäre. Da hat er mich gefragt, ob mich eine Änderung in meinem Leben nicht reizen würde. Ich habe geantwortet, dass man sein Leben nie ändere, dass eins so gut wie das andere wäre und dass mein Leben hier mir keineswegs missfiele. Er hat ein unzufriedenes Gesicht gemacht, hat gesagt, ich würde immer ausweichend antworten, ich hätte keinen Ehrgeiz, und das wäre im Geschäftsleben katastrophal. Ich bin dann wieder an meine Arbeit gegangen. Es wäre mir lieber gewesen, ihm keinen Anlass zur Unzufriedenheit zu geben, aber ich sah keinen Grund, mein Leben zu ändern. Wenn ich recht darüber nachdachte, war ich nicht unglücklich. Als ich studierte, hatte ich viele derartige Ambitionen. Aber als ich mein Studium aufgeben musste, ist mir sehr schnell klar geworden, dass das alles ohne wirklichen Belang ist.

Abends hat Marie mich abgeholt und hat mich gefragt, ob ich sie heiraten wollte. Ich habe gesagt, das wäre mir egal, und wir könnten es tun, wenn sie es wollte. Sie hat dann wissen wollen, ob ich sie liebte. Ich habe geantwortet wie schon einmal, dass das nichts heißen wollte, dass ich sie aber zweifellos nicht liebte. «Warum willst du mich dann heiraten?», hat sie gesagt. Ich habe ihr erklärt, dass das völlig belanglos wäre und dass wir, wenn sie es wünschte, heiraten könnten. Im Übrigen wäre sie es, die fragte, und ich würde lediglich ja sagen. Sie hat dann zu bedenken gegeben, dass die Ehe eine ernste Sache wäre. Ich habe «Nein» geantwortet. Sie hat eine Weile geschwiegen und mich stumm angesehen. Dann hat sie geredet. Sie wollte nur wissen, ob ich den gleichen Vorschlag auch von einer anderen Frau angenommen hätte, mit der ich auf die gleiche Weise verbunden wäre. Ich habe «Natürlich» gesagt. Da hat sie sich gefragt, ob sie mich liebte, und ich konnte dazu nichts sagen. Nach einem weiteren Moment des Schweigens hat sie gemurmelt, dass ich seltsam wäre, dass sie mich wahrscheinlich deswegen liebte, dass ich ihr aber vielleicht eines Tages aus ebendiesen Gründen zuwider sein würde. Da ich schwieg, weil ich nichts hinzuzufügen hatte, nahm sie mich lächelnd beim Arm und erklärte, sie wollte mich heiraten. Ich habe geantwortet, wir täten es, sobald sie wollte. Ich habe ihr dann vom Vorschlag des Chefs erzählt, und Marie hat gesagt, sie würde Paris gern kennen lernen. Sie erfuhr von mir, dass ich früher einmal dort gelebt hatte, und sie hat mich gefragt, wie es wäre. Ich habe gesagt: «Es ist schmutzig. Es gibt Tauben und finstere Höfe. Die Leute sind ganz blass.»

Dann sind wir auf den Hauptstraßen quer durch die Stadt gegangen. Die Frauen waren schön, und ich habe Marie gefragt, ob es ihr auffiele. Sie hat ja gesagt und dass sie mich verstände. Eine Zeit lang haben wir nicht mehr gesprochen. Ich wollte jedoch, dass sie bei mir blieb, und habe ihr gesagt, wir könnten zusammen bei Céleste zu Abend essen. Sie hatte große Lust dazu, aber sie hatte zu tun. Wir waren in der Nähe meiner Wohnung, und ich habe ihr auf Wiedersehen gesagt. Sie hat mich angesehen: «Willst du nicht wissen, was ich zu tun habe?» Ich wollte es gern wissen, aber ich hatte nicht daran gedacht, und ebendas schien sie mir vorzuwerfen. Bei meinem betretenen Gesicht hat sie dann wieder gelacht und hat sich mir mit dem ganzen Körper zugewandt, um mir ihren Mund anzubieten.

Ich habe bei Céleste zu Abend gegessen. Ich hatte schon angefangen, als eine seltsame kleine Frau hereinkam, die mich gefragt hat, ob sie sich an meinen Tisch setzen dürfte. Natürlich durfte sie das. Sie hatte ruckartige Bewegungen und glänzende Augen in einem kleinen Apfelgesicht. Sie hat ihre Jacke abgelegt, hat sich hingesetzt und fieberhaft die Speisekarte studiert. Sie hat Céleste gerufen und mit zugleich präziser und hastiger Stimme alle Gänge auf einmal bestellt. Während sie auf die Vorspeise wartete, hat sie ihre Handtasche geöffnet, hat einen kleinen Zettel und einen Bleistift herausgeholt, hat im Voraus die Rechnung zusammengezählt, hat dann aus einer Westentasche den genauen Betrag zuzüglich Trinkgeld genommen, den sie vor sich hin gelegt hat. In diesem Moment ist ihr die Vorspeise gebracht worden, die sie in Windeseile hinuntergeschlungen hat. Während sie auf den nächsten Gang wartete, hat sie wieder einen blauen Stift und eine Zeitschrift mit dem Rundfunkprogramm der Woche aus ihrer Tasche gezogen. Mit großer Sorgfalt hat sie nacheinander fast alle Sendungen angekreuzt. Da die Zeitschrift etwa zwölf Seiten hatte, hat sie diese Arbeit während des ganzen Essens pingelig fortgesetzt. Ich war schon fertig, als sie mit demselben Eifer noch immer ankreuzte. Dann ist sie aufgestanden, hat mit den gleichen roboterhaft präzisen Bewegungen ihre Jacke wieder angezogen und ist gegangen. Da ich nichts zu tun hatte, bin ich auch gegangen und bin ihr eine Weile gefolgt. Sie hatte sich auf den Bordstein begeben und ging mit unglaublicher Geschwindigkeit und Sicherheit ihren Weg, ohne abzuweichen und ohne sich umzudrehen. Ich habe sie schließlich aus den Augen verloren und bin umgekehrt. Ich habe gedacht, dass sie absonderlich wäre, aber ich habe sie ziemlich schnell vergessen.

Vor meiner Tür habe ich den alten Salamano angetroffen. Ich habe ihn hereingebeten, und er hat mir mitgeteilt, sein Hund wäre verloren, denn er wäre nicht im Pfandstall. Die Angestellten hätten ihm gesagt, er wäre vielleicht überfahren worden. Er hätte gefragt, ob er es nicht auf den Polizeirevieren erfahren könnte. Man hätte ihm geantwortet, dass solche Sachen nicht registriert würden, weil sie täglich vorkommen. Ich habe dem alten Salamano gesagt, er könnte doch einen anderen Hund haben, aber er hat mich zu Recht darauf hingewiesen, dass er an diesen gewöhnt wäre.

Ich hockte auf meinem Bett, und Salamano hatte sich auf einen Stuhl am Tisch gesetzt. Er saß mir gegenüber und hatte die Hände auf den Knien. Er hatte seinen alten Filzhut aufbehalten. Er murmelte Halbsätze unter seinem gelb verfärbten Schnurrbart hervor. Er langweilte mich ein bisschen, aber ich hatte nichts zu tun und war nicht müde. Um etwas zu sagen, habe ich ihn über seinen Hund ausgefragt. Er hat mir gesagt, er hätte ihn nach dem Tod seiner Frau bekommen. Er hätte ziemlich spät geheiratet. In seiner Jugend hätte er Lust gehabt, Schauspieler zu werden: Beim Militär hätte er in Soldatenschwänken mitgewirkt. Aber schließlich wäre er zur Eisenbahn gegangen, und er bereute es nicht, weil er jetzt eine kleine Rente hätte. Er wäre mit seiner Frau nicht glücklich gewesen, aber im Ganzen hätte er sich gut an sie gewöhnt. Als sie gestorben wäre, hätte er sich sehr einsam gefühlt. Da hätte er einen Kameraden in der Werkstatt um einen Hund gebeten und hätte diesen sehr jung bekommen. Er hätte ihn mit der Flasche aufziehen müssen. Doch da ein Hund ein kürzeres Leben hat als ein Mensch, wären sie schließlich zusammen alt geworden. «Er hatte einen schlechten Charakter», hat Salamano gesagt. «Ab und zu gerieten wir aneinander. Aber er war trotzdem ein guter Hund.» Ich habe gesagt, er hätte Rasse gehabt, und Salamano hat erfreut ausgesehen. «Und dabei haben Sie ihn nicht vor seiner Krankheit gekannt», hat er hinzugefügt. «Das Fell war das Schönste an ihm.» Seit er diese Hautkrankheit hatte, schmierte Salamano ihn jeden Abend und jeden Morgen mit Salbe ein. Aber seiner Ansicht nach war seine wahre Krankheit das Alter, und das Alter kann man nicht heilen.

In dem Moment habe ich gegähnt, und der Alte hat mir angekündigt, dass er gleich ginge. Ich habe ihm gesagt, dass er bleiben könnte und dass es mir Leid täte, was mit seinem Hund passiert wäre: Er hat mir gedankt. Er hat gesagt, Mama hätte seinen Hund sehr gern gemocht. Er sprach von ihr als «Ihrer armen Mutter». Er hat die Vermutung geäußert, ich müsste sehr unglücklich sein, seit Mama tot wäre, und ich habe nichts geantwortet. Er hat mir dann, sehr schnell und verlegen, gesagt, er wüsste, dass man im Viertel eine schlechte Meinung von mir hätte, weil ich meine Mutter ins Heim gebracht hätte, aber er würde mich kennen und er wüsste, dass ich Mama sehr liebte. Ich habe geantwortet, ich weiß noch immer nicht, warum, ich hätte bis jetzt nicht gewusst, dass man deswegen eine schlechte Meinung von mir hätte, dass das Heim mir aber als eine natürliche Sache erschienen wäre, da ich nicht genug Geld hätte, Mama pflegen zu lassen. «Außerdem», habe ich hinzugefügt, «hatte sie mir seit langem nichts zu sagen und langweilte sich ganz allein.» – «Ja, und im Heim findet man wenigstens Freunde», hat er gesagt. Dann hat er sich entschuldigt. Er wollte schlafen. Sein Leben hätte sich jetzt verändert, und er wüsste nicht so recht, was er tun sollte. Zum ersten Mal, seit ich ihn kannte, hat er mir mit einer verstohlenen Geste die Hand gegeben, und ich habe seine Hautschuppen gefühlt. Er hat ein wenig gelächelt und hat, bevor er ging, zu mir gesagt: «Ich hoffe, die Hunde bellen heute Nacht nicht. Ich denke immer, es ist meiner.»

VI

Am Sonntag hatte ich Mühe aufzuwachen, und Marie musste mich rufen und schütteln. Wir haben nicht gegessen, weil wir früh baden wollten. Ich fühlte mich völlig leer und hatte ein bisschen Kopfschmerzen. Meine Zigarette schmeckte bitter. Marie hat sich über mich lustig gemacht, weil sie sagte, ich hätte «eine Leichenbittermiene». Sie hatte ein weißes Leinenkleid an und trug das Haar offen. Ich habe ihr gesagt, sie wäre schön, und sie hat vor Freude gelacht.

Im Hinuntergehen haben wir an Raymonds Tür geklopft. Er hat uns geantwortet, er käme herunter. Wegen meiner Müdigkeit und auch weil wir die Jalousien nicht geöffnet hatten, hat mich auf der Straße das schon sonnenpralle Tageslicht wie eine Ohrfeige getroffen. Marie hüpfte vor Freude und sagte unaufhörlich, wie schön das Wetter wäre. Ich habe mich besser gefühlt und habe gemerkt, dass ich Hunger hatte. Ich habe es Marie gesagt, die mir ihre Wachstuchtasche zeigte, in die sie unsere beiden Badeanzüge und ein Handtuch gesteckt hatte. Mir blieb nichts anderes übrig, als zu warten, und wir hörten, wie Raymond seine Tür schloss. Er trug eine blaue Hose und ein weißes Hemd mit kurzen Ärmeln. Aber er hatte einen flachen Strohhut aufgesetzt, worüber Marie lachen musste, und seine Unterarme waren unter den schwarzen Härchen sehr weiß. Es hat mich ein bisschen abgestoßen. Er pfiff beim Hinuntergehen und sah sehr zufrieden aus. Er hat «Salut, alter Junge» zu mir gesagt und hat Marie «Mademoiselle» genannt.

Am Tag zuvor waren wir auf das Kommissariat gegangen, und ich hatte bezeugt, dass das Mädchen Raymond «in seiner Ehre verletzt» hätte. Er ist mit einer Verwarnung davongekommen. Meine Behauptung wurde nicht überprüft. Vor der

Haustür haben Raymond und ich darüber gesprochen, dann haben wir beschlossen, den Bus zu nehmen. Es war nicht weit bis zum Strand, aber so würden wir schneller hinkommen. Raymond meinte, sein Freund würde sich freuen, wenn wir früh kämen. Wir wollten gerade gehen, als Raymond mir auf einmal einen Wink gegeben hat, auf die andere Straßenseite zu schauen. Ich habe eine Gruppe von Arabern gesehen, die an das Schaufenster des Tabakladens gelehnt standen. Sie sahen uns schweigend an, aber auf ihre Weise, nicht anders, als wenn wir Steine oder abgestorbene Bäume wären. Raymond hat mir gesagt, der zweite von links wäre sein Mann, und er sah besorgt aus. Er hat hinzugefügt, die Sache wäre jetzt aber erledigt. Marie verstand nicht so recht und hat gefragt, was los wäre. Ich habe ihr gesagt, dass das Araber wären, die es auf Raymond abgesehen hätten. Sie wollte, dass wir sofort gingen. Raymond hat sich gereckt, hat gelacht und gesagt, wir müssten uns beeilen.

Wir sind zur Bushaltestelle gegangen, die ein Stück weiter war, und Raymond hat mich darauf aufmerksam gemacht, dass die Araber uns nicht folgten. Ich habe mich umgedreht. Sie standen immer noch am selben Fleck und betrachteten mit derselben Gleichgültigkeit die Stelle, die wir gerade verlassen hatten. Wir haben den Bus genommen. Raymond, der ganz erleichtert wirkte, scherzte unaufhörlich mit Marie. Ich habe gemerkt, dass sie ihm gefiel, aber sie ging fast nicht auf ihn ein. Ab und zu sah sie ihn lachend an.

Wir sind im Außenbezirk von Algier ausgestiegen. Der Strand ist nicht weit von der Bushaltestelle entfernt. Aber wir mussten über ein kleines Plateau gehen, das über dem Meer liegt und dann zum Strand hin abfällt. Es war übersät mit gelblichen Steinen und Affodillen, die schneeweiß gegen das schon grelle Blau des Himmels standen. Marie machte sich einen Spaß daraus, die Blüten durch heftige Schläge mit ihrer Wachstuchtasche zu entblättern. Wir sind zwischen Reihen kleiner Villen mit grünen oder weißen Zäunen entlanggelaufen, von denen manche mit ihren Veranden von den Tamarisken überwuchert waren, andere nackt inmitten der Steine standen. Bevor man an den Rand des Plateaus kam, konnte man schon das unbewegte Meer und weiter entfernt ein im klaren Wasser schlummerndes, wuchtiges Kap sehen. Ein leises Motorengeräusch ist in der stillen Luft bis zu uns hinaufgedrungen. Und wir haben sehr weit draußen einen kleinen Schleppnetzdampfer gesehen, der sich unmerklich auf dem glänzenden Meer vorwärts bewegte. Marie hat ein paar Felslilien gepflückt. Von dem Abhang aus, der sich zum Meer herabsenkte, haben wir gesehen, dass schon einige Badende da waren.

Raymonds Freund bewohnte eine kleine Holzhütte am äußersten Ende des Strandes. Das Haus war hinten gegen Felsen gebaut, und die Pfähle, die es an der Vorderseite stützten, standen schon im Wasser. Raymond hat uns vorgestellt. Sein Freund hieß Masson. Er war ein großer Kerl, massig in der Statur und in den Schultern, mit einer runden und freundlichen kleinen Frau mit Pariser Akzent. Er hat uns sofort gesagt, wir sollten es uns bequem machen und es gäbe gebratene Fische, die er am Morgen gefangen hätte. Ich habe ihm gesagt, wie hübsch ich sein Haus fände. Er erzählte, dass er den Samstag, den Sonntag und alle seine Urlaubstage hier verbrächte. «Mit meiner Frau kommt man gut aus», hat er hinzugefügt. Gerade da lachte seine Frau mit Marie. Zum ersten Mal vielleicht habe ich wirklich gedacht, dass ich heiraten würde.

Masson wollte baden, aber seine Frau und Raymond wollten nicht mitkommen. Wir drei sind hinuntergegangen, und Marie hat sich gleich ins Wasser gestürzt. Masson und ich haben ein wenig gewartet. Er sprach langsam, und ich habe bemerkt, dass er die Angewohnheit hatte, alles, was er von sich gab, mit einem «und ich würde sogar sagen» zu ergänzen, auch wenn er eigentlich der Aussage seines Satzes nichts hinzufügte. Über Marie hat er mir gesagt: «Sie ist toll, und ich würde sogar sagen reizend.» Dann habe ich diesen Tick nicht mehr beachtet, weil ich mit dem Empfinden beschäftigt war, dass die Sonne mir gut tat. Der Sand begann sich unter den Füßen zu erwärmen. Ich habe meine Lust auf das Wasser noch hingezogen, aber schließlich habe ich zu Masson gesagt: «Gehen wir rein?» Ich bin hineingetaucht. Er ist langsam ins Wasser gegangen und hat sich erst hineingestürzt, als er keinen Grund mehr unter den Füßen hatte. Er schwamm in Brustlage und ziemlich schlecht, sodass ich ihn allein gelassen habe, um Marie einzuholen. Das Wasser war kalt, und ich war froh zu schwimmen. Marie und ich sind weit hinausgeschwommen, und wir fühlten uns eins in unseren Bewegungen und in unserer Freude.

Im offenen Meer haben wir den toten Mann gemacht, und die Sonne beseitigte auf meinem dem Himmel zugewandten Gesicht den letzten Wasserfilm, der mir in den Mund rann. Wir haben gesehen, dass Masson zum Strand zurückschwamm und sich in die Sonne legte. Von weitem wirkte er hünenhaft. Marie wollte, dass wir zusammen schwammen. Ich habe mich hinter sie bewegt, um sie um die Taille zu fassen, und sie schwamm nur mit den Armen vorwärts, während ich ihr half, indem ich mit den Füßen schlug. Das leichte Klatschen des Wassers hat uns in den Vormittag begleitet, bis ich mich erschöpft fühlte. Da habe ich Marie losgelassen und bin in gleichmäßigen Stößen und tief atmend zurückgeschwommen. Am Strand habe ich mich bäuchlings neben Masson ausgestreckt und habe das Gesicht in den Sand gelegt. Ich habe zu ihm gesagt, dass «es gut täte», und er war der gleichen Meinung. Kurz darauf ist Marie gekommen. Ich habe mich umgedreht, um ihr zuzusehen, wie sie auf mich zuging. Sie war ganz klebrig vor Salzwasser und hielt ihr Haar nach hinten. Sie hat sich dicht neben mich gelegt, und die Wärme ihres Körpers und die der Sonne haben mich ein bisschen einschlafen lassen.

Marie hat mich gerüttelt und hat gesagt, Masson wäre ins Haus hinaufgegangen, wir müssten essen. Ich bin sofort aufgestanden, weil ich Hunger hatte, aber Marie hat gesagt, ich hätte sie seit dem Morgen nicht geküsst. Das stimmte, und dabei hatte ich Lust dazu. «Komm mit ins Wasser», hat sie gesagt.

Wir sind gelaufen, um uns in die ersten kleinen Wellen zu legen. Wir sind ein paar Züge geschwommen, und sie hat sich an mich gepresst. Ich habe ihre Beine um meine gefühlt und habe sie begehrt.

Als wir zurückkamen, hat Masson schon gerufen. Ich habe gesagt, ich hätte großen Hunger, und er hat seiner Frau gleich verkündet, dass ich ihm gefiele. Das Brot war gut, ich habe meine Portion Fisch verschlungen. Dann gab es Fleisch und Pommes frites. Wir aßen alle, ohne zu sprechen. Masson trank oft Wein und goss mir ständig nach. Beim Kaffee hatte ich einen etwas schweren Kopf und habe viel geraucht. Masson, Raymond und ich haben erwogen, den August zusammen am Strand zu verbringen, auf gemeinsame Kosten. Marie hat auf einmal gesagt: «Wisst ihr, wie viel Uhr es ist? Es ist halb zwölf.» Wir waren alle erstaunt, aber Masson hat gesagt, wir hätten sehr früh gegessen, und das wäre normal, weil die Zeit fürs Mittagessen die Zeit wäre, wo man Hunger hat. Ich weiß nicht, warum Marie darüber lachen musste. Ich glaube, sie hatte ein bisschen zu viel getrunken. Masson hat mich dann gefragt, ob ich mit ihm am Strand spazieren gehen wollte. «Meine Frau legt sich nach dem Essen immer hin. Ich mag das nicht. Ich muss laufen. Ich sage ihr immer, dass es gesünder ist. Aber schließlich ist es ihr Recht.» Marie hat erklärt, sie bliebe da, um Madame Masson beim Abwasch zu helfen. Die kleine Pariserin hat gesagt, deswegen müsste man die Männer hinauswerfen. Wir drei sind an den Strand hinuntergegangen.

Die Sonne fiel fast senkrecht auf den Sand, und ihr Glanz auf dem Meer war unerträglich. Es war kein Mensch mehr am Strand. Aus den Hütten, die am Rand des Plateaus über dem Meer standen, hörte man das Klappern von Tellern und von Besteck. Man atmete mit Mühe in der trockenen Hitze, die vom Boden aufstieg. Anfangs haben Raymond und Masson über Dinge und Leute geredet, die ich nicht kannte. Mir ist klar geworden, dass sie sich schon lange kannten und dass sie sogar irgendwann zusammengewohnt hatten. Wir sind ans Wasser gegangen und sind am Meer entlanggelaufen. Manchmal hat eine längere kleinere Welle unsere Segeltuchschuhe umspült. Ich dachte an nichts, weil diese Sonne auf meinem bloßen Kopf mich schläfrig gemacht hatte.

In dem Moment hat Raymond etwas zu Masson gesagt, was ich nicht recht verstanden habe. Aber ich habe gleichzeitig ganz am Ende des Strandes und sehr weit weg von uns zwei Araber in Blaumännern erblickt, die auf uns zukamen. Ich habe Raymond angesehen, und er hat zu mir gesagt: «Das ist er.» Wir sind weitergegangen. Masson hat gefragt, wie sie uns bis hierher hätten folgen können. Ich habe gedacht, dass sie gesehen haben mussten, wie wir mit einer Badetasche in den Bus stiegen, aber ich habe nichts gesagt.

Die Araber rückten langsam vor und waren schon viel näher. Wir haben unser Tempo nicht geändert, aber Raymond hat gesagt: «Wenn es eine Schlägerei gibt, nimmst du, Masson, den zweiten. Ich übernehme meinen Typ. Du, Meursault, wenn noch einer kommt, ist er für dich.» Ich habe «Ja» gesagt, und Masson hat die Hände in die Taschen gesteckt. Der überhitzte Sand erschien mir jetzt rot. Wir gingen mit gleich großen Schritten auf die Araber zu. Der Abstand zwischen uns hat sich stetig verringert. Als wir ein paar Schritte auseinander waren, sind die Araber stehen geblieben. Masson und ich haben unseren Schritt verlangsamt. Raymond ist schnurstracks auf seinen Typ zugegangen. Ich konnte nicht verstehen, was er zu ihm gesagt hat, aber der andere hat Anstalten gemacht, ihm einen Kopfstoß zu geben. Da hat Raymond ein erstes Mal zugeschlagen und hat sofort Masson gerufen. Masson ist auf den losgegangen, der ihm zugewiesen worden war, und hat zweimal mit voller Wucht zugeschlagen. Der Araber ist flach ins Wasser gefallen, mit dem Gesicht auf den Grund, und ist ein paar Sekunden so liegen geblieben, während rings um seinen Kopf Blasen an der Oberfläche platzten. Unterdessen hat auch Raymond zugeschlagen, und der andere hatte das Gesicht voll Blut. Raymond hat sich zu mir umgedreht und hat gesagt: «Gleich kannst du sehen, was der abbekommt.» Ich habe ihm zugerufen: «Vorsicht, er hat ein Messer!» Aber schon hatte Raymond einen Schnitt im Arm und einen aufgeschlitzten Mund.

Masson ist nach vorn gesprungen. Aber der andere Araber hatte sich wieder aufgerappelt und hat sich hinter den, der bewaffnet war, gestellt. Wir haben nicht gewagt, uns zu rühren. Sie sind langsam zurückgewichen, wobei sie uns unablässig ansahen und mit dem Messer in Schach hielten. Als sie merkten, dass sie genug Abstand hatten, sind sie sehr schnell davongelaufen, während wir wie angewurzelt in der Sonne stehen blieben und Raymond seinen bluttriefenden Arm festhielt.

Masson hat gleich gesagt, es gäbe einen Doktor, der seine Sonntage auf dem Plateau verbrächte. Raymond wollte gleich hingehen. Aber jedes Mal, wenn er sprach, bildete das Blut aus der Wunde Blasen in seinem Mund. Wir haben ihn gestützt und sind so schnell wie möglich zur Hütte zurückgekehrt. Dort hat Raymond gesagt, seine Verletzungen wären oberflächlich und er könnte zum Doktor gehen. Er hat sich mit Masson auf den Weg gemacht, und ich bin dageblieben, um den Frauen zu erklären, was passiert war. Madame Masson weinte, und Marie war sehr blass. Mir war das langweilig, es ihnen zu erklären. Ich habe schließlich geschwiegen und habe rauchend aufs Meer geschaut.

Gegen halb zwei ist Raymond mit Masson zurückgekommen. Er hatte den Arm verbunden und ein Pflaster auf dem Mundwinkel. Der Doktor hatte ihm gesagt, es wäre nicht schlimm, aber Raymond sah sehr düster aus. Masson hat versucht, ihn zum Lachen zu bringen. Aber er redete immer noch nicht. Als er gesagt hat, er ginge an den Strand hinunter, habe ich ihn gefragt, wohin er denn wollte. Er hat geantwortet, er wollte an die frische Luft. Masson und ich haben gesagt, wir würden ihn begleiten. Da ist er wütend geworden und hat uns beschimpft. Masson hat erklärt, man dürfte ihn nicht reizen. Ich bin ihm trotzdem gefolgt.

Wir sind lange am Strand entlanggegangen. Die Sonne

war jetzt drückend. Sie zerbrach auf dem Sand und auf dem Meer in Splitter. Ich hatte den Eindruck, dass Raymond wusste, wohin er ging, aber das war wohl falsch. Ganz am Ende des Strandes sind wir schließlich zu einer kleinen Quelle hinter einem großen Felsen gekommen, die durch den Sand floss. Dort sind wir auf unsere beiden Araber gestoßen. Sie lagen in ihrem öligen Blaumann da. Sie wirkten vollkommen ruhig und fast zufrieden. Unser Kommen hat nichts geändert. Der, der auf Raymond eingestochen hatte, sah ihn an, ohne etwas zu sagen. Der andere blies auf einer kleinen Flöte und wiederholte, während er uns aus dem Augenwinkel ansah, unentwegt die drei Töne, die er aus seinem Instrument herausholen konnte.

Während dieser ganzen Zeit war da nichts als die Sonne und diese Stille mit dem leisen Murmeln der Quelle und den drei Tönen. Dann hat Raymond die Hand an seine hintere Hosentasche geführt, aber der andere hat sich nicht gerührt, und sie sahen sich immer noch an. Ich habe bemerkt, dass der, der Flöte spielte, sehr weit auseinander stehende Zehen hatte. Aber ohne seinen Gegner aus den Augen zu lassen, hat Raymond mich gefragt: «Soll ich ihn abknallen?» Ich habe gedacht, dass er, wenn ich nein sagte, von ganz allein in Rage geraten und bestimmt schießen würde. Ich habe bloß gesagt: «Er hat noch nichts zu dir gesagt. Das würde gemein aussehen, einfach so zu schießen.» Man hat wieder das leise Geräusch des Wassers und der Flöte im Herzen der Stille und der Hitze gehört. Dann hat Raymond gesagt: «Also, ich beschimpfe ihn, und wenn er antwortet, knalle ich ihn ab.» Ich habe geantwortet: «Genau. Aber wenn er sein Messer nicht zieht, kannst du nicht schießen.» Raymond geriet allmählich etwas in Rage. Der andere spielte immer noch, und beide beobachteten jede Geste von Raymond. «Nein», habe ich zu Raymond gesagt. «Schlag dich mit ihm von Mann zu Mann und gib mir deinen Revolver. Wenn der andere eingreift oder wenn er sein Messer zieht, knalle ich ihn ab.»

Als Raymond mir seinen Revolver gegeben hat, ist die Sonne darüber hinweggehuscht. Doch wir haben uns immer noch nicht gerührt, als hätte sich alles um uns herum geschlossen. Wir sahen uns an, ohne den Blick zu senken, und alles kam hier zwischen dem Meer, dem Sand und der Sonne, der zweifachen Stille der Flöte und des Wassers zum Stillstand. Ich habe in dem Moment gedacht, man könnte schießen oder nicht schießen. Aber plötzlich haben sich die Araber rückwärts hinter den Felsen verzogen. Raymond und ich sind darauf wieder umgekehrt. Er sah besser aus, und er hat von dem Bus für die Rückfahrt gesprochen.

Ich habe ihn bis zur Hütte begleitet, und während er die Holztreppe hinaufstieg, bin ich an der untersten Stufe stehen geblieben, mit vor Sonne dröhnendem Kopf, abgeschreckt von der Anstrengung, die nötig war, um auf die Holzplattform zu steigen und wieder mit den Frauen zu sprechen. Aber die Hitze war so groß, dass es auch qualvoll war, unter dem blendenden Regen, der vom Himmel fiel, stillzustehen. Hier bleiben oder weggehen lief auf dasselbe hinaus. Nach einer Weile bin ich wieder an den Strand zurückgekehrt und losgegangen.

Es war dieselbe rote Explosion. Auf dem Sand hechelte das Meer mit den schnellen, erstickten Atemzügen seiner kleinen Wellen. Ich ging langsam in Richtung der Felsen und fühlte meine Stirn unter der Sonne anschwellen. Diese ganze Hitze stemmte sich auf mich und widersetzte sich meinem Vorankommen. Und jedes Mal, wenn ich ihren starken heißen Atem auf meinem Gesicht fühlte, biss ich die Zähne zusammen, ballte die Fäuste in den Hosentaschen, spannte mich ganz an, um die Sonne und diesen undurchdringlichen Taumel, den sie über mich ergoss, zu bezwingen. Bei jedem Lichtschwert, das aus dem Sand emporgeschossen kam, aus einer gebleichten Muschel oder einer Glasscherbe, verkrampften sich meine Kiefer. Ich bin lange gegangen.

Ich sah von weitem die kleine dunkle Masse des Felsens, umgeben von einem blendenden Hof aus Licht und Meeresdunst. Ich dachte an die kühle Quelle hinter dem Felsen. Ich hatte Lust, das Murmeln ihres Wassers wieder zu hören, Lust, der Sonne, der Anstrengung und den Frauentränen zu entfliehen, Lust, den Schatten und seine Ruhe wieder zu finden. Aber als ich näher heran war, habe ich gesehen, dass Raymonds Typ zurückgekommen war.

Er war allein. Er lag entspannt auf dem Rücken, die Hände unter dem Nacken, den Kopf im Schatten des Felsens, mit dem Körper ganz in der Sonne. Sein Blaumann dampfte in der Hitze. Ich war ein bisschen überrascht. Für mich war diese Geschichte erledigt, und ich war dahin gekommen, ohne daran zu denken.

Sobald er mich sah, hat er sich ein wenig aufgerichtet und hat die Hand in die Tasche gesteckt. Ich habe natürlich Raymonds Revolver in meiner Jacke fester umfasst. Dann hat er sich wieder nach hinten sinken lassen, aber ohne die Hand aus der Tasche zu nehmen. Ich war ziemlich weit von ihm entfernt, etwa zehn Meter. Ich ahnte hin und wieder seinen Blick durch seine halb geschlossenen Lider. Aber meistens tanzte sein Bild vor meinen Augen in der lodernden Luft. Das Geräusch der Wellen war noch träger, noch verhaltener als am Mittag. Es war dieselbe Sonne, dasselbe Licht auf demselben Sand, der sich bis hierhin erstreckte. Schon seit zwei Stunden rückte der Tag nicht weiter vor, zwei Stunden, seit er in einem Ozean aus kochendem Metall Anker geworfen hatte. Am Horizont ist ein kleiner Dampfer vorbeigezogen, und ich habe seinen schwarzen Fleck am Rande meines Blickfelds geahnt, weil ich ununterbrochen den Araber angesehen habe.

Ich habe gedacht, dass ich nur umzukehren brauchte, und es wäre vorbei. Aber der ganze vor Sonne flimmernde Strand drängte sich hinter mir. Ich bin ein paar Schritte auf die Quelle zugegangen. Der Araber hat sich nicht gerührt. Trotz allem war er noch ziemlich weit weg. Vielleicht wegen der Schatten auf seinem Gesicht sah er so aus, als ob er lachte. Ich habe gewartet. Das Brennen der Sonne stieg mir in die Wangen, und ich habe gespürt, dass sich Schweißtropfen in meinen Augenbrauen sammelten. Es war dieselbe Sonne wie an dem Tag, als ich Mama beerdigt habe, und wie neulich tat mir vor allem die Stirn weh, und alle ihre Adern pochten auf einmal unter der Haut. Wegen dieses Brennens, das ich nicht mehr aushalten konnte, habe ich eine Bewegung nach vorn gemacht. Ich wusste, dass es dumm war, dass ich die Sonne nicht los würde, wenn ich mich einen Schritt von der Stelle bewegte. Aber ich habe einen Schritt gemacht, einen einzigen Schritt nach vorn. Und diesmal hat der Araber, ohne sich aufzurichten, sein Messer gezogen und es mir in der Sonne vorgezeigt. Das Licht ist auf dem Stahl aufgespritzt, und es war wie eine lange funkelnde Klinge, die mich an der Stirn traf. Im selben Augenblick ist der in meinen Brauen angesammelte Schweiß mit einem Mal über die Lider gelaufen und hat sie mit einem warmen, zähen Schleier überzogen. Meine Augen waren hinter diesem Vorhang aus Tränen und Salz blind. Ich fühlte nur noch die Beckenschläge der Sonne auf meiner Stirn und, undeutlich, das aus dem Messer hervorgeschossene glänzende Schwert, das immer noch vor mir war. Diese glühende Klinge zerfraß meine Wimpern und wühlte in meinen schmerzenden Augen. Und da hat alles gewankt. Das Meer hat einen zähen, glühenden Brodem verbreitet. Es ist mir vorgekommen, als öffnete sich der Himmel in seiner ganzen Weite, um Feuer herabregnen zu lassen. Mein ganzes Sein hat sich angespannt, und ich habe die Hand um den Revolver geklammert. Der Abzug hat nachgegeben, ich habe die glatte Einbuchtung des Griffes berührt, und da, in dem zugleich harten und betäubenden Knall, hat alles angefangen. Ich habe den Schweiß und die Sonne abgeschüttelt. Mir wurde klar, dass ich das Gleichgewicht des Tages zerstört hatte, die außergewöhnliche Stille eines Strandes, an dem ich glücklich gewesen war. Da habe ich noch viermal auf einen leblosen Körper geschossen, in den die Kugeln eindrangen, ohne dass man es ihm ansah. Und es war wie vier kurze Schläge, mit denen ich an das Tor des Unglücks hämmerte.

II.

I

Gleich nach meiner Verhaftung bin ich mehrmals verhört worden. Aber es handelte sich um Vernehmungen zur Person, die nicht lange gedauert haben. Beim ersten Mal auf dem Polizeirevier schien meine Sache niemand zu interessieren. Acht Tage später hat der Untersuchungsrichter mich dagegen neugierig angesehen. Aber zunächst einmal hat er mich nur nach meinem Namen und meiner Anschrift, meinem Beruf, dem Geburtsdatum und -ort gefragt. Dann wollte er wissen, ob ich mir einen Anwalt ausgesucht hätte. Ich habe zugegeben, dass ich es nicht getan hätte, und habe ihn ausgefragt, ob es unbedingt nötig wäre, einen zu haben. «Warum?», hat er gesagt. Ich habe geantwortet, ich fände meine Sache sehr einfach. Er hat lächelnd gesagt: «Das ist auch eine Ansicht. Doch dafür ist das Gesetz da. Wenn Sie sich keinen Anwalt aussuchen, werden wir einen Pflichtverteidiger bestellen.» Ich fand, dass es sehr bequem war, dass die Justiz sich um diese Einzelheiten kümmerte. Ich habe es ihm gesagt. Er hat mir zugestimmt und hat den Schluss gezogen, dass das Gesetz gut wäre.

Anfangs habe ich ihn nicht ernst genommen. Er hat mich in einem Zimmer mit geschlossenen Vorhängen empfangen, er hatte auf seinem Schreibtisch eine einzige Lampe, die den Sessel beleuchtete, in dem er mich Platz nehmen ließ, während er selbst im Dunkeln blieb. Ich hatte eine ähnliche Beschreibung schon in Büchern gelesen, und das alles ist mir wie ein Spiel vorgekommen. Nach unserem Gespräch dagegen habe ich ihn genauer betrachtet und habe einen Mann mit feinen Zügen, tief liegenden blauen Augen, groß, mit einem langen grauen Schnurrbart und vollem, fast weißem Haar gesehen. Er ist mir sehr vernünftig erschienen und alles in allem sympathisch, trotz einiger nervöser Tics, die seinen Mund verzerrten. Im Hinausgehen wollte ich ihm sogar die Hand geben, aber mir ist noch rechtzeitig eingefallen, dass ich einen Menschen getötet hatte.

Am nächsten Tag hat mich ein Anwalt im Gefängnis besucht. Er war klein und rund, ziemlich jung, mit sorgfältig geschniegeltem Haar. Trotz der Hitze (ich war in Hemdsärmeln) hatte er einen sonderbaren Schlips mit breiten schwarz-weißen Streifen an. Er hat die Aktentasche, die er unterm Arm trug, auf mein Bett gelegt, hat sich vorgestellt und gesagt, er hätte meine Akte studiert. Mein Fall wäre heikel, aber er zweifelte nicht am Erfolg, wenn ich ihm vertraute. Ich habe ihm gedankt, und er hat gesagt: «Kommen wir zum Kern der Sache.»

Er hat sich aufs Bett gesetzt und hat mir erklärt, man hätte Erkundigungen über mein Privatleben eingezogen. Man hätte gehört, dass meine Mutter kürzlich im Altersheim gestorben wäre. Man hätte dann in Marengo ermittelt. Die Untersuchungsrichter hätten erfahren, dass ich bei Mamas Beerdigung «Gefühllosigkeit an den Tag gelegt» hätte. «Wissen Sie, es ist mir ein bisschen peinlich, Sie das zu fragen», hat mein Anwalt gesagt. «Aber es ist sehr wichtig. Und es wird ein starkes Argument für die Anklage sein, wenn ich dem nichts entgegenhalten kann.» Ich sollte ihm helfen. Er hat mich gefragt, ob ich an jenem Tag Kummer gefühlt hätte. Diese Frage hat mich sehr gewundert, und mir schien, dass es mir sehr peinlich gewesen wäre, wenn ich sie hätte stellen müssen. Ich habe jedoch geantwortet, ich hätte es mir ein bisschen abgewöhnt, mich selbst zu befragen, und es fiele mir schwer, ihm Auskunft zu geben. Sicher hätte ich Mama gern gehabt, aber das hieße nichts. Alle vernünftigen Menschen hätten mehr oder weniger den Tod derer gewünscht, die sie liebten. Hier hatte der Anwalt mich unterbrochen und hat sehr aufgeregt gewirkt. Ich musste ihm versprechen, das weder bei der Verhandlung noch vor dem Untersuchungsrichter zu sagen. Dennoch habe ich ihm erklärt, es läge in meiner Natur, dass meine körperlichen Bedürfnisse oft meine Gefühle störten. An dem Tag, als ich Mama beerdigt hätte, wäre ich sehr erschöpft und müde gewesen. Sodass mir nicht klar geworden wäre, was geschah. Was ich mit Sicherheit sagen könnte, wäre, dass ich es lieber gehabt hätte, Mama wäre nicht gestorben. Aber mein Anwalt sah nicht zufrieden aus. Er hat gesagt: «Das ist nicht genug.»

Er hat nachgedacht. Er hat mich gefragt, ob er sagen dürfte, ich hätte an jenem Tag meine natürlichen Gefühle beherrscht. Ich habe gesagt: «Nein, weil das nicht stimmt.» Er hat mich seltsam angesehen, so als würde ich ihm ein bisschen Ekel einflößen. Er hat fast boshaft zu mir gesagt, dass in jedem Fall der Leiter und das Personal des Heims als Zeugen gehört würden und dass mir «das einen ganz gemeinen Streich spielen könnte». Ich habe ihn darauf aufmerksam gemacht, dass diese Geschichte nichts mit meiner Sache zu tun hätte, aber er hat bloß erwidert, es läge auf der Hand, dass ich noch nie mit der Justiz zu tun gehabt hätte.

Er ist mit verärgertem Gesicht gegangen. Ich hätte ihn gern zurückgehalten, ihm gern erklärt, dass ich mir seine Sympathie wünschte, nicht um besser verteidigt zu werden, sondern, wenn ich so sagen darf, ganz normal. Vor allem merkte ich, dass ich ihm Unbehagen einflößte. Er verstand mich nicht und nahm es mir ein bisschen übel. Ich hatte den Wunsch, ihm zu versichern, dass ich so war wie alle, ganz genauso wie alle. Aber das alles war im Grunde nicht sehr nützlich, und ich habe aus Trägheit darauf verzichtet.

Kurze Zeit darauf wurde ich wieder dem Untersuchungsrichter vorgeführt. Es war zwei Uhr nachmittags, und diesmal war sein Büro von Licht erfüllt, das durch einen Voilevorhang kaum gedämpft wurde. Es war sehr heiß. Er hat mich Platz nehmen lassen und mir sehr höflich erklärt, dass mein Anwalt «infolge einer Verhinderung» nicht hätte kommen können. Ich hätte aber das Recht, seine Fragen nicht zu beantworten und zu warten, bis mein Anwalt mir beistehen könnte. Ich habe gesagt, ich könnte allein antworten. Er hat mit dem Finger

einen Knopf auf dem Tisch berührt. Ein junger Gerichtsschreiber ist gekommen und hat sich fast direkt hinter mich gesetzt.

Wir haben es uns beide in unseren Sesseln bequem gemacht. Das Verhör hat begonnen. Er hat mir zunächst gesagt,
dass ich als ein schweigsamer und verschlossener Charakter
beschrieben würde, und er wollte wissen, was ich davon hielte.
Ich habe geantwortet: «Es ist so, dass ich nie viel zu sagen habe.
Dann schweige ich.» Er hat gelächelt wie beim ersten Mal, hat
zugegeben, dass das der allerbeste Grund wäre, und hat hinzugefügt: «Im Übrigen ist das völlig unwichtig.» Er ist verstummt, hat mich angesehen und hat sich ziemlich abrupt aufgerichtet, um sehr schnell zu sagen: «Was mich interessiert,
sind Sie.» Ich habe nicht recht verstanden, was er damit meinte, und habe nichts geantwortet. «Einiges an Ihrer Tat begreife
ich nicht», hat er hinzugefügt. «Ich bin sicher, Sie werden mir
helfen, es zu verstehen.» Ich habe gesagt, alles wäre sehr einfach. Er hat mich gedrängt, ihm meinen Tagesverlauf zu schildern. Ich habe ihm geschildert, was ich ihm bereits erzählt hatte: Raymond, der Strand, das Bad, der Streit, wieder der Strand,
die kleine Quelle, die Sonne und die fünf Schüsse. Bei jedem
Satz sagte er: «Schön, schön.» Als ich zu dem hingestreckten
Körper gekommen bin, hat er zustimmend «Gut» gesagt. Ich
war es leid, in der Weise dieselbe Geschichte zu wiederholen,
und es kam mir vor, als hätte ich noch nie so viel geredet.

Nach kurzem Schweigen ist er aufgestanden und hat gesagt, er wollte mir helfen, dass ich ihn interessierte und dass er
mit Gottes Hilfe etwas für mich tun würde. Aber vorher wollte
er mir noch einige Fragen stellen. Ohne Übergang hat er mich
gefragt, ob ich Mama liebte. Ich habe gesagt: «Ja, so wie alle»,
und der Gerichtsschreiber, der bis dahin stetig tippte, muss sich
in den Tasten vertan haben, denn er ist durcheinander geraten
und musste noch einmal zurückgehen. Immer noch ohne er-
kennbare Logik hat der Richter mich dann gefragt, ob ich die
fünf Schüsse hintereinanderweg abgegeben hätte. Ich habe
überlegt und deutlich gemacht, dass ich zuerst einmal und ein

paar Sekunden später noch viermal geschossen hätte. «Warum haben Sie zwischen dem ersten und dem zweiten Schuss gewartet?», hat er da gesagt. Noch einmal habe ich den roten Strand vor mir gesehen und habe auf meiner Stirn das Brennen der Sonne gefühlt. Aber diesmal habe ich nichts geantwortet. Während des folgenden Schweigens hat der Richter so ausgesehen, als regte er sich auf. Er hat sich gesetzt, hat in seinem Haar gewühlt, hat die Ellbogen auf den Schreibtisch gestützt und sich mit seltsamer Miene etwas zu mir vorgebeugt: «Warum, warum haben Sie auf eine am Boden liegende Leiche geschossen?» Darauf habe ich wieder nicht zu antworten gewusst. Der Richter hat sich mit den Händen über die Stirn gestrichen und hat seine Frage mit etwas anderer Stimme wiederholt: «Warum? Sie müssen es mir sagen. Warum?» Ich schwieg immer noch.

Plötzlich ist er aufgestanden, ist mit großen Schritten zum einen Ende des Büros gegangen und hat eine Schublade eines Aktenschranks aufgezogen. Er hat ein silbernes Kruzifix herausgeholt, das er geschwungen hat, während er wieder auf mich zukam. Und mit völlig veränderter, fast bebender Stimme hat er gerufen: «Kennen Sie ihn, den hier?» Ich habe gesagt: «Ja, natürlich.» Da hat er mir sehr schnell und leidenschaftlich gesagt, er glaubte an Gott, seine Überzeugung wäre es, dass kein Mensch so schuldig wäre, als dass Gott ihm nicht vergäbe, dass dazu aber nötig wäre, dass der Mensch durch seine Reue zum Kind werde, dessen Seele leer ist und bereit, alles aufzunehmen. Sein ganzer Körper war über den Tisch gebeugt. Er schwenkte sein Kreuz fast über mir. Offen gestanden konnte ich seinen Ausführungen sehr schlecht folgen, einmal weil ich schwitzte und in seinem Arbeitszimmer dicke Fliegen waren, die sich auf mein Gesicht setzten, und auch weil er mir ein bisschen Angst machte. Ich erkannte gleichzeitig, dass das lächerlich war, weil schließlich ich der Verbrecher war. Er hat jedoch weitergeredet. Ich habe ungefähr verstanden, dass es seiner Meinung nach nur einen dunklen Punkt in meinem Geständnis gäbe, die Tatsache, dass ich gewartet hätte, bis ich meinen zweiten Schuss abfeuerte. Alles Übrige wäre sehr gut, aber das verstände er einfach nicht.

Ich wollte ihm sagen, dass es ein Fehler von ihm wäre, sich zu verbeißen: Dieser letzte Punkt wäre nicht so wichtig. Aber er hat mich unterbrochen und hat mich, zu seiner vollen Größe aufgerichtet, ein letztes Mal ermahnt und gefragt, ob ich an Gott glaubte. Ich habe mit Nein geantwortet. Er hat sich entrüstet hingesetzt. Er hat mir gesagt, das wäre unmöglich, alle Menschen glaubten an Gott, sogar jene, die sich von seinem Antlitz abwandten. Das wäre seine Überzeugung, und wenn er je daran zweifeln müsste, hätte sein Leben keinen Sinn mehr. «Wollen Sie», hat er ausgerufen, «dass mein Leben keinen Sinn hat?» Meiner Ansicht nach ging mich das nichts an, und ich habe es ihm gesagt. Aber schon streckte er Christus über den Tisch hinweg vor meine Augen und rief wie von Sinnen: «Ich bin Christ. Ich bitte den hier um Vergebung deiner Sünden. Wie kannst du nicht glauben, dass er für dich gelitten hat?» Ich habe wohl gemerkt, dass er mich duzte, aber ich hatte es satt. Die Hitze wurde immer größer. Wie immer, wenn ich jemanden loswerden möchte, dem ich kaum zuhöre, habe ich scheinbar zugestimmt. Zu meiner Überraschung hat er triumphiert: «Siehst du, siehst du», sagte er. «Nicht wahr, du glaubst, und du wirst dich ihm anvertrauen?» Natürlich habe ich wiederum nein gesagt. Er ist in seinen Sessel zurückgefallen.

Er wirkte sehr erschöpft. Er hat eine Weile geschwiegen, während die Maschine, die dem Dialog unaufhörlich gefolgt war, noch die letzten Sätze nachholte. Dann hat er mich aufmerksam und etwas traurig angesehen. Er hat gemurmelt: «Ich habe noch nie eine so verhärtete Seele wie die Ihre gesehen. Die Verbrecher, die mir vorgeführt worden sind, haben bei diesem Bild des Schmerzes immer geweint.» Ich wollte schon antworten, das wäre so, weil es sich eben um Verbrecher handelte. Aber ich habe gedacht, dass ich auch so war wie sie.

Das war eine Vorstellung, an die ich mich nicht gewöhnen konnte. Der Richter ist dann aufgestanden, als wollte er mir bedeuten, dass das Verhör beendet war. Er hat mich nur mit demselben etwas müden Ausdruck gefragt, ob ich meine Tat bereute. Ich habe nachgedacht und habe gesagt, dass ich eher als wirkliche Reue einen gewissen Verdruss empfände. Ich hatte den Eindruck, dass er mich nicht verstand. Aber weiter sind die Dinge an diesem Tag nicht gegangen.

In der Folge habe ich den Untersuchungsrichter noch oft wieder gesehen. Nur war jedes Mal mein Anwalt bei mir. Man beschränkte sich darauf, mich bestimmte Punkte meiner bisherigen Aussagen genauer erläutern zu lassen. Oder aber der Richter diskutierte mit meinem Anwalt die Anklagepunkte. Aber eigentlich kümmerten sie sich dann nie um mich. Allmählich jedenfalls hat sich der Ton der Verhöre geändert. Es schien, dass der Richter sich nicht mehr für mich interessierte und dass er meinen Fall gewissermaßen als erledigt ansah. Er hat nicht mehr von Gott geredet, und ich habe ihn nie wieder in so einer Erregung gesehen wie am ersten Tag. Das Ergebnis war, dass unsere Unterhaltungen herzlicher geworden sind. Ein paar Fragen, ein kurzes Gespräch mit meinem Anwalt, und die Verhöre waren beendet. Meine Sache ging ihren Gang, wie der Richter sich ausdrückte. Manchmal auch, wenn das Gesprächsthema allgemein war, bezog man mich ein. Ich begann aufzuatmen. Niemand war in diesen Stunden böse zu mir. Alles war so natürlich, so gut geregelt und so nüchtern ausgeführt, dass ich den lächerlichen Eindruck hatte, «zur Familie zu gehören». Und am Ende der elf Monate, die diese Ermittlung gedauert hat, kann ich sagen, dass ich mich fast wunderte, mich jemals über etwas anderes gefreut zu haben als über diese seltenen Augenblicke, in denen der Richter mich zur Tür seines Arbeitszimmers geleitete, mir auf die Schulter klopfte und herzlich sagte: «Für heute ist Schluss, Herr Antichrist.» Man übergab mich dann wieder den Gendarmen.

II

Es gibt Dinge, über die ich nie gern gesprochen habe. Als ich ins Gefängnis gekommen bin, ist mir nach ein paar Tagen klar geworden, dass ich über diesen Teil meines Lebens nicht gern sprechen würde.

Später habe ich diesen Widerwillen nicht mehr wichtig gefunden. Tatsächlich war ich in den ersten Tagen nicht wirklich im Gefängnis: Ich wartete unbestimmt auf irgendein neues Ereignis. Erst nach Maries erstem und einzigem Besuch hat alles angefangen. Von dem Tag an, an dem ich ihren Brief bekommen habe (sie schrieb, dass man ihr nicht mehr erlaubte zu kommen, weil sie nicht meine Frau wäre), von diesem Tag an habe ich gefühlt, dass ich in meiner Zelle zu Hause war und dass mein Leben hier aufhörte. Am Tag meiner Verhaftung hat man mich zuerst in einen Raum gesperrt, in dem schon mehrere Gefangene waren, größtenteils Araber. Sie haben gelacht, als sie mich sahen. Dann haben sie mich gefragt, was ich getan hätte. Ich habe gesagt, ich hätte einen Araber getötet, und sie sind verstummt. Aber wenig später ist der Abend hereingebrochen. Sie haben mir erklärt, wie man die Matte zurechtlegen musste, auf der ich schlafen sollte. Indem man das eine Ende einrollte, konnte man ein Kopfpolster daraus machen. Die ganze Nacht sind Wanzen über mein Gesicht gekrochen. Einige Tage später hat man mich in einer Zelle abgesondert, wo ich auf einer Holzpritsche schlief. Ich hatte einen Toilettenkübel und eine Waschschüssel aus Blech. Das Gefängnis war ganz oben in der Stadt, und durch ein kleines Fenster konnte ich das Meer sehen. Eines Tages, als ich, die Gitterstäbe umklammernd, das Gesicht dem Licht entgegenstreckte, ist ein Wärter hereingekommen und hat mir gesagt, ich hätte Besuch. Ich habe gedacht, dass es Marie wäre. Sie war es auch.

Ich bin, um in das Sprechzimmer zu kommen, durch einen langen Flur, dann über eine Treppe und schließlich durch noch einen Flur gegangen. Ich bin in einen sehr großen, durch ein breites Fenster erhellten Raum getreten. Der Raum wurde von zwei hohen Gittern, die ihn der Länge nach durchschnitten, in drei Teile geteilt. Zwischen den beiden Gittern war ein acht bis zehn Meter breiter Zwischenraum, der die Besucher von den Häftlingen trennte. Ich habe Marie mir gegenüber erblickt, mit ihrem gestreiften Kleid und ihrem gebräunten Gesicht. Auf meiner Seite waren etwa zehn Gefangene, größtenteils Araber. Marie war von Maurinnen umgeben und stand zwischen zwei Besucherinnen: einer schwarz gekleideten kleinen Alten mit zusammengepressten Lippen und einer dicken Frau ohne Kopfbedeckung, die sehr laut mit vielen Handbewegungen sprach. Wegen des Abstands zwischen den Gittern mussten die Besucher und die Häftlinge sehr laut sprechen. Als ich eintrat, riefen der Stimmenlärm, der von den hohen kahlen Wänden des Raums zurückprallte, und das grelle Licht, das vom Himmel über die Scheiben strömte und in den Raum zurückstrahlte, eine Art Betäubung in mir hervor. Meine Zelle war stiller und dunkler. Ich brauchte ein paar Sekunden, um mich umzustellen. Doch ich habe schließlich jedes Gesicht deutlich im hellen Licht hervorgehoben gesehen. Ich habe festgestellt, dass ein Wärter am Ende des Ganges zwischen den Gittern saß. Die meisten arabischen Gefangenen sowie ihre Familien hatten sich einander gegenüber hingehockt. Sie schrien nicht. Trotz des Tumults gelang es ihnen, sich sehr leise zu verständigen. Ihr dumpfes Gemurmel von weiter unten her bildete so etwas wie einen Generalbass für die Unterhaltungen, die sich über ihren Köpfen kreuzten. Das alles habe ich sehr schnell bemerkt, während ich mich Marie näherte. Schon an das Gitter gedrückt, lächelte sie mir aus Leibeskräften zu. Ich habe sie sehr schön gefunden, aber ich konnte es ihr nicht sagen.

«Na?», hat sie sehr laut gesagt. «Na ja.» – «Geht's dir gut, hast du alles, was du brauchst?» – «Ja, alles.»

Wir haben geschwiegen, und Marie lächelte immer noch. Die dicke Frau brüllte zu meinem Nachbarn herüber, ihrem Mann vermutlich, einem großen blonden Typ mit offenem Blick. Es war die Fortsetzung eines schon laufenden Gesprächs.

«Jeanne wollte ihn nicht nehmen», schrie sie lauthals. «Ja, ja», sagte der Mann. «Ich habe ihr gesagt, du würdest ihn wieder abholen, wenn du rauskommst, aber sie wollte ihn nicht nehmen.»

Marie hat ihrerseits geschrien, Raymond ließe mich grüßen, und ich habe «Danke» gesagt. Aber meine Stimme wurde von meinem Nachbarn übertönt, der gefragt hat, «ob es ihm gut ginge». Seine Frau hat lachend gesagt, «dass es ihm nie besser gegangen wäre». Mein Nachbar zur Linken, ein kleiner junger Mann mit zarten Händen, sagte nichts. Ich habe bemerkt, dass er der kleinen Alten gegenüberstand und dass die beiden sich eindringlich ansahen. Aber ich hatte keine Zeit, sie länger zu beobachten, weil Marie mir zugerufen hat, man müsste hoffen. Ich habe «Ja» gesagt. Gleichzeitig sah ich sie an und hatte Lust, durch ihr Kleid hindurch ihre Schulter zu drücken. Ich hatte Lust auf diesen feinen Stoff, und ich wusste nicht so recht, worauf man sonst noch hoffen müsste. Aber eben das wollte Marie wohl sagen, denn sie lächelte immer noch. Ich sah nur noch das Strahlen ihrer Zähne und ihre Augenfältchen. Sie hat wieder gerufen: «Du kommst raus, und wir heiraten!» Ich habe geantwortet: «Meinst du?», aber das tat ich vor allem, um etwas zu sagen. Sie hat dann sehr schnell und wieder sehr laut ja gesagt, dass ich freigesprochen würde und dass wir wieder baden gehen würden. Aber die andere Frau brüllte ihrerseits und sagte, sie hätte in der Gerichtskanzlei einen Korb abgegeben. Sie zählte alles auf, was sie hineingetan hatte. Man müsste kontrollieren, denn das alles wäre teuer. Mein anderer Nachbar und seine Mutter sahen sich immer noch an. Das Gemurmel der Araber unter uns ging weiter. Draußen schien sich das Licht gegen die Fensteröffnung zu blähen.

Mir war ein bisschen schlecht, und ich wäre gern gegangen. Der Krach tat mir weh. Aber andererseits wollte ich noch etwas von Maries Anwesenheit haben. Ich weiß nicht, wie viel Zeit vergangen ist. Marie hat mir von ihrer Arbeit erzählt, und sie lächelte unentwegt. Das Gemurmel, das Geschrei und die Gespräche überlagerten sich. Die einzige Insel der Stille waren neben mir der kleine junge Mann und diese Alte, die sich ansahen. Nach und nach hat man die Araber weggeführt. Fast alle sind verstummt, sobald der erste hinausgegangen ist. Die kleine Alte ist dicht an die Gitterstäbe getreten, und im selben Moment hat ein Wärter ihrem Sohn ein Zeichen gegeben. Er hat gesagt: «Auf Wiedersehen, Mama», und sie hat die Hand durch zwei Stäbe gesteckt, um ihm zart, langsam und anhaltend zu winken.

Sie ist gegangen, während ein Mann mit dem Hut in der Hand eintrat und ihren Platz einnahm. Man hat einen Gefangenen hereingeführt, und sie haben sich lebhaft unterhalten, aber halblaut, weil es im Raum wieder still geworden war. Mein Nachbar zur Rechten wurde abgeholt, und seine Frau hat, ohne die Stimme zu senken, als hätte sie nicht gemerkt, dass man nicht mehr zu schreien brauchte, zu ihm gesagt: «Bleib gesund, und pass auf dich auf.» Dann bin ich drangekommen. Marie hat zu verstehen gegeben, dass sie mich küsste. Ich habe mich umgedreht, bevor ich verschwunden bin. Sie stand reglos da, das Gesicht ans Gitter gedrückt, mit demselben zerrissenen, verkrampften Lächeln.

Kurz darauf hat sie mir dann geschrieben. Und von diesem Moment an haben die Dinge eingesetzt, über die ich nie gern gesprochen habe. Wie dem auch sei, man soll nichts übertreiben, und es ist für mich leichter gewesen als für andere. Doch zu Beginn meiner Haft war das Härteste, dass ich Gedanken eines freien Mannes hatte. Zum Beispiel überkam mich die Lust, an einem Strand zu sein und ans Meer hinunterzugehen.

Wenn ich mir das Schwappen der ersten Wellen unter meinen Fußsohlen vorstellte, das Eintauchen des Körpers ins Wasser und die Befreiung, die ich darin fand, fühlte ich auf einmal, wie eng die Mauern meines Gefängnisses waren. Aber das dauerte einige Monate. Dann hatte ich nur noch Häftlingsgedanken. Ich wartete auf den täglichen Ausgang, den ich im Hof machte, oder auf den Besuch meines Anwalts. Mit meiner übrigen Zeit kam ich sehr gut zurecht. Ich habe damals oft gedacht, dass ich, wenn man mich in einem verdorrten Baumstamm hätte leben lassen, mit keiner anderen Beschäftigung, als die Oberfläche des Himmels über meinem Kopf anzusehen, mich allmählich daran gewöhnt hätte. Ich hätte auf das Vorbeifliegen von Vögeln oder auf das Zusammentreffen von Wolken gewartet, so wie ich hier auf die merkwürdigen Schlipse meines Anwalts wartete und wie ich mich in einer anderen Welt bis zum Samstag geduldete, um Maries Körper zu umarmen. Nun war ich, wenn ich es recht bedachte, aber nicht in einem verdorrten Baum. Es gab Unglücklichere als mich. Das war übrigens ein Gedanke von Mama, und sie wiederholte ihn oft, dass man sich am Ende an alles gewöhnt.

Übrigens ging ich gewöhnlich nicht so weit. Die ersten Monate waren hart. Aber gerade dass ich mich anstrengen musste, half, sie herumzubringen. Zum Beispiel wurde ich vom Verlangen nach einer Frau gequält. Das war natürlich, ich war jung. Ich dachte dabei nie speziell an Marie. Aber ich dachte so sehr an eine Frau, an die Frauen, an alle, die ich gekannt hatte, an alle Situationen, in denen ich sie geliebt hatte, dass meine Zelle sich mit all den Gesichtern bevölkerte und von all meinem Verlangen erfüllt wurde. In einer Hinsicht brachte mich das aus dem Gleichgewicht. In einer anderen aber schlug es die Zeit tot. Ich hatte schließlich die Sympathie des Oberaufsehers gewonnen, der bei der Essensausgabe den Küchenjungen begleitete. Er hat mich zuerst auf die Frauen angesprochen. Er hat mir gesagt, das wäre das Erste, worüber die anderen klagten. Ich habe ihm gesagt, dass ich wie sie wäre und dass ich diese Behandlung ungerecht fände. «Aber gerade deswegen steckt man euch ins Gefängnis», hat er gesagt. – «Wie, deswegen?» – «Ja, eben das ist doch die Freiheit. Man nimmt euch die Freiheit.» Daran hatte ich nie gedacht. Ich habe ihm zugestimmt: «Das ist wahr», habe ich gesagt, «wo wäre sonst die Strafe?» – «Ja, Sie verstehen die Dinge. Die anderen nicht. Aber am Ende schaffen sie sich selbst Erleichterung.» Der Aufseher ist dann gegangen.

Dann waren da noch die Zigaretten. Als ich ins Gefängnis gekommen bin, hat man mir meinen Gürtel, meine Schnürsenkel, meinen Schlips und alles, was ich in den Taschen hatte, abgenommen, vor allem meine Zigaretten. In der Zelle habe ich dann darum gebeten, dass man sie mir zurückgibt. Aber man hat mir gesagt, das wäre verboten. Die ersten Tage waren sehr hart. Das hat mich vielleicht am meisten mitgenommen. Ich lutschte Holzstücke, die ich von meinem Bettrost abriss. Den ganzen Tag über hatte ich ständigen Brechreiz. Ich verstand nicht, warum man mir das nahm, was doch keinem wehtat. Später habe ich begriffen, dass auch das Teil der Strafe war. Aber da hatte ich mich daran gewöhnt, nicht mehr zu rauchen, und diese Strafe war gar keine mehr für mich.

Abgesehen von diesen Unannehmlichkeiten war ich nicht besonders unglücklich. Das Hauptproblem war wieder einmal, die Zeit totzuschlagen. Von dem Augenblick an, als ich gelernt habe, mich zu erinnern, habe ich mich dann überhaupt nicht mehr gelangweilt. Ich beschäftigte mich manchmal damit, an mein Zimmer zu denken, und in der Phantasie ging ich von einer Ecke aus und wieder dorthin zurück, wobei ich im Geiste alles unterwegs registrierte. Am Anfang war es schnell erledigt. Aber jedes Mal, wenn ich wieder anfing, dauerte es etwas länger. Ich erinnerte mich nämlich an jedes Möbelstück, und bei jedem einzelnen an jeden dazugehörigen Gegenstand, und bei jedem Gegenstand an alle Einzelheiten, und bei den Einzelheiten wiederum an eine Ablagerung, einen Riss oder eine schartige Kante, an ihre Farbe oder an ihre Körnung.

Gleichzeitig versuchte ich, den Faden meiner Bestandsaufnahme nicht zu verlieren, eine vollständige Aufzählung zu machen. So konnte ich nach einigen Wochen Stunden allein mit dem Aufzählen dessen verbringen, was sich in meinem Zimmer befand. Je mehr ich nachdachte, desto mehr unbeachtete und vergessene Dinge holte ich so aus meinem Gedächtnis hervor. Da ist mir klar geworden, dass ein Mensch, der nur einen einzigen Tag gelebt hat, mühelos hundert Jahre in einem Gefängnis leben könnte. Er hätte genug Erinnerungen, um sich nicht zu langweilen. In gewisser Weise war das ein Vorteil.

Dann war da noch das Schlafen. Anfangs schlief ich nachts schlecht und am Tag überhaupt nicht. Nach und nach sind meine Nächte besser geworden, und ich habe auch tagsüber schlafen können. Ich kann sagen, dass ich in den letzten Monaten sechzehn bis achtzehn Stunden pro Tag schlief. Ich musste also noch sechs Stunden mit den Mahlzeiten, den natürlichen Bedürfnissen, meinen Erinnerungen und der Geschichte des Tschechoslowaken totschlagen.

Zwischen meinem Strohsack und dem Bettrost hatte ich nämlich ein fast an den Stoff geklebtes, vergilbtes, durchsichtiges altes Stück Zeitung gefunden. Es berichtete von einem Vorfall, dessen Anfang fehlte, der sich aber in der Tschechoslowakei ereignet haben musste. Ein Mann war aus einem tschechischen Dorf aufgebrochen, um sein Glück zu machen. Nach fünfundzwanzig Jahren war er reich und mit Frau und Kind zurückgekehrt. Seine Mutter unterhielt mit seiner Schwester in seinem Geburtsort ein Hotel. Um sie zu überraschen, hatte er seine Frau und sein Kind in einem anderen Gasthof gelassen, war zu seiner Mutter gegangen, die ihn nicht erkannt hatte, als er hereinkam. Er war auf die Idee gekommen, zum Spaß ein Zimmer zu nehmen. Er hatte sein Geld gezeigt. Nachts hatten seine Mutter und seine Schwester ihn mit einem Hammer totgeschlagen, um ihn auszurauben, und hatten seine Leiche in den Fluss geworfen. Am Morgen war die Frau gekommen, hatte, ohne es zu wissen, die Identität des Reisenden enthüllt.

Die Mutter hatte sich erhängt. Die Schwester hatte sich in einen Brunnen gestürzt. Ich habe diese Geschichte wohl Tausende Male gelesen. Einerseits war sie unwahrscheinlich. Andererseits war sie normal. Jedenfalls fand ich, dass der Reisende es ein bisschen verdient hatte und dass man nie spielen soll.

So, mit den Stunden des Schlafens, den Erinnerungen, dem Lesen dieser Geschichte und dem Wechsel von Licht und Dunkelheit, ist die Zeit vergangen. Ich hatte zwar gelesen, dass man im Gefängnis schließlich das Bewusstsein für Zeit verliert. Aber das ergab nicht viel Sinn für mich. Ich hatte nicht verstanden, in welchem Maße Tage zugleich lang und kurz sein können. Lang zu durchleben, zweifellos, aber so auseinander gezogen, dass sie schließlich ineinander flossen. Dabei verloren sie ihren Namen. Die Wörter gestern oder heute waren die einzigen, die einen Sinn für mich behielten.

Als der Wärter mir eines Tages gesagt hat, ich wäre seit fünf Monaten da, habe ich es geglaubt, aber ich habe es nicht begriffen. Für mich waren es unaufhörlich derselbe Tag, der sich in meiner Zelle breit machte, und dieselbe Aufgabe, der ich nachging. An jenem Tag habe ich mich, nachdem der Aufseher weg war, in meinem Blechnapf angesehen. Es schien mir, als bliebe mein Bild ernst, selbst als ich versuchte, es anzulächeln. Ich habe es vor mir geschüttelt. Ich habe gelächelt, und es hat denselben strengen, traurigen Ausdruck behalten. Der Tag ging zu Ende, und es war die Stunde, über die ich nicht sprechen will, die namenlose Stunde, in der die Abendgeräusche aus allen Stockwerken des Gefängnisses in einem Geleit von Stille aufstiegen. Ich bin an die Luke getreten und habe im schwindenden Licht noch einmal mein Bild betrachtet. Es war immer noch ernst, und was war erstaunlich daran, da ich es in dem Moment ja auch war? Aber gleichzeitig, und zum ersten Mal seit Monaten, habe ich deutlich den Klang meiner Stimme gehört. Ich habe sie als die erkannt, die schon seit vielen Tagen an meinen Ohren ertönte, und mir ist klar geworden, dass ich während dieser ganzen Zeit Selbstgespräche geführt hatte. Da habe ich mich an das erinnert, was die Krankenschwester bei Mamas Beerdigung sagte. Nein, es gab keinen Ausweg, und niemand kann sich vorstellen, was die Abende im Gefängnis sind.

III

Ich kann sagen, dass der Sommer eigentlich sehr schnell wieder an die Stelle des Sommers getreten ist. Ich wusste, dass mit dem Einsetzen der ersten Hitze sich etwas Neues für mich ereignen würde. Mein Prozess war für die letzte Sitzungsperiode des Schwurgerichts angesetzt, und diese Periode würde mit dem Monat Juni enden. Die Verhandlung wurde eröffnet, als draußen pralle Sonne schien. Mein Anwalt hatte mir versichert, sie würde nicht länger als zwei oder drei Tage dauern. «Übrigens», hatte er hinzugefügt, «hat das Gericht es eilig, weil Ihr Fall nicht der wichtigste der Sitzungsperiode ist. Gleich anschließend wird ein Vatermord verhandelt.»

Morgens um halb acht hat man mich abgeholt, und der Zellenwagen hat mich zum Gerichtsgebäude gebracht. Die beiden Gendarmen haben mich in einen kleinen Raum geführt, in dem es nach Dunkelheit roch. Wir haben uns gesetzt und in der Nähe einer Tür gewartet, hinter der Stimmen, Rufe, Stühlerücken und ein Hin- und Hergeschiebe zu hören waren, das mich an jene Feste im Viertel erinnerte, bei denen nach dem Konzert der Saal ausgeräumt wird, um tanzen zu können. Die Gendarmen haben mir gesagt, wir müssten auf das Gericht warten, und einer von ihnen hat mir eine Zigarette angeboten, die ich abgelehnt habe. Er hat mich kurz darauf gefragt, «ob ich Manschetten hätte». Ich habe verneint. Und in gewisser Hinsicht würde es mich sogar interessieren, einen Prozess mit anzusehen. Ich hätte nie in meinem Leben Gelegenheit dazu gehabt. «Ja», hat der zweite Gendarm gesagt, «aber auf die Dauer wird es langweilig.»

Nach einiger Zeit hat eine kleine Klingel im Raum geläutet. Da haben sie mir die Handschellen abgenommen. Sie haben die Tür aufgemacht und mich zur Anklagebank geführt. Der Saal war brechend voll. Trotz der Markisen drang an manchen Stellen die Sonne ein, und die Luft war schon zum Ersticken. Man hatte die Fenster geschlossen gelassen. Ich habe mich gesetzt, rechts und links von mir die Gendarmen. Im gleichen Moment habe ich eine Reihe von Gesichtern vor mir erblickt. Alle sahen mich an: Mir ist klar geworden, dass es die Geschworenen waren. Aber ich kann nicht sagen, was sie voneinander unterschied. Ich hatte nur einen Eindruck: Ich war vor einer Straßenbahnbank, und alle diese anonymen Fahrgäste belauerten den Neuankömmling, um seine lächerlichen Seiten herauszufinden. Ich weiß wohl, dass das ein alberner Gedanke war, denn hier suchten sie ja nicht nach dem Lächerlichen, sondern nach dem Verbrechen. Doch der Unterschied ist nicht groß, und das war jedenfalls der Gedanke, der mir gekommen ist.

Ich war auch ein bisschen betäubt von all diesen Leuten in diesem geschlossenen Saal. Ich habe wieder in den Zuhörerraum geschaut und habe kein Gesicht erkannt. Ich glaube, dass mir zuerst nicht bewusst wurde, dass diese ganze Menge sich da drängelte, um mich zu sehen. Gewöhnlich kümmerten sich die Leute nicht um mich. Ich musste mich anstrengen, um zu verstehen, dass ich der Grund für diesen ganzen Trubel war. Ich habe zu dem Gendarmen gesagt: «Was für eine Menge!» Er hat geantwortet, das läge an den Zeitungen, und hat mir eine Gruppe gezeigt, die neben einem Tisch unter der Geschworenenbank herumstand. Er hat gesagt: «Da sind sie.» Ich habe gefragt: «Wer?», und er hat wiederholt: «Die Zeitungen.» Er kannte einen der Journalisten, der ihn in dem Moment gesehen hat und zu uns herüberkam. Es war ein schon älterer sympathischer Mann mit einem etwas grimassierenden Gesicht. Er hat dem Gendarmen sehr herzlich die Hand geschüttelt. Ich habe in dem Moment bemerkt, dass alle sich trafen, sich ansprachen und unterhielten wie in einem Club, wo man froh ist, unter seinesgleichen zu sein. Das erklärte mir auch meinen seltsamen Eindruck, überflüssig, so etwas wie ein Eindringling zu sein. Der Journalist allerdings hat mich lächelnd angesprochen. Er hat gesagt, er hoffte, dass alles gut für mich ausginge. Ich habe ihm gedankt, und er hat hinzugefügt: «Wissen Sie, wir haben Ihren Fall etwas aufgebauscht. Der Sommer ist die Sauregurkenzeit für Zeitungen. Und nur Ihre Geschichte und die des Vatermörders taugten etwas.» Er hat mir dann in der Gruppe, aus der er gekommen war, einen kleinen Mann gezeigt, der Ähnlichkeit mit einem gemästeten Wiesel hatte, mit einer riesigen, schwarz gerahmten Brille. Er hat mir gesagt, das wäre der Sonderkorrespondent einer Pariser Zeitung. «Er ist übrigens nicht Ihretwegen gekommen. Aber da er über den Prozess des Vatermörders berichten soll, hat man ihn gebeten, Ihren Fall gleich mitzukabeln.» Da hätte ich ihm beinah wieder gedankt. Aber ich habe gedacht, das wäre lächerlich. Er hat mir herzlich zugewinkt und ist gegangen. Wir haben noch ein paar Minuten gewartet.

Mein Anwalt, in Robe, ist, von vielen anderen Kollegen umringt, eingetroffen. Er ist zu den Journalisten gegangen, hat Hände geschüttelt. Sie haben gescherzt, gelacht und wirkten ganz unbekümmert, bis zu dem Moment, als die Klingel im Gerichtssaal geläutet hat. Alle haben sich wieder zu ihrem Platz begeben. Mein Anwalt ist zu mir herübergekommen, hat mir die Hand gedrückt und mir geraten, auf die Fragen, die man mir stellen würde, kurz zu antworten, keine Initiativen zu ergreifen und mich bei allem Übrigen auf ihn zu verlassen.

Zu meiner Linken habe ich das Scharren eines Stuhls gehört, der zurückgeschoben wurde, und habe einen großen, schlanken, rot gekleideten Mann mit einem Kneifer gesehen, der beim Hinsetzen seine Robe sorgfältig glatt strich. Das war der Staatsanwalt. Ein Gerichtsdiener hat das Gericht angekündigt. Im gleichen Moment haben zwei große Ventilatoren angefangen zu brummen. Drei Richter, zwei in Schwarz, der dritte in Rot, sind mit Akten hereingekommen und sehr schnell auf das Podium gegangen, das den Saal beherrschte. Der Mann in der roten Robe hat sich auf den mittleren Armstuhl gesetzt, hat sein Barett vor sich hin gelegt, seinen kleinen kahlen Schädel mit einem Taschentuch abgewischt und erklärt, die Sitzung wäre eröffnet.

Die Journalisten hielten schon ihren Stift in der Hand. Sie machten alle dasselbe gleichgültige und ein wenig spöttische Gesicht. Einer von ihnen allerdings, sehr viel jünger, in grauem Flanell mit blauem Schlips, hatte seinen Stift vor sich liegen lassen und sah mich an. In seinem etwas unregelmäßigen Gesicht sah ich nur seine sehr hellen Augen, die mich aufmerksam musterten, ohne etwas Bestimmbares auszudrücken. Und ich hatte das sonderbare Gefühl, von mir selbst angesehen zu werden. Vielleicht deswegen und auch, weil ich die dortigen Gepflogenheiten nicht kannte, habe ich alles, was danach geschehen ist, nicht so recht verstanden: die Auslosung der Geschworenen, die Fragen, die vom Vorsitzenden an den Verteidiger, an den Staatsanwalt und an die Geschworenenbank gestellt wurden (bei jeder wandten sich die Köpfe aller Geschworenen gleichzeitig dem Gericht zu), ein schnelles Verlesen der Anklageschrift, in der ich Namen von Orten und Personen erkannte, und neue Fragen an meinen Verteidiger.

Aber der Vorsitzende hat gesagt, man müsste jetzt die Zeugen aufrufen. Der Gerichtsdiener hat Namen vorgelesen, die meine Aufmerksamkeit erregt haben. Mitten aus diesem eben noch formlosen Publikum habe ich nacheinander den Leiter und den Pförtner des Altersheims, den alten Thomas Pérez, Raymond, Masson, Salamano, Marie aufstehen und dann durch eine Seitentür verschwinden sehen. Marie hat mir ängstlich zugewinkt. Ich wunderte mich noch, dass ich sie nicht früher bemerkt hatte, als beim Aufrufen seines Namens der Letzte, Céleste, aufgestanden ist. Ich habe neben ihm die kleine Frau aus dem Restaurant wieder erkannt mit ihrer Jacke und ihrem bestimmten, entschlossenen Gesicht. Sie sah mich eindringlich an. Aber ich hatte keine Zeit nachzudenken, weil der Vorsitzende das Wort ergriffen hat. Er hat gesagt, die eigentliche Verhandlung würde gleich beginnen, und er hielte es für unnötig, das Publikum zur Ruhe zu ermahnen. Ihm zufolge war er da, um die Verhandlung einer Strafsache, die er objektiv erwägen wollte, unparteiisch zu leiten. Das von den Geschworenen gefällte Urteil würde im Geiste der Gerechtigkeit getroffen, und er würde den Saal auf jeden Fall bei der geringsten Störung räumen lassen.

Die Hitze nahm zu, und ich sah die Zuhörer im Saal sich mit Zeitungen Luft zufächeln. Das erzeugte ein ununterbrochenes leises Papierrascheln. Der Vorsitzende hat ein Zeichen gegeben, und der Gerichtsdiener hat drei Fächer aus geflochtenem Stroh gebracht, die die drei Richter gleich benutzt haben.

Mein Verhör hat sofort begonnen. Der Vorsitzende hat mich ruhig und, so schien es mir, sogar mit einer Spur Herzlichkeit befragt. Man hat mich noch einmal meine Personalien angeben lassen, und trotz meiner Gereiztheit habe ich gedacht, dass es eigentlich ganz normal war, weil es zu schlimm wäre, einen Mann anstelle eines anderen zu verurteilen. Dann hat der Vorsitzende noch einmal geschildert, was ich getan hatte, wobei er sich nach jedem dritten Satz an mich wandte und fragte: «Ist es so?» Jedes Mal habe ich geantwortet: «Ja, Herr Vorsitzender», entsprechend den Anweisungen meines Verteidigers. Das hat lange gedauert, weil der Vorsitzende viel Gründlichkeit auf seine Schilderung verwandte. Während dieser ganzen Zeit schrieben die Journalisten. Ich spürte die Blicke des jüngsten von ihnen und der roboterhaften kleinen Frau. Die Straßenbahnbank war vollständig dem Vorsitzenden zugewandt. Der hat gehustet, in seiner Akte geblättert, sich an mich gewandt und sich dabei Luft zugefächelt.

Er hat mir gesagt, er müsste jetzt Fragen anschneiden, die mit meiner Sache scheinbar nichts zu tun hätten, die sie aber vielleicht ganz unmittelbar beträfen. Ich habe verstanden, dass er wieder über Mama sprechen würde, und habe gleichzeitig gespürt, wie sehr mich das langweilte. Er hat mich gefragt, warum ich Mama ins Heim gebracht hätte. Ich habe geantwortet, weil ich nicht genug Geld gehabt hätte, um sie pflegen und behandeln zu lassen. Er hat gefragt, ob mir das persönlich schwer gefallen wäre, und ich habe geantwortet, sowohl Mama wie ich hätten nichts mehr voneinander erwartet, noch von sonst jemand übrigens, und wir hätten uns beide an unser neues Leben gewöhnt. Der Vorsitzende hat dann gesagt, er wollte diesen Punkt nicht vertiefen, und hat den Staatsanwalt gefragt, ob er mir dazu noch eine Frage stellen wollte.

Dieser kehrte mir halb den Rücken zu und hat, ohne mich anzusehen, erklärt, dass er mit Erlaubnis des Vorsitzenden gern wissen wollte, ob ich mit der Absicht, den Araber zu töten, ganz allein zu der Quelle zurückgekehrt wäre. «Nein», habe ich gesagt. «Warum war er dann bewaffnet, und warum musste er ausgerechnet an diese Stelle zurückgehen?» Ich habe gesagt, dass es Zufall war. Und der Staatsanwalt hat in ungutem Ton festgestellt: «Das wäre vorläufig alles.» Danach ist alles ein bisschen verworren gewesen, zumindest für mich. Aber nach einigem Getuschel hat der Vorsitzende erklärt, die Sitzung wäre unterbrochen und auf den Nachmittag zur Anhörung der Zeugen vertagt.

Ich habe keine Zeit zum Nachdenken gehabt. Man hat mich weggeführt, in den Zellenwagen steigen lassen und ins Gefängnis gefahren, wo ich gegessen habe. Nach sehr kurzer Zeit, gerade genug, um zu merken, dass ich müde war, wurde ich wieder abgeholt; alles hat wieder angefangen, und ich habe mich in demselben Saal denselben Gesichtern gegenüber befunden. Nur die Hitze war viel größer, und wie durch ein Wunder hatten alle Geschworenen, der Staatsanwalt, mein Verteidiger und auch einige Journalisten Strohfächer. Der junge Journalist und die kleine Frau waren immer noch da. Aber sie fächelten sich keine Luft zu und sahen mich wieder an, ohne etwas zu sagen.

Ich habe mir den Schweiß vom Gesicht gewischt und bin mir erst wieder des Ortes und meiner selbst ein wenig bewusst geworden, als ich gehört habe, wie der Heimleiter aufgerufen wurde. Man hat ihn gefragt, ob Mama sich über mich beschwert hätte, und er hat ja gesagt, dass es aber eine Marotte der Heimbewohner wäre, sich über ihre Angehörigen zu beschweren. Der Vorsitzende wollte genauer wissen, ob sie es mir vorwarf, sie ins Altersheim gebracht zu haben, und der Heimleiter hat wieder bejaht. Aber diesmal hat er nichts hinzugefügt. Auf eine andere Frage hat er geantwortet, dass er sich am Tag der Beerdigung über meine Ruhe gewundert hätte. Man hat ihn gefragt, was er mit Ruhe meinte. Da hat der Heimleiter auf seine Schuhe geblickt und hat gesagt, ich hätte Mama nicht sehen wollen, ich hätte kein einziges Mal geweint und ich wäre sofort nach der Beerdigung weggegangen, ohne an ihrem Grab in Andacht zu verweilen. Noch etwas hätte ihn gewundert: Ein Angestellter des Bestattungsinstituts hätte ihm gesagt, ich wüsste nicht, wie alt Mama war. Einen Moment hat Schweigen geherrscht, und der Vorsitzende hat ihn gefragt, ob er tatsächlich von mir gesprochen hätte. Da der Heimleiter die Frage nicht verstand, hat er gesagt: «Das Gesetz will es so.» Dann hat der Vorsitzende den Anklagevertreter gefragt, ob er noch eine Frage an den Zeugen hätte, und der Staatsanwalt hat so schallend und mit einem so triumphierenden Blick in meine Richtung «Oh, nein, das genügt» gerufen, dass ich zum ersten Mal seit vielen Jahren das unsinnige Bedürfnis zu weinen hatte, weil ich gespürt habe, wie sehr ich von all diesen Leuten verabscheut wurde.

Nachdem der Vorsitzende die Geschworenen und meinen Anwalt gefragt hatte, ob sie Fragen dazu hätten, hat er den Pförtner vernommen. Bei ihm wie bei allen anderen hat sich das gleiche Zeremoniell wiederholt. Beim Hereinkommen hat der Pförtner mich angesehen und hat die Augen abgewandt. Er hat die ihm gestellten Fragen beantwortet. Er hat gesagt, ich hätte Mama nicht sehen wollen, ich hätte geraucht, geschlafen und Milchkaffee getrunken. Da habe ich etwas gespürt, was den ganzen Saal ergriff, und zum ersten Mal habe ich verstanden, dass ich schuldig war. Man hat den Pförtner die Geschichte mit dem Milchkaffee und die mit der Zigarette wiederholen lassen. Der Ankläger hat mich mit einem ironischen Leuchten in den Augen angesehen. In dem Moment hat mein Anwalt den Pförtner gefragt, ob er nicht mit mir zusammen geraucht hätte. Aber der Staatsanwalt hat heftig gegen diese Frage Einspruch erhoben: «Wer ist hier der Verbrecher, und was sind das für Methoden, die die Zeugen der Anklage verunglimpfen wollen, um Aussagen zu bagatellisieren, die nichtsdestoweniger vernichtend bleiben?» Trotz allem hat der Vorsitzende den Pförtner aufgefordert, die Frage zu beantworten. Der Alte hat verlegen gesagt: «Ich weiß, dass es ein Fehler war. Aber ich habe nicht gewagt, die Zigarette abzulehnen, die der Herr mir angeboten hat.» Zu guter Letzt hat man mich gefragt, ob ich noch etwas hinzuzufügen hätte. «Nein, nichts», habe ich geantwortet, «bloß, dass der Zeuge Recht hat. Es stimmt, dass ich ihm eine Zigarette angeboten habe.» Da hat mich der Pförtner etwas erstaunt und irgendwie dankbar angesehen. Er hat gezögert, dann hat er gesagt, den Milchkaffee hätte er mir angeboten. Mein Anwalt hat laut triumphiert und hat erklärt, die Geschworenen würden es zu beurteilen wissen. Aber der Staatsanwalt hat donnernd über unsere Köpfe hinweg gesagt: «Jawohl, die Herren Geschworenen werden es zu beurteilen wissen. Und sie werden zu dem Schluss kommen, dass ein Fremder Kaffee anbieten durfte, dass ein Sohn im Angesicht des Leichnams derer, die ihm das Leben geschenkt hat, ihn aber ablehnen musste.» Der Pförtner ist zu seiner Bank zurückgegangen.

Als die Reihe an Thomas Pérez kam, musste ein Gerichtsdiener ihn bis zum Zeugenstand führen. Pérez hat gesagt, er hätte vor allem meine Mutter gekannt und hätte mich nur einmal, am Tag der Beerdigung, gesehen. Man hat ihn gefragt, was ich an jenem Tag gemacht hätte, und er hat geantwortet: «Sie müssen verstehen, ich selbst hatte zu viel Kummer. Darum habe ich nichts gesehen. Vor lauter Kummer war ich nicht in der Lage, etwas zu sehen. Und ich bin sogar ohnmächtig geworden. Darum habe ich den Herrn nicht sehen können.» Der Ankläger hat ihn gefragt, ob er mich wenigstens hätte weinen sehen. Pérez hat verneint. Da hat der Staatsanwalt seinerseits gesagt: «Die Herren Geschworenen werden es zu beurteilen wissen.» Aber mein Verteidiger ist böse geworden. Er hat Pérez in einem Ton, der mir übertrieben schien, gefragt, «ob er gesehen hätte, dass ich nicht weinte». Pérez hat «Nein» gesagt. Das Publikum hat gelacht. Und mein Anwalt hat einen Ärmel hochgeschoben und kategorisch gesagt: «Das ist bezeichnend für diesen Prozess. Alles ist wahr, und nichts ist wahr!» Der Staatsanwalt machte ein verschlossenes Gesicht und stach mit einem Stift in die Aufschriften seiner Akten.

Nach einer fünfminütigen Unterbrechung, in der mein Anwalt mir sagte, alles liefe bestens, wurde Céleste vernommen, der von der Verteidigung vorgeladen war. Die Verteidigung, das war ich. Céleste warf ab und zu Blicke zu mir hinüber und drehte einen Panamahut in den Händen. Er trug den neuen Anzug, den er anhatte, wenn er manchmal sonntags mit mir zum Pferderennen ging. Aber ich glaube, er hatte seinen Kragen nicht anlegen können, denn sein Hemd wurde nur von einem Kupferknopf zusammengehalten. Er wurde gefragt, ob ich Gast bei ihm wäre, und er hat gesagt: «Ja, aber er war auch ein Freund»; was er von mir hielte, und er hat geantwortet, ich wäre ein Mann; was er damit meinte, und er hat erklärt, jeder wüsste doch, was das hieße; ob er bemerkt hätte, dass ich verschlossen war, und er hat nur eingeräumt, dass ich nicht redete, um nichts zu sagen. Der Ankläger hat ihn gefragt, ob ich regelmäßig mein Kostgeld bezahlte. Céleste hat gelacht und hat erklärt: «Das war nebensächlich zwischen uns.» Er wurde noch gefragt, was er von meinem Verbrechen hielte. Da hat er die Hände auf das Geländer gelegt, und man sah, dass er etwas vorbereitet hatte. Er hat gesagt: «Für mich ist es ein Unglück. Ein Unglück, jeder weiß, was das ist. Dagegen ist man schutzlos. Jawohl, für mich ist es ein Unglück.» Er wollte fortfahren, aber der Vorsitzende hat ihm gesagt, es wäre gut, und man dankte ihm. Da war Céleste ein bisschen verdutzt. Aber er hat erklärt, er wollte noch etwas sagen. Man hat ihn aufgefordert, sich kurz zu fassen. Er hat noch einmal wiederholt, dass es ein Unglück wäre. Und der Vorsitzende hat zu ihm gesagt: «Ja, gut. Aber wir sind da, um über solche Unglücksfälle zu urteilen. Wir danken Ihnen.» Da hat sich Céleste, als wäre er mit seinem Latein und mit seinem guten Willen am Ende, zu mir umgedreht. Mir schien, dass seine Augen schimmerten und seine Lippen zitterten. Er sah aus, als würde er mich fragen, was er noch tun könnte. Ich habe nichts gesagt, habe keine Geste gemacht, aber zum ersten Mal in meinem Leben hatte ich Lust, einen Mann zu küssen. Der Vorsitzende hat ihm noch einmal befohlen, den Zeugenstand zu verlassen. Céleste ist in den Zuhörerraum gegangen und hat sich gesetzt. Während der ganzen übrigen Sitzung hat er, etwas vorgebeugt, die Ellbogen auf den Knien, den Panamahut in den Händen, so dagesessen und hat sich alles angehört, was gesagt wurde. Marie ist hereingekommen. Sie hatte einen Hut auf und war wieder schön. Aber mir gefiel sie mit offenem Haar besser. Von meinem Platz aus ahnte ich das leichte Gewicht ihres Busens, und mir fiel ihre immer etwas geschwollene Unterlippe wieder auf. Sie wirkte sehr nervös. Sofort hat man sie gefragt, seit wann sie mich kennen würde. Sie hat die Zeit angegeben, als sie bei uns arbeitete. Der Vorsitzende wollte wissen, welche Beziehung sie zu mir hätte. Sie hat gesagt, sie wäre meine Freundin. Auf eine andere Frage hat sie geantwortet, es stimmte, dass sie die Absicht hätte, mich zu heiraten. Der Staatsanwalt, der in einer Akte blätterte, hat sie plötzlich gefragt, seit wann wir ein Verhältnis hätten. Sie hat den Tag angegeben. Der Staatsanwalt hat mit gleichgültiger Miene bemerkt, es schiene ihm der Tag nach Mamas Tod zu sein. Dann hat er etwas ironisch gesagt, er wollte eine delikate Situation nicht breittreten, er verstände Maries Skrupel, aber (und hier wurde sein Ton härter) seine Pflicht geböte ihm, sich über die Konventionen hinwegzusetzen. Er hat Marie also aufgefordert, den Tag kurz zu schildern, an dem ich sie näher kennen gelernt hatte. Marie wollte nicht reden, aber angesichts der Beharrlichkeit des Staatsanwalts hat sie von unserem Bad, unserem Kinobesuch und unserer Rückkehr zu mir erzählt. Der Ankläger hat gesagt, er hätte im Anschluss an Maries Aussagen während der Ermittlung die Kinoprogramme jenes Tages durchgesehen. Er hat hinzugefügt, Marie selbst würde sagen, welcher Film damals lief. Mit fast tonloser Stimme hat sie tatsächlich angegeben, dass es ein Film mit Fernandel war. Es herrschte vollkommene Stille im Saal, als sie geendet hatte. Der Staatsanwalt hat sich dann sehr ernst erhoben, hat mit dem Zeigefinger auf mich gedeutet und mit einer Stimme, die ich für aufrichtig erschüttert hielt, langsam und deutlich gesagt: «Meine Herren Geschworenen, einen Tag nach dem Tod seiner Mutter ging dieser Mann zum Baden, begann ein ungehöriges Verhältnis und ging ins Kino, um über einen komischen Film zu lachen. Ich habe Ihnen nichts weiter zu sagen.» Er hat sich, immer noch von Stille umgeben, gesetzt. Aber auf einmal hat Marie angefangen, laut zu schluchzen, hat gesagt, dass es nicht so wäre, dass es um etwas anderes ginge, dass man sie zwänge, das Gegenteil von dem zu sagen, was sie dächte, dass sie mich gut kennen würde und dass ich nichts Böses getan hätte. Aber der Gerichtsdiener hat sie auf einen Wink des Vorsitzenden hin weggeführt, und die Sitzung ging weiter.

Dann hat man so gerade eben Masson angehört, der erklärte, ich wäre ein anständiger Mensch, «und er würde sogar sagen, ein guter Kerl». Wieder so gerade eben hat man Salamano angehört, als er daran erinnerte, dass ich gut zu seinem Hund gewesen wäre, und als er eine Frage zu meiner Mutter und zu mir beantwortete, nämlich, dass ich Mama nichts mehr zu sagen gehabt hätte und sie deshalb ins Heim gebracht hätte. «Man muss das verstehen», sagte Salamano, «man muss das verstehen.» Aber niemand schien zu verstehen. Man hat ihn weggeführt.

Dann kam die Reihe an Raymond, der der letzte Zeuge war. Raymond gab mir ein kleines Zeichen und hat sofort gesagt, ich wäre unschuldig. Aber der Vorsitzende hat erklärt, man wollte von ihm keine Beurteilungen, sondern Tatsachen hören. Er hat ihn aufgefordert, Fragen abzuwarten, bevor er antwortete. Man hat ihn seine Beziehung zu dem Opfer erläutern lassen. Raymond hat dies genutzt, um zu sagen, dass das Opfer ihn hasste, seit er dessen Schwester geohrfeigt hatte. Der Vorsitzende hat ihn jedoch gefragt, ob das Opfer keinen Grund gehabt hätte, mich zu hassen. Raymond hat gesagt, meine Anwesenheit am Strand hätte sich zufällig ergeben. Der Staatsanwalt hat ihn dann gefragt, wie es käme, dass der Brief, mit dem das Drama seinen Ausgang nahm, von mir geschrieben worden war. Raymond hat geantwortet, das wäre ein Zufall. Der Staatsanwalt hat entgegnet, der Zufall hätte bei dieser Geschichte schon viele Missetaten auf dem Gewissen. Er wollte wissen, ob es Zufall gewesen wäre, dass ich nicht eingegriffen hatte, als Raymond seine Geliebte geohrfeigt hatte, Zufall, dass ich auf dem Polizeirevier als Zeuge aufgetreten war, wieder Zufall, dass meine damaligen Aussagen sich als pure Gefälligkeit erwiesen hätten. Zum Schluss hat er Raymond gefragt, was seine Existenzgrundlage wäre, und als dieser «Lagerverwalter» antwortete, hat der Ankläger den Geschworenen erklärt, es wäre allgemein bekannt, dass der Zeuge den Beruf Zuhälter ausübte. Ich wäre sein Komplize und sein Freund. Es handelte sich hier um ein abscheuliches Drama der niedrigsten Sorte, zu dem erschwerend hinzukäme, dass man es mit einem moralischen Ungeheuer zu tun hätte. Raymond wollte sich verteidigen, und mein Anwalt hat protestiert, aber man hat ihnen gesagt, sie müssten den Staatsanwalt ausreden lassen. Dieser hat gesagt: «Ich habe dem nur wenig hinzuzufügen. War er Ihr Freund?», hat er Raymond gefragt. «Ja», hat der gesagt, «er war mein Kumpel.» Der Ankläger hat mir dann dieselbe Frage gestellt, und ich habe Raymond angesehen, der die Augen nicht abgewandt hat. Ich habe «Ja» geantwortet. Da hat sich der Staatsanwalt zu den Geschworenen umgedreht und hat erklärt: «Derselbe Mann, der sich einen Tag nach dem Tod seiner

Mutter der schändlichsten Ausschweifung hingab, hat aus nichtigen Gründen und um eine widerliche Bettgeschichte zu regeln getötet.»

Er hat sich dann gesetzt. Aber mein Anwalt, am Ende mit seiner Geduld, hat die Arme gehoben, sodass seine herunterrutschenden Ärmel die Falten eines gestärkten Hemdes entblößten, und hat ausgerufen: «Ist er eigentlich angeklagt, seine Mutter beerdigt zu haben oder einen Menschen getötet zu haben?» Das Publikum hat gelacht. Aber der Staatsanwalt hat sich wieder erhoben, hat den Faltenwurf seiner Robe zurechtgelegt und hat erklärt, man müsste schon die Naivität des ehrenwerten Verteidigers haben, um nicht zu merken, dass es zwischen diesen beiden Tatbeständen einen tiefen, erregenden, wesentlichen Zusammenhang gäbe. «Jawohl», hat er mit Nachdruck gerufen, «ich beschuldige diesen Mann, mit dem Herzen eines Verbrechers seine Mutter beerdigt zu haben.» Diese Erklärung schien einen gewaltigen Eindruck auf das Publikum zu machen. Mein Anwalt hat die Achseln gezuckt und sich den Schweiß abgewischt, der ihm auf der Stirn stand. Aber er wirkte selbst erschüttert, und mir ist klar geworden, dass es nicht gut für mich lief.

Die Sitzung wurde geschlossen. Als ich aus dem Gerichtsgebäude herauskam, um in den Wagen zu steigen, habe ich einen kurzen Augenblick lang den Geruch und die Farbe des Sommerabends wieder erkannt. In der Dunkelheit meines rollenden Gefängnisses habe ich nacheinander, wie aus der Tiefe meiner Erschöpfung, alle vertrauten Geräusche einer Stadt wieder gefunden, die ich liebte, und einer bestimmten Stunde, in der es vorkam, dass ich mich wohl fühlte. Der Schrei der Zeitungsverkäufer in der schon weichen Luft, die letzten Vögel in der Grünanlage, der Ruf der Sandwichhändler, das Ächzen der Straßenbahnen in den hoch gelegenen kurvigen Straßen der Stadt und dieses Brausen des Himmels, ehe die Nacht über dem Hafen zusammenschlägt – all das setzte eine unsichtbare Route für mich zusammen, die ich gut kannte, bevor ich ins

Gefängnis kam. Ja, es war die Stunde, in der ich mich, vor langer Zeit, wohl fühlte. Dann erwartete mich immer ein leichter, traumloser Schlaf. Und doch war etwas anders geworden, denn mit dem Warten auf den nächsten Tag habe ich meine Zelle wieder gefunden. Als könnten die in den Sommerhimmel gezeichneten vertrauten Wege genauso gut ins Gefängnis wie in unschuldigen Schlaf führen.

IV

Selbst auf einer Anklagebank ist es immer interessant, von sich sprechen zu hören. Ich kann sagen, dass während der Plädoyers des Staatsanwalts und meines Verteidigers viel von mir gesprochen wurde und vielleicht mehr von mir als von meinem Verbrechen. Waren sie übrigens so verschieden, diese Plädoyers? Der Verteidiger hob die Arme und plädierte auf schuldig, aber mit mildernden Umständen. Der Staatsanwalt streckte die Hände aus und prangerte meine Schuld an, aber ohne mildernde Umstände. Etwas störte mich jedoch irgendwie. Trotz meiner Bedenken war ich manchmal versucht, mich einzumischen, und mein Anwalt sagte dann zu mir: «Seien Sie still, das ist besser für Ihre Sache.» Man schien diese Sache gewissermaßen unabhängig von mir zu verhandeln. Alles lief ohne mein Zutun ab. Mein Schicksal wurde geregelt, ohne dass man nach meiner Meinung fragte. Hin und wieder hatte ich Lust, jeden zu unterbrechen und zu sagen: «Wer ist denn eigentlich der Angeklagte? Es ist doch wichtig, der Angeklagte zu sein. Und ich habe etwas zu sagen!» Aber bei genauerer Überlegung hatte ich nichts zu sagen. Außerdem muss ich zugeben, dass der Reiz des Interessanten, den es hat, wenn sich die Leute mit einem beschäftigen, nicht lange anhält. Zum Beispiel hat mich das Plädoyer des Staatsanwalts sehr schnell gelangweilt. Nur Fragmente, Gesten oder ganze, aus dem Zusammenhang gelöste Tiraden sind mir aufgefallen oder haben mein Interesse geweckt.

Der Kern seiner Überlegungen war, wenn ich recht verstanden habe, dass ich mein Verbrechen vorsätzlich begangen hatte. Zumindest hat er versucht, es zu beweisen. Wie er selbst sagte: «Ich werde den Beweis erbringen, meine Herren, und zwar den doppelten Beweis. Einmal im grellen Licht der Fakten und dann im dunklen Schein, den mir die Psychologie dieser verbrecherischen Seele liefern wird.» Er hat die Tatsachen seit Mamas Tod zusammengefasst. Er hat an meine Gefühllosigkeit erinnert, an meine Unkenntnis, was Mamas Alter betraf, an mein Bad mit einer Frau am nächsten Tag, an das Kino, an Fernandel und schließlich daran, dass ich Marie mit nach Haus genommen hatte. Ich habe in dem Moment einige Zeit gebraucht, um ihn zu verstehen, weil er «seine Geliebte» sagte, und für mich war sie doch Marie. Dann ist er auf Raymonds Geschichte zu sprechen gekommen. Ich fand, dass seine Art, die Ereignisse zu sehen, ziemlich klar war. Was er sagte, war plausibel. Ich hätte den Brief in Übereinstimmung mit Raymond geschrieben, um dessen Geliebte anzulocken und sie den Misshandlungen eines Mannes von «zweifelhafter Moral» auszusetzen. Ich hätte am Strand Raymonds Gegner provoziert. Raymond wäre verletzt worden. Ich hätte seinen Revolver verlangt. Ich wäre allein zurückgekehrt, um mich seiner zu bedienen. Ich hätte den Araber niedergeschossen, wie ich es geplant hätte. Ich hätte gewartet. Und «um sicherzugehen, dass die Arbeit ordentlich erledigt war», hätte ich noch vier Kugeln verschossen, bedächtig, auf sichere Schußweite, gewissermaßen mit Überlegung.

«So, meine Herren», hat der Ankläger gesagt. «Ich habe Ihnen den Lauf der Ereignisse vor Augen geführt, der diesen Mann dazu gebracht hat, im vollen Bewusstsein seines Tuns zu töten. Ich betone das», hat er gesagt. «Es handelt sich nämlich nicht um einen gewöhnlichen Mord, um eine unbedachte Tat, der Sie mildernde Umstände zubilligen könnten. Dieser Mann, meine Herren, dieser Mann ist intelligent. Sie haben ihn gehört, nicht wahr. Er weiß zu antworten, er kennt die Bedeutung der Worte. Und man kann nicht sagen, er hätte gehandelt, ohne sich seines Tuns bewusst zu sein.»

Ich hörte zu und vernahm, dass man mich für intelligent hielt. Aber ich verstand nicht, wie aus den Eigenschaften eines gewöhnlichen Menschen erdrückende Belastungsmomente für einen Schuldigen werden konnten. Zumindest hat mich das verblüfft, und ich habe dem Staatsanwalt bis zu dem Augenblick nicht mehr zugehört, als ich ihn sagen hörte: «Hat er wenigstens sein Bedauern ausgedrückt? Nie, meine Herren. Nicht ein einziges Mal im Laufe der Ermittlung schien dieser Mann von seiner abscheulichen Missetat berührt.» In dem Moment hat er sich mir zugewandt und mit dem Finger auf mich gezeigt, während er mich gleichzeitig weiter unter Druck setzte, ohne dass ich in Wirklichkeit richtig verstand, wieso. Sicher, ich musste zugeben, dass er Recht hatte. Ich bereute meine Tat nicht sehr. Aber so viel Verbissenheit wunderte mich. Ich hätte gern versucht, ihm herzlich, sogar liebevoll zu erklären, dass ich nie irgendetwas wirklich hatte bereuen können. Ich war immer von dem beansprucht, was gleich geschehen würde, vom Heute oder vom Morgen. Aber natürlich konnte ich in der Lage, in die man mich gebracht hatte, mit niemand in diesem Ton reden. Ich hatte kein Recht, mich liebevoll zu zeigen, gutwillig zu sein. Und ich habe versucht, wieder zuzuhören, weil der Staatsanwalt angefangen hatte, von meiner Seele zu sprechen.

Er sagte, er hätte sich über sie gebeugt und hätte nichts gefunden, meine Herren Geschworenen. Er sagte, eine Seele, die hätte ich in Wirklichkeit gar nicht, und ich wäre für nichts Menschliches und keines der moralischen Prinzipien zugänglich, die das Herz der Menschen behüten. «Gewiss können wir es ihm nicht vorwerfen», fügte er hinzu. «Wir können uns nicht beschweren, dass ihm das, was er nicht erwerben kann, fehlt. Aber hier, vor diesem Gericht, muss sich die ganz negative Tugend der Toleranz in die weniger leichte, aber höhere der Gerechtigkeit verwandeln. Zumal, wenn die Leere des Herzens, wie sie bei diesem Mann zu beobachten ist, ein Abgrund wird, in dem die Gesellschaft umkommen kann.» In dem Zusammenhang hat er über meine Einstellung zu Mama gesprochen. Er hat wiederholt, was er während der Verhandlung gesagt hatte. Aber er ist viel ausführlicher gewesen als bei seiner Darstellung meiner Verbrechen, so ausführlich sogar, dass ich schließlich nur noch die Hitze dieses Vormittags gefühlt habe. Bis zu dem Augenblick zumindest, als der Ankläger innegehalten hat und nach kurzem Schweigen mit sehr tiefer, sehr ergriffener Stimme fortgefahren ist: «Dieses selbe Gericht, meine Herren, wird morgen über die allerabscheulichste Untat urteilen: den Mord an einem Vater.» Ihm zufolge schreckte die Vorstellungskraft vor diesem entsetzlichen Anschlag zurück. Er wagte zu hoffen, dass die menschliche Gerechtigkeit unnachsichtig bestrafen würde. Aber er scheute sich nicht zu sagen, dass das Grauen, welches ihm jenes Verbrechen einflößte, fast von dem übertroffen würde, das er angesichts meiner Gefühllosigkeit empfände. Noch immer ihm zufolge stellte sich ein Mann, der seine Mutter moralisch tötete, in derselben Weise außerhalb der menschlichen Gesellschaft wie jener, der mörderische Hand an den Urheber seines Lebens legte. Auf jeden Fall bereitete der eine die Taten des anderen vor, er kündigte sie gewissermaßen an und legitimierte sie. «Ich bin davon überzeugt, meine Herren», hat er die Stimme hebend hinzugefügt, «Sie werden meinen Gedanken nicht zu kühn finden, wenn ich sage, dass der Mann, der auf jener Bank sitzt, auch des Mordes schuldig ist, über den dieses Gericht morgen wird urteilen müssen. Er muss dementsprechend bestraft werden.» Hier hat sich der Staatsanwalt sein schweißglänzendes Gesicht abgewischt. Er hat schließlich gesagt, seine Pflicht wäre schmerzlich, aber er würde sie unerschütterlich erfüllen. Er hat erklärt, ich hätte nichts mit einer Gesellschaft gemein, deren grundlegende Regeln ich nicht anerkennen wollte, und ich könnte nicht an das menschliche Herz appellieren, dessen elementarste Regungen mir unbekannt wären. «Ich fordere von Ihnen den Kopf dieses Mannes», hat er gesagt, «und ich fordere ihn leichten Herzens von Ihnen. Denn wenn es im Laufe meiner schon langen beruflichen Tätigkeit vorgekommen ist, dass ich die Todesstrafe forderte, habe ich diese unerquickliche

Pflicht niemals so sehr wie heute vom Bewusstsein eines unabweislichen, heiligen Gebots und von dem Grauen, das ich vor dem Gesicht eines Menschen empfinde, in dem ich nichts als Abscheuliches lese, ausgeglichen, aufgewogen und überstrahlt gefühlt.»

Als der Staatsanwalt sich wieder gesetzt hat, herrschte ziemlich lange Schweigen. Ich war betäubt vor Hitze und vor Überraschung. Der Vorsitzende hat gehüstelt und hat mich sehr leise gefragt, ob ich etwas dazu zu sagen hätte. Ich bin aufgestanden, und da ich Lust hatte zu reden, habe ich, ein bisschen aufs Geratewohl übrigens, gesagt, ich hätte nicht die Absicht gehabt, den Araber zu töten. Der Vorsitzende hat erwidert, dass das eine Behauptung wäre, dass er meine Verteidigungstaktik bisher schlecht verstände und froh wäre, sich von mir die Motive für meine Tat erläutern zu lassen, bevor er meinen Anwalt anhörte. Ich sagte schnell, wobei ich die Wörter durcheinander brachte und mir meiner Lächerlichkeit bewusst war, dass es wegen der Sonne gewesen wäre. Im Saal wurde gelacht. Mein Verteidiger hat die Achseln gezuckt, und gleich darauf wurde ihm das Wort erteilt. Aber er hat erklärt, es wäre spät, er würde mehrere Stunden brauchen und beantrage Vertagung auf den Nachmittag. Das Gericht hat zugestimmt.

Am Nachmittag rührten die großen Ventilatoren noch immer die dicke Luft des Saals um, und die bunten kleinen Fächer der Geschworenen wedelten alle in dieselbe Richtung. Das Plädoyer meines Verteidigers schien mir nie enden zu wollen. Irgendwann jedoch habe ich ihm zugehört, weil er sagte: «Es ist wahr, dass ich getötet habe.» Dann hat er in diesem Stil weitergeredet und hat jedes Mal, wenn er von mir sprach, «ich» gesagt. Ich war sehr verwundert. Ich habe mich zu einem Gendarmen hinübergebeugt und habe ihn gefragt, warum. Er hat mir gesagt, ich solle still sein, und nach einer Weile hat er hinzugefügt: «Alle Anwälte tun das.» Ich habe gedacht, dass man mich dadurch noch mehr aus der Sache ausschloss, zu einer Null machte, sich gewissermaßen an meine

Stelle setzte. Aber ich glaube, ich war schon weit von diesem Sitzungssaal entfernt. Übrigens ist mein Anwalt mir lächerlich vorgekommen. Er hat sehr schnell auf provozierten Angriff plädiert, und dann hat er von meiner Seele gesprochen. Aber mir schien, er hatte viel weniger Talent als der Staatsanwalt. «Auch ich», hat er gesagt, «habe mich über diese Seele gebeugt, aber im Gegensatz zum hervorragenden Vertreter der Anklage habe ich etwas gefunden, und ich kann sagen, dass ich wie in einem aufgeschlagenen Buch darin gelesen habe.» Er hätte darin gelesen, dass ich ein anständiger Mann wäre, der zuverlässig, unermüdlich und treu für die Firma arbeitete, die ihn beschäftigte, bei allen beliebt und voll Mitgefühl für die Leiden anderer. Für ihn wäre ich ein vorbildlicher Sohn, der seine Mutter so lange unterstützt hätte, wie er konnte. Schließlich hätte ich gehofft, ein Altersheim würde der alten Frau den Komfort verschaffen, den ich ihr mit meinen Mitteln nicht bieten konnte. «Ich wundere mich, meine Herren», hat er hinzugefügt, «dass von diesem Heim so viel Aufhebens gemacht wurde. Wenn nämlich ein Beweis für den Nutzen und die Großartigkeit dieser Einrichtung nötig wäre, so brauchte man nur zu sagen, dass der Staat selbst sie subventioniert.» Nur hat er nicht von der Beerdigung gesprochen, und ich habe gespürt, dass das in seinem Plädoyer fehlte. Aber wegen all dieser langen Sätze, all dieser endlosen Tage und Stunden, in denen man von meiner Seele gesprochen hatte, habe ich den Eindruck gehabt, alles würde gewissermaßen ein farbloses Wasser, in dem mir schwindlig wurde.

Letzten Endes erinnere ich mich nur, dass, während mein Anwalt weiterredete, von der Straße her durch die ganze Flucht von Sälen und Hallen die Trompete eines Eismanns zu mir gedrungen ist. Ich wurde von den Erinnerungen an ein Leben überfallen, das nicht mehr mir gehörte, in dem ich aber meine kargsten und beharrlichsten Freuden gefunden hatte: Sommergerüche, das Viertel, das ich liebte, einen bestimmten Himmel, das Lachen und die Kleider von Marie. Die ganze

Nutzlosigkeit dessen, was ich an diesem Ort tat, ist mir da wieder aufgestoßen, und ich wollte es nur noch schleunigst hinter mich bringen und in meine Zelle samt dem Schlaf zurückkehren. Nur undeutlich habe ich meinen Anwalt abschließend rufen hören, die Geschworenen wollten doch wohl einen ehrlichen Arbeiter, den ein Augenblick der Verwirrung ins Verderben gestürzt hätte, nicht in den Tod schicken, und habe ihn um mildernde Umstände für ein Verbrechen bitten hören, für das ich schon als sicherste Strafe ewige Schuldgefühle mit mir herumtrüge. Das Gericht hat die Sitzung unterbrochen, und der Anwalt hat sich erschöpft hingesetzt. Aber seine Kollegen sind zu ihm gekommen, um ihm die Hand zu schütteln. Ich habe gehört: «Großartig, mein Lieber.» Einer hat mich sogar als Zeugen angerufen: «Nicht?», hat er zu mir gesagt. Ich habe zugestimmt, aber mein Kompliment war nicht ehrlich, weil ich zu müde war.

Doch draußen neigte sich der Tag, und die Hitze war weniger stark. Aus den wenigen Straßengeräuschen, die ich hörte, konnte ich die Milde des Abends herausspüren. Wir saßen alle da und warteten. Und das, worauf wir zusammen warteten, betraf nur mich. Ich habe noch einmal in den Zuhörerraum geschaut. Alles war genauso wie am ersten Tag. Ich bin dem Blick des Journalisten im grauen Jackett und dem der Roboterfrau begegnet. Das brachte mich darauf, dass ich während des ganzen Prozesses nicht nach Marie Ausschau gehalten hatte. Ich hatte sie nicht vergessen, aber ich hatte zu viel zu tun. Ich habe sie zwischen Céleste und Raymond gesehen. Sie hat mir ein kleines Zeichen gegeben, als wollte sie sagen: «Endlich», und ich habe ihr ein wenig ängstliches lächelndes Gesicht gesehen. Aber ich fühlte, dass mein Herz verschlossen war, und habe nicht einmal ihr Lächeln erwidern können.

Das Gericht ist zurückgekommen. Sehr schnell hat man den Geschworenen eine Reihe von Fragen vorgelesen. Ich habe «des Mordes schuldig» … «Vorsatz» … «mildernde Umstände» gehört. Die Geschworenen sind hinausgegangen, und ich wurde in den kleinen Raum gebracht, in dem ich schon einmal gewartet hatte. Mein Anwalt ist dazugekommen: Er war sehr redselig und hat zuversichtlicher und herzlicher denn je mit mir gesprochen. Er meinte, alles würde gut gehen und ich mit ein paar Jahren Gefängnis oder Zuchthaus davonkommen. Ich habe ihn gefragt, ob es im Falle eines ungünstigen Urteils Aussichten auf eine Revision gäbe. Er hat es verneint. Seine Taktik wäre gewesen, keine Einsprüche zu erheben, um die Jury nicht zu verstimmen. Er hat mir erklärt, ein Urteil würde nicht einfach so, wegen nichts, aufgehoben. Das schien mir einleuchtend, und ich habe mich seinen Argumenten gebeugt. Bei kühler Betrachtung der Sache war es ganz normal. Sonst gäbe es ja zu viel unnötigen Papierkrieg. «In jedem Fall gibt es noch das Gnadengesuch», hat mein Anwalt gesagt. «Aber ich bin überzeugt, dass es günstig ausgeht.»

Wir haben sehr lange gewartet, fast eine Dreiviertelstunde, glaube ich. Nach Ablauf dieser Zeit hat eine Klingel geläutet. Mein Anwalt hat mich allein gelassen und vorher gesagt: «Der Obmann der Geschworenen verliest jetzt die Antworten. Sie werden erst zur Urteilsverkündung hereingeholt.» Türen haben geschlagen. Leute liefen auf Treppen, von denen ich nicht wusste, ob sie nah oder fern waren. Dann habe ich eine gedämpfte Stimme etwas im Gerichtssaal lesen hören. Als die Klingel wieder geläutet hat, als die Tür zur Anklagebank sich geöffnet hat, ist mir die Stille des Saals entgegengeschlagen, die Stille und dieses eigenartige Gefühl, das mich überkam, als ich festgestellt habe, dass der junge Journalist die Augen abgewandt hatte. Ich habe nicht zu Marie hingesehen. Ich habe keine Zeit dazu gehabt, weil der Vorsitzende mir in einer sonderbaren Form gesagt hat, dass mir im Namen des französischen Volkes auf einem öffentlichen Platz der Kopf abgeschlagen würde. Da schien es mir, dass ich das Gefühl erkannte, das ich auf allen Gesichtern las. Ich glaube, es war Achtung. Die Gendarmen waren sehr liebenswürdig zu mir. Der Anwalt hat seine Hand auf mein Handgelenk gelegt. Ich dachte an nichts mehr. Aber der Vorsitzende hat mich gefragt, ob ich noch etwas hinzuzufügen hätte. Ich habe nachgedacht. Ich habe «Nein» gesagt. Darauf hat man mich weggebracht.

V

Zum dritten Mal habe ich mich geweigert, den Anstaltsgeistlichen zu empfangen. Ich habe ihm nichts zu sagen, ich habe keine Lust zu reden, ich werde ihn schon noch früh genug sehen. Was mich im Moment interessiert, ist, dem Mechanismus zu entrinnen, herauszufinden, ob es einen Ausweg aus dem Unvermeidlichen geben kann. Man hat mich in eine andere Zelle verlegt. Von dieser aus sehe ich, wenn ich liege, den Himmel, und ich sehe nur ihn. Alle meine Tage vergehen damit, auf seinem Antlitz das Nachlassen der Farben zu betrachten, das vom Tag in die Nacht überleitet. Im Liegen verschränke ich die Hände unter dem Kopf und warte. Ich weiß nicht, wie oft ich mich gefragt habe, ob es Beispiele für zum Tode Verurteilte gab, die dem unerbittlichen Mechanismus entronnen sind, vor der Hinrichtung verschwunden sind, die Polizeiketten durchbrochen haben. Ich warf mir dann vor, dass ich den Hinrichtungsberichten nicht genug Aufmerksamkeit geschenkt hatte. Man sollte sich immer für solche Sachen interessieren. Man weiß nie, was passieren kann. Wie jeder hatte ich Schilderungen in der Zeitung gelesen. Aber es gab bestimmt Spezialwerke, in denen nachzulesen ich nie neugierig genug gewesen war. Dort hätte ich vielleicht Fluchtberichte gefunden. Ich hätte erfahren, dass wenigstens in einem Fall das Rad angehalten hatte, dass Zufall und Glück nur einmal etwas an diesem unwiderstehlichen Vorsatz geändert hatten. Einmal! In gewisser Weise hätte mir das, glaube ich, genügt. Mein Inneres hätte das Übrige getan. Die Zeitungen sprachen oft von einem Tribut, den man der Gesellschaft schuldete. Ihnen zufolge musste man ihn bezahlen. Aber das spricht die Phantasie nicht an. Worauf es ankam, war eine Fluchtmöglichkeit, ein Sprung aus dem unerbittlichen Ritus hinaus, ein wahnsinniger Lauf, der jede mögliche Hoffnung zuließ. Natürlich bestand die Hoffnung darin, an einer Straßenecke im vollen Lauf von einer Kugel im vollen Flug niedergestreckt zu werden. Aber alles wohl erwogen, erlaubte mir nichts diesen Luxus, alles verbot ihn mir, der Mechanismus erfasste mich wieder.

Trotz meines guten Willens konnte ich mich mit dieser anmaßenden Gewissheit nicht abfinden. Denn schließlich bestand ein lächerliches Missverhältnis zwischen dem Urteil, das sie herbeigeführt hatte, und dem unerschütterlichen Ablauf von dem Moment an, als dieses Urteil verkündet worden war. Die Tatsache, dass das Urteil um zwanzig Uhr statt um siebzehn Uhr verlesen worden war, die Tatsache, dass es ganz anders hätte sein können, dass es von Menschen gefällt worden war, die das Hemd wechseln, dass es im Vertrauen auf einen so ungenauen Begriff wie das französische (oder deutsche oder chinesische) Volk erlassen worden war – dies alles schien mir einer solchen Entscheidung viel von ihrer Seriosität zu nehmen. Dennoch musste ich anerkennen, dass von der Sekunde an, in der sie gefällt worden war, ihre Auswirkungen so sicher und so ernst wurden wie das Vorhandensein dieser Wand, gegen die ich in ganzer Länge meinen Körper quetschte.

Ich habe mich in solchen Momenten an eine Geschichte erinnert, die Mama mir von meinem Vater erzählte. Ich habe ihn nicht gekannt. Das einzig Zuverlässige, was ich über diesen Mann wusste, war vielleicht das, was Mama mir damals über ihn sagte: Er war als Zuschauer zur Hinrichtung eines Mörders gegangen. Er war krank bei dem Gedanken hinzugehen. Er hatte es trotzdem getan, und nach seiner Rückkehr hatte er sich fast den ganzen Vormittag übergeben. Mein Vater stieß mich damals etwas ab. Jetzt verstand ich, das war so natürlich. Wie hatte ich übersehen können, dass nichts wichtiger ist als eine Hinrichtung und dass es alles in allem das einzig wirklich Interessante für einen Menschen ist. Wenn ich je aus diesem Gefängnis herauskommen sollte, würde ich mir alle Hinrichtungen ansehen. Ich glaube, es war ein Fehler, an diese Möglichkeit zu denken. Denn bei der Vorstellung, eines frühen Morgens als freier Mann hinter einer Polizeikette zu stehen, gewissermaßen auf der anderen Seite, bei der Vorstellung, der Zuschauer zu sein, der zusieht und sich hinterher übergeben kann, stieg mir eine Woge giftiger Freude ins Herz. Aber das war unvernünftig. Es war ein Fehler, mich zu solchen Annahmen hinreißen zu lassen, weil ich im nächsten Augenblick so entsetzlich fror, dass ich mich unter meiner Decke zusammenrollte. Meine Zähne klapperten, ohne dass ich an mich halten konnte.

Aber natürlich kann man nicht immer vernünftig sein. Manchmal zum Beispiel machte ich Gesetzentwürfe. Ich reformierte die Strafbestimmungen. Ich hatte bemerkt, dass es wesentlich war, dem Verurteilten eine Chance zu geben. Eine einzige von tausend, das genügte, um vieles besser zu machen. So könnte man, schien mir, eine chemische Verbindung finden, bei deren Einnahme der Patient (ich dachte: der Patient) in neun von zehn Fällen getötet würde. Er wüsste es, das war Bedingung. Bei genauer Überlegung, bei ruhiger Betrachtung der Dinge stellte ich nämlich fest, dass das Fehlerhafte am Fallbeil darin bestand, dass es dabei keine, absolut keine Chance gab. Der Tod des Patienten war ja ein für alle Mal beschlossen worden. Das war eine erledigte Sache, eine abgemachte Maßnahme, eine entschiedene Vereinbarung, und es kam nicht in Frage, sie zu revidieren. Wenn es ausnahmsweise nicht klappte, fing man noch einmal an. Folglich war das Ärgerliche dabei, dass der Verurteilte das gute Funktionieren der Maschine wünschen musste. Ich sage, dass dies das Fehlerhafte daran war. Das stimmt einerseits. Aber andererseits musste ich zugeben, dass darin das ganze Geheimnis einer guten Organisation lag. Genau genommen musste der Verurteilte moralisch mitarbeiten. Es lag in seinem Interesse, dass alles reibungslos klappte.

Ich musste auch feststellen, dass ich bisher zu diesen Fragen Vorstellungen gehabt hatte, die nicht stimmten. Ich habe lange geglaubt – und ich weiß nicht, warum –, dass man, um zur Guillotine zu gelangen, auf ein Schafott steigen, Stufen hinaufklettern muss. Ich glaube, das lag an der Revolution von 1789, ich meine, an allem, was man mir zu diesen Fragen beigebracht oder gezeigt hatte. Aber eines Morgens habe ich mich an ein Foto erinnert, das die Zeitungen anlässlich einer Aufsehen erregenden Hinrichtung veröffentlicht hatten. In Wirklichkeit stand die Maschine zu ebener Erde, ganz schlicht und einfach. Sie war viel schmaler, als ich dachte. Es war ziemlich komisch, dass ich das nicht früher bemerkt hatte. Diese Maschine auf dem Bild hatte mich dadurch verblüfft, dass sie wie ein Präzisionswerkstück aussah – vollendet und glänzend. Man macht sich immer übertriebene Vorstellungen von dem, was man nicht kennt. Ich musste dagegen feststellen, dass alles einfach war: Die Maschine ist auf derselben Ebene wie der Mensch, der auf sie zugeht. Er gelangt zu ihr, wie man jemandem entgegengeht. Auch das war ärgerlich. Der Aufstieg zum Schafott, das Emporsteigen in den freien Himmel – daran konnte sich die Phantasie klammern. Wohingegen hier das Mechanische wieder einmal alles zunichte machte: Man wurde diskret getötet, ein bisschen verschämt und sehr präzise.

Es gab noch zwei Dinge, über die ich die ganze Zeit nachdachte: das Morgengrauen und mein Gnadengesuch. Ich redete mir jedoch gut zu und versuchte, nicht mehr daran zu denken. Ich legte mich hin, betrachtete den Himmel, bemühte mich, Interesse für ihn aufzubringen. Er wurde grün, es war Abend. Ich riss mich noch einmal zusammen, um den Gang meiner Gedanken abzulenken. Ich lauschte meinem Herzen. Ich konnte mir nicht vorstellen, dass dieses Geräusch, das mich schon so lange begleitete, jemals aufhören könnte. Ich habe nie wirkliche Phantasie gehabt. Ich versuchte trotzdem, mir eine bestimmte Sekunde vorzustellen, in der das Schlagen dieses Herzens nicht mehr in meinem Kopf weitergehen würde. Aber vergeblich. Das Morgengrauen oder mein Gnadengesuch war da. Schließlich sagte ich mir, das Vernünftigste wäre, mir keinen Zwang anzutun.

Im Morgengrauen kamen sie nämlich, das wusste ich. Genau genommen habe ich meine Nächte damit zugebracht, auf dieses Morgengrauen zu warten. Ich habe mich nie gern überraschen lassen. Wenn mir etwas passiert, bin ich lieber ganz da. Deshalb habe ich schließlich tagsüber nur noch ein bisschen geschlafen, und die ganzen Nächte hindurch habe ich geduldig darauf gewartet, dass das Licht am Fenster des Himmels aufkam. Am schwierigsten war die zwielichtige Stunde, in der sie, wie ich wusste, gewöhnlich tätig wurden. Wenn Mitternacht vorbei war, wartete und lauerte ich. Nie hatte mein Ohr so viel Geräusche gehört, so schwache Töne vernommen. Ich kann übrigens sagen, dass ich in gewisser Weise während dieser ganzen Zeit Glück hatte, da ich nie Schritte gehört habe. Mama sagte oft, dass man nie ganz und gar unglücklich ist. Ich stimmte ihr in meinem Gefängnis zu, wenn der Himmel sich färbte und ein neuer Tag in meine Zelle kroch. Denn genauso gut hätte ich Schritte hören und hätte mein Herz zerspringen können. Auch wenn das leiseste Schlurfen mich an die Tür trieb, auch wenn ich, das Ohr ans Holz gepresst, krampfhaft wartete, bis ich mein eigenes Atmen hörte und erschrak, dass es sich heiser und so ähnlich wie das Röcheln eines Hundes anhörte, zersprang mein Herz letzten Endes doch nicht, und ich hatte wieder vierundzwanzig Stunden gewonnen.

Den ganzen Tag über war da mein Gnadengesuch. Ich glaube, ich habe das Beste aus diesem Gedanken gemacht. Ich dosierte meine Mittel und holte die beste Ausbeute aus meinen Überlegungen heraus. Ich ging immer vom Schlimmsten aus: Mein Gnadengesuch wurde abgelehnt. «Na gut, ich werde also sterben.» Früher als andere, das war klar. Aber jeder weiß, dass das Leben nicht lebenswert ist. Im Grunde wusste ich wohl, dass es wenig ausmacht, ob man mit dreißig oder mit siebzig stirbt, da natürlich in beiden Fällen andere Männer und andere Frauen leben werden, und das Tausende von Jahren hindurch. Nichts war ja klarer. Immer war ich es, der starb, ob jetzt oder in zwanzig Jahren. Was mich in dem Moment ein bisschen in meiner Überlegung störte, war dieser furchtbare Schock, den ich bei dem Gedanken an zwanzig Jahre künftigen Lebens in mir fühlte. Aber ich brauchte ihn nur mit der Vorstellung zu unterdrücken, welche Gedanken ich in zwanzig Jahren haben würde, wenn ich trotzdem dahin kommen müsste. Wenn man stirbt, ist es egal, wie und wann, das war klar. Folglich (und das Schwierige war, alles, was in diesem «folglich» an Überlegungen steckte, nicht aus den Augen zu verlieren), folglich musste ich die Ablehnung meines Gnadengesuchs akzeptieren.

In dem Moment, erst in dem Moment, hatte ich sozusagen das Recht, erteilte ich mir gewissermaßen die Erlaubnis, die zweite Hypothese zu durchdenken: Ich wurde begnadigt. Unangenehm daran war, dass die ungestüme Regung des Blutes und des Körpers gedrosselt werden musste, die mir als wahnsinnige Freude in den Augen stach. Ich musste mich anstrengen, diesen Aufschrei zu mäßigen, ihn zur Räson zu bringen. Ich musste sogar bei dieser Hypothese unbefangen sein, um meine Ergebung in die andere annehmbarer zu machen. Wenn es mir gelungen war, hatte ich eine Stunde Ruhe gewonnen. Das war immerhin beachtlich.

In einem solchen Moment habe ich es wieder einmal abgelehnt, den Anstaltsgeistlichen zu empfangen. Ich hatte mich hingelegt und ahnte das Nahen des Sommerabends an einem bestimmten hellen Gelb des Himmels. Ich hatte gerade mein Gnadengesuch abgelehnt und konnte die Wellen meines Blutes gleichmäßig in mir zirkulieren fühlen. Ich hatte nicht das Bedürfnis, den Geistlichen zu sehen. Zum ersten Mal seit langer Zeit habe ich an Marie gedacht. Sie schrieb mir schon lange nicht mehr. An dem Abend habe ich nachgedacht und habe mir gesagt, dass sie es vielleicht leid war, die Geliebte eines zum Tode Verurteilten zu sein. Mir ist auch der Gedanke gekommen, dass sie womöglich krank oder tot war. Das war normal. Wie hätte ich es erfahren sollen, da uns außer unseren jetzt getrennten Körpern nichts verband und aneinander erinnerte. Von dem Moment an wäre mir die Erinnerung an Marie übrigens gleichgültig gewesen. Als Tote interessierte sie mich nicht mehr. Ich fand das normal, wie ich auch sehr gut verstand, dass die Leute mich nach meinem Tod vergaßen. Sie hatten nichts mehr mit mir zu tun. Ich konnte nicht einmal sagen, dass der Gedanke hart war.

Genau in diesem Moment ist der Anstaltsgeistliche hereingekommen. Als ich ihn sah, hat mich ein leichtes Zittern erfasst. Er hat es bemerkt und hat gesagt, ich sollte keine Angst haben. Ich habe gesagt, er käme gewöhnlich doch zu einer anderen Zeit. Er hat geantwortet, es wäre ein ganz freundschaftlicher Besuch, der nichts mit meinem Gnadengesuch zu tun hätte, über das er nichts wüsste. Er hat sich auf meine Pritsche gesetzt und mich aufgefordert, neben ihm Platz zu nehmen. Ich habe abgelehnt. Ich fand, dass er trotzdem sehr nett aussah.

Er ist eine Weile sitzen geblieben und hat, die Unterarme auf den Knien, den Kopf gesenkt, seine Hände angesehen. Sie waren zart und kräftig, sie erinnerten an zwei behende Tiere. Er hat sie bedächtig gerieben. Dann ist er so lange, immer noch mit gesenktem Kopf, so sitzen geblieben, dass ich einen Augenblick lang den Eindruck gehabt habe, ich hätte ihn vergessen.

Aber er hat plötzlich den Kopf gehoben und hat mir ins Gesicht gesehen: «Warum lehnen Sie meine Besuche ab?», hat er gesagt. Ich habe geantwortet, dass ich nicht an Gott glaubte. Er wollte wissen, ob ich dessen ganz sicher wäre, und ich habe gesagt, das brauchte ich mich nicht zu fragen: Das wäre eine Frage ohne Belang. Da hat er sich zurücksinken lassen und sich an die Wand gelehnt, die Hände flach auf den Oberschenkeln. Beinah ohne dass es so aussah, als spräche er mit mir, hat er eingewandt, dass man sich manchmal für sicher hielte und es in Wirklichkeit nicht wäre. Ich sagte nichts. Er hat mich angesehen und gefragt: «Was halten Sie davon?» Ich habe geantwortet, das wäre möglich. Auf alle Fälle wäre ich vielleicht nicht sicher, was mich wirklich interessierte, aber ich wäre völlig sicher, was mich nicht interessierte. Und gerade das, wo-von er sprach, interessierte mich nicht.

Er hat die Augen abgewandt und hat, immer noch, ohne seine Stellung zu verändern, gefragt, ob ich nicht aus äußerster Verzweiflung so spräche. Ich habe ihm erklärt, dass ich nicht verzweifelt wäre. Ich hätte bloß Angst, das wäre ganz natür-lich. «Gott würde Ihnen dann helfen», hat er bemerkt. «Alle, die ich in Ihrer Lage gekannt habe, wandten sich ihm zu.» Ich habe eingeräumt, dass sie das Recht dazu hätten. Das bewiese auch, dass sie die Zeit dafür hätten. Ich dagegen wollte nicht, dass man mir hilft, und mir würde gerade die Zeit fehlen, um mich für das zu interessieren, was mich nicht interessierte.

In dem Moment machten seine Hände eine gereizte Geste, aber er hat sich aufgerichtet und hat die Falten seiner Soutane zurechtgelegt. Als er fertig war, hat er sich mit der Anrede «Mein Freund» an mich gewandt: Wenn er so mit mir spräche, dann nicht, weil ich zum Tode verurteilt war; seiner Ansicht nach wären wir alle zum Tode verurteilt. Aber ich habe ihn unterbrochen und sagte ihm, das wäre nicht dasselbe und das könnte im Übrigen keinesfalls ein Trost sein. «Gewiss», hat er zugestimmt. «Aber Sie werden später sterben, wenn Sie nicht heute sterben. Dann stellt sich dieselbe Frage. Wie werden Sie diese schreckliche Prüfung angehen?» Ich habe geantwortet, ich würde sie genauso angehen, wie ich sie in diesem Moment anginge.

Er ist bei diesen Worten aufgestanden und hat mir gerade in die Augen gesehen. Das ist ein Spiel, das ich gut kannte. Ich machte es oft zum Spaß mit Emmanuel oder Céleste, und meis-tens wandten sie die Augen ab. Der Geistliche kannte dieses Spiel auch gut, das habe ich gleich begriffen: Sein Blick fla-ckerte nicht. Und auch seine Stimme hat nicht gebebt, als er gesagt hat: «Haben Sie denn keine Hoffnung, und leben Sie mit dem Gedanken, dass Sie ganz und gar sterben werden?» – «Ja», habe ich geantwortet.

Da hat er den Kopf gesenkt und sich wieder gesetzt. Er hat

mir gesagt, er bedauerte mich. Er meinte, das wäre für einen Menschen unmöglich zu ertragen. Ich habe nur gespürt, dass er mich allmählich langweilte. Ich habe mich auch abgewandt und bin unter die Fensterluke gegangen. Ich lehnte mich mit der Schulter an die Wand. Ohne dem, was er sagte, richtig zu folgen, habe ich gehört, dass er wieder anfing, mich auszufragen. Er sprach mit unruhiger, eindringlicher Stimme. Mir ist klar geworden, dass er erregt war, und ich habe ihm genauer zugehört.

Er teilte mir seine Gewissheit mit, dass mein Gnadengesuch angenommen würde, aber ich trüge die Last einer Sünde, von der ich mich befreien müsste. Seiner Ansicht nach wäre die Gerechtigkeit der Menschen nichts und die Gottes alles. Ich habe angemerkt, dass die erstere mich verurteilt hätte. Er hat erwidert, dass sie mich deswegen doch nicht von meiner Sünde reingewaschen hätte. Ich habe gesagt, ich wüsste nicht, was eine Sünde ist. Man hätte mir nur beigebracht, dass ich schuldig wäre. Ich wäre schuldig, ich bezahlte dafür, mehr könnte man nicht von mir verlangen. Da ist er wieder aufgestanden, und ich habe gedacht, wenn er sich in dieser so engen Zelle bewegen wollte, hätte er keine Wahl. Er müsste sich entweder setzen oder aufstehen.

Ich starrte auf den Boden. Er hat einen Schritt auf mich zugemacht und ist stehen geblieben, als wagte er sich nicht näher heran. Er sah den Himmel durch die Gitterstäbe an. «Sie irren sich, mein Sohn», hat er gesagt, «man könnte mehr von Ihnen verlangen. Man wird es vielleicht von Ihnen verlangen.» – «Und das wäre?» – «Man könnte von Ihnen verlangen zu sehen.» – «Was zu sehen?»

Der Priester hat sich ganz umgesehen und hat mit einer Stimme geantwortet, die mir plötzlich sehr müde erschien: «Aus all diesen Steinen sickert Schmerz, das weiß ich. Ich habe sie nie ohne Beklommenheit angeschaut. Aber tief im Herzen weiß ich, dass die Elendesten unter euch aus ihrer Finsternis ein göttliches Antlitz haben hervortreten sehen. Dieses Antlitz zu sehen, wird man von Ihnen verlangen.»

Ich bin ein bisschen lebhafter geworden. Ich habe gesagt, ich hätte diese Mauern seit Monaten angesehen. Es gäbe niemanden und nichts auf der Welt, das ich besser kennen würde. Vielleicht hätte ich vor langer Zeit einmal ein Gesicht darin gesucht. Aber dieses Gesicht hätte die Farbe der Sonne und die Glut des Begehrens gehabt: Es wäre das von Marie. Ich hatte es vergebens gesucht. Jetzt wäre es vorbei. Und ich hätte jedenfalls nichts aus diesem Stein hervorsickern sehen.

Der Geistliche hat mich mit einer Art Traurigkeit angesehen. Ich lehnte jetzt ganz an der Wand, und das Licht floss mir über die Stirn. Er hat ein paar Worte gesagt, die ich nicht verstand, und hat mich sehr schnell gefragt, ob ich ihm erlaubte, mich zu küssen. «Nein», habe ich geantwortet. Er hat sich umgedreht und ist zu der Wand gegangen, über die er langsam mit der Hand gestrichen hat: «Lieben Sie diese Erde denn so sehr?», hat er gemurmelt. Ich habe nichts geantwortet.

Er ist ziemlich lange abgewandt stehen geblieben. Seine Anwesenheit bedrückte und reizte mich. Ich wollte gerade sagen, er sollte gehen, mich allein lassen, als er sich auf einmal zu mir umgedreht und in einer Art Ausbruch geschrien hat: «Nein, ich kann Ihnen nicht glauben. Ich bin sicher, dass Sie sich manchmal ein anderes Leben gewünscht haben.» Ich habe geantwortet, dass ich das natürlich getan hätte, dass das aber nicht mehr bedeutete, als sich zu wünschen, reich zu sein, sehr schnell schwimmen zu können oder einen besser geformten Mund zu haben. Das läge auf der gleichen Linie. Aber er hat mich unterbrochen und wollte wissen, wie ich dieses andere Leben sähe. Da habe ich ihn angeschrien: «Ein Leben, in dem ich mich an dieses erinnern kann», und habe gleich hinzugefügt, dass es mir reichte. Er wollte noch weiter über Gott sprechen, aber ich bin auf ihn zugetreten und habe versucht, ihm ein letztes Mal zu erklären, dass mir wenig Zeit bliebe. Ich wollte sie nicht mit Gott verlieren. Er hat versucht, das Thema zu wechseln, indem er mich fragte, wieso ich ihn mit «Herr» und nicht mit «Vater» anredete. Das hat mich aufgeregt, und ich habe ihm geantwortet, er wäre nicht mein Vater: Er wäre auf der Seite der anderen.

«Nein, mein Sohn», hat er gesagt und mir dabei die Hand auf die Schulter gelegt. «Ich bin auf Ihrer Seite. Aber Sie können es nicht wissen, weil Ihr Herz blind ist. Ich werde für Sie beten.»

Da ist, ich weiß nicht warum, irgendetwas in mir geplatzt. Ich habe angefangen, aus vollem Hals zu brüllen, und habe ihn beschimpft und ihm gesagt, er sollte nicht beten. Ich hatte ihn beim Kragen seiner Soutane gepackt. Ich schüttete, abwechselnd vor Freude und vor Wut auftrumpfend, alles aus der Tiefe meines Herzens über ihm aus. Er schiene so gewiss zu sein, nicht wahr? Dabei wäre keine seiner Gewissheiten das Haar einer Frau wert. Er wäre ja nicht einmal sicher, am Leben zu sein, da er leben würde wie ein Toter. Ich schiene mit leeren Händen dazustehen. Aber ich wäre meiner sicher, aller Dinge sicher, sicherer als er, meines Lebens sicher und dieses Todes, der bald kommen würde. Ja, ich hätte nur das. Aber zumindest besäße ich diese Wahrheit, genauso, wie sie mich besäße. Ich hätte Recht gehabt, ich hätte noch Recht, ich hätte immer Recht. Ich hätte so gelebt, und ich hätte auch anders leben können. Ich hätte das eine getan, und ich hätte das andere nicht getan. Ich hätte die eine Sache nicht gemacht, während ich eine andere gemacht hätte. Na und? Es wäre so, als hätte ich die ganze Zeit hindurch auf diese Minute und auf dieses frühe Morgengrauen gewartet, in dem ich gerechtfertigt würde. Nichts, nichts wäre von Bedeutung, und ich wüsste genau, warum nicht. Er wüsste es auch. Aus der Tiefe meiner Zukunft stiege während dieses ganzen absurden Lebens, das ich geführt hätte, ein dunkler Atem zu mir auf, durch Jahre hindurch, die noch nicht gekommen wären, und dieser Atem machte auf seinem Weg all das gleich, was man mir in den genauso unwirklichen Jahren böte, die ich lebte. Was scherte mich der Tod der anderen, die Liebe einer Mutter, was scherte mich sein Gott, die Leben, die man wählt, die Bestimmungen, die man erwählt, da eine einzige Bestimmung mich erwählen sollte, mich und mit mir Milliarden von Privilegierten, die sich, wie er, meine Brüder nannten. Begriffe er denn nicht? Alle Welt wäre privilegiert. Es gäbe nur Privilegierte. Auch die anderen würden eines Tages verurteilt. Auch er würde verurteilt. Was machte es, wenn er, des Mordes angeklagt, hingerichtet würde, weil er bei der Beerdigung seiner Mutter nicht geweint hatte? Salamanos Hund wäre genauso viel wert wie dessen Frau. Die kleine Roboterfrau wäre genauso schuldig wie die Pariserin, die Masson geheiratet hatte, oder wie Marie, die gerne wollte, dass ich sie heiratete. Was machte es, dass Raymond genauso mein Freund wäre wie Céleste, der mehr taugte als er? Was machte es, dass Marie heute ihren Mund einem neuen Meursault darböte? Begriffe er denn nicht, dieser Verurteilte, und dass aus der Tiefe meiner Zukunft … Ich erstickte, während ich all das herausschrie. Aber schon riss man mir den Geistlichen aus den Händen, und die Wärter bedrohten mich. Er jedoch hat sie beschwichtigt und hat mich eine Weile schweigend angesehen. Seine Augen waren voller Tränen. Er hat sich abgewandt und ist verschwunden.

Als er weg war, habe ich meine Ruhe wieder gefunden. Ich war erschöpft und habe mich auf meine Pritsche geworfen. Ich glaube, ich habe geschlafen, denn ich bin mit Sternen über dem Gesicht wach geworden. Landgeräusche stiegen zu mir herauf. Gerüche nach Nacht, Erde und Salz erfrischten meine Schläfen. Der wunderbare Frieden dieses schlafenden Sommers drang in mich ein wie eine Flut. In dem Moment und an der Grenze der Nacht haben Sirenen geheult. Sie kündigten Abreisen in eine Welt an, die mir jetzt für immer gleichgültig war. Zum ersten Mal seit sehr langer Zeit habe ich an Mama gedacht. Mir schien, dass ich verstand, warum sie sich am Ende eines Lebens einen «Bräutigam» zugelegt hatte, warum sie gespielt hatte, dass sie neu anfinge. Dort, auch dort, rings um dieses Altersheim, in dem Leben erloschen, war der Abend wie eine melancholische Atempause. Dem Tod so nahe, hatte Mama sich dort befreit gefühlt und bereit, alles noch einmal zu leben. Niemand, niemand hatte das Recht, sie zu beweinen. Und auch ich fühlte mich bereit, alles noch einmal zu leben. Als hätte diese große Wut mich vom Bösen geläutert, von Hoffnung entleert, öffnete ich mich angesichts dieser Nacht voller Zeichen und Sterne zum ersten Mal der zärtlichen Gleichgültigkeit der Welt. Als ich spürte, wie ähnlich sie mir war, wie brüderlich letzten Endes, habe ich gefühlt, dass ich glücklich gewesen war und dass ich es noch war. Damit sich alles erfüllte, damit ich mich weniger allein fühlte, brauchte ich nur zu wünschen, dass am Tag meiner Hinrichtung viele Zuschauer da sein würden und dass sie mich mit Schreien des Hasses empfangen.

Sonnenessays

Sommer in Algier

Unsere Liebe zu einer Stadt ist oft eine heimliche Liebe. Städte wie Paris oder Prag oder sogar Florenz gehen nicht leicht aus sich heraus und gefallen sich in dieser Zurückhaltung.

Einige Städte aber, die das Glück haben, am Meer zu liegen – und unter ihnen Algier –, öffnen sich dem Himmel wie ein Mund oder eine Wunde. Was wir in Algier lieben, gehört allen: das Meer an jeder Straßenecke, die Lichtfülle, die Schönheit der Rasse. Doch dieses Hingegebensein ohne Scham birgt auch sein Geheimnis. In Paris kann einen die flügelschlagende Sehnsucht ins Weite verzehren. Hier aber hat der Mensch alles, was er begehrt, in Fülle und kann sich Rechenschaft ablegen von seinem Reichtum.

Man muss sicherlich lange in Algier gelebt haben, ehe man begreift, wie sehr eine im Übermaß schenkende Natur den Menschen verarmen kann. Wer etwas lernen, sich erziehen, sich bessern will, ist hier verloren. Dies Land gibt keine Lehren. Es verspricht nichts und hält auch nicht mit Hoffnungen hin. Es begnügt sich zu geben, und zwar im Überfluss. Es ist ganz und gar für die Augen da, und sobald man es genießt, kennt man es auch. Seine Genüsse kennen kein Heilmittel, und seine Freuden keine Hoffnung. Es verlangt klare sehende Seelen, die keinen Trost brauchen. Es will, dass man sich zu seiner Klarheit wie zu einem Glauben bekennt. Seltsames Land, das dem Menschen, den es ernährt, beides zugleich gibt: Glanz und Elend! So ist es nicht weiter erstaunlich, dass die reiche Sinnlichkeit dieser Menschen mit dem äußersten Elend zusammentrifft. Jede Wahrheit hat ihre Bitterkeit. Ist es da verwunderlich, dass ich dieses Land nie mehr liebe, als wenn ich unter seinen ärmsten Menschen bin?

Die jungen Männer können hier gleichermaßen ihre Jugend wie ihre Schönheit ausleben. Dann kommt der Abstieg und das Vergessenwerden. Sie haben aufs Fleisch gesetzt und wussten, dass sie verlieren müssen. Wer jung und gesund ist, findet in Algier überall eine Freistatt und feiert überall Triumphe: die Bucht, die Sonne, die roten und weißen Farbspiele der das Meer säumenden Terrassen, die Blumen und die Sportplätze, die jungen, frischen Mädchen – alles lädt ihn ein. Wer aber seine Jugend verloren hat, sucht vergebens, wo er bleiben soll und wo er seiner Schwermut entfliehen kann. Anderswo gibt es Plätze genug – Italiens Terrassen, Europas Klöster, die harmonischen Hügel der Provence –, wo der Mensch sich retten und schmerzlos von sich selber befreien kann. Hier aber verlangt alles die Einsamkeit und das Blut der jungen Menschen. Der sterbende Goethe rief nach ‹mehr Licht›. In Belcourt und Bab-el-Oued hocken die Alten hinten in den Cafés und hören zu, wie die glatt gescheitelten jungen Leute prahlen.

Der Sommer in Algier weiht uns in all diese Dinge ein. In diesen Monaten ist die Stadt verlassen und leer; nur der Himmel und die Armen sind geblieben. Mit den Letzteren steigen wir hinab zum Hafen, zu einem sonnenwarmen Wasser und seinen sonnenbraunen Frauenleibern. Abends kehren diese Armen ermattet vom Genuss dieser Reichtümer zurück zu ihrer Petroleumlampe auf dem wachstuchbedeckten Tisch – ihrem einzigen Besitz.

In Algier sagt niemand ‹ein Bad nehmen›, sondern ‹sich ein Bad leisten›, se taper un bain. Man badet im Hafen, und man ruht sich aus auf den Bojen. Schwimmt man an einer Boje vorbei, auf der bereits ein hübsches Mädchen sitzt, so ruft man den Kameraden zu: «Eine Möwe, sag’ ich dir!» Das sind harmlose Vergnügungen. Und offenbar sind sie das Ideal dieser jungen Leute; denn die meisten von ihnen treiben es so den ganzen Winter, setzen sich jeden Nachmittag nackt in die Sonne und verzehren ihr bescheidenes Mahl. Keiner von ihnen hat die öden Traktate der Naturschwärmer gelesen – diese Protestanten des Fleisches (denn es gibt Systematiker des Leibes, die ebenso hoffnungslos borniert sind wie gewisse Systematiker des Geistes); aber sie fühlen sich wohl in der Sonne. Man kann die Wichtigkeit dieser Gewohnheit für unsere Epoche nicht hoch genug einschätzen. Zum ersten Mal nach zweitausend Jahren gibt es am Strand wieder nackte Leiber. Zwanzig Jahrhunderte lang haben die Menschen sich bemüht, der griechischen Unbefangenheit und Schamlosigkeit Sittsamkeit beizubringen und das nackte Fleisch unter allerhand Kleidern zu verstecken. Heute sind diese Zeiten vergessen; und die Jünglinge, die am Strand des Mittelmeeres um die Wette laufen, reichen den Athleten von Delos die Hand. Wer so mit seinem Leib unter Leibern lebt, lernt, dass der Leib seine eigenen Wünsche und Launen und, wenn man mir ein offenbar sinnloses Wort gestattet, seine eigne Seele hat.

Die Entwicklung des Leibes wie die des Geistes hat ihre Geschichte, ihre Fortschritte, ihre Rückfälle und ihre Mängel. Betrachten wir zum Beispiel die Farbe. Wer im Sommer regelmäßig im Hafen badet, kann beobachten, wie die weiße Haut eines jeden Leibes zunächst goldbraun und dann bronzebraun wird, bis sie zuletzt eine gewisse Tabakfarbe annimmt, womit der Körper an der Grenze seiner Anpassungsfähigkeit angelangt ist. Über dem Hafen erhebt sich das weiße Würfelgewirr der Kasbah. Befindet man sich mit dem Wasserspiegel auf gleicher Ebene, so bilden die braunen Leiber gegen den grellweißen Hintergrund der Araberstadt einen kupferfarbenen Fries. Je heißer es nun im August wird, desto dunkler wird das Braun der Leiber. Der ganze Vormittag ist hingegangen mit Tauchen, Spritzen, Lachen und langen Paddelschlägen um die rotschwarzen Frachtdampfer herum: die ‹Norweger›, die nach allen möglichen Holzsorten duften, die ‹Deutschen›, die einen Ölgeruch verbreiten; und die ‹Coaster›, die nach Wein und alten Fässern riechen. Um die Zeit, da der Himmel von Hitze überströmt, bringt das orangefarbene Kanu unsere braunen

Leiber in fliegender Fahrt zurück. Der rhythmische Doppelschlag des Paddels setzt plötzlich aus, und wir gleiten in langem Bogen in das glatte Wasser des Hafens: eine brüderliche Bronzeschar junger Götter.

Aber schon hält die sommerliche Stadt an ihrem anderen Ende andere Freuden für uns bereit: Ich meine den Genuss ihrer schläfrigen Stille. Diese Stille ist ganz verschieden, je nachdem sie ein Kind des Schattens oder der Sonne ist. Es gibt die Mittagsstille auf dem Gouvernementsplatz, wo im Schatten der ihn einfassenden Bäume Araber geeiste Zitronenlimonade mit Orangenblüten verkaufen, das Glas zu fünf Sous. Ihr Ruf ‹frisch! frisch!›, hallt über den leeren Platz. Dann ist es wieder still, die Sonne glüht, und ich höre, wie sich im Kruge des Verkäufers das Eis mit leisem Klickern umdreht.

Es gibt auch die Stille der Mittagsruhe. In den Straßen des Marineviertels kann man sie geradezu hören, wenn man vor den schmutzigen Friseurläden auf das melodische Summen der Fliegen hinter den Vorhängen aus Schilfrohr achtet. In den maurischen Cafés der Kasbah wiederum herrscht das Schweigen der Leiber, die wie gebannt dasitzen und nicht imstande sind, sich zu erheben, das Glas Tee vor sich zu verlassen, den eingeschlafenen Pulsschlag des Blutes wieder zu finden und mit ihm das Gefühl für Zeit.

Und dann gibt es die große Stille der Sommerabende. Welche geheimnisvollen Zeichen und Rufe mögen in dieser kurzen Zeitspanne wach werden, da der Tag in die Nacht hinübergleitet, dass sich Algier um diese Stunde so tief meinem Gedächtnis hat eingraben können? Wenn ich eine Zeit lang diesem Land fernbleibe, erscheinen mir seine Abende wie lauter Versprechungen eines ungreifbaren Glücks. Dann kehrt mein Herz zurück zu den Öl- und Mastixbäumen längs der Wege, die über die stadtbeherrschenden Höhen laufen. Ich sehe den grünen Horizont und die über ihm aufsteigenden Schwärme von schwarzen Vögeln. An dem plötzlich sonnenlosen Himmel breitet sich ein ganzes Volk kleiner roter Wolken aus und löst sich langsam auf. Fast gleich darauf erscheint, nachdem er sich tastend in der Dunkelheit des Himmels geformt und gefestigt hat, der erste Stern. Und dann, mit einem Schlage, ist es Nacht. Was wirkt den Zauber dieser flüchtigen algerischen Abende, dass sie allein so viele Dinge in mir wachrufen? Jene milde Süßigkeit, die sie auf meinen Lippen zurücklassen, ist schon verschwunden in der Nacht, noch ehe ich sie habe auskosten können. Und vielleicht liegt darin das Geheimnis ihrer Fortdauer. Die Zärtlichkeit dieses Landes ist scheu und überwältigend zugleich. Kaum aber fühlt das Herz ihre Gegenwart, so ist es ihr auch schon verfallen.

Das Dancing am Padovani-Strand ist alle Tage offen. In diesem rechteckigen riesigen Lokal, das in seiner ganzen Länge aufs Meer geht, tanzt die Jugend des ärmlichen Stadtviertels bis zum Abend. Dort habe ich häufig einen einzigartigen Augenblick abgewartet. Tagsüber ist der Saal durch schräge Bretter gegen Wind und Sonne geschützt. Ist die Sonne verschwunden, so nimmt man sie weg. Dann füllt sich der Saal mit einem seltsam grünen Licht, wie das Innere einer Riesenmuschel, deren Schalen Himmel und Meer heißen. Sitzt man weit genug weg von den Fenstern, so sieht man nichts als den Himmel, an dem die Gesichter der Tanzenden wie Schattenbilder nacheinander vorbeiziehen. Hin und wieder wird ein Walzer gespielt; dann drehen sich die schwarzen Profile auf dem grünen Hintergrund emsig umeinander wie ausgeschnittene Silhouetten, die man auf einer Grammophonplatte im Kreise laufen lässt. Dann kommt, sehr schnell, die Nacht mit all ihren Lichtern. Aber ich kann nicht in Worte fassen, worin das hinreißend Geheimnisvolle dieses kostbaren Augenblicks besteht. Immerhin erinnere ich mich an ein großes, prachtvolles Mädchen, das den ganzen Nachmittag getanzt hatte. Es trug eine Halskette aus Jasminblüten über seinem engen blauen Kleid, das von den Hüften bis zu den Beinen schweißnass war. Es lachte beim Tanzen und warf den Kopf in den Nacken. Kam es dicht an den Tischen vorbei, so ließ es einen Geruch von

Körper und Blumen zurück. Wurde es dann Abend, so sah ich seinen Körper nicht mehr, der sich an ihren Tänzer presste – ich sah nur noch den hellen Jasmin und das dunkle Haar am Himmel kreisen; und wenn es den Kopf zurückwarf, hörte ich sein Lachen und sah, wie sich das Gesicht seines Tänzers plötzlich über seinen schwellenden Hals beugte. Meine Vorstellung von Unschuld verdanke ich solchen Abenden. Seitdem vermag ich diese von heftigen Leidenschaften erfüllten Geschöpfe nicht mehr zu trennen von jenem Himmel, an welchem ihre Begierden kreisen.

In den kleinen Kinos von Algier kann man hin und wieder Pfefferminzbonbons kaufen mit Zettelchen, auf denen in roter Schrift steht, was nötig ist, um eine Liebschaft ins Leben zu rufen: 1. Fragen: «Wann werden Sie mich heiraten?»; «Lieben Sie mich?»; 2. Antworten: «Bis zum Wahnsinn»; «Im Frühling». Hat man das Terrain sondiert, so gibt man die Zettelchen seiner Nachbarin, die auf dieselbe Weise antwortet oder so tut, als verstünde sie nicht. In Belcourt ist es mehrfach passiert, dass auf diese Weise Ehen zustande gekommen sind und zwei Menschen sich durch einen Austausch von Pfefferminzbonbons fürs ganze Leben verbunden haben – ein hübscher Beweis für die Kindlichkeit dieses Volkes!

Jungsein bedeutet vielleicht, dass man berufen ist, mühelos und strahlend glücklich zu sein. Vor allem aber bedeutet es, dass man sich mit verschwenderischem Leichtsinn ins Leben stürzt. Die Männer in Belcourt und auch in Bab-el-Oued heiraten jung. Sie beginnen sehr früh zu arbeiten und erschöpfen die Erfahrung eines ganzen Lebens innerhalb von zehn Jahren. Ein Arbeiter von dreißig Jahren hat bereits seine sämtlichen Trümpfe ausgespielt und wartet, umgeben von seiner Frau und seinen Kindern, auf sein Ende. Sein Glück war kurz und heftig und kennt kein Erbarmen. Genauso sein Leben. Man begreift, dass er ein Kind dieses Landes ist, wo das Glück all seine Gaben wieder zurückfordert. In dieser Fülle und Verschwendung wird das Leben bestimmt durch große, jähe, anspruchs-volle und großmütige Leidenschaften. Man baut es nicht auf: Man verbrennt es; daher denn auch niemand nachdenkt oder besser zu werden trachtet. So ist hier beispielsweise die Vorstellung der Hölle nur ein liebenswürdiger Scherz. Solche Phantasien sind nur den Allertugendhaftesten erlaubt; und ‹Tugend›, glaube ich, ist in ganz Algerien ein Wort ohne Bedeutung. Deshalb fehlt es diesen Menschen nicht etwa an festen Grundsätzen. Man hat seine Moral, und zwar eine durchaus eigenwillige. Man lässt seine Mutter ‹nicht im Stich›. Man beschützt seine Frau auf der Straße. Man ist zuvorkommend gegen Schwangere. Man fällt nicht zu zweien über einen Einzelnen her, weil das ‹sich nicht gehört›. Wer diese einfachsten Gebote nicht beachtet, ‹ist kein Mann›; damit ist alles gesagt. Das scheint mir eine gerechte und gesunde Auffassung zu sein. Es gibt unter uns noch viele, die unbewusst diese ungeschriebene Straßenmoral respektieren – meines Wissens die einzige ‹uninteressierte› Moral.

Es gibt Völker, die von Natur stolz und lebenslustig sind. Gleichzeitig sind gerade sie am meisten der Langeweile ausgeliefert, und ihre Vorstellung vom Tode ist abstoßend banal. Die Belustigungen dieses Volkes sind albern, wenn man von den Freuden der Sinne absieht. Seit undenklichen Zeiten geben sich die Leute über dreißig zufrieden mit Unterhaltungen wie Kino, Kegelspielen, Vereinsfeiern und Gemeindefestlichkeiten. Nichts Trübsinnigeres als ein Sonntag in Algier! Wie kann man von diesem geistlosen Volk erwarten, dass es sich die tiefe Trostlosigkeit seines Lebens durch Mythen verhüllt? Alles, was mit dem Tode zu tun hat, wird als lächerlich oder als peinlich empfunden. In diesem Volke ohne Religion und ohne Idole lebt man gesellig und stirbt allein. Ich kenne keinen widerlicheren Ort als den in einer der schönsten Landschaften der Welt gelegenen Kirchhof des Boulevard Bru. Zwischen lauter Denkmälern von schlechtestem Geschmack und lauter schwarzen Gestalten zeigt der Tod sein trostloses, sein wahres Gesicht.

«Alles vergeht, nur die Erinnerung bleibt», steht auf den herzförmigen Votivtafeln. Alle sind zufrieden mit dieser lächerlichen Ewigkeit, mit der die liebevollen Überlebenden uns so billig abspeisen wollen. Es sind die gleichen Phrasen, mit denen jede Verzweiflung sich tröstet. Man redet mit dem Toten in der zweiten Person: «Unser Gedenken verlässt dich nicht» – eine üble Heuchelei, die das, was bestenfalls ein schwarzer Schleim ist, mit einem Körper und mit Gefühlen ausstattet. An einer anderen Stelle liest man unter einer betäubenden Fülle von Blumen und Marmortauben das kühne Gelöbnis: «Nie soll Dein Grab ohne Blumen sein.» Aber etwaige Zweifel schwinden schnell; denn über die Inschrift neigt sich ein Strauß vergoldeter Gipsblumen, die den Überlebenden viel Zeit ersparen (genau wie jene ‹Immortellen›, die ihren pompösen Namen der Dankbarkeit jener eiligen Leidtragenden verdanken, die auf die schon fahrende Straßenbahn springen). Da man mit der Zeit mitgehen muss, so ersetzt man bisweilen die klassische Lerche durch ein perlgesticktes Flugzeug, an dessen Steuer ein alberner und mit einem überflüssigen Flügelpaar ausstaffierter Engel sitzt.

Man darf trotzdem nicht übersehen, dass diese Bilder des Todes stets eine Beziehung zum Leben behalten. Der beliebteste Scherz der algerischen Totengräber, die mit leeren Wagen fahren, besteht darin, den jungen Mädchen auf der Straße zuzurufen: «Steig' ein, mein Schatz!» Der symbolische Charakter dieser Aufforderung, so peinlich er sein mag, ist unverkennbar. Ebenso kann es lästerlich wirken, wenn jemand beim Lesen einer Todesanzeige das linke Auge zukneift mit den Worten: «Der Arme hat ausgerungen», oder wie jene Dame aus Oran, die ihren Gatten nie geliebt hatte, auszurufen: «Gott hat ihn mir gegeben; Gott hat ihn mir wieder genommen.» Letzten Endes aber sehe ich nicht ein, was am Tode heilig sein soll; hingegen empfinde ich deutlich den Unterschied, der zwischen Angst und Respekt besteht. In diesem Lande, wo alles uns auffordert zu leben, bebt auch alles zurück vorm Sterben. Und dennoch trifft die Jugend von Belcourt sich mit Vorliebe an der Kirchhofsmauer, um Küsse und Zärtlichkeiten auszutauschen.

Ich begreife sehr wohl, dass ein solches Volk nicht nach jedermanns Geschmack ist. Hier spielt, zum Unterschied von Italien, die Intelligenz keine Rolle. Diese Rasse ist gleichgültig gegen den Geist. Stattdessen verehrt und bewundert sie den Leib. Er ist die Quelle ihrer Kraft wie ihres naiven Zynismus und ihrer jugendlichen Eitelkeit, die man ihr so streng verweist, wie man ihr überhaupt ihre ‹Mentalität›, will sagen, ihre Lebensauffassung wie ihre Lebensweise, zum Vorwurf macht. Und man muss zugeben, dass eine gewisse Lebensfülle nicht ohne Ungerechtigkeit bestehen kann. Indessen hat dies Volk ohne Vergangenheit und ohne Überlieferung dennoch seine eigene Poesie, die freilich hart und sinnlich ist und, genau wie sein Himmel, nichts weiß von Zärtlichkeit – die einzige Poesie, die mich wirklich tief erregen und packen kann. Das Gegenteil eines zivilisierten Volkes ist ein Schöpfervolk. Ich habe die verwegene Hoffnung, dass diese Barbaren, die sich am Strand des Meeres tummeln, eines Tages – vielleicht unbewusst – eine Kultur schaffen werden, in der endlich die Größe des Menschen ihren wahren Ausdruck findet. Dieses ganz und gar gegenwärtige Volk kennt keine Mythen und keinen Trost. Es hat sich ganz und gar dieser Erde anvertraut, ist daher wehrlos gegen den Tod. Leibliche Schönheit hat die Natur in reichem Maße an diese Menschen verschwendet und mit ihr zugleich jene seltsame Lebensgier, die stets eine Folge solcher zukunftslosen Fülle ist. Alles, was man hier tut, lässt Widerwillen gegen alles Beständige und Gleichgültigkeit gegen alles Zukünftige erkennen. Man hat es eilig mit dem Leben; und wenn hier je eine Kunst entstehen sollte, so würde sie jenem Hass gegen die Dauer gehorchen, der die Dorier antrieb, ihre erste Säule aus Holz zu schnitzen. Und dennoch kann man in dem heftigen und erbitterten Antlitz dieses Volkes sowohl Maß wie Übertreibung erkennen, wie auch in diesem erbarmungslosen Sommerhimmel, dem man jede Wahrheit ins Gesicht sagen darf und in den keine trügerische Gottheit die Zeichen der Hoffnung oder der Erlösung geschrieben hat. Zwischen diesem Himmel und den zu ihm aufblickenden Gesichtern ist kein Platz für eine Mythologie, eine Literatur, eine Ethik oder eine Religion, sondern nur für Steine, Leiber und Sterne und für Wahrheiten, die sich mit Händen greifen lassen.

Sich einem Lande verbunden zu fühlen, einige Menschen zu lieben und zu wissen, dass es einen Ort gibt, wo das Herz seinen Frieden findet – lauter Gewissheiten, die viel für das Leben eines Menschen bedeuten, obschon man sich damit zweifellos nicht begnügen kann. Und doch sehnt sich der Mensch zu gewissen Zeiten mit allen Fibern nach dieser Heimat seiner Seele. «Ja, dorthin müssen wir zurückkehren.» Und ist es denn so erstaunlich, dass man diese Vereinigung, die Plotin ersehnte, hier auf Erden findet? Hier verkünden die Sonne und das Meer diese Einheit. Dem Herzen offenbart sie sich mit jenem fleischlichen Beigeschmack, der ihre Bitterkeit und ihre Größe ausmachte. Ich lerne, dass es kein übermenschliches Glück gibt und keine Ewigkeit außer dem Hinfließen der Tage. Diese lächerlichen und zugleich wesentlichen Gaben und diese so bedingten Wahrheiten sind die einzigen, die mich erschüttern. Die anderen ‹idealen› Wahrheiten zu begreifen, fehlt es mir an Seele. Ich behaupte nicht, dass man zum Tier werden soll, sondern nur, dass ich am Glück der Engel keinen Geschmack finde. Ich weiß nur dies: dass der Himmel länger dauern wird als ich. Und was soll ich ewig nennen außer den Dingen, die meinen Tod überdauern? Ich rede hier nicht einer billigen Zufriedenheit des Geschöpfes mit seinem Zustand das Wort. Das ist etwas ganz anderes. Es ist nicht immer leicht, ein Mensch zu sein, und erst recht nicht ein reiner Mensch. Rein sein aber heißt, jene Heimat der Seele wieder finden, wo wir uns dieser Welt verwandt fühlen, wo das Blut in unsern Adern im gleichen Rhythmus pocht wie der glühende Puls der Mittagssonne. Es ist allbekannt, dass man sein Vaterland stets dann erkennt, wenn man es verliert. Das Land, das diejenigen unter seinen Kindern, die allzu sehr unter sich selber leiden, verleugnet, ist ihr eigentliches Geburtsland. Ich möchte nicht brutal oder übertrieben erscheinen: Aber schließlich ist das, was mich in diesem Leben verleugnet, zunächst einmal das, was mich tötet. Alles, was das Leben steigert, vermehrt zugleich seine Sinnlosigkeit. Der algerische Sommer hat mich gelehrt, dass eines noch tragischer als das Leiden ist: das Leben eines glücklichen Menschen. Es kann aber auch den Weg zu einem größeren Leben bedeuten, sofern es uns lehrt, nicht zu mogeln. In der Tat prahlen viele mit ihrer Liebe zum Leben, um der eigentlichen Liebe auszuweichen. Man will genießen und erleben. Aber das ist der Gesichtspunkt des Geistes. Selten, dass einer die echte Berufung zum Genießer hat. Das Leben eines Menschen vollzieht sich ohne den Beistand seines Geistes, ohne sein Zurückweichen wie sein Vordringen, seine Einsamkeit und seine Gegenwart. Wenn ich sehe, wie diese Leute von Belcourt arbeiten, für Frauen und Kinder sorgen und oft, ohne zu murren, muss ich mich heimlich beinahe schämen. Sicherlich mache ich mir nichts vor. Die Menschen, von denen ich rede, wissen nicht viel von Liebe in ihrem Leben. Aber wenigstens haben sie sich vor nichts gedrückt. Es gibt Worte, deren Sinn ich nie ganz verstanden habe, wie etwa das Wort ‹Sünde›. Dennoch glaube ich sagen zu können, dass diese Menschen nicht gegen das Leben gesündigt haben. Denn wenn es eine Sünde gegen das Leben gibt, so besteht sie vielleicht nicht so sehr darin, an ihm zu verzweifeln, als darin, auf ein anderes Leben zu hoffen und sich der unerbittlichen Größe dieses Lebens zu entziehen. Diese Leute haben nicht gemogelt. Mit zwanzig Jahren waren sie durch ihre glühende Lebensgier die Götter des Sommers und sind es immer noch, obwohl ohne jede Hoffnung. Zwei von ihnen habe ich sterben sehn. Das Entsetzen malte sich auf ihren Zügen, aber sie sagten nichts. So soll es sein. Aus der Büchse der Pandora, in der alle Übel der leidenden Menschheit wimmelten, ließen die Griechen als letztes und schrecklichstes die Hoffnung schlüpfen. Ich kenne kein erschütternderes Symbol. Denn hoffen heißt zuletzt entsagen, wenn man auch das Gegenteil zu glauben pflegt. Und leben heißt: nicht entsagen.

Das wenigstens ist die bittere Lehre des algerischen Sommers. Aber schon schwankt der Sommer und neigt sich seinem Ende zu. Nach so viel Heftigkeit und Härte sind die ersten Septemberregen wie die ersten Tränen der erlösten Erde, als empfände selbst dieses Land ein paar Tage lang etwas wie Zärtlichkeit. In dieser Zeit verbreiten die Johannisbrotbäume ihren Liebe erregenden Duft über ganz Algerien – abends, wenn nach dem Regen der feuchte Leib der Erde einen Geruch wie bittere Mandeln ausströmt und ausruht, nachdem er sich den ganzen Sommer der Sonne hingegeben hat. Aufs Neue bekräftigt dieser Duft die Hochzeit des Menschen und der Erde und erweckt in uns die einzige, wahrhaft männliche, hochherzigvergängliche Liebe in dieser Welt.

Helenas Exil

Das Mittelmeer hat seine sonnenhafte Tragik, die so ganz anders ist als das Tragische der Nebel. Über dem Meer, am Fuß der Gebirge, sinkt an manchen Abenden die Nacht auf den vollendeten Bogen einer kleinen Bucht, und alsdann entsteigt den stillen Wassern eine bange Fülle. Dort versteht man es: Wenn die Griechen von der Verzweiflung angerührt wurden, so war es immer durch die Schönheit und durch jenes Bedrückende, das sie birgt. In diesem goldenen Unglück gipfelt die Tragödie. Unsere Zeit hingegen hat ihre Verzweiflung in der Hässlichkeit und Verzerrung genährt. Deshalb wäre Europa würdelos, wenn der Schmerz jemals würdelos sein könnte.

Wir haben die Schönheit verbannt, die Griechen griffen für sie zu den Waffen. Ein erster, doch grundlegender Unterschied. Das griechische Denken wurde immer durch die Vorstellung der Grenze aufgehalten. Nichts wurde bis zum Ende fortgetrieben, weder das Heilige noch die Vernunft, weil es nie etwas verleugnete, weder das Heilige noch die Vernunft. Es hat alles einbezogen, den Schatten durch das Licht ins Gleichgewicht bringend. Unser Europa hingegen, in die Eroberung der Totalität geschleudert, ist die Tochter der Unmäßigkeit. Es leugnet die Schönheit, wie es alles leugnet, was es nicht anbetet. Und es betet, sei es auch auf verschiedene Weise, ein Einziges an: den zukünftigen Sieg der Vernunft. In seinem Wahn versetzt es die ewigen Grenzen, und in diesem Augenblick stürzen sich düstere Erinnerungen darauf und zerreißen es. Nemesis wacht, die Göttin des Maßes, nicht der Rache. Alle, die die Grenzen überschreiten, werden von ihr unerbittlich gestraft.

Die Griechen, die über Jahrhunderte die Frage des Rechtes aufgeworfen haben, würden nichts von unserer Vorstellung der Gerechtigkeit verstehen. Die Gleichheit bedingte für sie eine Grenze, während sich unser ganzer Kontinent auf der Suche nach einer Gerechtigkeit verkrampft, die er total will. Im Morgengrauen des griechischen Denkens verkündet schon Heraklit, dass die Gerechtigkeit selbst dem physischen Universum Grenzen setzt. «Die Sonne wird ihre Grenzen nicht überschreiten, denn die Erinnerungen, Bewahrerinnen der Gerechtigkeit, würden es entdecken.» Wir, die wir das Universum und den Geist aus ihrer Bahn geworfen haben, lachen über diese Drohung. In einem trunkenen Himmel entzünden wir die Sonnen, die wir wollen. Aber das hindert nicht, dass die Grenzen bestehen und dass wir es wissen. In unserem äußersten Wahn träumen wir von einem Gleichgewicht, das wir hinter uns gelassen haben und das wir argloserweise am Ende unserer Irrtümer wieder zu finden glauben. Kindliche Anmaßung, die auch rechtfertigt, dass kindliche Völker, Erben unseres Wahnsinns, in unserer heutigen Geschichte führend sind.

Ein Fragment, das ebenfalls Heraklit zugeschrieben wird, sagt einfach: «Vermessenheit, Rückgang des Fortschrittes.» Und zwei Jahrhunderte nach dem Epheser anerkennt Sokrates vor dem drohenden Todesurteil keine andere Überlegenheit als diese: Was er nicht wusste, glaubte er nicht zu wissen. Eines der Bedeutendsten Leben und Denken dieser Jahrhunderte endet mit dem stolzen Geständnis des Nichtwissens. Indem wir dies vergaßen, vergaßen wir unsere Männlichkeit. Wir zogen die Macht vor, welche die Größe nachäfft, erst in Alexander, dann in den römischen Eroberern, die die Verfasser der Handbücher aus unvergleichlicher Niederträchtigkeit uns zu bewundern lehren. Auch wir haben erobert, Grenzen versetzt, Himmel und Erde bezwungen. Unser Verstand hat die Leere erzeugt. Endlich allein, vollenden wir unsere Herrschaft in einer Wüste. Welche Vorstellung hätten wir denn noch von jenem erhabenen Gleichgewicht, wo die Natur der Ausgleich zur Geschichte, zur Schönheit, zum Guten war und die Musik der Zahlen bis in die Tragödie unseres Blutes trug? Wir kehren der

Natur den Rücken, wir schämen uns der Schönheit. Unsere kläglichen Tragödien ziehen den Geruch von Büros nach sich, und das Blut, das in ihnen fließt, hat die Farbe fetter Tinte.

Deshalb ist es schamlos, wenn wir uns heute als die Söhne der Griechen bezeichnen. Oder aber wir sind ihre abtrünnigen Söhne. Indem wir die Geschichte auf den Thron Gottes erheben, schreiten wir auf die Theokratie zu wie jene, welche von den Griechen Barbaren genannt wurden und die sie bis zum Tode in den Gewässern von Salamis bekämpft haben. Wollen wir den Unterschied richtig erfassen, so müssen wir uns jenem Philosophen zuwenden, der der wirkliche Rivale Platons ist. «Einzig die moderne Stadt», wagt Hegel zu schreiben, «bietet dem Geist den Boden, wo er sich seiner selber bewusst werden kann.» Wir erleben die Zeit der Großstädte. Freiwillig amputierte man der Welt das, was ihre Dauer bewirkt: die Natur, das Meer, die Hügel, die Beschaulichkeit der Abende. Es gibt kein Bewusstsein mehr, außer in den Straßen, weil es nur in den Straßen Geschichte gibt, so lautet der Beschluss. Und in der Folge zeugen unsere bezeichnendsten Werke von dieser Einstellung. Vergeblich sucht man nach Landschaften in der großen europäischen Literatur seit Dostojewskij. Die Geschichte erklärt weder das natürliche Universum vor ihr noch die Schönheit über ihr. Sie hat das Ignorieren gewählt. Wo Platon noch alles enthielt, den Widersinn, die Vernunft und den Mythos, besitzen unsere Philosophen nur noch den Widersinn oder die Vernunft, weil sie die Augen vor dem Übrigen schließen. Der Maulwurf meditiert.

Das Christentum begann damit, die Betrachtung der Welt durch die Tragödie der Seele zu ersetzen. Doch wandte es sich zumindest an eine vergeistigte Natur und bewahrte so ein gewisses Gleichmaß. Seit Gott tot ist, bleiben nur noch Geschichte und Macht. Schon seit langem geht das Bemühen unserer Philosophen dahin, die Kenntnis der menschlichen Natur durch diejenige der Verhältnisse zu ersetzen und die alte Harmonie durch den untergeordneten Schwung des Zufalls oder die unerbittliche Bewegung der Vernunft. Während die Griechen dem Willen die Grenzen der Vernunft setzten, haben wir den Aufschwung des Willens ins Herz der Vernunft verlegt, die dadurch verbrecherisch wurde. Für die Griechen bestanden alle Werte einer Tat schon von vornherein und setzten ihr genaue Grenzen. Die moderne Philosophie verlegt die Werte ans Ende einer Tat. Sie bestehen nicht, sie entstehen, und wir werden sie in ihrer vollen Größe erst am Ende der Geschichte erkennen. Mit den Werten verschwindet die Grenze, und da die Meinungen darüber auseinander gehen, welches die zukünftigen Werte sein werden, und da es keinen Kampf gibt, der ohne diese bremsenden Zügel der Werte sich nicht unendlich ausbreiten würde, stehen sich die heutigen Messianismen entgegen, und ihr Geschrei vermischt sich mit dem Zusammenprall der Reiche. Nach Heraklit ist die Unmäßigkeit eine Feuersbrunst. Die Feuersbrunst breitet sich aus, Nietzsche ist überholt. Europa philosophiert nicht mit Hammerschlägen, sondern mit Kanonendonner.

Die Natur jedoch bleibt. Sie setzt dem Irrsinn der Menschen ihre ruhigen Himmel und ihren Sinn entgegen – bis auch das Atom Feuer fängt und die Geschichte im Triumph des Verstandes und im Untergang der Menschheit endet. Doch die Griechen sagten nie, dass die Grenzen nicht überschritten werden könnten. Sie sagten, die Grenze bestehe, und jener werde ohne Gnade getroffen, der sie zu überschreiten wage. Nichts in der Geschichte widerspricht dem heute.

Der Geist der Geschichte wie auch die Künstler wollen die Welt neu schaffen. Doch der Künstler anerkennt aus der Notwendigkeit seiner Natur jene Grenzen, die der Geist der Geschichte missachtet. Deshalb endet dieser in der Tyrannei, während die Leidenschaft des Künstlers die Freiheit ist. Deshalb kämpfen alle, die für die Freiheit ringen, letztlich für die Schönheit. Wohlverstanden, die Schönheit an sich braucht keine Verteidigung. Die Schönheit braucht den Menschen, und wir werden unserer Zeit nur dann zu Größe und Heiterkeit verhelfen, wenn wir ihr ins Unglück folgen. Nie mehr werden wir Einsame sein. Doch ebenso wahr ist, dass der Mensch die Schönheit nicht entbehren kann, und einzig unsere Epoche scheint dies nicht glauben zu wollen. Sie versteift sich, um die absolute Herrschaft zu erreichen; sie will die Welt verwandeln, bevor sie sie ausgekostet hat; sie will darüber verfügen, bevor sie sie begriffen hat. Was sie auch behaupten mag, die Welt wird öde dadurch. Odysseus darf bei Kalypso zwischen der Unsterblichkeit und der heimatlichen Erde wählen. Er wählt die Erde und mit ihr den Tod. Eine so einfache Größe ist uns heute fremd. Andere werden sagen, wir hätten keine Demut. Doch dieses Wort ist im Grunde doppelsinnig. Ähnlich jenen Narren Dostojewskijs, die sich über alles rühmen, zu den Sternen steigen und schließlich ihre Schande am erstbesten öffentlichen Ort preisgeben, so fehlt uns der Stolz des Menschen, der nichts anderes ist als Treue zu seinen Grenzen, hellsichtige Liebe zu seiner Bedingung.

«Ich hasse meine Epoche», schrieb Saint-Exupéry vor seinem Tod, aus Gründen, die sich nicht viel von dem Gesagten unterscheiden. So erschütternd dieser Schrei dessen ist, der die Menschen in dem, was sie Wunderbares haben, liebte, sind wir doch nicht dieser Ansicht.

Wie groß ist doch in manchen Stunden die Versuchung, sich von dieser düsteren und abgezehrten Welt zu wenden! Aber es ist unsere Epoche, und wir können nicht leben, indem wir uns selber hassen. Sie ist nur durch das Übermaß ihrer Tugenden und durch die Größe ihrer Fehler so tief gesunken. Wir wollen für jene Tugend und jenes Gut kämpfen, die von weitem kommen. Welche? Die Pferde des Patroklus beweinen ihren toten Herrn. Alles ist verloren. Doch der Kampf beginnt von neuem mit Achilles, und am Ende davon steht der Sieg, weil die Freundschaft gemordet wurde: Die Freundschaft ist ein solches Gut.

Das Erkennen der Unwissenheit, das Verneinen des Fanatismus, die Grenzen der Welt und des Menschen, das geliebte

Antlitz, die Schönheit endlich, dies ist der Ort, wo wir die Griechen wieder erreichen werden. Auf eine gewisse Art ist der Sinn der Geschichte von morgen anders, als man glaubt. Er besteht im Kampf zwischen der Schöpfung und der Inquisition. Trotz dem Preise, den die Künstler mit ihren leeren Händen werden bezahlen müssen, dürfen wir auf den Sieg hoffen. Wieder einmal wird sich die Philosophie des Dunkels verflüchtigen über dem strahlend hellen Meer. O Gedanke des Mittags, der Trojanische Krieg findet fern von den Schlachtfeldern statt. Auch dieses Mal werden die schrecklichen Mauern der modernen Stadt fallen, um «mit heiterer Seele wie die Stille des Meeres» Helenas Schönheit auszuliefern.

Das Meer
(Bordtagebuch)

Ich wuchs im Meer auf, und die Armut schien mir kostbar; dann verlor ich das Meer, und aller Luxus erschien mir fortan grau und das Elend unerträglich. Seither warte ich. Ich warte auf die Schiffe der Rückkehr, auf das Haus der Gewässer, auf den hellen Tag. Ich gedulde mich, ich bin höflich mit allen meinen Kräften. Man sieht mich durch schöne, gescheite Straßen gehen, ich bewundere Landschaften, klatsche Beifall wie alle, schüttle die Hände und bin es nicht, der redet. Man lobt mich, ich träume ein wenig, man beleidigt mich, ich bin kaum erstaunt. Dann vergesse ich und lächle den Beleidigenden zu oder grüße allzu höflich jenen, den ich liebe. Was soll ich tun, wenn ich in mir nur das eine Bild trage? Man zwingt mich schließlich, zu sagen, wer ich sei. «Noch nichts, noch niemand…»

An Beerdigungen zeichne ich mich besonders aus. Wirklich, ich übertreffe mich. Ich gehe langsamen Schrittes durch die von rostigem Eisen blühenden Vorstädte, durch breite Alleen, die zu Löchern in der kalten Erde führen. Hier, unter dem kaum geröteten Himmel, sehe ich kühne Gefährten, meine Freunde, in drei Meter Tiefe begraben. Ich werfe sodann die Blume, die mir von einer lehmigen Hand gereicht wird, und treffe nie daneben. Ich habe eine pünktliche Frömmigkeit, eine genau bemessene Erregung, den Kopf anständig geneigt. Man wundert sich, dass meine Worte richtig sind. Doch ich habe kein Verdienst: Ich warte.

Ich warte lange. Manchmal stolpere ich, lasse die Hand los, der Erfolg flieht mich. Was bedeutet's, dass ich dann allein bin? Ich wache in der Nacht auf und glaube, noch halb im Schlaf, das Geräusch der Wellen, das Atmen der Wasser zu hören. Ganz erwacht, merke ich, dass es der Wind in den Blättern war und das unselige Lärmen der öden Stadt. Dann brauche ich meine ganze Kunst, um meine Enttäuschung zu verbergen oder sie modisch zu verkleiden.

Andere Male wiederum wird mir geholfen. In New York geschah es mir, dass ich, verloren in diesen Schächten aus Stein und Stahl, wo Millionen Menschen herumirren, von einem zum anderen rannte, ohne Ziel, erschöpft, nur noch von der Menschenmasse getragen, die einen Ausgang suchte. Ich war am Ersticken und hätte beinahe aufgeschrien in panischer Angst. Doch jedes Mal erinnerte mich der ferne Ruf eines Schleppers daran, dass die Stadt, dieser ausgetrocknete Brunnenschacht, eine Insel sei und dass an der Landspitze der Battery mein Taufwasser mich erwarte, schwarz und faulig, mit alten Korken bedeckt.

Und so bin ich, der ich nichts besitze, der ich mein Vermögen hingab und der ich neben allen meinen Häusern mein Lager aufschlage, dennoch reich beschenkt, wenn ich es will. Ich breche auf, zu jeder Stunde, die Hoffnungslosigkeit kennt mich nicht. Für den Hoffnungslosen wie für mich gibt es keine Heimat, ich weiß, dass das Meer vor mir und hinter mir ist, ich habe meinen Wahn bereit.

Die Liebenden, die getrennt sind, können im Schmerz leben, doch ist es nicht Verzweiflung: Sie wissen, dass die Liebe da ist. Deshalb leide ich ohne Tränen im Exil. Noch immer warte ich. Endlich kommt der Tag …

Die nackten Füße der Matrosen klatschen weich auf dem Deck auf. Wir laufen aus bei anbrechendem Tag. Kaum sind wir aus dem Hafen, striegelt ein kurzer und munterer Wind heftig das Meer, das sich in kleinen schaumlosen Wellen kräuselt. Etwas später wird der Wind kühler und übersät das Wasser mit Kamelienblüten, die sogleich vergehen. Den ganzen Morgen schlagen unsere Segel über einem fröhlichen Fischteich. Die Wasser sind schwer, schuppig, von frischem Schleim bedeckt. Von Zeit zu Zeit kläffen die Wellen gegen den Vordersteven; bitterer und öliger Schaum, Speichel der Götter, fließt die Planke entlang ins Wasser zurück, wo er in Zeichnungen, die vergehen und wiederkommen, zerstiebt wie das Fell einer blauen und weißen Kuh, welche müde noch lange in unserem Kielwasser treibt.

Seit unserer Abfahrt folgen uns die Möwen, mühelos und nur selten mit den Flügeln schlagend. Ihr schöner, geradliniger Flug stützt sich kaum auf die Brise. Ein brutales Aufklatschen auf der Seite der Schiffsküche löst plötzlich ein gieriges Alarmzeichen unter den Vögeln aus, wirft ihren schönen Flug durcheinander und entzündet Flammen aus weißen Flügeln. Die Möwen wirbeln wie toll in allen Richtungen durcheinander, und ohne an Geschwindigkeit einzubüßen, verlassen sie eine nach der andern den Schwarm, um aufs Meer hinunterzustechen. Einige Sekunden später sind sie wieder auf dem Wasser vereinigt, eine streitlustige Schar, eingenistet in der Buchtung der Wellen, die langsam das Manna der Abfälle entblättern, und wir lassen sie hinter uns zurück.

Unter der betäubenden Mittagssonne bewegt sich das Meer nur schwach und kraftlos. Wenn es in sich zusammenfällt, bringt es die Stille zum Schweigen. Eine Stunde der Hitze, und das große, weißliche Wellblech des farblosen Wassers beginnt zu zischen. Es zischt, dampft und entzündet sich endlich. Im nächsten Augenblick wird es sich umwälzen und der Sonne seine feuchte Seite darbringen, die noch in den Wellen und den Dunkelheiten geborgen ist.

Wir passieren die Säulen des Herkules, jene Landspitze, wo Antäus starb. Jenseits davon ist der Ozean überall, und wir umsegeln Horn und die Gute Hoffnung in einem Strich; die Meridiane vermählen sich den Breitengraden, der Pazifik trinkt den

Atlantik. Dann, das Steuer auf Vancouver gerichtet, dringen wir langsam in die Südsee ein. Einige Längen vor uns defiliert die Flotte der Osterinseln und der Hebriden. Eines Morgens verschwinden die Möwen plötzlich. Wir sind weit von allem Land entfernt und allein mit unseren Segeln und Maschinen.

Allein auch mit dem Horizont. Die Wellen kommen geduldig aus dem unsichtbaren Osten, eine nach der anderen; sie kommen bis zu uns, und geduldig eilen sie weiter, zum unbekannten Westen, eine nach der anderen. Ein langer, weiter Weg, niemals begonnen, niemals beendet … Flüsse und Ströme fließen vorbei, das Meer fließt vorbei und dauert. So müsste man lieben, treu und flüchtig. Ich vermähle mich dem Meer.

Wasser. Die Sonne sinkt und wird schon weit über dem Horizont vom Dunst verschlungen. Für einen kurzen Augenblick ist das Meer auf einer Seite rötlich, auf der anderen blau. Dann dunkeln die Wasser. Der Zweimaster gleitet, winzig klein, auf der Oberfläche eines vollkommenen Kreises aus dichtem, mattem Metall. Und in der Stunde tiefster Ruhe, im sinkenden Abend, tauchen Tausende von Tümmlern aus den Fluten, tummeln sich eine Zeit lang um unser Schiff und fliehen zum menschenlosen Horizont. Dann wird es still und bang auf diesen ursprünglichen Wassern.

Etwas später die Begegnung mit einem Eisberg auf dem Wendekreis. Unsichtbar zwar nach seiner langen Reise in diesen warmen Gewässern, jedoch nicht wirkungslos; er gleitet dem Steuerbord entlang, wo sich sogleich das Tauwerk für kurze Zeit mit Reif bedeckt, während an Backbord ein dürrer Tag stirbt.

Die Nacht sinkt nicht aufs Meer. Aus den Tiefen des Wassers, das eine schon versunkene Sonne allmählich mit ihrer dichten Asche verdunkelt, steigt sie vielmehr empor zum noch blassen

Himmel. Eine kurze Weile bleibt Venus einsam über den schwarzen Fluten. So lange nur, die Augen zu schließen und sie wieder zu öffnen, und die Sterne wimmeln im fließenden Dunkel der Nacht.

Der Mond ist aufgegangen. Er erleuchtet anfänglich nur schwach die Fläche des Wassers, steigt höher und schreibt Zeichen auf die weichen Wellen. Endlich im Zenit, strahlt er eine leuchtende Straße auf das Meer, einen reichen Fluss aus Milch, der mit der Bewegung des Schiffes auf uns niederströmt, unversiegbar im dunklen Ozean. Da ist die Nacht, treu und kühl, die ich rief in den lärmenden Lichtern, im Alkohol und im Aufruhr des Begehrens.

Wir segeln auf so weite Flächen, dass es scheint, als kämen wir nie zum Ziel. Sonne und Mond gehen auf und tauchen unter, im gleichen Wechsel von Tag und Nacht. Die Tage auf dem Meer gleichen alle den Tagen des Glückes …

Dieses Leben, das sich gegen das Vergessen sträubt und gegen die Erinnerung, von der Stevenson spricht.

Morgendämmerung. Wir überqueren im rechten Winkel den Wendekreis des Krebses, die Wasser stöhnen und bäumen sich auf. Der Tag erhebt sich über einem unruhigen Meer, voller Stahlgeflimmer. Der Himmel ist weiß vor Dunst und Hitze, mit einem toten Glanz, aber unerträglich, als ob die Sonne flüssig geworden wäre in den dichten Wolken über der ganzen himmlischen Weite. Ein kranker Himmel über einem zersetzten Meer. Je weiter die Stunden fortschreiten, umso größer wird die Hitze in der fahlen Luft. Den ganzen Tag lang stöbert der Vordersteven Fliegende Fische auf, kleine stählerne Vögel in ihren Wellensträuchern.

Am Nachmittag kreuzen wir ein Postschiff, das zu den Städten zurückkehrt. Der Gruß, den unsere Sirenen mit den drei Rufen prähistorischer Tiere austauschen, die Zeichen der Passagiere, die verloren auf dem Meer reisen und durch die Gegenwart anderer Menschen alarmiert sind, die Distanz, die allmählich zwischen den beiden Schiffen zunimmt, die Trennung endlich auf diesen missgünstigen Wassern, all dies beklemmt das Herz. Diese hartnäckigen Irren, an Bretter geklammert, auf die Mähne unermesslicher Ozeane geschleudert, auf der Suche nach entschwindenden Inseln, wer könnte ihnen seine Liebe verweigern, der auch die Einsamkeit des Meeres liebt?

Mitten im Atlantik beugen wir uns den wilden Winden, die ununterbrochen von einem Pol zum andern fegen. Jeder Schrei, den wir ausstoßen, verliert sich, entfliegt in die grenzenlosen Weiten. Doch dieser Ruf, den die Winde Tag für Tag mit sich weitertragen, wird endlich eines der abgeflachten Enden der Erde erreichen und wird lange an den Eiswänden widerhallen, bis ein Mensch, irgendwo in seine Muschel aus Schnee verloren, ihn vernehme und zufrieden lächle.

Ich lag im Halbschlaf unter der Sonne des frühen Nachmittags, als ich plötzlich durch einen furchtbaren Lärm aufgeschreckt wurde. Ich sah die Sonne auf dem Grund des Meeres, und die Wellen beherrschten den stürmischen Himmel. Plötzlich entbrannte das Meer, die Sonne floss mir in langen eisigen Strichen in die Kehle. Um mich herum lachten und schrien die Matrosen. Sie liebten sich gegenseitig, aber konnten einander nicht verzeihen. An jenem Tag erkannte ich die Welt, wie sie wirklich ist, und ich beschloss, es hinzunehmen, dass ihr Gutes gleichzeitig bösartig sei und ihre Missetat heilsam. An jenem Tag begriff ich, dass es zwei Wahrheiten gibt und dass die eine davon nie ausgesprochen werden darf.

Der merkwürdige südliche Mond, der etwas angeschnitten ist, begleitet uns einige Nächte hindurch und gleitet dann rasch vom Himmel ins Wasser, das ihn verschluckt. Es bleiben das

Kreuz des Südens, die spärlichen Sterne, die poröse Luft. In diesem Moment flaut der Wind ganz ab. Der Himmel rollt und schlingert über unseren unbeweglichen Masten. Mit gedrosseltem Motor und lahm gelegten Segeln pfeifen wir in der warmen Nacht, während das Wasser freundschaftlich unsere Schiffsflanke tätschelt. Kein Befehl, die Maschinen schweigen. Warum auch weiterfahren und warum zurückkehren? Wir sind glücklich, ein stummer Wahn schläfert uns unwiderstehlich ein. In einem Tag vollendet sich also alles; man muss sich nur sinken lassen wie jene, die bis zur Erschöpfung schwimmen. Vollenden, aber was? O bitteres Bett, königliches Lager, die Krone ist auf dem Grunde der Wasser!

Am Morgen rührt unsere Schraube sanft das laue Wasser zu Schaum. Wir holen wieder Geschwindigkeit auf. Gegen Mittag begegnet uns, von fernen Kontinenten kommend, ein Rudel Hirsche, überholt uns und schwimmt gleichmäßig gegen Norden, von buntfarbigen Vögeln begleitet, die sich von Zeit zu Zeit in ihren Geweihen ausruhen. Dieser rauschende Wald entschwindet allmählich am Horizont. Ein wenig später bedeckt sich das Meer mit seltsamen gelben Blumen. Am Abend begleitet uns ein unsichtbarer Gesang während langer Stunden. Ich schlafe ein, vertraut.

Die Segel im klaren Wind, ziehen wir auf einem hellen und kräftigen Meer dahin, in höchster Geschwindigkeit, die Klippen backbord. Und den Kurs gegen Ende des Tages noch korrigierend, über Stag, sodass die Segel das Wasser berühren, eilen wir einen südlichen Kontinent entlang, den ich wieder erkenne, da ich ihn früher, als Blinder, im barbarischen Sarg eines Flugzeuges überflogen hatte. Müßiger König, schleppte sich mein Karren damals so dahin; ich erwartete das Meer, ohne es je erreichen zu können. Das Ungetüm heulte auf, startete von den Guanos von Peru, raste über die Gestade des Pazifiks, überflog die weißen, zertrümmerten Wirbel der Anden und die ungeheure Ebene Argentiniens, verband mit einem Flügelschlag die von Milch überfließenden Weiden Uruguays mit den schwarzen Flüssen Venezuelas, landete, heulte wieder auf, erbebte vor Begierde angesichts neuer leerer Räume, die es verschlingen konnte, und kam dennoch nie weiter oder nur mit einer verkrampften, hartnäckigen Langsamkeit, einer verstörten und sturen, vergifteten Energie. Damals starb ich in meiner Metallzelle, träumte von Blutbädern und Orgien. Ohne Raum gibt es weder Unschuld noch Freiheit! Der Kerker ist für jenen, der nicht atmen kann, Tod oder Wahnsinn; was kann man da anderes tun als töten und besitzen? Heute, im Gegenteil, bin ich voller Atem, alle unsere Flügel schlagen in der blauen Luft, ich könnte aufjauchzen vor Schnelligkeit, wir werfen unsere Sextanten und unseren Kompass ins Wasser.

Im herrischen Wind sind unsere Segel aus Eisen. Die Küste gleitet in aller Eile an unseren Augen vorbei, Wälder von königlichen Kokospalmen, deren Stamm in smaragdene Lagunen taucht, eine stille Bucht voll roter Segel, mit Sand wie Mondlicht. Große Gebäude ragen auf, vom Wachsen des Urwaldes schon geborsten, der im Hof beginnt; da und dort durchbricht gelber Brechwurz oder auch ein Baum mit violetten Ästen die Fenster; Rio zerbröckelt hinter uns, und die Vegetation wird die neuen Ruinen zudecken, wo die Affen der Tijuca in Gelächter ausbrechen. Noch schneller, an den langen Gestaden vorbei, wo die Wellen in Sandgarben zerstieben, noch schneller, und die Schafe von Uruguay laufen ins Meer und färben es mit einem Mal gelb. An der argentinischen Küste bieten große, plumpe Scheiterhaufen in regelmäßigen Abständen dem Himmel halbe Ochsen dar, die langsam schmoren. In der Nacht schlägt das Eis des Feuerlandes stundenlang gegen unseren Schiffsrumpf, das Schiff verlangsamt kaum seinen Lauf und wendet. Am Morgen hebt uns die einzige Woge des Pazifiks empor, deren kalte Lauge, grün und weiß, über Tausende von Kilometern an der chilenischen Küste brodelt und uns umzuwerfen droht.

Im süßlichen Abend kommen uns die ersten malaiischen Barken entgegen.

«In See! in See!», schrien die herrlichen Knaben eines meiner Kinderbücher. Ich habe alles von jenem Buch vergessen außer diesem Ruf. «In See!», und durch den Indischen Ozean bis zum Gestade des Roten Meeres, wo man in stillen Nächten die Steine der Wüste, die nach der Glut des Tages gefrieren, einen nach dem anderen zerspringen hört, kommen wir wieder zum alten Meer zurück, wo die Rufe schweigen.

Eines Morgens endlich laufen wir in einer seltsam schweigenden Bucht ein, die mit unbeweglichen Segelbarken besetzt ist. Nur einige Meervögel streiten sich am Himmel um Schilfhälmchen. Schwimmend erreichen wir den verlassenen Strand; den ganzen Tag hindurch steigen wir ins Wasser und trocknen uns auf dem Sand. Unter dem gründlich verblassenden Abendhimmel wird das Meer noch ruhiger, das doch schon so ruhig ist. Kurze Wellen hauchen einen schaumigen Dunst auf den warmen Strand. Die Meervögel sind verschwunden. Es bleibt nur noch die Weite, offen für eine unbewegliche Reise.

Jene Nächte, deren Süße andauert! Ja, es erleichtert uns das Sterben, wenn wir wissen, dass sie nach uns auch sein werden, über dem Land und über dem Meer. Großes Meer, ewig umgepflügt, ewig unberührt, meine Religion der Nacht! Es reinigt uns und erquickt uns in seinen unfruchtbaren Furchen, es befreit uns und hält uns aufrecht. In jeder Welle ist ein Versprechen, ewig dasselbe. Was sagt sie? Müsste ich sterben, umringt von kalten Bergen, ungekannt von allen, von den meinen verstoßen, würde das Meer im letzten Augenblick meine Zelle füllen und mich emporheben über mich selber und würde mir helfen, ohne Hass zu sterben.

Mitternacht. Allein am Gestade. Noch ein wenig warten, und ich werde gehen. Der Himmel selbst steht still, mit allen seinen Sternen, wie jene Packboote voller Feuer, die in dieser Stunde, auf der ganzen Welt, die dunklen Wasser der Häfen erleuchten. Die Weite und die Stille lasten auf dem Herzen. Eine ungestüme Liebe, ein großes Werk, eine entscheidende Tat, ein verklärender Gedanke, alle bewirken sie manchmal dieselbe unerträgliche Angst, gepaart mit einem unwiderstehlichen Reiz. Süße Bangigkeit des Seins, süße, aufreizende Nähe der Gefahr, deren Namen wir nicht kennen – ist Leben dann, sich ins Verderben zu stürzen? Von neuem, ohne Aufschub, lasst uns ins Verderben stürzen.

Ich hatte immer das Gefühl, auf hohem Meer zu leben, bedroht, im Herzen eines königlichen Glückes.

Die Gerechten

Schauspiel in fünf Akten

O love! O life! Not life but love
in death
Romeo und Julia, IV, 5

Personen

DORA DULJEBOW
DIE GROSSFÜRSTIN
IWAN KALIAJEW
STEFAN FJODOROW
BORIS ANNENKOW
ALEXIS WOINOW
SKURATOW
FOKA
DER WÄRTER

Die Gerechten wurde am 15. Dezember 1949
im Théâtre Hébertot uraufgeführt.

Erster Akt

Die Wohnung der Terroristen. Es ist Morgen.
Beim Aufgehen des Vorhangs herrscht Schweigen. Dora und Annenkow stehen unbeweglich da. Die Wohnungsklingel ertönt einmal. Dora setzt zum Sprechen an, Annenkow gebietet ihr mit einer Gebärde Einhalt. Die Klingel schrillt zweimal kurz hintereinander.

ANNENKOW: Das ist er. *Er geht hinaus. Dora wartet reglos. Annenkow kehrt mit Stepan zurück, den er um die Schulter gefasst hält.* Da ist er! Stepan ist da!

DORA *tritt zu Stepan und ergreift seine Hand*: Wie schön, Stepan!

STEPAN: Guten Tag, Dora.

DORA *betrachtet ihn*: Drei Jahre haben wir uns nicht gesehen!

STEPAN: Ja, drei Jahre. Als ich verhaftet wurde, wollte ich gerade zu euch kommen.

DORA: Wir warteten auf dich. Die Zeit verging, und mein Herz schnürte sich immer mehr zusammen. Wir wagten nicht mehr, uns anzublicken.

ANNENKOW: Und wieder mussten wir die Wohnung wechseln.

STEPAN: Ich weiß.

DORA: Und dann, Stepan, war es schlimm?

STEPAN: Was?

DORA: Die Gefangenschaft.

STEPAN: Man findet Mittel und Wege, um zu fliehen.

ANNENKOW: Ja. Wir waren froh, zu hören, dass dir die Flucht in die Schweiz gelungen war.

STEPAN: Die Schweiz ist auch ein Gefängnis, Borja.

ANNENKOW: Was sagst du da! Dort sind die Menschen doch frei.

STEPAN: Die Freiheit ist ein Gefängnis, solange ein einziger Mensch auf Erden geknechtet ist. Ich war frei und musste unablässig an Russland und seine Sklaven denken. *Schweigen.*

ANNENKOW: Ich bin froh, dass die Partei dich hierher geschickt hat, Stepan.

STEPAN: Es war höchste Zeit. Ich war am Ersticken. Handeln, endlich handeln können … *Er blickt Annenkow an.* Wir werden ihn töten, nicht wahr?

ANNENKOW: Ganz bestimmt.

STEPAN: Wir werden diesen Henkersknecht töten. Du führst unsere Gruppe, Borja. Ich werde dir gehorchen.

ANNENKOW: Ich bedarf deines Versprechens nicht, Stepan. Wir sind alle Brüder.

STEPAN: Disziplin ist nötig. Das habe ich in der Gefangenschaft gemerkt. Die sozialrevolutionäre Partei braucht Disziplin. Dann werden wir den Großfürsten töten und die Tyrannei stürzen.

DORA *geht auf ihn zu:* Setz dich, Stepan. Du bist sicher müde nach der langen Reise.

STEPAN: Ich bin nie müde. *Pause. Dora setzt sich.* Ist alles bereit, Borja?

ANNENKOW *in verändertem Ton:* Seit einem Monat verfolgen zwei unserer Leute jede Bewegung des Großfürsten. Dora hat das nötige Material beisammen.

STEPAN: Ist die Proklamation aufgesetzt?

ANNENKOW: Ja. Ganz Russland wird erfahren, dass der Großfürst Sergej von der Kampfgruppe der sozialrevolutionären Partei durch eine Bombe hingerichtet worden ist, um die Befreiung des russischen Volkes zu beschleunigen. Der Zarenhof wird auch vernehmen, dass wir entschlossen sind, Terror zu üben, bis das Land dem Volk zurückgegeben wird. Ja, Stepan, ja, es ist alles bereit! Der Augenblick ist nahe.

STEPAN: Welches ist meine Aufgabe?

ANNENKOW: Zunächst wirst du Dora helfen. Schweitzer, an dessen Stelle du trittst, arbeitete mit ihr zusammen.

STEPAN: Er ist umgekommen?

ANNENKOW: Ja.

STEPAN: Wie?

DORA: Ein Unfall.

Stepan blickt Dora an. Sie wendet die Augen ab.

STEPAN: Und nachher?

ANNENKOW: Nachher werden wir weitersehen. Du musst bereit sein, nötigenfalls meinen Platz einzunehmen und die Verbindung mit dem Zentralkomitee aufrechtzuerhalten.

STEPAN: Wer sind unsere Kameraden?

ANNENKOW: Woinow hast du in der Schweiz schon getroffen. Ich habe Vertrauen zu ihm, obwohl er sehr jung ist. Janek kennst du noch nicht.

STEPAN: Janek?

ANNENKOW: Kaliajew. Wir nennen ihn auch den Dichter.

STEPAN: Das ist kein Name für einen Terroristen.

ANNENKOW *lachend*: Janek behauptet das Gegenteil. Er versichert, Dichtung sei revolutionär.

STEPAN: Revolutionär ist nur die Bombe. *Pause.* Glaubst du, dass ich dir helfen kann, Dora?

DORA: Ja. Du musst nur aufpassen, dass die Röhre nicht zerbricht.

STEPAN: Und wenn sie zerbricht?

DORA: Auf diese Weise ist Schweitzer umgekommen. *Pause.* Warum lächelst du, Stepan?

STEPAN: Habe ich gelächelt?

DORA: Ja.

STEPAN: Mitunter lächle ich. *Pause. Er scheint zu überlegen.* Dora, würde eine einzige Bombe genügen, um dieses Haus in die Luft zu sprengen?

DORA: Nein, eine einzige wohl nicht. Aber sie würde es beschädigen.

STEPAN: Wie viele brauchte es, um ganz Moskau zu sprengen?

ANNENKOW: Bist du verrückt? Was soll das heißen?

STEPAN: Nichts.

Die Klingel ertönt einmal. Sie warten und lauschen. Es läutet zweimal. Annenkow geht ins Vorzimmer und kehrt mit Woinow zurück.

WOINOW: Stepan!

STEPAN: Guten Tag.

Sie geben sich die Hand. Woinow tritt zu Dora und umarmt sie.

ANNENKOW: Ist alles gut gegangen, Alexis?

WOINOW: Ja.

ANNENKOW: Hast du dir die Strecke vom Palast zum Theater genau eingeprägt?

WOINOW: So genau, dass ich sie zeichnen kann. Schau! *Er zeichnet.* Straßenbiegungen, enge Stellen, Gedränge ... Der Wagen wird vor unserem Haus vorbeifahren.

ANNENKOW: Was bedeuten diese beiden Kreuze?

WOINOW: Einen kleinen Platz, wo die Pferde in Schritt fallen, und das Theater, wo sie stehen bleiben. Meiner Meinung nach sind das die beiden günstigsten Stellen.

ANNENKOW: Zeig her!

STEPAN: Viele Spitzel?

WOINOW: Massenweise.

STEPAN: Stört dich das?

WOINOW: Ich fühle mich unbehaglich.

ANNENKOW: Niemand fühlt sich in ihrer Gegenwart behaglich. Lass dich dadurch nicht aus der Fassung bringen.

WOINOW: Angst habe ich keine. Aber ich kann mich einfach nicht daran gewöhnen, mich zu verstellen.

STEPAN: Alle Leute verstellen sich. Gut lügen, darauf kommt es an.

WOINOW: Das ist nicht leicht. Als ich noch Student war, lachten meine Kameraden mich aus, weil ich nicht zu heucheln verstand. Ich sagte immer geradeheraus, was ich dachte. Schließlich hat man mich von der Universität ausgeschlossen.

STEPAN: Warum?

WOINOW: In der Geschichtsvorlesung hatte der Professor mich gefragt, mit welchen Mitteln Peter der Große Sankt Petersburg erbaut habe.

STEPAN: Eine gescheite Frage.

Woinow: Mit Blut und Peitsche, habe ich geantwortet. Daraufhin bin ich davongejagt worden.

Stepan: Und dann?

Woinow: Ich habe begriffen, dass es nicht genügt, das Unrecht an den Pranger zu stellen, sondern dass man sein Leben hingeben muss, um es zu bekämpfen. Jetzt bin ich glücklich.

Stepan: Obwohl du dich verstellst?

Woinow: Gewiss, ich verstelle mich. Aber am Tag, da ich die Bombe werfe, werde ich aufrichtig sein.

Es läutet, zweimal, dann einmal. Dora eilt hinaus.

Annenkow: Das ist Janek.

Stepan: Es war aber nicht das abgemachte Klingelzeichen.

Annenkow: Janek hatte Lust, es abzuändern. Nun hat er sein eigenes.

Stepan zuckt die Achseln. Man hört Dora im Vorzimmer sprechen. Dora und Kaliajew treten Arm in Arm ein. Kaliajew lacht.

Dora: Janek, das ist Stepan, er ersetzt Schweitzer.

Kaliajew: Sei willkommen, Bruder.

Stepan: Danke.

Dora und Kaliajew setzen sich den anderen gegenüber.

Annenkow: Janek, bist du sicher, dass du die Kalesche erkennst?

Kaliajew: Ja, ich habe sie mir zweimal in aller Muße anschauen können. Sobald sie am Horizont auftaucht, werde ich sie unter Tausenden erkennen! Ich habe mir alle Einzelheiten gemerkt. So hat zum Beispiel eine der Scheiben der linken Laterne einen Sprung.

Woinow: Viele Spitzel?

Kaliajew: Ganze Schwärme! Aber wir sind alte Freunde. Sie schenken mir Zigaretten. *Er lacht.*

Annenkow: Hat Pawel die Meldung bestätigt?

Kaliajew: Der Großfürst will diese Woche das Theater besuchen. Pawel wird gleich den genauen Tag erfahren und dann beim Pförtner Nachricht hinterlassen. *Er dreht sich lachend Dora zu.* Wir haben Glück, Dora.

DORA *blickt ihn an*: Bist du kein Hausierer mehr? Du kommst heute so vornehm daher! Wie schön du bist! Trauerst du deinem Lammfellkostüm nicht nach?

KALIAJEW *lachend*: Ein bisschen schon. Ich war sehr stolz darauf. *Zu Stepan und Annenkow:* Ich habe zwei Monate damit verbracht, die Hausierer zu beobachten, und über einen Monat lang habe ich in meinem Zimmerchen vor dem Spiegel geübt. Meine Kollegen haben nie den geringsten Verdacht geschöpft. «Ein gerissener Bursche», sagten sie. «Er könnte dem Zaren die Pferde von der Kutsche weg verkaufen.» Und sie versuchten ihrerseits, mich nachzuahmen.

DORA: Und du hast natürlich gelacht.

KALIAJEW: Du weißt genau, dass ich nicht anders kann. Dieser Mummenschanz, das so ganz andere Leben ... alles war lustig.

DORA: Ich für meinen Teil mag Verkleidungen nicht. *Sie weist auf ihr Kleid.* Und erst recht ein so prunkvolles Fähnchen! Borja hätte etwas anderes auftreiben dürfen. Ich – eine Schauspielerin! Bei meinem ungekünstelten Wesen!

KALIAJEW *lachend*: Du bist so hübsch in diesem Kleid.

DORA: Hübsch! Das wäre ich wohl gern. Aber daran darf ich nicht denken.

KALIAJEW: Warum? Du hast immer traurige Augen, Dora. Fröhlich sollst du sein, stolz! Schönheit und Freude sind Dinge, die es gibt! «In den stillen Auen, wohin mein Herz dich wünscht ...»

DORA *lächelnd*: «... Kannt' ich ewigen Sommer ...»

KALIAJEW: O Dora! Du weißt diese Verse noch! Und du lächelst! Wie froh mich das macht ...

STEPAN *fällt ihm ins Wort*: Wir verlieren Zeit. Ich nehme an, dass der Pförtner verständigt werden muss, nicht wahr, Borja? *Kaliajew blickt ihn verwundert an.*

ANNENKOW: Ja. Dora, willst du bitte hinuntergehen? Vergiss das Trinkgeld nicht. Woinow hilft dir nachher, das Material im Zimmer bereitzustellen.

Dora und Woinow verlassen den Raum durch zwei verschiedene Türen. Stepan geht entschlossenen Schritts auf Annenkow zu.

STEPAN: Ich will die Bombe werfen.

ANNENKOW: Nein, Stepan. Die Kameraden sind schon bestimmt.

STEPAN: Ich bitte dich darum. Du weißt, was es für mich bedeutet.

ANNENKOW: Nein, Anordnungen sind Anordnungen. *Pause.* Ich werfe sie auch nicht, sondern muss hier warten. Die Bestimmungen sind hart.

STEPAN: Wer wirft die erste Bombe?

KALIAJEW: Ich. Woinow wirft die zweite.

STEPAN: Du?

KALIAJEW: Das scheint dich zu überraschen? Du traust mir nicht!

STEPAN: Dazu braucht es Erfahrung.

KALIAJEW: Erfahrung? Du weißt genau, dass man eine Bombe nur einmal wirft, weil nachher ... Es hat noch keiner je ein zweites Mal geworfen.

STEPAN: Es braucht eine sichere Hand.

KALIAJEW *weist auf seine Hand*: Schau. Glaubst du, sie werde zittern? *Stepan wendet sich ab.* Nein, sie wird nicht zittern. Wie? Ich sollte dem Tyrannen gegenüberstehen und zögern? Wie kannst du das glauben! Und selbst wenn mein Arm zitterte, so kenne ich ein Mittel, um den Großfürsten unfehlbar zu töten.

ANNENKOW: Welches?

KALIAJEW: Ich werfe mich vor die Hufe der Pferde.
Stepan zuckt die Achseln und setzt sich hinten hin.

ANNENKOW: Nein, das ist nicht nötig. Du musst versuchen, zu fliehen. Die Organisation hat dich nötig. Du musst ihr erhalten bleiben.

KALIAJEW: Ich werde gehorchen, Borja. Welche Ehre für mich, welche Ehre! Ich werde mich ihrer würdig erweisen.

ANNENKOW: Stepan, du wirst dich auf der Straße aufhalten, während Janek und Alexis die Kalesche abpassen. Du musst in regelmäßigen Abständen unter unserem Fenster vorbeikommen. Wir machen ein Zeichen ab. Dora und ich warten hier, bis wir die Proklamation verlesen können. Mit ein bisschen Glück werden wir den Großfürsten beseitigen.

KALIAJEW *voll Begeisterung*: Ja, ich werde ihn beseitigen! Wie herrlich, wenn es gelingt! Und der Großfürst ist noch viel zu wenig. Wir müssen an höherer Stelle zuschlagen.

ANNENKOW: Zuerst der Großfürst.

KALIAJEW: Und wenn es nicht gelingt, Borja? Siehst du, man müsste es halten wie die Japaner.

ANNENKOW: Was meinst du damit?

KALIAJEW: Im Krieg ergaben die Japaner sich nie, sie begingen Selbstmord.

ANNENKOW: Nein. An Selbstmord darfst du nicht denken.

KALIAJEW: Woran denn?

ANNENKOW: An neuen Terror.

STEPAN *spricht von hinten*: Um Selbstmord zu begehen, muss man sich selber sehr lieben. Und ein echter Revolutionär kann sich selber nicht lieben.

KALIAJEW *wendet sich lebhaft um*: Ein echter Revolutionär? Warum bist du so ausfällig? Was habe ich dir getan?

STEPAN: Ich mag die Leute nicht, die sich vor lauter Langeweile an der Revolution beteiligen.

ANNENKOW: Stepan!

STEPAN *steht auf und tritt zu ihnen*: Ich weiß, ich bin rücksichtslos. Aber für mich ist der Hass kein Spiel. Wir sind nicht dazu da, uns selber zu bewundern. Wir sind dazu da, Erfolg zu haben.

KALIAJEW *sanft*: Warum beleidigst du mich? Woher willst du wissen, dass ich mich langweile?

STEPAN: Ich hatte diesen Eindruck. Du änderst die abgemachten Zeichen, du gefällst dir in der Rolle des Hausierers, du rezitierst Verse, du willst dich den Pferden vor die Hufe werfen, und jetzt noch Selbstmord ... *Er schaut ihn an.* Ich habe kein Vertrauen zu dir.

KALIAJEW *beherrscht*: Du kennst mich nicht, Bruder. Ich liebe das Leben. Ich langweile mich nicht. Ich bin zur Revolution gekommen, weil ich das Leben liebe.

STEPAN: Ich liebe nicht das Leben, sondern die Gerechtigkeit, die höher steht als das Leben.

KALIAJEW *mit sichtlicher Anstrengung*: Ein jeder dient der Gerechtigkeit, so gut er kann. Wir müssen unsere Andersartigkeit hinnehmen. Wir müssen uns lieben, wenn wir es vermögen.

STEPAN: Wir vermögen es nicht.

KALIAJEW *aufbrausend*: Weshalb bist du dann bei uns?

STEPAN: Ich bin gekommen, um einen Menschen zu töten, nicht um ihn zu lieben, noch um seine Andersartigkeit anzuerkennen.

KALIAJEW *heftig*: Du wirst ihn nicht allein töten und nicht, ohne dich auf jemand zu berufen. Du tötest ihn mit uns und im Namen des russischen Volkes. Das ist deine Rechtfertigung.

STEPAN: *ebenfalls heftig*: Einer Rechtfertigung bedarf ich nicht. Ich habe sie vor drei Jahren als Gefangener in einer einzigen Nacht und ein für alle Mal empfangen. Und ich werde nicht dulden, dass ...

ANNENKOW: Es reicht! Seid ihr eigentlich nicht ganz bei Trost? Habt ihr vergessen, wer wir sind? Brüder sind wir, die in einer einzigen Gemeinschaft aufgehen und nach der Ausrottung der Tyrannen trachten, um die Heimat zu befreien! Wir töten gemeinsam, und nichts kann uns trennen. *Pause. Er betrachtet sie.* Komm, Stepan, wir müssen unsere Zeichen verabreden ... *Stepan geht hinaus. Zu Kaliajew:* Mach dir nichts draus. Stepan hat Schweres erlebt. Ich werde mit ihm reden.

KALIAJEW *sehr bleich*: Er hat mich beleidigt, Borja.

Dora kommt herein.

DORA *bemerkt Kaliajews Ausdruck*: Was ist geschehen?

ANNENKOW: Nichts. *Er geht hinaus.*

DORA: Was ist vorgefallen?

KALIAJEW: Wir sind schon aneinander geraten. Er kann mich nicht ausstehen.

Dora setzt sich schweigend. Pause.

DORA: Ich glaube, er mag niemand leiden. Wenn alles vorbei ist, wird er bestimmt verträglicher. Nimm es dir nicht zu Herzen.

KALIAJEW: Es bedrückt mich aber. Ich habe euer aller Liebe nötig. Um der Organisation willen habe ich alles aufgegeben. Wie soll ich da ertragen, dass meine Brüder sich von mir abwenden? Manchmal habe ich den Eindruck, dass sie mich nicht verstehen. Ist es meine Schuld? Ich bin ungeschickt, ich weiß ...

DORA: Sie lieben dich und verstehen dich. Stepan ist anders.

KALIAJEW: Nein, ich weiß, was er denkt. Genau was auch Schweitzer sagte: «Zu ausgefallen, um ein Revolutionär zu sein.» Ich möchte ihnen erklären, dass ich kein ausgefallener Mensch bin. Sie finden mich ein bisschen verrückt, zu impulsiv. Und doch glaube ich an die Idee wie sie – und will mich opfern für sie. Auch ich kann schlau, verschwiegen, verlogen und tüchtig sein. Bloß scheint mir das Leben weiterhin wunderbar. Ich liebe die Schönheit, das Glück! Ebendarum hasse ich die Gewaltherrschaft. Wie soll ich es ihnen erklären? Die Revolution muss sein, gewiss! Aber eine Revolution dem Leben zuliebe, verstehst du? Um dem Leben ein Tor zu öffnen!

DORA *hingerissen*: Ja ... *Nach einer Pause, leiser:* Und doch werden wir den Tod bringen.

KALIAJEW: Wer, wir? Ach so, du meinst ... Aber das ist nicht das Gleiche! O nein, das ist nicht das Gleiche! Und zudem töten wir, um eine Welt zu bauen, in der keiner mehr töten wird. Wir nehmen es auf uns, Verbrecher zu sein, damit die Erde endlich von Unschuldigen bewohnt wird.

DORA: Und wenn dem nicht so wäre?

KALIAJEW: Schweig! Du weißt genau, dass das nicht möglich

ist. Dann hätte ja Stepan Recht. Und wir müssten der Schönheit ins Gesicht speien.

DORA: Ich bin schon länger bei der Organisation als du. Und ich weiß, dass nichts einfach ist. Aber du hast den Glauben … Wir alle haben Glauben nötig.

KALIAJEW: Den Glauben? Nein. Ein Einziger hatte ihn.

DORA: Deine Seele ist stark. Du wirst dich durch nichts aufhalten lassen und nicht auf halbem Weg stehen bleiben. Warum hast du gebeten, die erste Bombe werfen zu dürfen?

KALIAJEW: Kann man von Terrorismus sprechen, ohne daran teilzunehmen?

DORA: Nein.

KALIAJEW: In der vordersten Reihe muss man stehen.

DORA *scheint zu überlegen*: Sicher. Es gibt die vorderste Reihe, und es gibt den letzten Augenblick. Daran müssen wir denken. In diesem Gedanken finden wir den Mut, die Begeisterung, die wir brauchen … die du brauchst.

KALIAJEW: Seit einem Jahr denke ich an nichts anderes mehr. Für diesen Augenblick habe ich bis heute gelebt. Und jetzt weiß ich, dass ich an Ort und Stelle, an der Seite des Großfürsten, umkommen möchte. Mein Blut vergießen bis zum letzten Tropfen … oder aber von der Stichflamme der Explosion mit einem Schlag verzehrt werden, sodass nichts zurückbleibt. Verstehst du, warum ich mich darum bewarb, die Bombe zu werfen? Für die Idee zu sterben ist die einzige Art, ihrer würdig zu sein. Das ist die Rechtfertigung.

DORA: Auch ich wünsche mir einen solchen Tod.

KALIAJEW: Ja, das ist wahrlich ein beneidenswertes Glück. Nachts wälze ich mich zuweilen auf meinem Hausiererstrohsack, weil der Gedanke mich quält, dass sie Mörder aus uns gemacht haben. Aber gleichzeitig denke ich, dass ich dabei sterben werde, und dann findet mein Herz wieder Frieden. Dann lächle ich und schlafe ein wie ein Kind.

DORA: Das ist gut so, Janek. Töten und sterben. Aber in meinen

Augen gibt es ein noch größeres Glück. *Pause. Kaliajew betrachtet sie. Sie senkt den Blick.* Das Schafott.

KALIAJEW *fiebrig*: Auch daran habe ich gedacht. Im Augenblick des Attentats zu sterben hat etwas Unvollendetes. Zwischen dem Attentat und dem Schafott dagegen liegt eine ganze Ewigkeit, die einzige vielleicht, die dem Menschen gewährt ist.

DORA *fasst seine Hände, mit eindringlicher Stimme*: Das ist der Gedanke, der dir helfen muss. Wir zahlen mehr, als wir schuldig sind.

KALIAJEW: Was meinst du damit?

DORA: Nun, wir sind gezwungen zu töten, nicht wahr? Wir opfern ganz bewusst ein Leben, ein einziges Leben?

KALIAJEW: Ja.

DORA: Erst zum Attentat schreiten und dann zum Schafott bedeutet jedoch, sein Leben zweimal hingeben. Wir zahlen mehr, als wir schuldig sind.

KALIAJEW: Ja, es bedeutet, dass wir zweimal sterben. Danke, Dora. Niemand kann uns einen Vorwurf machen. Jetzt bin ich meiner sicher. *Pause.* Was hast du, Dora? Warum sagst du nichts?

DORA: Ich möchte dir noch mehr helfen. Nur …

KALIAJEW: Nur was?

DORA: Nichts. Ich bin verrückt.

KALIAJEW: Traust du mir nicht?

DORA: O doch, Liebster. Mir selber traue ich nicht. Seit Schweitzers Tod kommen mir manchmal seltsame Gedanken. Und zudem ist es nicht an mir, dir zu sagen, was schwierig sein wird.

KALIAJEW: Ich liebe, was schwierig ist. Wenn du mich achtest, so sprich.

DORA *schaut ihn an*: Ich weiß. Du hast Mut. Das eben ist es, was mich beunruhigt. Du lachst, du gerätst in Begeisterung und gehst voll Inbrunst dem Opfer entgegen. Aber in ein paar Stunden wirst du aus diesem Traum erwachen und handeln müssen. Vielleicht ist es besser, vorher davon zu sprechen … um einer Überraschung, einer Schwäche vorzubeugen.

Kaliajew: Ich werde nicht schwach werden. Sag, woran du denkst.

Dora: Nun gut. Das Attentat, das Schafott, zweimal sterben, das ist das Leichteste. Dem wird dein Herz gewachsen sein. Aber in der vordersten Reihe … *Sie verstummt, blickt ihn an, zögert.* In der vordersten Reihe wirst du ihn sehen …

Kaliajew: Wen?

Dora: Den Großfürsten.

Kaliajew: Kaum eine Sekunde lang.

Dora: Eine Sekunde, während der du ihn anblickst! O Janek, das musst du wissen, davor musst du dich hüten! Ein Mensch ist ein Mensch. Vielleicht hat der Großfürst mitfühlende Augen. Vielleicht kratzt er sich am Ohr oder lächelt fröhlich. Wer weiß, ob das Rasiermesser nicht einen kleinen Schnitt hinterlassen hat. Und wenn er dich in diesem Augenblick anschaut …

Kaliajew: Ich töte ja nicht ihn. Ich töte die Tyrannei!

Dora: Ja, natürlich. Die Tyrannei muss vernichtet werden. Ich rüste die Bombe, und während ich das Röhrchen versiegle, weißt du, im schwierigsten Augenblick, wenn die Nerven zum Zerreißen gespannt sind, werde ich doch ein seltsames Glücksgefühl im Herzen verspüren. Aber ich kenne den Großfürsten nicht, und es wäre weniger leicht, wenn er mir während dieser Zeit gegenübersäße. Du aber wirst ihn aus der Nähe sehen. Aus nächster Nähe …

Kaliajew *heftig*: Ich werde ihn nicht sehen.

Dora: Wieso nicht? Willst du die Augen schließen?

Kaliajew: Nein. Aber mit Gottes Hilfe wird im rechten Augenblick der Hass mich übermannen und blind machen.

Es läutet. Ein einziges Mal. Sie erstarren. Stepan und Woinow treten ein. Stimmen im Vorzimmer. Annenkow tritt ein.

Annenkow: Der Pförtner. Der Großfürst geht morgen ins Theater. *Er blickt sie an.* Es muss alles bereit sein, Dora.

DORA *dumpf:* Ja. *Sie geht langsam hinaus.*
KALIAJEW *blickt ihr nach; mit sanfter Stimme zu Stepan:* Ich werde ihn töten. Mit Freuden!

Vorhang

Zweiter Akt

Am Abend des nächsten Tages.
Gleicher Ort.
Annenkow steht am Fenster, Dora am Tisch.

ANNENKOW: Sie sind an Ort und Stelle angekommen. Stepan hat seine Zigarette angezündet.

DORA: Um wie viel Uhr soll der Großfürst vorbeifahren?

ANNENKOW: Jetzt gleich. Horch! Ist das nicht eine Kalesche? Nein.

DORA: Setz dich und habe Geduld.

ANNENKOW: Und die Bomben?

DORA: Setz dich. Wir können nichts mehr tun.

ANNENKOW: Doch. Die anderen beneiden.

DORA: Dein Platz ist hier. Du bist der Anführer.

ANNENKOW: Freilich. Aber Janek ist mehr wert als ich, und vielleicht muss er …

DORA: Die Gefahr ist für alle gleich groß. Für den, der wirft, wie für den, der nicht wirft.

ANNENKOW: Genau genommen ist die Gefahr wirklich für alle gleich groß. Aber im Augenblick stehen Janek und Alexis in der vordersten Linie. Ich weiß, dass mein Platz nicht bei ihnen ist. Aber manchmal habe ich Angst, mich zu willig mit meiner Aufgabe abzufinden. Schließlich und endlich ist es bequem, die Bombe nicht werfen zu dürfen.

DORA: Und selbst wenn? Die Hauptsache ist, dass du tust, was getan werden muss, und zwar ganz.

ANNENKOW: Wie gefasst du bist!

DORA: Ich bin nicht gefasst: Ich habe Angst. Nun bin ich seit drei Jahren bei euch, und seit zwei Jahren verfertige ich Bomben. Ich habe sorgfältig gearbeitet und glaube nicht, dass ich etwas vergessen habe.

ANNENKOW: Natürlich nicht, Dora.

DORA: Und seit drei Jahren habe ich Angst, jene Angst, die einen selbst im Schlaf kaum verlässt und die man am Morgen ungeschmälert wieder findet. Darum musste ich mich an sie gewöhnen. Ich habe gelernt, gerade dann ruhig zu sein, wenn meine Angst am größten ist. Da ist nichts Rühmliches dabei!

ANNENKOW: Im Gegenteil, sei stolz darauf! Ich für mein Teil habe nichts bezwungen. Weißt du, dass ich zuweilen dem früheren Leben nachtrauere, dem Glanz, den Frauen … Ja, ich liebte die Frauen, den Wein, die nicht enden wollenden Nächte.

DORA: Ich ahnte es, Borja. Darum habe ich dich so gern. Dein Herz ist nicht tot. Selbst der Hunger nach Vergnügen ist besser als das furchtbare Schweigen, das manchmal an die Stelle des Aufschreis tritt.

ANNENKOW: Was sagst du da? Du? Das ist doch nicht möglich!

DORA: Horch! *Sie richtet sich jäh auf. Das Rollen einer Kalesche, dann Stille.* Nein. Das war nicht er. Mein Herz klopft wie wild. Du siehst, ich habe immer noch nichts gelernt.

ANNENKOW *geht zum Fenster*: Achtung! Stepan gibt ein Zeichen. Er kommt!

Ein fernes Rollen wird vernehmbar, nähert sich, zieht vor dem Haus vorbei und beginnt sich zu entfernen. Lange Pause. In ein paar Sekunden … Sie lauschen. Wie lange es dauert.

Dora macht eine Bewegung mit der Hand. Langes Schweigen. In der Ferne sind Glocken zu hören. Es ist nicht möglich! Janek hätte seine Bombe längst werfen müssen … Die Kalesche ist bestimmt vor dem Theater angekommen. Und Alexis? Schau! Stepan macht kehrt und läuft zum Theater.

DORA *stürzt ihm entgegen*: Janek ist verhaftet! Verhaftet ist er, ganz ohne Zweifel! Wir müssen etwas tun!

ANNENKOW: Warte. *Er horcht.* Nein. Es ist aus.

DORA: Wie ist das möglich? Janek verhaftet, ohne dass er etwas unternommen hätte! Er war zu allem bereit, ich weiß es. Er begehrte das Gefängnis und den Prozess. Aber erst wollte er den Großfürsten töten! Nicht so, nein, so nicht!

ANNENKOW *blickt aus dem Fenster*: Woinow! Schnell!

Dora geht hinaus, um zu öffnen. Mit aschfahlem Gesicht tritt Woinow ein. Alexis, schnell, sprich!

WOINOW: Ich weiß nichts. Ich wartete auf die erste Bombe. Ich sah, wie der Wagen um die Ecke bog, und nichts geschah. Da verlor ich den Kopf. Ich nahm an, du habest im letzten Augenblick unseren Plan geändert, und zögerte. Und dann bin ich hierher gelaufen ...

ANNENKOW: Und Janek?

WOINOW: Ich habe ihn nicht gesehen.

DORA: Er ist verhaftet!

ANNENKOW *schaut immer noch aus dem Fenster*: Da kommt er! *Gleiches Spiel. Mit tränenüberströmtem Gesicht kommt Kaliajew herein.*

KALIAJEW *verstört*: Brüder, verzeiht mir. Ich habe es nicht vermocht.

Dora tritt zu ihm und fasst seine Hand.

DORA: Es tut nichts.

ANNENKOW: Was ist geschehen?

DORA *zu Kaliajew*: Es tut nichts. Manchmal bricht im letzten Augenblick alles zusammen.

ANNENKOW: Aber es ist doch nicht möglich!

DORA: Lass ihn. Du bist nicht der Einzige, Janek. Schweitzer hat es das erste Mal auch nicht vermocht.

ANNENKOW: Janek, hattest du Angst?

KALIAJEW *fährt auf*: Angst? Nein! Das darfst du mir nicht sagen! *Das verabredete Klingelzeichen ertönt. Auf einen Wink von Annenkow geht Woinow hinaus. Kaliajew ist zutiefst niedergeschlagen. Schweigen. Stepan tritt ein.*

ANNENKOW: Und?

STEPAN: In der Kalesche des Großfürsten befanden sich Kinder.

ANNENKOW: Kinder?

STEPAN: Ja. Der Neffe und die Nichte des Großfürsten ...

ANNENKOW: Orlow hatte gesagt, der Großfürst werde allein sein.

STEPAN: Die Großfürstin war auch bei ihm. Das waren zu viele Leute für unseren Dichter, nehme ich an. Zum Glück haben die Spitzel nichts gemerkt.

Annenkow spricht leise mit Stepan. Alle blicken Kaliajew an, der die Augen zu Stepan erhebt.

KALIAJEW *hilflos*: Das konnte ich nicht voraussehen ... Kinder, ausgerechnet Kinder. Hast du schon Kinder angeschaut? Der ernste Blick, den sie manchmal haben ... Diesen Blick habe ich nie aushalten können ... Und doch war ich eine Sekunde zuvor glücklich in meinem dunklen Winkel. Als die Laternen der Kalesche in der Ferne aufleuchteten, fing mein Herz vor Freude zu klopfen an, ich schwöre es dir. Und je näher das Rollen des Wagens kam, desto stärker klopfte es. So viel Lärm machte es in mir, dass ich Lust hatte, zu hüpfen und zu springen. Ich glaube, ich lachte. Und ich sagte «ja, ja» ... Verstehst du? *Er wendet den Blick von Stepan ab und fällt in seine gebrochene Haltung zurück.* Ich rannte auf die Kalesche zu. In diesem Augenblick gewahrte ich sie. Sie lachten nicht. Aufrecht, mit steifem Oberkörper, saßen sie rechts und links vom Wagenschlag, verloren in ihren Paradekleidern, mit den Händen auf den Knien, und blickten ins Leere. Wie traurig sie aussahen! Die Großfürstin habe ich nicht gesehen. Nur die Kinder. Ich glaube, wenn sie mich angeschaut hätten, ich hätte die Bombe geworfen, um wenigstens diesen traurigen Blick auszulöschen. Aber sie schauten starr geradeaus. *Er hebt die Augen zu den anderen. Schweigen. Noch leiser:* Ich weiß nicht, was dann geschehen ist. Mein Arm wurde schwach. Meine Beine wankten. Eine Sekunde darauf war es zu spät. *Schweigen. Er blickt zu Boden.* Dora, habe ich geträumt? Mir schien, dass in jenem Augenblick die Glocken läuteten.

DORA: Nein, Janek, du hast nicht geträumt. *Sie legt ihm die Hand auf den Arm. Kaliajew hebt den Kopf und sieht, dass alle ihn anblicken. Er steht auf.*

KALIAJEW: Schaut mich an, Brüder, schau mich an, Borja, ich bin kein Feigling, ich habe mich nicht gedrückt. Aber auf die Kinder war ich nicht gefasst. Es ist alles zu schnell gegangen. Diese beiden ernsthaften Gesichtchen, und in meiner Hand das schreckliche Gewicht. Auf sie musste ich es werfen. Einfach so. O nein! Das habe ich nicht vermocht. *Sein Blick wandert von einem zum andern.* Als ich früher daheim in der Ukraine mit dem Wagen fuhr, preschte ich daher wie der Wind und hatte vor nichts Angst. Vor nichts auf der Welt, außer ein Kind zu überfahren. Ich stellte mir den Aufprall vor, das Aufschlagen dieses zerbrechlichen Köpfchens auf der Straße … *Er verstummt.* Helft mir … *Schweigen.* Ich wollte mich umbringen. Ich bin zurückgekommen, weil ich überlegte, dass ich euch Rechenschaft schuldig bin, dass ihr allein meine Richter seid, dass ihr mir sagen werdet, ob ich Recht hatte oder Unrecht, und dass ihr euch nicht irren könnt. Aber ihr sagt nichts.

Dora tritt so nahe zu ihm, dass sie ihn beinahe berührt. Er schaut alle an; mit tonloser Stimme: Ich mache euch einen Vorschlag. Wenn ihr beschließt, dass diese Kinder umgebracht werden müssen, warte ich am Ausgang des Theaters und werfe dann die Bombe in die Kalesche. Ich weiß, dass ich mein Ziel nicht verfehlen werde. Befehlt, und ich gehorche der Organisation.

STEPAN: Die Organisation hatte dir befohlen, den Großfürsten zu töten.

KALIAJEW: Das stimmt. Aber sie hatte mich nicht geheißen, Kinder zu ermorden.

ANNENKOW: Janek hat Recht. Das war nicht vorgesehen.

STEPAN: Er musste gehorchen.

ANNENKOW: Ich bin verantwortlich. Ich hätte an alles denken müssen, sodass kein Zweifel bestand, was jeder zu tun hatte. Jetzt müssen wir uns nur schlüssig werden, ob wir uns die Gelegenheit endgültig entgehen lassen oder ob wir Janek befehlen, am Ausgang des Theaters zu warten. Alexis?

WOINOW: Ich weiß es nicht. Ich glaube, ich hätte gleich gehandelt wie Janek. Aber ich bin meiner selbst nicht sicher. *Leiser:* Meine Hände zittern.

ANNENKOW: Dora?

DORA *heftig*: Ich hätte es bleiben lassen wie Janek. Darf ich einem anderen vorschreiben, was ich selbst nicht tun könnte?

STEPAN: Macht ihr euch klar, was dieser Beschluss bedeutet? Zwei Monate des Nachspürens, der furchtbarsten Gefahren, die wir auf uns genommen und vermieden haben – zwei Monate für nichts! Igor umsonst verhaftet, Rikow umsonst hingerichtet. Und das alles von vorne beginnen? Wieder Wochen um Wochen wachen und Ränke schmieden, in unablässiger Spannung leben, bis sich von neuem eine günstige Gelegenheit bietet? Seid ihr toll?

ANNENKOW: In zwei Tagen wird der Großfürst wieder ins Theater gehen, das weißt du so gut wie ich.

STEPAN: Zwei Tage, während deren wir Gefahr laufen, erwischt zu werden, du hast es selber gesagt.

KALIAJEW: Ich gehe.

DORA: Warte! *Zu Stepan:* Könntest du, Stepan, mit offenen Augen und aus nächster Nähe auf ein Kind schießen?

STEPAN: Ich könnte es, wenn die Organisation es befehlen sollte.

DORA: Warum schließt du die Augen?

STEPAN: Ich? Ich habe die Augen geschlossen?

DORA: Ja.

STEPAN: Dann nur, um mir die Szene deutlich vorzustellen und nicht ins Blaue hinein zu antworten.

DORA: Öffne die Augen und mach dir klar, dass die Organisation ihre Macht und ihren Einfluss einbüßte, wenn sie auch nur einen Augenblick duldete, dass Kinder von unseren Bomben zerfetzt werden.

STEPAN: Ich bin nicht gemütvoll genug für so läppische Bedenken. An dem Tag, da wir beschließen, keine Rücksicht auf

Kinder zu nehmen, sind wir die Herren der Welt, und an dem Tag wird die Revolution siegen.

DORA: An dem Tag wird die Revolution von der ganzen Menschheit gehasst.

STEPAN: Was tut's, wenn wir sie so lieben, dass wir sie der ganzen Menschheit aufzwingen und sie vor sich selber und ihrer Knechtschaft retten können!

DORA: Und wenn die ganze Menschheit die Revolution verwirft? Wenn das ganze Volk, für das du kämpfst, es ablehnt, dass seine Kinder getötet werden? Müssen wir dann auch gegen das Volk vorgehen?

STEPAN: Ja, wenn es nötig ist, und zwar so lange, bis es begreift. Auch ich liebe das Volk.

DORA: Die Liebe trägt ein anderes Gesicht.

STEPAN: Wer sagt das?

DORA: Ich, Dora.

STEPAN: Du bist eine Frau und hast eine unselige Vorstellung von der Liebe.

DORA *heftig*: Aber ich habe eine richtige Vorstellung von der Schande.

STEPAN: Ich habe mich ein einziges Mal meiner selbst geschämt, und daran waren die anderen schuld. Als ich ausgepeitscht wurde. Denn ich bin ausgepeitscht worden. Wisst ihr, was das ist, die Peitsche? Vera war bei mir, und sie hat aus Protest Selbstmord begangen. Ich habe weitergelebt. Wessen sollte ich mich jetzt schämen?

ANNENKOW: Stepan, wir alle lieben und achten dich. Aber welches auch deine Gründe sein mögen, ich kann nicht zulassen, dass du behauptest, alles sei erlaubt. Hunderte unserer Brüder sind gestorben, um zu bezeugen, dass nicht alles erlaubt ist.

STEPAN: Nichts ist verboten, was unserer Sache dienen kann.

ANNENKOW *zornig*: Ist es erlaubt, in die Polizei einzutreten und ein Doppelspiel zu treiben, wie Ewno es vorschlug? Würdest du das tun?

STEPAN: Wenn es sein müsste, ja.

ANNENKOW *steht auf*: Stepan, du hast so viel für uns und gemeinsam mit uns getan, dass wir vergessen wollen, was du eben gesagt hast. Nur eines ist jetzt wichtig. Wir müssen uns entscheiden, ob wir in ein paar Minuten Bomben auf diese beiden Kinder werfen.

STEPAN: Kinder! Das ist alles, was ihr zu sagen wisst! Habt ihr denn überhaupt nichts begriffen? Weil Janek diese beiden nicht getötet hat, werden noch jahrelang Tausende russischer Kinder Hungers sterben. Habt ihr schon Kinder verhungern sehen? Ich ja. Und der Bombentod ist eine Wonne, verglichen mit dem Hungertod. Aber Janek kennt das nicht. Er hat nur die beiden dressierten Pudel des Großfürsten gesehen. Seid ihr eigentlich keine Männer? Lebt ihr immer nur im gegenwärtigen Augenblick? Dann wählt die Mildtätigkeit und lindert das Übel eines jeden Tages, nicht aber die Revolution, die alle Übel heilen will, die gegenwärtigen und die zukünftigen.

DORA: Janek ist bereit, den Großfürsten zu töten, weil sein Tod die Zeit näher rückt, da die russischen Kinder nicht mehr Hungers sterben werden. Das ist schon nicht leicht. Aber der Tod der Neffen des Großfürsten wird kein Kind vor dem Verhungern bewahren. Selbst in der Zerstörung gibt es Gradunterschiede, gibt es Grenzen.

STEPAN *heftig*: Es gibt keine Grenzen. Die Wahrheit ist, dass ihr nicht an die Revolution glaubt! *Alle stehen auf außer Janek.* Nein, ihr glaubt nicht an sie. Wenn ihr restlos, rückhaltlos an sie glaubtet, wenn ihr sicher wäret, dass es uns gelingt, durch unsere Opfer und unsere Siege ein vom Despotismus befreites Russland zu schaffen, ein Land der Freiheit, das sich schließlich über die ganze Welt erstrecken wird, wenn ihr nicht daran zweifeln würdet, dass dann der von seinen Unterdrückern und seinen Vorurteilen befreite Mensch eine wahrhaft göttliche Stirn zum Himmel erheben wird – der Tod zweier Kinder würde nicht ins Gewicht fallen! Ihr würdet euch jedes Recht zuerkennen, jedes, hört ihr. Und wenn dieser Tod euren Arm lähmt, so ist das ein Beweis, dass ihr nicht sicher seid, im Recht zu sein. Ihr glaubt nicht an die Revolution.

Schweigen. Kaliajew steht auf.

KALIAJEW: Stepan, ich schäme mich, gewiss, und doch kann ich dich nicht weiterreden lassen. Ich habe eingewilligt, zu töten, um die Gewaltherrschaft zu stürzen. Aber hinter deinen Worten sehe ich eine Gewaltherrschaft aufsteigen, die, wenn sie morgen die Macht ergreift, einen Mörder aus mir macht, während ich versuche, ein Rechtsvollstrecker zu sein.

STEPAN: Was tut's, dass du kein Rechtsvollstrecker bist – wenn nur Recht geübt wird, selbst von Mördern! Du und ich, wir sind nichts.

KALIAJEW: Du weißt genau, dass das nicht wahr ist, denn auch heute noch spricht Stolz aus dir.

STEPAN: Mein Stolz geht nur mich etwas an. Aber der Stolz der Menschen, ihre Empörung, die Ungerechtigkeit, in der sie leben, das geht uns alle etwas an.

KALIAJEW: Die Menschen leben nicht von Gerechtigkeit allein.

STEPAN: Wovon sollten sie denn leben, wenn nicht von Gerechtigkeit, da ihnen das Brot gestohlen wird?

KALIAJEW: Von Gerechtigkeit und Unschuld.

STEPAN: Unschuld? Vielleicht weiß ich, was das ist. Aber ich habe beschlossen, zu tun, als ob ich es nicht wüsste, und Tausende von Menschen in dieser Unwissenheit zu belassen, damit dieses Wort eines Tages einen höheren Sinn bekommt.

KALIAJEW: Man muss sehr sicher sein, dass dieser Tag kommt, um alles zu leugnen, was einen Menschen dazu bringt, zum Leben ja zu sagen.

STEPAN: Ich bin seiner gewiss.

KALIAJEW: Du kannst es nicht sein. Um zu wissen, wer von uns beiden Recht hat, braucht es vielleicht das Opfer dreier Generationen, mehrere Kriege, furchtbare Umwälzungen. Bis die Erde nach diesem Regen von Blut wieder trocken geworden ist, sind du und ich schon längst zum gleichen Staub zerfallen.

STEPAN: Dann werden andere kommen, und ich grüße sie als meine Brüder.

KALIAJEW *schreiend*: Andere ... Gewiss! Ich aber liebe die Menschen, die heute leben, auf der gleichen Erde wie ich, und ihnen gilt mein Gruß. Für sie kämpfe ich, und für sie bin ich bereit, zu sterben. Und einem fernen Staat zuliebe, dessen ich nicht sicher bin, werde ich meinen Brüdern nicht ins Gesicht schlagen. Ich will nicht um einer toten Gerechtigkeit willen zu der bestehenden Ungerechtigkeit beitragen. *Leiser, doch entschieden:* Brüder, ich will offen mit euch reden und euch zumindest sagen, was unser einfachster Bauer sagen könnte: Kinder töten ist wider die Ehre. Und wenn sich eines Tages die Revolution von der Ehre abkehren sollte und ich noch lebe, dann werde ich mich von der Revolution abkehren. Wenn es euer Wille ist, begebe ich mich jetzt gleich zum Theater, aber ich werfe mich vor die Pferde.

STEPAN: Die Ehre ist ein Luxus für Leute, die in Kaleschen fahren.

KALIAJEW: Nein, sie ist das letzte Gut des Armen. Du weißt es genau, und du weißt auch, dass es in der Revolution eine Ehre gibt. Die nämlich, für die wir willig in den Tod gehen. Sie hat dich eines Tages unter der Peitsche den Rücken straffen lassen, Stepan. Und sie spricht auch heute wieder aus dir.

STEPAN *mit einem Aufschrei*: Schweig! Ich verbiete dir, davon zu sprechen!

KALIAJEW *aufbrausend*: Warum sollte ich schweigen? Du hast behauptet, ich glaube nicht an die Revolution. Damit erklärtest du, ich sei fähig, den Großfürsten umsonst zu töten, ich sei ein Mörder. Ich habe dich das sagen lassen und dich nicht geschlagen.

ANNENKOW: Janek!

STEPAN: Zuweilen tötet der umsonst, der nicht genug tötet.

ANNENKOW: Stepan, unter uns ist niemand deiner Meinung. Die Entscheidung ist getroffen.

STEPAN: Ich beuge mich also. Aber ich werde nicht aufhören, zu sagen, dass der Terror nichts ist für zarte Gemüter. Wir sind Mörder und sind es freiwillig.

KALIAJEW *außer sich*: Nein! Ich habe beschlossen zu sterben, damit der Mord nicht den Sieg erringt. Ich habe beschlossen, unschuldig zu sein.

ANNENKOW: Janek und Stepan, es reicht! Die Organisation beschließt, dass die Ermordung dieser Kinder unnütz ist. Wir müssen die Überwachung wieder aufnehmen und bereit sein, in zwei Tagen einen neuen Versuch zu wagen.

STEPAN: Und wenn die Kinder ihn wieder begleiten?

ANNENKOW: Dann werden wir eine andere Gelegenheit abwarten.

STEPAN: Und wenn die Großfürstin mitfährt?

KALIAJEW: Sie werde ich nicht verschonen.

ANNENKOW: Horcht!

Das Rollen einer Kalesche. Kaliajew zieht es unwiderstehlich zum Fenster. Die anderen warten. Der Wagen kommt näher, fährt am Haus vorbei und entfernt sich.

WOINOW *blickt Dora an, die auf ihn zutritt*: Von vorne anfangen, Dora …

STEPAN *Voll Verachtung*: Ja, Alexis, von vorne anfangen … Aber was tut man nicht alles für die Ehre!

Vorhang

Dritter Akt

Gleicher Ort, gleiche Zeit. Zwei Tage später.

STEPAN: Wo bleibt Woinow? Er sollte längst hier sein.

ANNENKOW: Er hat Schlaf nötig. Und wir haben ja noch eine halbe Stunde Zeit.

STEPAN: Ich könnte mich inzwischen ein wenig umhorchen.

ANNENKOW: Nein. Wir müssen jetzt jedes unnötige Risiko vermeiden. *Pause.* Janek, warum sagst du nichts?

KALIAJEW: Ich habe nichts zu sagen. Mach dir keine Sorgen. *Es läutet.* Da kommt er.

Woinow tritt ein.

ANNENKOW: Hast du schlafen können?

WOINOW: Ein bisschen.

ANNENKOW: Nicht die ganze Nacht?

WOINOW: Nein.

ANNENKOW: Das wäre aber nötig gewesen. Es gibt schließlich Mittel.

WOINOW: Ich habe es versucht. Aber ich war zu müde.

ANNENKOW: Deine Hände zittern.

WOINOW: Nein. *Alle schauen ihn an.* Warum schaut ihr mich alle an? Darf man nicht mehr müde sein?

ANNENKOW: Natürlich darf man. Wir machen uns Gedanken um dich.

WOINOW *mit plötzlicher Heftigkeit*: Vorgestern hättet ihr an mich denken sollen. Wenn wir die Bombe vor zwei Tagen geworfen hätten, wären wir heute nicht mehr müde.

KALIAJEW: Verzeih mir, Alexis. Ich habe alles viel schwerer gemacht.

WOINOW *leiser*: Wer behauptet das? Warum schwerer? Ich bin einfach müde, weiter nichts.

DORA: Jetzt dauert es nicht mehr lange. In einer Stunde ist alles vorbei.

WOINOW: Ja, vorbei. In einer Stunde ...

Er blickt um sich. Dora tritt zu ihm und fasst seine Hand. Er überlässt sie ihr, dann reißt er sich heftig los.

Borja, ich habe mit dir zu reden.

ANNENKOW: Unter vier Augen?

WOINOW: Ja.

Sie blicken sich an. Kaliajew, Dora und Stepan gehen hinaus.

ANNENKOW: Was hast du? *Woinow schweigt.* Sag es mir, bitte.

WOINOW: Ich schäme mich, Borja. *Pause.* Ich schäme mich. Ich muss dir die Wahrheit sagen.

ANNENKOW: Du willst die Bombe nicht werfen?

WOINOW: Ich kann nicht.

ANNENKOW: Hast du Angst? Ist es nur das? Das ist keine Schande.

WOINOW: Ich habe Angst und schäme mich, Angst zu haben.

ANNENKOW: Aber vorgestern warst du doch froh und stark. Als du fortgingst, glänzten deine Augen.

WOINOW: Ich habe von Anfang an Angst gehabt. Vorgestern hatte ich bloß meinen Mut zusammengerafft. Als ich in der Ferne das Rollen der Kalesche hörte, sagte ich mir: «So! Nur noch eine Minute!» Und ich biss die Zähne zusammen. Alle meine Muskeln waren gespannt. Ich wollte die Bombe mit einer Wucht werfen, als sollte sie den Großfürsten durch den bloßen Aufprall töten. Ich wartete auf die erste Explosion, um diese ganze aufgestaute Kraft hervorbrechen zu lassen. Und dann geschah nichts. Die Kalesche kam auf mich zu. Wie schnell sie fuhr! Sie fuhr an mir vorbei. Da begriff ich, dass Janek seine Bombe nicht geworfen hatte. In diesem Augenblick überfiel mich eisige Kälte. Und auf einmal fühlte ich mich hilflos wie ein Kind.

ANNENKOW: Das hat nichts zu bedeuten, Alexis. Das Leben schickt seine Wärme immer wieder aus.

WOINOW: Seit zwei Tagen ist die Wärme nicht zurückgekehrt.

Ich habe dich vorhin angelogen: Ich habe diese Nacht nicht geschlafen. Mein Herz klopfte zu wild. O Borja, ich bin verzweifelt.

ANNENKOW: Sei nicht verzweifelt. Wir alle haben das einmal durchgemacht. Du wirst ganz einfach die Bombe nicht werfen. Geh für einen Monat zur Erholung nach Finnland, und komm dann zu uns zurück.

WOINOW: Nein. Darum geht es nicht. Wenn ich die Bombe jetzt nicht werfe, werde ich sie nie werfen.

ANNENKOW: Was soll das heißen?

WOINOW: Ich bin nicht für den Terror geschaffen. Das weiß ich jetzt. Es ist besser, wenn ich euch verlasse. Ich will in den Komitees bei der Propaganda mitarbeiten.

ANNENKOW: Die Gefahr ist dort nicht kleiner.

WOINOW: Das stimmt. Aber man kann mit geschlossenen Augen handeln. Man weiß nichts.

ANNENKOW: Wie meinst du das?

WOINOW *fiebrig*: Man weiß nichts. Es ist einfach, eine Versammlung abzuhalten, die Lage zu erörtern und dann den Hinrichtungsbefehl auszugeben. Natürlich setzt man sein Leben aufs Spiel, aber blindlings. Aufrecht stehen jedoch, wenn der Abend sich über die Stadt senkt, inmitten der Menge derer, die den Schritt beschleunigen, um möglichst schnell heimzukommen, zur heißen Suppe, zu den Kindern, zur Wärme einer Frau; aufrecht stehen, stumm, das Gewicht der Bombe in der Hand fühlen und wissen, dass man sich in drei Minuten, in zwei Minuten, in ein paar Sekunden einer glitzernden Kalesche entgegenwerfen wird – das ist Terror. Und ich weiß jetzt, dass ich es nicht mehr tun könnte, ohne dass der letzte Blutstropfen aus mir weicht. Ja, ich schäme mich. Ich habe zu hoch hinausgewollt. Ich muss an meinem Platz arbeiten, einem ganz bescheidenen Plätzchen, dem einzigen, das ich verdiene.

ANNENKOW: Bescheidene Plätzchen gibt es nicht. Am Ende des Weges stehen immer Gefängnis und Galgen.

Woinow: Aber man sieht sie nicht, wie man den sieht, den man töten muss. Man muss sie sich vorstellen, und zum Glück habe ich keine Phantasie. *Er lacht nervös.* So kann ich zum Beispiel nicht wahrhaft an die Geheimpolizei glauben. Merkwürdig für einen Terroristen, wie? Beim ersten Fußtritt in den Bauch werde ich daran glauben. Vorher nicht.

Annenkow: Und das Gefängnis? Im Gefängnis weiß und sieht man. Dort gibt es kein Vergessen mehr.

Woinow: Im Gefängnis muss man keine Entscheidungen treffen. Ja, das ist es: keine Entscheidungen mehr treffen! Sich nicht mehr sagen müssen: «Nimm dich zusammen, an dir liegt es, du selber musst beschließen, wann du losstürzen willst.» Heute bin ich sicher, dass ich nicht versuche, zu entkommen, wenn ich verhaftet werde. Um auszubrechen, braucht es wiederum Erfindungsgeist und Tatkraft. Wenn man nicht zu fliehen versucht, liegt das Gesetz des Handelns bei den anderen. Dann bleibt die ganze Arbeit ihnen überlassen.

Annenkow: Ihre Arbeit besteht zuweilen darin, uns aufzuknüpfen.

Woinow *verzweifelt*: Zuweilen. Aber es wird mir weniger schwer fallen, zu sterben, als mein Leben und das eines anderen in der Hand zu haben und den Augenblick zu bestimmen, da ich diese beiden Leben in Flammen aufgehen lasse. Nein, Borja, ich habe nur eine Möglichkeit, zu sühnen: Ich muss mich als das annehmen, was ich bin. *Annenkow schweigt.* Selbst ein Feigling kann der Revolution nützlich sein. Es genügt, den richtigen Platz für ihn zu finden.

Annenkow: Dann sind wir alle Feiglinge. Wir haben nur nicht immer Gelegenheit, uns darüber Rechenschaft abzulegen. Dir steht frei, zu tun, was du willst.

Woinow: Am liebsten ginge ich gleich fort. Ich habe das Gefühl, dass ich ihnen nicht in die Augen schauen kann. Aber du wirst es ihnen erklären.

Annenkow: Ja. *Er tritt zu ihm.*

Woinow: Sag Janek, dass es nicht seine Schuld ist. Und dass ich ihn liebe, dass ich euch alle liebe.

Pause. Annenkow umarmt ihn.

Annenkow: Lebe wohl, Bruder. Es wird alles vorübergehen. Russland wird glücklich sein.

Woinow *geht schnell hinaus*: O ja! Möge Russland glücklich werden! Möge es glücklich werden!

Annenkow geht zur Tür.

Annenkow: Kommt. *Sie treten alle ein.*

Stepan: Was ist los?

Annenkow: Woinow wird die Bombe nicht werfen. Er ist erschöpft. Es wäre unklug.

Kaliajew: Das ist meine Schuld, nicht wahr, Borja?

Annenkow: Er lässt dir ausrichten, dass er dich liebt.

Kaliajew: Wird er zurückkommen?

Annenkow: Vielleicht. Fürs Erste verlässt er uns.

Stepan: Warum?

Annenkow: Er wird in den Komitees nützlichere Arbeit leisten.

Stepan: Hat er darum gebeten? Also hat er Angst.

Annenkow: Nein. Ich habe den Beschluss von mir aus gefasst.

Stepan: Eine Stunde vor dem Attentat nimmst du uns einen Mann weg?

Annenkow: Eine Stunde vor dem Attentat musste ich allein entscheiden. Zum Diskutieren ist es zu spät. Ich werde an Woinows Stelle treten.

Stepan: Nein, dieses Recht kommt mir zu.

Kaliajew *zu Annenkow*: Du bist der Verantwortliche. Deine Pflicht ist es, hier zu bleiben.

Annenkow: Ein Anführer hat manchmal die Pflicht, feige zu sein. Aber unter der Bedingung, dass er, wenn die Gelegenheit sich bietet, seinen Mut erprobt. Mein Entschluss ist gefasst. Stepan, du wirst mich inzwischen vertreten. Komm, ich will dir die Instruktionen bekannt geben.

Sie gehen hinaus. Kaliajew setzt sich. Dora tritt zu ihm und streckt die Hand aus. Dann besinnt sie sich anders.

DORA: Es ist nicht deine Schuld.

KALIAJEW: Ich habe ihm Leid zugefügt, großes Leid. Weißt du, was er mir kürzlich gesagt hat?

DORA: Er wiederholte unablässig, er sei glücklich.

KALIAJEW: Ja, aber mir hat er gesagt, dass es für ihn kein Glück gebe außerhalb unserer Gemeinschaft. «Es gibt uns», hat er gesagt, «die Organisation. Und dann nichts mehr. Es ist eine Ritterschaft.» Wie unendlich traurig, Dora!

DORA: Er wird zurückkehren.

KALIAJEW: Nein. Ich kann mir vorstellen, wie mir an seiner Stelle zumute wäre. Ich wäre verzweifelt.

DORA: Und jetzt bist du nicht verzweifelt?

KALIAJEW *traurig*: Jetzt? Ich bin bei euch und bin glücklich, wie er es war.

DORA *langsam*: Das ist fürwahr ein großes Glück.

KALIAJEW: Ein sehr großes Glück, findest du nicht auch?

DORA: Doch. Aber warum bist du dann traurig? Vor zwei Tagen leuchtete dein Gesicht. Du schienst dich auf ein großes Fest zu freuen. Heute …

KALIAJEW *steht in großer Erregung auf*: Heute weiß ich, was ich zuvor nicht wusste. Du hattest Recht, es ist nicht so einfach. Ich glaubte, töten sei leicht, ein Ideal und Mut genügten. Aber so groß bin ich nicht, und ich weiß jetzt, dass im Hass kein Glück zu finden ist. All das Böse, all das Böse in mir und in den anderen! Mord, Feigheit, Ungerechtigkeit … Ich muss, ich muss ihn töten … Aber ich werde nicht auf halbem Wege stehen bleiben! Ich werde über den Hass hinausgehen.

DORA: Über den Hass hinaus? Da ist nichts.

KALIAJEW: Da ist die Liebe.

DORA: Die Liebe? Nein, das ist nicht das Richtige.

KALIAJEW: O Dora, wie kannst du so etwas sagen! Ich kenne doch dein Herz …

DORA: Zu viel Blut, zu viel harte Gewalt … Wer die Gerechtigkeit wahrhaft liebt, hat kein Recht auf Liebe. Diese Menschen stehen aufrecht wie ich, mit erhobenem Kopf und starren Augen. Was sollte die Liebe in ihren stolzen Herzen? Die Liebe beugt sanft den Nacken, Janek. Wir jedoch haben ein steifes Genick.

KALIAJEW: Aber wir lieben doch unser Volk.

DORA: Wir lieben es, bestimmt. Wir lieben es mit einer umfassenden, aber von keiner Wirklichkeit getragenen Liebe, einer unglücklichen Liebe. Wir leben fern von ihm, in unsere Zimmer eingesperrt, in unsere Gedanken versponnen. Und das Volk – liebt es uns? Weiß es, dass wir es lieben? Das Volk schweigt. Dieses Schweigen …

KALIAJEW: Aber das ist ja das Wesen der Liebe: alles geben, alles opfern, ohne auf Lohn zu hoffen.

DORA: Vielleicht. Das ist die unbedingte Liebe, die reine, einsame Freude, und in der Tat lodert diese Liebe in mir. In manchen Stunden frage ich mich jedoch, ob die Liebe nicht etwas anderes ist, ob sie nicht aufhören kann, ein Selbstgespräch zu sein, ob es nicht zuweilen eine Antwort gibt. Und dann stelle ich mir vor, dass die Sonne scheint, die Köpfe sich sanft neigen, das Herz seinen Stolz ablegt und die Arme sich öffnen. Ah, Janek, wenn man nur eine Stunde lang das fürchterliche Elend der Welt vergessen und sich endlich gehen lassen dürfte! Ein einziges Stündchen Selbstsucht – kannst du dir das vorstellen?

KALIAJEW: Ja, Dora, das nennt sich Zärtlichkeit.

DORA: Du weißt alles, Liebster, das nennt sich in der Tat Zärtlichkeit. Aber weißt du wirklich, was es ist? Liebst du die Gerechtigkeit voll Zärtlichkeit? *Kaliajew schweigt.* Liebst du unser Volk mit dieser Hingabe und dieser Weichheit, oder liebst du es vielmehr mit dem Feuer der Rache und der Empörung? *Kaliajew bleibt immer noch stumm.* Da siehst du. *Sie tritt zu ihm; sehr leise:* Und mich, liebst du mich voll Zärtlichkeit? *Kaliajew schaut sie an.*

KALIAJEW *nach einer Pause*: Niemand wird dich je lieben, wie ich dich liebe.

DORA: Ich weiß. Aber wäre es nicht besser, zu lieben wie alle Leute?

KALIAJEW: Ich bin nicht wie alle Leute. Ich liebe dich so, wie ich bin.

DORA: Liebst du mich mehr als die Gerechtigkeit, mehr als die Organisation?

KALIAJEW: Für mich seid ihr ein unteilbares Ganzes, du, die Organisation und die Gerechtigkeit.

DORA: Ja, aber gib mir Antwort, ich bitte dich, gib mir Antwort. Liebst du mich in der Einsamkeit, voll Zärtlichkeit, voll Selbstsucht? Würdest du mich lieben, wenn ich ungerecht wäre?

KALIAJEW: Wenn du ungerecht wärest und ich dich lieben könnte, liebte ich nicht dich.

DORA: Das ist keine Antwort. Sag mir nur: Würdest du mich lieben, wenn ich nicht in der Organisation wäre?

KALIAJEW: Wo solltest du sonst sein?

DORA: Ich erinnere mich an meine Studienzeit. Damals lachte ich viel und war schön. Ich konnte stundenlang spazieren gehen und träumen. Liebtest du mich, wenn ich leichtlebig und unbekümmert wäre?

KALIAJEW *zögernd und sehr leise*: Ich vergehe vor Verlangen, ja zu sagen.

DORA *mit einem Aufschrei*: So sag es, sag ja, Liebster, wenn du es denkst und es wahr ist! Ja, im Angesicht der Gerechtigkeit, des Elends und des geknechteten Volks. Ja, ja, ich bitte dich, trotz des Sterbens der Kinder, trotz der Menschen, die gehängt werden, und derer, die man zu Tode peitscht.

KALIAJEW: Schweig, Dora.

DORA: Nein, ein einziges Mal darf man sein Herz sprechen lassen. Ich warte darauf, dass du mich rufst, mich, Dora, dass du mich rufst über diese Welt hinweg, die vergiftet ist von Ungerechtigkeit ...

KALIAJEW *schroff*: Schweig. Mein Herz spricht nur von dir. Aber heute Abend darf ich nicht zittern.

DORA *verstört*: Heute Abend? Ach ja, ich vergaß ... *Sie lacht, als ob sie weinte.* Nein, es ist schon recht, Liebster. Sei nicht böse, ich war unvernünftig. Das kommt von der Müdigkeit. Auch ich hätte es nicht zu sagen vermocht. Ich liebe dich mit der gleichen, etwas starren Liebe, in der Gerechtigkeit und in den Kerkern. Im Sommer, Janek, weißt du noch? Doch nein, es herrscht ja ewiger Winter. Wir gehören nicht in diese Welt, wir sind Gerechte. Es gibt eine Wärme, die uns versagt bleibt. *Sie wendet sich ab.* Oh! Erbarmen mit den Gerechten!

KALIAJEW *blickt sie voll Verzweiflung an*: Ja, das ist unser Los, es gibt keine Liebe für uns. Aber ich werde den Großfürsten töten, und dann gibt es Frieden für dich wie für mich.

DORA: Frieden! Wann werden wir Frieden finden?

KALIAJEW *heftig*: Nachher.

Annenkow und Stepan treten ein. Dora und Kaliajew rücken voneinander ab.

ANNENKOW: Janek!

KALIAJEW: Gleich. *Er atmet tief.* Endlich, endlich ...

STEPAN *tritt zu ihm*: Lebe wohl, Bruder, ich bin bei dir.

KALIAJEW: Lebe wohl, Stepan. *Er wendet sich zu Dora.* Lebe wohl, Dora.

Dora tritt zu ihm. Sie sind sich ganz nahe, berühren sich jedoch nicht.

DORA: Nein, nicht lebe wohl. Auf Wiedersehen. Auf Wiedersehen, Liebster. Wir werden uns wieder finden. *Er blickt sie an. Schweigen.*

KALIAJEW: Auf Wiedersehen. Ich ... Russland wird schön sein.

DORA *unter Tränen*: Russland wird schön sein.

Kaliajew bekreuzigt sich vor der Ikone. Er und Annenkow gehen hinaus. Stepan tritt ans Fenster. Dora rührt sich nicht, sondern blickt unverwandt nach der Tür.

STEPAN: Wie aufrecht er schreitet! Ich hatte Unrecht, ihm nicht zu trauen. Seine Begeisterung war mir verdächtig. Hast du gesehen? Er hat sich bekreuzigt. Ist er gläubig?

DORA: Er ist kein Kirchgänger.

STEPAN: Aber fromm. Das ist es, was uns trennte. Ich bin unversöhnlicher als er, das ist mir bewusst. Wir, die wir nicht an Gott glauben, haben die ganze Gerechtigkeit nötig, sonst müssen wir verzweifeln.

DORA: Für ihn ist selbst die Gerechtigkeit ein Grund zur Verzweiflung.

STEPAN: Ja, keine starke Seele. Aber eine sichere Hand. Er ist mehr wert als seine Seele. Es besteht kein Zweifel, er wird ihn töten. Das ist gut, sehr gut sogar. Zerstören, darauf kommt es an. Du sagst gar nichts? *Er mustert sie.* Liebst du ihn?

DORA: Liebe braucht Zeit. Wir haben kaum genug Zeit für die Gerechtigkeit.

STEPAN: Du hast Recht. Es gibt zu viel zu tun. In der Welt, so wie sie jetzt ist, darf kein Stein auf dem anderen bleiben ... Später ... *Er blickt hinaus.* Ich sehe sie nicht mehr, sie müssen angekommen sein.

DORA: Später ...

STEPAN: Werden wir uns lieben.

DORA: Wenn wir noch da sind.

STEPAN: Dann werden andere sich lieben. Das kommt auf eins heraus.

DORA: Stepan, sag bitte «Hass».

STEPAN Wie?

DORA: Sprich das Wort «Hass» aus.

STEPAN: Hass.

DORA: Gut. Janek sprach es sehr schlecht aus.

STEPAN *geht nach einer Pause auf sie zu:* Ich verstehe: Du verachtest mich. Und doch – bist du sicher, dass du Recht hast? *Schweigen. Dann mit wachsender Erregung:* Im Namen eurer nichtswürdigen Liebe feilscht ihr alle um das, was ihr tut. Ich jedoch kenne keine Liebe, sondern nur Hass. Ja, ich hasse meine Mitmenschen! Was soll mir ihre Liebe? Vor drei Jahren habe ich sie im Kerker kennen gelernt. Und seit drei Jahren trage ich sie auf mir. Du möchtest, ich würde weich und schleppte die Bombe wie ein Kreuz? Nein und noch-

mals nein! Ich habe zu viel erlebt, ich weiß zu viele Dinge ...
Schau ... *Er reißt sein Hemd auf. Dora streckt die Hand nach ihm
aus. Vor den Narben der Peitschenhiebe schreckt sie zurück.* Das
sind die Male! Die Male ihrer Liebe! Verachtest du mich immer noch?
Sie tritt zu ihm und umarmt ihn unvermittelt.

DORA: Wer könnte den Schmerz verachten? Ich liebe auch
dich.

STEPAN *blickt sie an; dumpf:* Verzeih mir, Dora. *Pause. Er wendet
sich ab.* Vielleicht bin ich bloß müde. Jahrelang Kampf,
Angst, Spitzel, Kerker ... Und zum Schluss dies hier. *Er zeigt
auf die Narben.* Wo sollte ich die Kraft zum Lieben hernehmen? Es verbleibt mir wenigstens die Kraft zum Hassen. Das
ist immer noch besser als völlige Fühllosigkeit.

DORA: Ja, du hast Recht.

Er blickt sie an. Es schlägt sieben Uhr.

STEPAN *wendet sich plötzlich um:* Der Großfürst muss gleich
kommen.

*Dora geht zum Fenster und presst ihr Gesicht an die Scheiben. Es
herrscht Stille. Dann wird in der Ferne die Kalesche vernehmbar.
Sie kommt näher, fährt vorüber.*

Wenn er allein ist ...

*Das Rollen entfernt sich. Eine fürchterliche Explosion. Dora zuckt
zusammen und verbirgt den Kopf in den Händen. Lange Pause.*

Borja hat seine Bombe nicht geworfen! Janek hat es erreicht.
Erreicht! O Volk! O Freude!

DORA *wirft sich ihm schluchzend entgegen:* Wir haben ihn getötet!
Wir haben ihn getötet! Ich!

STEPAN *schreiend:* Wen haben wir getötet? Janek?

DORA: Den Großfürsten.

Vorhang

Vierter Akt

Eine Zelle im Pugatschow-Turm des Butyrki-Gefängnisses. Morgen.
Beim Aufgehen des Vorhangs steht Kaliajew in seiner Zelle und blickt
zur Tür. Ein Wärter und ein Gefangener, der einen Eimer trägt, tre-
ten ein.

DER WÄRTER: Putzen. Aber ein bisschen schnell. *Er stellt sich ans*
  Fenster. Foka beginnt die Zelle zu reinigen, ohne Kaliajew anzu-
  sehen. Schweigen.

KALIAJEW: Wie heißt du, Bruder?

FOKA: Foka.

KALIAJEW: Bist du ein Sträfling?

FOKA: Wie du siehst.

KALIAJEW: Was hast du getan?

FOKA: Getötet.

KALIAJEW: Du hattest Hunger.

DER WÄRTER: Nicht so laut.

KALIAJEW: Wie bitte?

DER WÄRTER: Nicht so laut. Ich lasse euch reden, obwohl es verboten ist. Aber dann sprich weniger laut. Mach's wie der Alte.

KALIAJEW: Hattest du Hunger?

FOKA: Nein, Durst.

KALIAJEW: Und?

FOKA: Und da lag ein Beil. Ich habe alles kurz und klein geschlagen. Drei soll ich umgebracht haben. *Kaliajew schaut*
  ihn an. Nun, Euer Gnaden, nennst du mich nicht mehr Bruder? Du bist wohl abgekühlt!

KALIAJEW: Nein. Auch ich habe getötet.

FOKA: Wie viele?

KALIAJEW: Ich kann es dir erzählen, Bruder, wenn du willst.
  Aber sag mir: Du bereust deine Tat, nicht wahr?

FOKA: Natürlich. Zwanzig Jahre sind kein Pappenstil. Das kann einen schon reuen.

KALIAJEW: Zwanzig Jahre! Ich komme mit dreiundzwanzig Jahren hier herein, und wenn ich herauskomme, habe ich graue Haare.

FOKA: Oh, dir ergeht's vielleicht besser. Ein Richter hat seine guten und seine schlechten Tage. Das hängt davon ab, ob er verheiratet ist und mit wem. Und außerdem bist du ein Herr. Für deinesgleichen gilt ein anderer Tarif als für die armen Teufel. Du wirst schon billig davonkommen.

KALIAJEW: Ich glaube es nicht. Und ich will es auch nicht. Ich könnte die Schande nicht zwanzig Jahre lang ertragen.

FOKA: Die Schande? Was heißt schon Schande? Das sind wieder so hochwohlgeborene Ideen! Wie viele hast du umgebracht?

KALIAJEW: Einen Einzigen.

FOKA: Was? Das ist ja nicht der Rede wert.

KALIAJEW: Ich habe den Großfürsten Sergej getötet.

FOKA: Den Großfürsten! Potztausend! Schau mir einer diese Herrensöhnchen an! Sag, ist das schlimm?

KALIAJEW: Ja. Aber es musste sein.

FOKA: Warum? Lebtest du am Hof? Eine Weibergeschichte, wie? So ein hübscher Kerl wie du …

KALIAJEW: Ich bin Sozialist.

DER WÄRTER: Nicht so laut.

KALIAJEW *lauter*: Ich bin Sozialrevolutionär.

FOKA: Das ist mir eine schöne Geschichte! Und warum musstest du … musstest du dieses Ding da sein? Wenn du dich schön ruhig verhalten hättest, wäre gar nichts passiert. Die Erde ist für die Herren da.

KALIAJEW: Nein. Für dich ist sie da. Es gibt zu viel Elend und zu viele Verbrechen. Wenn das Elend abnimmt, werden auch die Verbrechen abnehmen. Wenn die Erde frei wäre, befändest du dich nicht hier.

FOKA: Ja und nein. Aber frei oder nicht frei, auf jeden Fall ist es nie gut, eins über den Durst zu trinken.

KALIAJEW: Natürlich ist das nie gut. Aber man trinkt, weil man gedemütigt wird. Die Zeit wird kommen, da das Trinken keinen Sinn mehr hat, weil sich niemand mehr schämen muss, weder der Herr noch der arme Teufel. Wir werden alle Brüder sein, und die Gerechtigkeit wird unseren Herzen Lauterkeit verleihen. Weißt du, wovon ich spreche?

FOKA: Ja. Vom Reich Gottes.

DER WÄRTER: Nicht so laut.

KALIAJEW: Das darfst du nicht sagen, Bruder. Gott vermag nichts. Die Gerechtigkeit ist unsere Sache. *Pause.* Begreifst du nicht? Kennst du die Legende vom heiligen Dmitrij?

FOKA: Nein.

KALIAJEW: Er war in der Steppe mit dem lieben Gott verabredet und beeilte sich, um rechtzeitig zur Stelle zu sein, als er einem Bauern begegnete, dessen Karren im Kot festgefahren war. Da begann der heilige Dmitrij ihm zu helfen. Die durchweichte Erde war zäh, der Graben tief. Eine Stunde lang hatten sie alle Hände voll zu tun. Und als der Karren endlich draußen war, lief der heilige Dmitrij zum Stelldichein. Aber Gott war nicht mehr da.

FOKA: Und?

KALIAJEW: Und so gibt es die Menschen, die immer zu spät eintreffen werden, weil es zu viele festgefahrene Karren und zu viele hilfsbedürftige Brüder gibt. *Foka weicht zurück.* Was hast du?

DER WÄRTER: Nicht so laut. Und du, Alter, beeil dich.

FOKA: Mir ist nicht geheuer. Da stimmt etwas nicht. Hat man schon je gehört, dass einer sich wegen Heiligen und Karren ins Gefängnis sperren lässt? Und dann ist noch etwas anderes… *Der Wärter lacht.*

KALIAJEW *blickt ihn an:* Was denn?

FOKA: Was geschieht mit den Leuten, die Großfürsten umbringen?

KALIAJEW: Sie werden gehängt.

FOKA: Eben! *Er entfernt sich, während der Wärter lauter lacht.*

KALIAJEW: Bleib. Was habe ich dir getan?

FOKA: Nichts. Aber wenn du auch ein Herr bist, so will ich dich doch nicht hinters Licht führen. Da schwatzen wir und vertreiben uns die Zeit. Doch wenn du gehängt wirst, gehört sich das nicht.

KALIAJEW: Warum?

DER WÄRTER *lachend*: Heraus mit der Sprache, Alter!

FOKA: Weil du nicht wie ein Bruder mit mir reden darfst. Ich bin der Mann, der die zum Tod Verurteilten hängt.

KALIAJEW: Du bist doch selber ein Sträfling!

FOKA: Ebendarum. Sie haben mir diese Arbeit angetragen, und für jeden Gehängten erlassen sie mir ein Jahr Kerker. Das ist ein gutes Geschäft.

KALIAJEW: Um dir deine Verbrechen zu vergeben, zwingen sie dich, andere zu begehen?

FOKA: Oh, das sind keine Verbrechen, es wird ja befohlen. Und außerdem ist ihnen das völlig gleich. Soll ich dir sagen, was ich denke? Sie sind keine Christen.

KALIAJEW: Wie oft schon?

FOKA: Zweimal.

Kaliajew schreckt zurück. Die beiden anderen gehen zur Tür, der Wärter stößt Foka vor sich her.

KALIAJEW: So bist du also ein Henker?

FOKA *auf der Schwelle*: Nun, Euer Gnaden, und du?

Er geht hinaus. Man hört Schritte, Befehle. In Begleitung des Wächters tritt der sehr elegante Skuratow ein.

SKURATOW: Lass uns allein. Guten Tag. Sie kennen mich nicht? Aber ich kenne Sie. *Er lacht.* Schon berühmt, was? *Er betrachtet ihn.* Darf ich mich vorstellen? *Kaliajew bleibt stumm.* Sie sagen nichts? Ich verstehe. Die Einzelhaft, was? Das ist hart, acht Tage Einzelhaft. Heute haben wir das aufgehoben, und Sie bekommen Besuch. Darum bin ich übrigens hier. Schon Foka war von mir geschickt. Außergewöhnlich, nicht wahr? Ich nahm an, er werde Sie interessieren. Sind Sie zufrieden? Es tut gut, nach acht Tagen wieder ein Gesicht zu sehen, was?

KALIAJEW: Es kommt immer darauf an, was für eines.

SKURATOW: Schöne Stimme. Sitzt gut. Sie wissen, was Sie wollen. *Pause*. Wenn ich recht verstanden habe, missfällt Ihnen mein Gesicht?

KALIAJEW: Ja.

SKURATOW: Das tut mir sehr Leid. Aber es ist ein Missverständnis. Vor allen Dingen ist die Beleuchtung ungünstig. In einem Kellergeschoss wirkt niemand sympathisch. Übrigens kennen Sie mich nicht. Zuweilen stößt ein Gesicht ab, aber wenn man dann das Herz kennen lernt...

KALIAJEW: Genug. Wer sind Sie?

SKURATOW: Skuratow, Polizeivorsteher.

KALIAJEW: Ein Lakai.

SKURATOW: Zu Diensten. Aber ich an Ihrer Stelle wäre weniger hochmütig. Vielleicht kommt es mit Ihnen auch einmal so weit. Zuerst trachtet man nach Gerechtigkeit, und zum Schluss organisiert man eine Polizei. Ich habe übrigens keine Angst vor der Wahrheit. Ich will ganz offen sein. Sie interessieren mich, und ich biete Ihnen eine Möglichkeit, Ihre Begnadigung zu erwirken.

KALIAJEW: Begnadigung wozu?

SKURATOW: Wie können Sie fragen! Ich biete Ihnen das Leben.

KALIAJEW: Wer hat es von Ihnen gefordert?

SKURATOW: Man fordert das Leben nicht, mein Lieber. Man empfängt es. Haben Sie niemandem je Gnade widerfahren lassen? *Pause*. Besinnen Sie sich gut.

KALIAJEW: Ich schlage Ihre Gnade ein für alle Mal aus.

SKURATOW: Hören Sie mich wenigstens an. Ich bin allem Anschein zum Trotz nicht Ihr Feind. Ich gebe zu, dass Sie mit Ihren Ideen Recht haben mögen. Außer, was den Mord betrifft.

KALIAJEW: Ich verbiete Ihnen, dieses Wort zu gebrauchen.

SKURATOW *blickt ihn an*: Aha! Zarte Nerven, was? *Pause*. Allen Ernstes, ich möchte Ihnen helfen.

KALIAJEW: Mir helfen? Ich bin bereit, den Preis zu zahlen. Aber Ihre Vertraulichkeit verbitte ich mir. Lassen Sie mich.

SKURATOW: Die Anklage, die auf Ihnen lastet ...

KALIAJEW: Ich berichtige.

SKURATOW: Wie bitte?

KALIAJEW: Ich berichtige: Ich bin Kriegsgefangener, nicht Angeklagter.

SKURATOW: Wie Sie wollen. Immerhin ist Schaden angerichtet worden, nicht wahr? Lassen wir den Großfürsten und die Politik beiseite. Nichtsdestoweniger hat ein Mann den Tod gefunden. Und was für einen Tod!

KALIAJEW: Ich habe die Bombe auf eure Tyrannei geworfen, nicht auf einen Menschen.

SKURATOW: Zweifellos. Aber getroffen hat sie den Menschen. Und das ist ihm nicht gut bekommen. Denken Sie, mein Lieber, als man die Leiche fand, fehlte der Kopf. Einfach nicht mehr da! Was das Übrige betrifft, so hat man mit knapper Not noch einen Arm und ein Stück Bein erkannt.

KALIAJEW: Ich habe ein Urteil vollstreckt.

SKURATOW: Mag sein, mag sein. Das Urteil wird Ihnen nicht zum Vorwurf gemacht. Was ist schon ein Urteil? Ein Wort, über das man nächtelang diskutieren kann. Vorgeworfen wird Ihnen ... nein, das Wort würden Sie nicht gerne hören ... sagen wir also eine Pfuscharbeit, deren Ergebnisse indessen trotz des Mangels an Sorgfalt nicht wegzuleugnen sind. Ein jeder hat sie sehen können. Fragen Sie bloß die Großfürstin. Es floss Blut, verstehen Sie, viel Blut.

KALIAJEW: Schweigen Sie.

SKURATOW: Schön. Ich wollte bloß sagen, dass Sie allerdings keiner Gnade bedürfen, wenn Sie darauf bestehen, von Urteil zu sprechen, wenn Sie weiterhin versichern, dass die Partei, und einzig sie, gerichtet und vollstreckt hat, dass der Großfürst nicht durch eine Bombe, sondern durch eine Idee getötet worden ist. Wenn wir uns jedoch an den Tatbestand halten und annehmen wollen, dass Sie es sind, der den Großfürsten um seinen Kopf gebracht hat, sieht alles anders aus, nicht wahr? Dann haben Sie es nötig, begnadigt zu werden.

Ich will Ihnen dabei behilflich sein. Aus lauter Sympathie, glauben Sie mir. *Er lächelt.* Was wollen Sie, ich für meinen Teil interessiere mich nicht für Ideen, sondern für Personen.

KALIAJEW *auffahrend*: Meine Person steht über Ihnen und Ihren Auftraggebern! Sie können mich töten, nicht aber richten. Ich weiß, wo Sie hinauswollen. Sie suchen einen schwachen Punkt und warten auf Scham, Tränen und Reue. Aber da warten Sie umsonst. Was ich bin, geht Sie nichts an. Was Sie etwas angeht, ist unser Hass, der meine und der meiner Brüder. Er steht Ihnen zu Diensten.

SKURATOW: Der Hass? Wieder so eine Idee. Keine Idee hingegen ist der Mord. Und natürlich seine Folgen. Ich meine die Reue und die Sühne. Da befinden wir uns im Kern der Dinge. Darum bin ich übrigens zur Polizei gegangen. Um im Kern der Dinge zu stehen. Aber Sie mögen vertrauliche Geständnisse ja nicht. *Pause. Er geht langsam auf Kaliajew zu.*
Sie sollten nicht vorgeben, den Kopf des Großfürsten zu vergessen, das ist alles, was ich sagen wollte. Wenn Sie ihn berücksichtigten, würde Ihnen die Idee nichts mehr nützen. Sie würden sich zum Beispiel schämen, anstatt auf Ihre Tat stolz zu sein. Und vom Augenblick an, da Sie sich schämen, wünschen Sie, am Leben zu leiben, um gutzumachen. Die Hauptsache ist, dass Sie beschließen, am Leben zu bleiben.

KALIAJEW: Und wenn ich es täte?

SKURATOW: Gnade für Sie und Ihre Kameraden.

KALIAJEW: Haben Sie sie festgenommen?

SKURATOW: Nein. Eben nicht. Aber wenn Sie beschließen, am Leben zu bleiben, werden wir sie festnehmen.

KALIAJEW: Habe ich recht gehört?

SKURATOW: Gewiss. Warten Sie jedoch mit Ihrem Zorn. Überlegen Sie. Vom Standpunkt der Idee aus können Sie Ihre Kameraden nicht ausliefern. Wenn wir hingegen den Tatbestand betrachten, erweisen Sie ihnen einen Dienst. Dann ersparen Sie ihnen neue Unannehmlichkeiten und bewahren sie gleichzeitig vor dem Galgen. Und obendrein erlangen Sie Ihren Seelenfrieden. In mancher Hinsicht ein äußerst vorteilhaftes Geschäft. *Kaliajew schweigt.* Nun?

KALIAJEW: Meine Brüder werden Ihnen in Bälde die Antwort erteilen.

SKURATOW: Noch mehr Verbrechen? Da muss man ja geradezu von Berufung sprechen! Nun, meine Aufgabe ist beendet. Mein Herz ist traurig. Aber ich sehe wohl, dass Sie an Ihren Ideen hängen. Ich kann Sie nicht davon abbringen.

KALIAJEW: Sie können mich nicht von meinen Brüdern trennen.

SKURATOW: Auf Wiedersehen. *Er gibt vor, hinausgehen zu wollen, wendet sich aber wieder um.* Warum haben Sie dann die Großfürstin und die Kinder verschont?

KALIAJEW: Wer hat Ihnen das gesagt?

SKURATOW: Ihr Spitzel spitzelte auch für uns. Wenigstens zum Teil … Warum haben Sie sie verschont?

KALIAJEW: Das geht Sie nichts an.

SKURATOW *lachend*: Glauben Sie? Ich will Ihnen sagen, warum. Eine Idee kann einen Großfürsten ermorden, aber sie bringt es nur schwer fertig, Kinder zu töten. Diese Entdeckung haben Sie gemacht. Dann stellt sich aber folgende Frage: Wenn die Idee es nicht fertigbringt, Kinder zu töten, verdient sie dann, dass man einen Großfürsten tötet? *Kaliajew macht eine Gebärde.* Oh, antworten Sie nicht, vor allem nicht mir! Sie können der Großfürstin antworten.

KALIAJEW: Der Großfürstin?

SKURATOW: Ja. Sie will Sie sprechen. Und der Zweck meines Besuchs bestand hauptsächlich darin, mich zu vergewissern, dass diese Unterredung möglich ist. Sie ist möglich. Vielleicht werden Sie nachher sogar Ihren Sinn ändern. Die Großfürstin ist eine gläubige Christin. Auf Seelen versteht sie sich besonders gut. *Er lacht.*

KALIAJEW: Ich will sie nicht sehen.

SKURATOW: Ich bedaure, aber sie besteht darauf. Und schließlich sind Sie ihr doch eine gewisse Rücksicht schuldig. Es heißt auch, dass sie seit dem Tod ihres Mannes ein bisschen wunderlich sei. Deshalb wollten wir sie gewähren lassen. *Unter der Tür:* Wenn Sie Ihre Meinung ändern, vergessen Sie meinen Vorschlag nicht. Ich werde wiederkommen. *Pause. Er lauscht. Da ist sie. Nach der Polizei die Religion!* Sie werden ganz entschieden verwöhnt. Aber es hängt alles zusammen. Stellen Sie sich Gott vor ohne die Gefängnisse. Welche Einsamkeit!

Er geht hinaus. Man hört Stimmen und Befehle. Die Großfürstin tritt ein. Sie verharrt reglos und stumm. Die Tür bleibt geöffnet.

KALIAJEW: Was wollen Sie von mir?

DIE GROSSFÜRSTIN *nimmt ihren Schleier ab:* Schau. *Kaliajew schweigt.* Vieles stirbt zugleich mit einem Menschen.

KALIAJEW: Ich wusste es.

DIE GROSSFÜRSTIN *ungezwungen, aber mit einer leisen, verbrauchten Stimme:* Die Mörder wissen es nicht. Wie könnten sie den Tod austeilen, wenn sie es wüssten? *Pause.*

KALIAJEW: Ich habe Sie jetzt gesehen. Nun wünsche ich, allein zu bleiben.

DIE GROSSFÜRSTIN: Nein. Ich muss nun auch dich anschauen. *Er weicht zurück. Sie setzt sich gleichsam erschöpft.* Ich kann nicht mehr allein bleiben. Früher sah er es, wenn ich litt. Dann war das Leiden wohltuend. Jetzt aber … Nein, ich vermochte nicht mehr allein zu sein, zu schweigen … Aber mit wem reden? Die anderen haben keine Ahnung. Sie tun, als ob sie traurig wären, sie sind es auch, eine oder zwei Stunden lang. Dann gehen sie essen und schlafen. Vor allem schlafen … Ich habe gedacht, dass du mir gleichen musst. Ich bin sicher, dass du nicht schläfst. Und mit wem soll man über den Mord reden, wenn nicht mit dem Mörder?

KALIAJEW: Was für ein Mord? Ich weiß nur von einer Tat der Gerechtigkeit.

DIE GROSSFÜRSTIN: Die gleiche Stimme! Du hast die gleiche Stimme wie er. Alle Männer sprechen im gleichen Ton von der Gerechtigkeit. Er pflegte zu sagen: «Das ist gerecht», und dann gab es keine Widerrede. Er täuschte sich vielleicht, du täuschst dich ...

KALIAJEW: Er verkörperte jene höchste Ungerechtigkeit, unter der das russische Volk seit Jahrhunderten stöhnt. Dafür empfing er nichts als Vorrechte. Selbst wenn ich mich täuschen sollte, sind Kerker und Tod mein Lohn.

DIE GROSSFÜRSTIN: Ja, du leidest. Ihn aber hast du getötet.

KALIAJEW: Er ist vom Tod überrascht worden. Ein solcher Tod ist nicht schwer.

DIE GROSSFÜRSTIN: Nicht schwer? *Leise:* Ach richtig, du bist gleich abgeführt worden. Es heißt, du habest inmitten der Polizisten laute Reden gehalten. Das verstehe ich, es war dir wohl eine Hilfe. Ich hingegen bin ein paar Sekunden später gekommen. Ich habe ihn gesehen. Ich habe alles, was ich zusammentragen konnte, auf eine Bahre gelegt. So viel Blut! *Pause.* Ich trug ein weißes Kleid ...

KALIAJEW: Schweigen Sie!

DIE GROSSFÜRSTIN: Warum? Ich sage die Wahrheit. Weißt du, was er zwei Stunden vor seinem Tod getan hat? Er schlief. In einem Sessel, die Füße auf einem Stuhl ... wie immer. Er schlief, und du wartetest auf ihn im grausamen Dämmer ... *Sie weint.* Hilf mir jetzt. *Er weicht steif zurück.* Du bist jung, du kannst nicht schlecht sein.

KALIAJEW: Ich hatte keine Zeit, jung zu sein.

DIE GROSSFÜRSTIN: Warum machst du dich so hart? Hast du nie Mitleid mit dir selbst?

KALIAJEW: Nein.

DIE GROSSFÜRSTIN: Du hast Unrecht. Es erleichtert. Ich für mein Teil habe nur noch mit mir selber Mitleid. *Pause.* Es tut weh. Du hättest mich mit ihm zusammen töten sollen, anstatt mich zu verschonen.

KALIAJEW: Nicht Sie habe ich verschont, sondern die Kinder, die bei Ihnen waren.

DIE GROSSFÜRSTIN: Ich weiß ... Ich habe sie nicht sehr gern.

Pause. Der Neffe und die Nichte des Großfürsten. Waren sie nicht schuldig wie ihr Onkel?

KALIAJEW: Nein.

DIE GROSSFÜRSTIN: Kennst du sie? Meine Nichte hat ein böses Herz. Sie weigert sich, den Armen selber ihr Almosen zu bringen. Sie hat Angst vor ihrer Berührung. Ist sie nicht ungerecht? Doch. Er wenigstens liebte die Bauern und trank mit ihnen. Und du hast ihn getötet. Gewiss bist auch du ungerecht. Die Erde ist eine Wüste.

KALIAJEW: Ihr Bemühen hat keinen Zweck. Sie versuchen, meine Kraft zu sprengen und mich zur Verzweiflung zu treiben. Das wird Ihnen nicht gelingen. Lassen Sie mich.

DIE GROSSFÜRSTIN: Willst du nicht mit mir beten, bereuen? ... Dann werden wir nicht mehr allein sein.

KALIAJEW: Lassen Sie mich, ich will mich auf den Tod vorbereiten. Nur wenn ich nicht stürbe, wäre ich ein Mörder.

DIE GROSSFÜRSTIN *richtet sich auf*: Sterben? Du willst sterben? Nein. *Sie geht in großer Erregung auf Kaliajew zu.* Du musst leben und es auf dich nehmen, ein Mörder zu sein. Hast du ihn nicht getötet? Gott allein kann dich lossprechen.

KALIAJEW: Welcher Gott, der meine oder der Ihre?

DIE GROSSFÜRSTIN: Der Gott der Heiligen Kirche.

KALIAJEW: Sie hat hier nichts zu suchen.

DIE GROSSFÜRSTIN: Sie dient einem Herrn, der ebenfalls den Kerker erfahren hat.

KALIAJEW: Die Zeiten haben sich geändert. Und die Heilige Kirche hat im Erbe ihres Herrn eine Auswahl getroffen.

DIE GROSSFÜRSTIN: Was willst du damit sagen?

KALIAJEW: Sie hat die Gnade für sich behalten und es uns überlassen, Nächstenliebe zu üben.

DIE GROSSFÜRSTIN: Wem, uns?

KALIAJEW *schreiend*: All denen, die ihr an den Galgen bringt! *Schweigen.*

DIE GROSSFÜRSTIN *sanft*: Ich bin nicht Ihre Feindin.

KALIAJEW *verzweifelt*: Sie sind meine Feindin, Sie und Ihre ganze Sippschaft. Es gibt etwas noch Schändlicheres, als ein Verbrecher zu sein, nämlich einen Menschen zum Verbrechen zu zwingen, der nicht dafür geschaffen ist. Schauen Sie mich an! Ich schwöre Ihnen, dass ich nicht zum Töten geschaffen war.

DIE GROSSFÜRSTIN: Sprechen Sie nicht mit mir wie mit einem Feind. Da. *Sie schließt die Tür.* Ich gebe mich in Ihre Hand. *Sie weint.* Das Blut steht zwischen uns. Aber Sie können sich auf dem Urgrund allen Unglücks in Gott mit mir vereinen. Beten Sie wenigstens mit mir.

KALIAJEW: Nein. *Er tritt zu ihr.* Ich empfinde nur Mitleid für Sie, und Sie haben mein Herz angerührt. Jetzt werden Sie mich verstehen, denn ich will Ihnen nichts verheimlichen. Ich zähle nicht mehr auf die Begegnung mit Gott. Indem ich jedoch sterbe, werde ich pünktlich dort zur Stelle sein, wo meine Brüder, die ich liebe und die in diesem Augenblick an mich denken, mich erwarten. Beten hieße sie verraten.

DIE GROSSFÜRSTIN: Was meinen Sie damit?

KALIAJEW *inbrünstig*: Nichts, außer dass ich glücklich sein werde. Ich muss einen langen Kampf durchstehen, und ich werde ihn durchstehen. Aber wenn das Urteil gesprochen ist, die Hinrichtung nahe, dann werde ich mich am Fuße des Schafotts von Ihnen und dieser grässlichen Welt abwenden und mich der Liebe überlassen, die mich erfüllt. Verstehen Sie mich?

DIE GROSSFÜRSTIN: Es gibt keine Liebe außer in Gott.

KALIAJEW: Doch. Die Liebe zur Kreatur.

DIE GROSSFÜRSTIN: Die Kreatur ist verworfen. Was kann man anderes tun als sie zerstören oder ihr vergeben?

KALIAJEW: Mit ihr sterben.

DIE GROSSFÜRSTIN: Man stirbt allein. Er ist allein gestorben.

KALIAJEW *verzweifelt*: Mit ihr sterben! Die Menschen, die sich heute lieben, müssen zusammen sterben, wenn sie vereint sein wollen. Die Ungerechtigkeit trennt, die Schande, der

Schmerz, das Böse, das man den anderen antut, das Verbrechen, all das trennt. Leben ist eine Qual, denn Leben trennt.

DIE GROSSFÜRSTIN: Gott vereint.

KALIAJEW: Nicht auf dieser Erde. Und meine Verabredungen sind von dieser Welt.

DIE GROSSFÜRSTIN: Das Stelldichein der Hunde, mit der Schnauze am Boden, immer schnüffelnd, immer enttäuscht.

KALIAJEW *wendet sich gegen das Fenster*: Bald werde ich es wissen. *Pause.* Aber kann man sich nicht jetzt schon vorstellen, dass zwei Menschen, die aller Freude entsagen, sich im Schmerz lieben, ohne eine andere Begegnung versprechen zu können als die Vereinigung im Schmerz? *Er blickt sie an.* Kann man sich nicht vorstellen, dass der gleiche Strick dann diese beiden Menschen eint?

DIE GROSSFÜRSTIN: Was ist das für eine fürchterliche Liebe?

KALIAJEW: Sie und Ihresgleichen haben uns nie eine andere erlaubt.

DIE GROSSFÜRSTIN: Auch ich weiß, was Liebe ist. Ich liebte den Mann, den Sie getötet haben.

KALIAJEW: Das habe ich gemerkt. Darum vergebe ich Ihnen das Böse, das Sie und Ihresgleichen mir angetan haben. *Pause.* Und jetzt lassen Sie mich allein. *Langes Schweigen.*

DIE GROSSFÜRSTIN *richtet sich auf*: Ich will gehen. Aber ich bin hierher gekommen, um Sie zu Gott zurückzuführen. Das weiß ich jetzt. Sie wollen sich allein richten und allein retten. Das können Sie nicht. Gott kann es, wenn Sie am Leben bleiben. Ich werde um Ihre Begnadigung nachsuchen.

KALIAJEW: Ich flehe Sie an, tun Sie das nicht. Lassen Sie mich sterben, oder ich werde Sie auf den Tod hassen.

DIE GROSSFÜRSTIN *unter der Tür*: Ich werde um Ihre Begnadigung nachsuchen, vor den Menschen und vor Gott.

KALIAJEW: Nein, nein, ich verbiete es Ihnen! *Er läuft zur Tür und stößt mit Skuratow zusammen. Kaliajew weicht zurück, schließt die Augen. Schweigen. Dann betrachtet er Skuratow.* Ich hatte Sie nötig.

SKURATOW: Wie mich das freut! Warum?

KALIAJEW: Ich hatte es nötig, wieder Verachtung zu verspüren.

SKURATOW: Schade. Ich kam, um Ihre Antwort zu hören.

KALIAJEW: Damit habe ich sie Ihnen erteilt.

SKURATOW *wechselt den Ton*: Nein, noch nicht. Hören Sie gut zu. Ich habe diese Unterredung mit der Großfürstin ermöglicht, damit ich sie morgen in den Zeitungen bekannt geben kann. Der Bericht wird der Wahrheit entsprechen – bis auf einen Punkt. Er wird das Geständnis Ihrer Reue enthalten. Ihre Kameraden werden annehmen, dass Sie sie verraten haben.

KALIAJEW *ungerührt*: Das werden sie nicht glauben.

SKURATOW: Ich verzichte auf diese Meldung nur, wenn Sie ein Geständnis ablegen. Sie haben die Nacht vor sich, um es sich zu überlegen. *Er geht zur Tür.*

Kaliajew *lauter*: Sie werden es nicht glauben.

SKURATOW *wendet sich um*: Warum nicht? Haben Sie nie gefehlt?

KALIAJEW: Sie wissen nicht, wie groß ihre Liebe ist.

SKURATOW: Nein. Aber ich weiß, dass man nicht eine ganze Nacht lang ohne eine Minute des Schwachwerdens an die Brüderlichkeit glauben kann. Auf diese Minute des Schwachwerdens will ich warten. *Er schließt die Tür in seinem Rücken.* Lassen Sie sich alle Zeit. Ich bin geduldig. *Sie stehen sich Auge in Auge gegenüber.*

Vorhang

Fünfter Akt

Eine andere Wohnung, doch ähnlich eingerichtet wie die erste. Eine Woche später. Nacht. Schweigen. Dora geht auf und ab.

ANNENKOW: Ruh dich aus, Dora.

DORA: Mir ist kalt.

ANNENKOW: Komm, leg dich hierhin. Nimm eine Decke.

DORA *ohne stillzustehen*: Die Nacht ist lang. Wie kalt mir ist, Borja.

Es klopft einmal, dann zweimal. Annenkow öffnet. Stepan und Woinow treten ein. Woinow geht auf Dora zu und umarmt sie. Sie drückt ihn an sich. Alexis!

STEPAN: Orlow meint, vielleicht heute Nacht. Alle dienstfreien Unteroffiziere sind aufgeboten worden. So kann er zugegen sein.

ANNENKOW: Wo triffst du ihn?

STEPAN: Er wird im Restaurant in der Sophijskaja auf Woinow und mich warten.

DORA *hat sich erschöpft gesetzt*: Heute Nacht, Borja.

ANNENKOW: Noch ist nichts verloren. Die Entscheidung liegt beim Zaren.

STEPAN: Die Entscheidung liegt nur beim Zaren, wenn Janek um Begnadigung gebeten hat.

DORA: Das hat er nicht getan.

STEPAN: Warum hätte er eine Unterredung mit der Großfürstin gehabt, wenn nicht seiner Begnadigung wegen? Sie hat überall bekannt gegeben, er habe bereut. Wie soll man wissen, was wahr ist?

DORA: Wir wissen, was er vor Gericht gesagt und was er uns geschrieben hat. Hat er nicht gesagt, es tue ihm Leid, der Autokratie sein Leben nur einmal wie einen Fehdehandschuh hinwerfen zu können? Kann der Mensch, der das gesagt hat, um Gnade betteln, kann er bereuen? Nein, er wollte und will sterben. Was er getan hat, kann nicht verleugnet werden.

STEPAN: Er hätte die Großfürstin nicht sprechen dürfen.

DORA: Darüber hat er allein zu befinden.

STEPAN: Unserer Regel gemäß hätte er sie nicht sprechen dürfen.

DORA: Unsere Regel gebietet zu töten, weiter nichts. Jetzt ist er frei, endlich frei.

STEPAN: Noch nicht.

DORA: Doch, er ist frei. Er hat das Recht, zu tun, was er will, denn er steht vor dem Tod. Er wird sterben, ihr könnt beruhigt sein!

ANNENKOW: Dora!

DORA: O doch. Welch ein Triumph, wenn er begnadigt würde! Denn nicht wahr, das wäre der Beweis, dass die Großfürstin die Wahrheit gesagt, dass er bereut und verraten hat! Wenn er hingegen stirbt, werdet ihr ihm Glauben schenken und ihn weiterhin lieben können. *Sie schaut sie an.* Eure Liebe kommt teuer zu stehen.

WOINOW *geht auf sie zu*: Nein, Dora. Wir haben nie an ihm gezweifelt.

DORA *geht auf und ab*: Ja ... Vielleicht ... Verzeiht. Aber was hat es schließlich für eine Bedeutung? Wir werden es heute Nacht erfahren ... Ah, armer Alexis, warum bist du zurückgekommen?

WOINOW: Um an seine Stelle zu treten. Ich weinte vor Stolz, als ich seine Rede vor Gericht las. Als ich die Worte sah: «Der Tod wird mein letzter Protest sein gegen eine Welt von Tränen und Blut ...», bebte ich an allen Gliedern.

DORA: Eine Welt von Tränen und Blut ... Ja richtig, das hat er gesagt.

WOINOW: Ja. Ach Dora, welch ein Mut! Und sein Aufschrei, als er schloss: «Wenn ich mich des menschlichen Protests gegen die Gewalt würdig erwiesen habe, so möge der Tod mein

Werk durch die Reinheit der Idee krönen.» Da beschloss ich, zu kommen.

DORA *verbirgt den Kopf in den Händen*: Er trachtete nach der Reinheit, in der Tat. Aber welch entsetzliche Krönung!

WOINOW: Weine nicht, Dora. Es war sein Wunsch, niemand möge seinen Tod beweinen. Oh, ich verstehe ihn jetzt so gut. Ich kann nicht an ihm zweifeln. Ich habe gelitten, weil ich feige war. Und dann habe ich in Tiflis eine Bombe geworfen. Und jetzt bin ich wie Janek. Als ich von seiner Verurteilung erfuhr, war mein einziger Gedanke, an seine Stelle zu treten, wenn ich schon nicht an seiner Seite hatte stehen können.

DORA: Wer kann heute Abend an seine Stelle treten! Er wird allein sein, Alexis.

WOINOW: Wir müssen ihm mit unserem Stolz beistehen, wie er uns mit seinem Beispiel beisteht. Weine nicht.

DORA: Schau. Meine Augen sind trocken. Aber stolz – nein, stolz werde ich nie mehr sein können!

STEPAN: Dora, urteile nicht schlecht über mich. Ich wünsche, dass Janek am Leben bleibt. Wir haben Männer wie ihn nötig.

DORA: Er selber begehrt es nicht. Und wir müssen wünschen, dass er stirbt.

ANNENKOW: Du bist von Sinnen!

DORA: Wir müssen es wünschen. Ich kenne sein Herz. Auf diese Weise wird er den Frieden finden. O ja, er soll sterben. *Leiser:* Aber schnell.

STEPAN: Ich gehe jetzt, Borja. Komm, Alexis. Orlow erwartet uns.

ANNENKOW: Ja, und kehrt möglichst bald zurück.

Stepan und Woinow gehen zur Tür. Stepan blickt Dora an.

STEPAN: Wir werden Gewissheit erhalten. Pass gut auf sie auf, Borja.

Dora steht am Fenster. Annenkow betrachtet sie.

DORA: Tod! Galgen! Wieder Tod! O Borja!

ANNENKOW: Ja, Schwester. Aber es gibt keine andere Lösung.

DORA: Sag das nicht. Wenn der Tod die einzige Lösung ist, befinden wir uns nicht auf dem richtigen Weg. Der rechte Weg führt zum Leben, an die Sonne. Man kann nicht unablässig frieren ...

ANNENKOW: Auch dieser Weg führt zum Leben. Zum Leben der anderen. Russland wird leben, unsere Enkelkinder werden leben. Denk an Janeks Worte: «Russland wird schön sein.»

DORA: Die anderen, unsere Enkelkinder ... Gewiss. Aber Janek ist im Gefängnis, und der Strang ist kalt. Er wird sterben. Vielleicht ist er schon gestorben, damit die anderen leben. Ach, Borja! Und wenn die anderen nicht leben sollten? Wenn er umsonst stürbe?

ANNENKOW: Schweig! *Pause.*

DORA: Wie kalt es ist. Und doch ist Frühling. Ich weiß, dass im Gefängnishof Bäume stehen. Er sieht sie bestimmt.

ANNENKOW: Warte, bis wir Gewissheit haben. Zittere nicht.

DORA: Mir ist so kalt, dass ich den Eindruck habe, schon tot zu sein. *Pause.* Das alles macht uns so schnell alt. Wir werden nie mehr Kinder sein, Borja. Beim ersten Mord entflieht die Kindheit. Ich werfe die Bombe, und in einer Sekunde, siehst du, verfliegt ein ganzes Leben. Ja, von nun an können wir sterben. Wir haben das Menschenleben abgeschritten.

ANNENKOW: Dann werden wir kämpfend sterben, wie es Menschenart ist.

DORA: Ihr hattet zu große Eile. Ihr seid keine Menschen mehr.

ANNENKOW: Das Unglück und das Elend hatten ebenfalls große Eile. Auf dieser Welt ist kein Raum mehr für Geduld und Reifen. Russland hat es eilig.

DORA: Ich weiß. Wir haben das Unglück der Welt auf unsere Schultern genommen. Auch er. Welch ein Mut! Aber manchmal sage ich mir, dass dieser Stolz gezüchtigt werden wird.

ANNENKOW: Wir bezahlen ihn mit unserem Leben. Niemand kann weiter gehen. Wir haben ein Recht auf diesen Stolz.

DORA: Sind wir sicher, dass niemand weiter gehen wird? Wenn

ich Stepan höre, überfällt mich zuweilen Angst. Vielleicht werden andere kommen, die sich auf uns berufen, um zu töten, und die nicht mit ihrem Leben zahlen werden.

ANNENKOW: Das wäre feige, Dora.

DORA: Wer weiß? Vielleicht ist das die Gerechtigkeit. Und dann wird es niemand mehr wagen, ihr ins Gesicht zu blicken.

ANNENKOW: Dora! *Sie schweigt.* Solltest du zweifeln? Ich erkenne dich nicht wieder.

DORA: Mir ist kalt. Ich denke an ihn, der sich weigern wird zu zittern, damit es nicht aussieht, als hätte er Angst.

ANNENKOW: Gehörst du denn nicht mehr zu uns?

DORA *wirft sich ihm entgegen*: O Borja, ich gehöre zu euch! Ich werde bis zum Ende durchhalten. Ich hasse die Tyrannei, und ich weiß, dass wir keinen anderen Weg gehen können. Aber mit freudigem Herzen habe ich ihn gewählt, und mit traurigem Herzen gehe ich ihn weiter. Das ist der Unterschied. Wir sind Gefangene.

ANNENKOW: Ganz Russland ist im Gefängnis. Wir werden diesen Kerker sprengen.

DORA: Gib mir bloß eine Bombe, und du wirst sehen. Ich werde mitten durch die Glut schreiten, und mein Schritt wird sicher bleiben. Es ist leicht, es ist so viel leichter, an seinen Widersprüchen zu sterben, als mit ihnen zu leben. Hast du einmal geliebt, Borja, hast du überhaupt je geliebt?

ANNENKOW: Ja, aber es ist so lange her, dass ich mich nicht mehr daran erinnere.

DORA: Wie lange?

ANNENKOW: Vier Jahre.

DORA: Und wie lange schon leitest du die Organisation?

ANNENKOW: Vier Jahre. *Pause.* Jetzt liebe ich die Organisation.

DORA *geht zum Fenster*: Lieben, ja, aber geliebt werden! ... Nein, man muss vorwärts gehen. Man möchte stehen bleiben. Vorwärts! Vorwärts! Man möchte die Arme ausbreiten und sich gehen lassen. Aber die dreckige Ungerechtigkeit klebt an uns wie Leim. Vorwärts! Wir sind dazu verurteilt, größer zu sein als wir selber. Die Menschen, die Gesichter, sie möchte man lieben. Liebe statt Gerechtigkeit! Nein, man muss vorwärts gehen. Vorwärts, Dora! Vorwärts, Janek! *Sie weint.* Aber für ihn ist das Ziel nahe.

ANNENKOW *nimmt sie in die Arme*: Er wird sicher begnadigt.

DORA *blickt ihn an*: Du weißt genau, dass das nicht wahr ist. Du weißt genau, dass das nicht sein darf. *Er wendet die Augen ab.* Vielleicht tritt er bereits in den Hof hinaus. Und plötzlich wird alles still, weil er erscheint. Wenn ihm nur nicht kalt ist. Borja, weißt du, wie gehenkt wird?

ANNENKOW: Mit einem Strick. Hör auf, Dora.

DORA *gleichsam blind*: Der Henker springt ihm auf die Schultern, das Genick bricht. Ist das nicht schrecklich?

ANNENKOW: Ja. In gewisser Hinsicht ja. Andererseits ist es ein Glück.

DORA: Ein Glück?

ANNENKOW: Vor dem Sterben die Hand eines Menschen zu spüren.

Dora wirft sich in einen Sessel. Schweigen.

Dora, nachher müssen wir fort und uns ein wenig ausruhen.

DORA *verstört*: Fort? Mit wem?

ANNENKOW: Mit mir, Dora.

DORA *blickt ihn an*: Fortgehen! *Sie wendet sich zum Fenster.* Der Morgen graut. Nun ist Janek bereits tot, ich weiß es.

ANNENKOW: Ich bin dein Bruder.

DORA: Ja, du bist mein Bruder, ihr seid alle meine Brüder, und ich liebe euch.

Man hört, dass es regnet. Der Tag bricht an. Dora spricht leise.

Aber was für einen entsetzlichen Geschmack hat zuweilen die Brüderlichkeit!

Es klopft. Woinow und Stepan treten ein. Sie verharren reglos. Dora taumelt, beherrscht sich aber mit sichtlicher Anstrengung.

STEPAN *leise*: Janek war kein Verräter.

ANNENKOW: War Orlow zugegen?

STEPAN: Ja.

DORA *tritt festen Schrittes vor*: Setz dich. Berichte.

STEPAN: Wozu?

DORA: Erzähl alles. Ich habe das Recht, alles zu wissen. Ich verlange, dass du erzählst. In allen Einzelheiten.

STEPAN: Das kann ich nicht. Und zudem müssen wir jetzt gehen.

DORA: Nein, zuerst berichtest du. Wann hat man ihn benachrichtigt?

STEPAN: Um zehn Uhr abends.

DORA: Wann ist er gehängt worden?

STEPAN: Um zwei Uhr morgens.

DORA: Und vier Stunden hat er gewartet?

STEPAN: Ja, wortlos. Und dann ist alles sehr rasch gegangen. Jetzt ist es vorbei.

DORA: Vier Stunden, ohne zu sprechen? Nicht so schnell. Wie war er gekleidet? Trug er seinen Pelzmantel?

STEPAN: Nein. Er war ganz in Schwarz, ohne Überzieher. Und er trug einen schwarzen Filzhut.

DORA: Wie war das Wetter?

STEPAN: Finstere Nacht. Der Schnee war schmutzig. Und dann hat der Regen ihn in zähen Matsch verwandelt.

DORA: Zitterte er?

STEPAN: Nein.

DORA: Ist Orlow seinem Blick begegnet?

STEPAN: Nein.

DORA: Was schaute er an?

STEPAN: Alles, sagt Orlow, ohne etwas zu sehen.

DORA: Und dann? Und dann?

STEPAN: Lass, Dora.

DORA: Nein, ich will es wissen. Sein Tod zumindest gehört mir.

STEPAN: Man hat ihm das Urteil vorgelesen.

DORA: Was tat er während dieser Zeit?

STEPAN: Nichts. Nur einmal hat er das Bein ein wenig geschlenkert, um einen Kotspritzer von seinem Schuh abzuschütteln.

DORA *verbirgt den Kopf in den Händen*: Einen Kotspritzer!

ANNENKOW *schroff*: Woher weißt du das? *Stepan schweigt.* Du hast Orlow nach jeder Kleinigkeit gefragt. Warum?

STEPAN *wendet die Augen ab*: Zwischen Janek und mir stand etwas.

ANNENKOW: Was denn?

STEPAN: Ich beneidete ihn.

DORA: Und dann, Stepan, und dann?

STEPAN: Dann kam Pater Florenski und reichte ihm das Kruzifix. Er hat sich geweigert, es zu küssen. Und er hat erklärt: «Ich habe euch schon gesagt, dass ich mit dem Leben abgeschlossen habe und mit dem Tod im Reinen bin.»

DORA: Wie klang seine Stimme?

STEPAN: Unverändert. Nur das Fieber und die Ungeduld waren daraus verschwunden.

DORA: Schien er glücklich?

ANNENKOW: Bist du toll geworden?

DORA: Doch doch, ich bin sicher, dass er glücklich schien. Denn es wäre zu ungerecht, wenn er, der es ablehnte, im Leben glücklich zu sein, damit er sich besser auf das Opfer vorbereiten konnte, nicht gleichzeitig mit dem Tod auch das Glück empfangen hätte. Er war glücklich und ist ruhig zum Galgen geschritten, nicht wahr?

STEPAN: Ja. Drunten am Strom wurde gesungen und Ziehharmonika gespielt. In diesem Augenblick bellten auch Hunde.

DORA: Und dann ist er hinaufgestiegen …

STEPAN: Ja. Er ist in der Nacht untergetaucht. Ganz verschwommen sah man das Totenhemd, in das der Henker ihn hüllte.

DORA: Und dann?

STEPAN: Dumpfer Lärm.

DORA: Dumpfer Lärm. Janek! Und dann? *Stepan schweigt. Heftig:* Und dann, sage ich! *Stepan schweigt.* Sprich du, Alexis. Dann?

WOINOW: Ein schreckliches Geräusch.

DORA: Aah! *Sie wirft sich gegen die Wand. Stepan wendet den Kopf ab. Annenkow weint mit unbeweglichem Gesicht. Dora dreht sich um; an die Wand gelehnt, blickt sie sie an. Mit veränderter, verstörter Stimme:* Weint nicht. Nein, nein, ihr sollt nicht weinen. Ihr seht doch, dass dies der Tag der Rechtfertigung ist. Zu dieser Stunde steht etwas auf, unser, der Empörer Zeugnis: Janek ist kein Mörder mehr. Ein schreckliches Geräusch! Ein schreckliches Geräusch hat genügt, um ihn der Freude der Kindheit zurückzugeben. Erinnert ihr euch an sein Lachen? Zuweilen lachte er ohne Grund. Wie jung er war! Jetzt lacht er gewiss. Bestimmt lacht er, das Gesicht an die Erde geschmiegt! *Sie tritt zu Annenkow.* Borja, bist du mein Bruder? Hast du nicht gesagt, dass du mir helfen willst?

ANNENKOW: Ja.

DORA: Dann tu dies eine für mich: Gib mir die Bombe. *Annenkow blickt sie an.* Ja, das nächste Mal, Ich will sie werfen. Ich will die Erste sein, die sie wirft.

ANNENKOW: Du weißt genau, dass wir in der vordersten Reihe keine Frauen wollen.

DORA *mit einem Aufschrei*: Bin ich denn jetzt noch eine Frau?
Sie schauen sie an. Schweigen.

WOINOW *sanft*: Sag ja, Borja.

STEPAN: Sag ja.

ANNENKOW: Du warst an der Reihe, Stepan.

STEPAN *blickt Dora an*: Sag ja. Sie gleicht mir nun.

DORA: Du wirst sie mir geben, nicht wahr? Ich werde sie werfen. Und später dann, in einer kalten Nacht …

ANNENKOW: Ja, Dora.

DORA *weinend*: Janek! Eine kalte Nacht und derselbe Strang! Nun wird es leichter sein.

Vorhang

Erzählungen

Die Ehebrecherin

Eine kümmerliche Fliege torkelte schon eine ganze Weile im Überlandbus umher, obwohl sämtliche Fenster geschlossen waren. Sie hatte sich hierher verirrt und taumelte nun lautlos und erschöpft von einer Ecke zur anderen. Janine verlor sie aus den Augen, dann sah sie, dass sie sich auf der unbeweglichen Hand ihres Mannes niederließ. Es war kalt. Die Fliege zitterte, sooft der sandgeladene Wind knirschend gegen die Scheiben peitschte. Im kargen Licht des Wintermorgens rollte das schwankende Gefährt scheppernd und ächzend dahin und kam doch kaum von der Stelle. Janine betrachtete ihren Mann. Mit den tief in die enge Stirn reichenden, angegrauten Haarbüscheln, der breiten Nase und dem unregelmäßig gezeichneten Mund glich Marcel einem schmollenden Faun. Bei jeder Unebenheit der Straße stieß er mit einem Ruck gegen sie. Dann ließ er seinen schweren Oberkörper wieder vornüber auf seine gespreizten Beine fallen und starrte von neuem mit leblosem, abwesendem Blick vor sich hin. Nur die klobigen, unbehaarten Hände, die besonders kurz wirkten, weil der graue, aus den Hemdärmeln hervorguckende Flanell bis über die Handgelenke reichte, schienen zu leben. Sie hielten ein zwischen die Knie geklemmtes Leinwandköfferchen so fest umklammert, dass sie das zögernde Wandern der Fliege nicht zu spüren schienen.

Auf einmal hörte man den Wind laut aufheulen, während der Steinstaub den Bus noch dichter umhüllte. Der Sand prasselte jetzt wie von unsichtbaren Händen geworfen gegen die Scheiben. Die Fliege rieb einen frierenden Flügel, duckte sich und flog davon. Der Bus verlangsamte die Fahrt und schien anhalten zu wollen. Dann ließ der Wind offenbar etwas nach, der Dunst lichtete sich ein wenig, und man fuhr wieder rascher.

Vereinzelte Lichtlöcher gaben den Durchblick auf die im Staub versinkende Landschaft frei. Zwei oder drei schmächtige, weiß überpuderte Palmen, die aus einer Metallfolie ausgeschnitten schienen, tauchten hinter dem Fenster auf, um alsogleich wieder verschluckt zu werden.

«Was für ein Land!», sagte Marcel.

Der Bus war voll von Arabern, die sich in ihre Burnusse gehüllt hatten und zu schlafen schienen. Einzelne hatten ihre Füße untergeschlagen und schwankten stärker als die anderen im Schaukeln des Wagens. Janine fand ihr Schweigen und ihre Teilnahmslosigkeit nachgerade bedrückend; ihr war, als reiste sie schon seit Tagen mit dieser stummen Eskorte. Dabei war der Bus erst im Morgengrauen von der Endstation der Bahn abgefahren und rollte nun seit zwei Stunden in der Kälte der Frühe über eine steinige, öde Hochebene, die wenigstens anfänglich ihre Geraden bis zum rötlich glimmenden Horizont ausgeschickt hatte. Aber dann war der Wind aufgekommen und hatte nach und nach die ganze unendliche Weite aufgesogen. Von diesem Augenblick an hatten die Reisenden nichts mehr von der Landschaft gesehen. Einer nach dem anderen waren sie verstummt, schweigend kreuzten sie in einer Art weißen Nacht; bisweilen wischten sie sich die Lippen und die vom eindringenden Sand gereizten Augen.

«Janine!» Sie fuhr zusammen. Wie schön so oft dachte sie, dass dieser Vorname für eine Frau von ihrer Stattlichkeit eigentlich lächerlich war. Marcel begehrte zu wissen, wo sich der Musterkoffer befinde. Sie erforschte mit dem Fuß den leeren Raum unter ihrem Sitz, bis sie an einen Gegenstand stieß, der das gesuchte Köfferchen zu sein hatte, denn sie konnte sich nicht gut bücken, ohne ein wenig unter Atemnot zu leiden. Dabei war sie in der Schule Erste im Turnen gewesen und hatte eine unerschöpfliche Atemkraft besessen. War das denn schon so lange her? Fünfundzwanzig Jahre waren so viel wie nichts, da es ihr doch vorkam, es sei erst gestern gewesen, als sie zwischen Unabhängigkeit und Heirat schwankte, erst gestern, als sie voll Angst an den Tag dachte, da sie vielleicht allein würde altern müssen. Sie war nicht allein, und jener Student der Rechte, der ständig um sie sein wollte, befand sich jetzt an ihrer Seite. Sie hatte ihn schließlich doch erhört, obwohl er ein bisschen klein gewachsen war und obwohl ihr sein gieriges, abgehacktes Lachen nicht eben gefiel, so wenig wie seine zu stark hervortretenden schwarzen Augen. Aber sein Lebensmut gefiel ihr, den er mit den anderen Franzosen dieses Landes gemein hatte, und auch sein entgeistertes Gesicht, wenn er sich durch die Ereignisse oder die Menschen in seinen Erwartungen getäuscht sah. Vor allem aber gefiel es ihr, geliebt zu werden, und er hatte sie mit Aufmerksamkeiten überschüttet. Indem er sie so unzählige Male spüren ließ, dass sie für ihn da war, verlieh er ihrem Dasein Wirklichkeit. Nein, sie war nicht allein …

Mit lautem Gehupe bahnte der Bus sich einen Weg durch unsichtbare Hindernisse. Im Inneren des Wagens rührte sich indessen niemand. Plötzlich spürte Janine, dass jemand sie anblickte, und wandte den Kopf nach der Sitzreihe jenseits des Mittelgangs. Dieser Mitreisende war kein Araber, und sie wunderte sich, dass sie ihn nicht schon bei der Abfahrt bemerkt hatte. Er trug die Uniform der französischen Sahara-Einheiten, und über seinem langen und spitzen, wettergebräunten Schakalgesicht saß ein Käppi aus ungebleichter Leinwand. Aus seinen hellen Augen musterte er sie unverwandt mit einer Art Verdrossenheit. Sie errötete unvermittelt und rückte wieder näher zu ihrem Mann, der unentwegt in Dunst und Wind hinausstarrte. Sie kuschelte sich in ihren Mantel. Aber noch stand ihr das Bild des französischen Soldaten vor Augen, groß und schlank, so schlank in seinem eng auf Taille geschnittenen Waffenrock, dass er aus einer trockenen, spröden Masse gebaut schien, einer Mischung aus Sand und Knochen. In diesem Augenblick gewahrte sie auf einmal die hageren Hände und die verbrannten Gesichter der vor ihr sitzenden Araber und bemerkte gleichzeitig, dass sie trotz ihrer weiten Gewänder auf den Sitzen, die ihr und ihrem Mann kaum genug Raum boten, reichlich Platz zu haben schienen. Sie zog die Falten ihres Mantels näher an sich. Dabei war sie gar nicht so besonders dick, sondern einfach hoch gewachsen und füllig, aus Fleisch und Blut, und – sie fühlte es wohl unter den Blicken der Männer – noch immer begehrenswert, mit dem Gegensatz zwischen ihrem etwas kindlichen Gesicht, den kühlen, klaren Augen und ihrem großen, wie sie wohl wusste, warmen und Ruhe verheißenden Körper.

Nein, es war wirklich nicht so, wie sie es sich vorgestellt hatte. Als Marcel sie auf seine Geschäftsreise mitnehmen wollte, war sie zunächst gar nicht einverstanden. Er hatte diese Reise schon lange geplant, genau gesagt seit Kriegsende, als das Geschäftsleben sich wieder normalisiert hatte. Die kleine Stoffhandlung, die er von seinen Eltern übernahm, als er das Studium der Rechte aufgab, hatte sie vor dem Krieg eher recht als schlecht ernährt. In einer Küstenstadt können die jungen Jahre eine Zeit des Glücks sein. Aber er war kein besonderer Freund körperlicher Anstrengung und hatte sehr bald darauf verzichtet, mit ihr an den Strand zu gehen. Ihr kleines Auto führte sie nur zur sonntäglichen Spazierfahrt aus der Stadt. Im Übrigen zog er es vor, in seinem mit bunten Stoffen gefüllten Laden zu bleiben, der sich unter den Arkaden eines halb eingeborenen, halb europäischen Viertels befand. Über dem Laden lag ihre mit arabischen Wandbehängen und Warenhausmöbeln eingerichtete Dreizimmerwohnung. Ihre Ehe war kinderlos geblieben. Im gewollten Dämmer hinter den halb geschlossenen Fensterläden waren die Jahre vergangen. Sommer, Strand, Spaziergänge, ja selbst der Himmel waren fern. Marcel schien sich ausschließlich für sein Geschäft zu interessieren. Sie glaubte, seine wahre Leidenschaft entdeckt zu haben, nämlich das Geld, und das missfiel ihr, ohne dass sie recht wusste, warum. Letzten Endes fuhr sie gut dabei. Er war nicht geizig, im Gegenteil, er war freigebig, besonders ihr gegenüber. «Wenn mir etwas passieren sollte», pflegte er zu sagen, «wäre deine Zukunft gesichert.» Und es ist in der Tat richtig, wenn man sucht, sich vor der Not zu sichern. Aber wo soll man sich vor dem, was nicht die alleralltäglichste Not ist, in Sicherheit bringen? Das war es, was sie in seltenen Stunden dunkel empfand. Unterdessen half sie Marcel bei der Buchhaltung und vertrat ihn zuweilen im Laden. Am mühsamsten war es im Sommer, wenn die Hitze sogar das angenehme Gefühl der Langeweile zerstörte.

Da, auf einmal, ausgerechnet mitten im Sommer, der Krieg; Marcel eingezogen und bald darauf ausgemustert, Warenmangel, Stillstand der Geschäfte, heiße, verödete Straßen. Wenn jetzt etwas passierte, gab es keine Sicherheit mehr für sie. Aus diesem Grund hatte Marcel im Augenblick, da wieder Stoffe auf den Markt kamen, den Plan gefasst, in die Dörfer der Hochebenen und des Südens zu fahren, um den Zwischenhandel zu umgehen und seine Ware direkt den arabischen Händlern zu verkaufen. Er hatte sich in den Kopf gesetzt, Janine mitzunehmen. Sie wusste, dass die Verbindungen schlecht waren, und sie litt an Atembeschwerden; es wäre ihr lieber gewesen, zu Hause auf ihn zu warten. Aber er war starrköpfig, und sie hatte schließlich nachgegeben, weil es zu anstrengend gewesen wäre, bei ihrem Nein zu bleiben. Jetzt waren sie unterwegs, und wahrhaftig, nichts war so, wie sie es sich vorgestellt hatte. Sie hatte sich vor der Hitze gefürchtet, den Schwärmen von Fliegen, den schmutzstarrenden Hotels, wo alles nach Anis roch. Sie hatte nicht an die Kälte gedacht, den schneidenden Wind, die Polarlandschaft der moränenübersäten Hochplateaus. Auch von Palmen und weichem Sand hatte sie geträumt. Nun musste sie einsehen, dass die Wüste anders war, dass sie nur aus Stein bestand, Stein allüberall: auf der Erde, wo im Gestein nur dürre Gräser wuchsen, wie im Himmel, wo der kalte, knirschende Staub des Gesteins allmächtig herrschte.

Plötzlich blieb der Bus stehen. Der Fahrer sagte ein paar an niemand gerichtete Worte in der Sprache, die sie ihr Leben lang gehört hatte, ohne sie je zu verstehen. «Was ist los?», fragte Marcel. Der Fahrer erklärte, diesmal auf Französisch, der

Sand habe offenbar den Vergaser verstopft, und von neuem verwünschte Marcel das Land. Der Fahrer lachte über das ganze Gesicht und versicherte, es sei nur eine Kleinigkeit, er werde den Vergaser reinigen, und dann werde man weiterfahren. Er öffnete die Tür, der kalte Wind stürmte in den Wagen und schleuderte ihnen augenblicklich tausend Sandkörnchen ins Gesicht. Die Araber verbargen die Nase im Burnus und krochen in sich zusammen. «Mach die Tür zu!», brüllte Marcel. Der Fahrer lachte, als er zum Eingang zurückkam. Gelassen holte er sein Werkzeug unter dem Armaturenbrett hervor und entfernte sich, ohne die Tür zu schließen, wieder nach vorne, eine im Dunst verschwindende, winzige Gestalt. Marcel seufzte: «Ich möchte wetten, dass er in seinem Leben noch keinen Motor gesehen hat.» – «Reg dich nicht auf!», sagte Janine. Plötzlich fuhr sie zusammen. Auf dem Damm, ganz nahe am Bus, standen unbeweglich ein paar vermummte Gestalten. Man sah unter der Kapuze des Burnus und hinter dem Wall der Schleier nur ihre Augen. Sie waren aus dem Nichts aufgetaucht und betrachteten stumm die Reisenden. «Hirten», sagte Marcel.

Im Innern des Wagens herrschte Totenstille. Mit gesenktem Kopf schienen alle Fahrgäste der Stimme des Windes zu lauschen, der ungehemmt über die endlosen Hochebenen dahinbrauste. Janine stellte auf einmal überrascht fest, dass fast kein Gepäck vorhanden war. An der Endstation der Bahn hatte der Fahrer ihren großen Koffer und ein paar Ballen auf das Dach geladen. Drinnen sah man in den Netzen nur knotige Stöcke und flache Körbe aus Zwergpalmenblättern. All diese Leute aus dem Süden reisten offenbar mit leeren Händen.

Aber jetzt kehrte der nach wie vor gut gelaunte Fahrer zurück. Man sah nur seine lachenden Augen über den Schleiern, mit denen auch er das Gesicht bedeckt hatte. Er verkündete, nun werde man weiterfahren. Er schloss den Schlag, der Wind brach ab, und man hörte den Sandregen wieder deutlicher auf den Scheiben. Der Motor spuckte und stand seufzend still.

Nach langem Drängen des Anlassers begann er endlich zu drehen, und aufs Gas tretend, ließ der Fahrer ihn aufheulen. Mit einem hustenden Ruck setzte der Bus sich wieder in Bewegung. Aus der immer noch reglosen, zerlumpten Gruppe der Hirten hob sich eine Hand und verschwand gleich darauf hinter ihnen im Dunst. Beinahe gleichzeitig begann das Fahrzeug auf der schlechter gewordenen Fahrbahn zu holpern. Die durchgerüttelten Araber schaukelten unablässig hin und her. Janine spürte, wie trotz allem der Schlaf sie allmählich übermannte, als unvermittelt eine kleine, gelbe, mit Katechus gefüllte Schachtel vor ihr auftauchte. Der Schakal-Soldat lächelte ihr zu. Sie zögerte, nahm eines und bedankte sich. Der Schakal steckte die Schachtel wieder ein und schluckte augenblicks sein Lächeln hinunter. Jetzt starrte er geradeaus auf die Straße. Janine drehte sich nach Marcel um, sah aber nur seinen kräftigen Nacken. Er schaute durch die Scheiben in den sich verdichtenden Dunst, der von den bröckeligen Erddämmen aufstieg.

Seit Stunden rollten sie so dahin, und die Müdigkeit hatte im Wagen jede Lebensäußerung erstickt, als draußen Schreie ertönten. In Burnusse gekleidete Kinder, die sich wie Kreisel um ihre eigene Achse drehten, Sprünge vollführten und in die Hände klatschten, umschwärmten den Bus. Er fuhr jetzt durch eine lange, von niederen Häusern gesäumte Straße; man gelangte in die Oase. Der Wind wehte noch immer, aber die Mauern hielten die Sandkörnchen ab, sodass sie das Licht hier nicht mehr verdunkelten. Indessen blieb der Himmel bedeckt. Inmitten des Geschreis und des gewaltigen Kreischens der Bremsen hielt der Bus vor den Pisee-Lauben eines Hotels mit schmutzigen Scheiben. Janine stieg aus; als sie auf der Straße stand, wankte der Boden unter ihren Füßen. Sie gewahrte über den Häusern ein schlankes, gelbes Minarett. Zu ihrer Linken erhoben sich bereits die ersten Palmen der Oase, und zu ihnen hätte sie gehen mögen. Aber obwohl es schon nahezu Mittag war, herrschte bittere Kälte; der Wind ließ sie frösteln. Sie wandte sich nach Marcel um und sah zuerst den Soldaten, der auf sie zukam. Sie erwartete sein Lächeln oder seinen Gruß. Er ging an ihr vorbei, ohne sie anzublicken, und verschwand. Marcel war damit beschäftigt, sich den großen, schwarzen Feldkoffer mit den Stoffen vom Dach des Busses herunterreichen zu lassen. Das schien Schwierigkeiten zu bereiten. Der Fahrer musste sich allein um das Gepäck kümmern; er unterbrach denn auch bereits seine Bemühungen und richtete sich auf dem Dach auf, um dem Kreis der um den Wagen versammelten Burnusse hochtrabende Reden zu halten. Von Gesichtern umgeben, die alle aus Knochen und Leder geschnitzt schienen, von kehligen Schreien bestürmt, fühlte Janine unvermittelt ihre Müdigkeit. «Ich gehe hinein», sagte sie zu Marcel, der sich ungeduldig beim Fahrer Gehör zu verschaffen suchte.

Sie betrat das Hotel. Der Besitzer, ein hagerer, wortkarger Franzose, kam ihr entgegen. Er führte sie in den ersten Stock und über eine die Straße überblickende Galerie in ein Zimmer, das augenscheinlich nichts anderes enthielt als ein Eisenbett, einen weiß lackierten Stuhl, eine vorhanglose Kleidernische und hinter einem aus Schilf geflochtenen Wandschirm die Waschecke mit einem von feinem Sandstaub überzogenen Becken. Als der Wirt die Tür hinter sich geschlossen hatte, spürte Janine die Kälte, die von den kahlen, weiß getünchten Wänden ausging. Sie wusste nicht, wo sie ihre Handtasche abstellen, wo sie sich selbst niederlassen sollte. Man musste sich hinlegen oder stehen bleiben und auf jeden Fall frieren. Sie blieb stehen, behielt die Tasche in der Hand und blickte unverwandt auf eine Art Schießscharte, die sich nahe an der Decke auf den Himmel öffnete. Sie wartete, ohne zu wissen, worauf. Sie empfand nur ihre Einsamkeit und die Kälte, die sie durchdrang, und ein schwerer lastendes Gewicht in der Herzgegend. In Wahrheit träumte sie, beinahe taub für die von der Straße aufsteigenden Geräusche, in die sich zuweilen Marcels laute Stimme mischte; ihr Bewusstsein erschloss sich vielmehr dem flussgleichen Raunen, das aus der Schießscharte zu ihr drang und das der Wind den, wie ihr vorkam, jetzt ganz nahen Palmen entlockte. Dann schien der Wind an Heftigkeit zuzunehmen, und das sanft plätschernde Wasser wurde zur brandenden Flut. Sie sah hinter den Mauern ein Meer von aufrechten, biegsamen Palmen, die im Sturm wogten. Nichts war so, wie sie es sich vorgestellt hatte, aber diese unsichtbaren Wellen erfrischten ihre müden Augen. Schwerfällig stand sie da, mit hängenden Armen, leicht vornübergeneigt, und die Kälte kroch an ihren plumpen Beinen empor. Sie träumte von den aufrechten, biegsamen Palmen und von dem jungen Mädchen, das sie einmal gewesen war.

Nachdem sie sich gewaschen hatten, begaben sie sich in den Speisesaal. Auf die nackten Wände hatte jemand Kamele und Palmen gemalt, die in rosa-violetter Marmelade ertranken. Der Arkaden wegen ließen die Fenster nur spärliches Licht einfallen. Marcel erkundigte sich beim Besitzer des Hotels nach den verschiedenen Händlern. Dann brachte ein alter Araber, der auf seinem Kittel eine militärische Auszeichnung trug, das Essen. Marcel hing seinen Gedanken nach und zerkrümelte sein Brot. Er hielt seine Frau davon ab, Wasser zu trinken. «Es ist nicht abgekocht. Nimm Wein.» Das war ihr gar nicht recht, der Wein machte sie schwer. Und zudem gab es Schweinefleisch. «Der Koran verbietet es. Aber der Koran wusste nicht, dass gar gekochtes Schweinefleisch keine Krankheiten verursacht. Wir verstehen es zum Glück, richtig zu kochen. Woran denkst du?» Janine dachte an nichts, oder vielleicht an diesen Sieg der Köche über die Propheten. Aber sie musste sich beeilen. Sie wollten am nächsten Morgen zeitig weiterfahren, weiter südwärts; es galt daher, alle wichtigen Händler noch am Nachmittag zu besuchen. Marcel forderte den alten Araber auf, den Kaffee ein bisschen schneller zu bringen. Der andere nickte, ohne zu lächeln, und entfernte sich gemessenen Schritts. «Gemach am Morgen, nicht zu hastig am Abend», sagte Marcel lachend. Aber schließlich wurde der Kaffee doch gebracht. Sie nahmen sich kaum Zeit, ihn hinunterzustürzen, und traten auf die staubige, kalte Straße hinaus. Marcel rief einen jungen Araber herbei, um sich beim Tragen des Feldkoffers helfen zu lassen; aber aus Prinzip suchte er die Entlöhnung herunterzuhandeln. Seine Meinung, die er Janine zum hundertsten Male mitteilte, ließ sich in der Tat in den undurchsichtigen Grundsatz fassen, dass sie immer das Doppelte forderten, um ein Viertel zu erhalten. Janine folgte den beiden Männern mit einem unbehaglichen Gefühl. Sie hatte eine wollene Jacke unter ihren dicken Mantel angezogen und hätte sich gerne ganz schmal gemacht. Zudem bereiteten ihr das Schweinefleisch, auch wenn es gar gekocht war, und das Tröpfchen Wein, das sie zu sich genommen hatte, Beschwerden.

Sie gingen durch eine kleine Anlage staubbedeckter Bäume. Araber, die ihnen begegneten, traten scheinbar, ohne sie zu sehen, beiseite und schlossen dabei die Falten ihrer Burnusse enger um sich. Selbst wenn sie in Lumpen daherkamen, entdeckte Janine einen Stolz in ihrem Gehaben, den die Araber ihrer Heimatstadt nicht besaßen. Sie folgte dem Koffer, der ihr einen Weg durch die Menge bahnte. Sie kamen durch das Tor eines Festungswalles aus ockerfarbener Erde und gelangten auf einen kleinen Platz, wo wieder die gleichen versteinerten Bäume wuchsen. Im Hintergrund, an der Breitseite des Platzes, sah man einen Saum von Bogengängen und Läden. Aber sie hielten auf dem Platz selber vor einem kleinen, blau getünchtem Gebäude, dessen Form an eine Granate erinnerte. In dem einzigen Raum, der sein Licht nur durch die Eingangstür erhielt, stand ein alter Araber mit weißem Schnurrbart hinter einem Ladentisch aus poliertem Holz. Er war gerade dabei, Tee einzuschenken, und hob und senkte die Kanne über drei kleinen, bunten Gläsern. Noch ehe Marcel und Janine irgendetwas anderes im Halbdunkel des Ladens erkennen konnten, empfing sie der frische Duft des Minzentees. Marcel trat durch den Eingang mit seinen sperrigen Girlanden aus zinnernen Teekannen, Tassen und zwischen drehenden Postkartenständern schwingenden Teebrettern, und schon stand er am Ladentisch.

Janine blieb im Eingang stehen. Sie trat ein bisschen beiseite, um dem Raum kein Licht wegzunehmen. Dabei gewahrte sie im Halbdunkel hinter dem alten Händler zwei Araber, die auf prallen, den ganzen hinteren Teil des Ladens ausfüllenden Säcken saßen und die Neuankömmlinge lächelnd betrachteten. An den Wänden hingen rote und schwarze Teppiche und gewirkte Tücher, auf dem Boden standen überall Säcke und wohlriechende Körner enthaltende kleine Kisten. Auf dem Ladentisch reihten sich neben einer Waage mit blank geputzten Kupferschalen und einem alten Metermaß mit stark verwischten Eichmarken Zuckerhüte, deren einer von seinen dicken blauen Papierwindeln entblößt und an der Spitze angebrochen war. Der in der Luft schwebende Geruch nach Wolle und Spezereien machte sich durch den Duft des Tees hindurch bemerkbar, als der Händler jetzt die Teekanne auf den Tisch stellte und guten Tag sagte.

Marcel sprach hastig auf ihn ein, leise, wie immer, wenn er von Geschäften redete. Dann öffnete er den Koffer, zeigte seine Stoffe und Halstücher, schob Waage und Metermaß beiseite, um seine Ware besser vor dem Alten ausbreiten zu können. Er ereiferte sich, sprach mit größerem Stimmaufwand, lachte ohne Grund; er benahm sich wie eine Frau, die gefallen möchte und der es an Selbstvertrauen mangelt. Nun mimte er mit weit geöffneten Händen Kauf und Verkauf. Der Alte schüttelte den Kopf, reichte das Tablett den beiden hinter ihm sitzenden Arabern und sagte bloß ein paar Worte, die Marcel zu entmutigen schienen. Er packte seine Stoffe zusammen, verstaute sie im Koffer und wischte sich den vermutlich nicht vorhandenen Schweiß von der Stirn. Dann rief er nach dem kleinen Träger, und sie zogen weiter zu den Bogengängen. Im nächsten Laden hatten sie ein bisschen mehr Glück, obwohl der Händler anfänglich dieselbe Unnahbarkeit an den Tag legte. «Sie halten sich alle für den lieben Gott persönlich», sagte Marcel, «aber schließlich müssen sie auch etwas zu verkaufen haben! Wir haben es alle schwer.»

Janine folgte ihm, ohne zu antworten. Der Wind hatte sich beinahe völlig gelegt. Fleckenweise wurde der Himmel sichtbar. Ein kaltes, gleißendes Licht drang aus den blauen Brunnen, die sich in den dicken Wolkenmassen auftaten. Sie hatten den Platz jetzt verlassen und gingen durch enge Gassen, an Erdmauern entlang, über die erfrorene Dezemberrosen oder hie und da einmal ein vertrockneter, wurmstichiger Granatapfel herunterhingen. In diesem Viertel roch es überall nach Staub und Kaffee, nach schwelender Palmrinde, Stein und Schaffleisch. Die aus den Mauern gehöhlten Läden lagen weit auseinander; Janine spürte, wie ihre Beine schwer wurden. Aber die Laune ihres Mannes besserte sich allmählich, er fing an, seine Ware loszuwerden, und zeigte auch mehr Entgegenkommen; er nannte Janine ‹Kleines›, die Reise würde nicht umsonst sein. «Natürlich», sagte Janine, «es ist besser, sich direkt mit ihnen zu verständigen.»

Durch eine andere Straße gelangten sie wieder ins Zentrum. Der Nachmittag war schon vorgeschritten, der Himmel nun beinahe wolkenlos. Auf dem Platz blieben sie stehen. Marcel rieb sich die Hände, er betrachtete mit liebevollem Blick den Koffer zu ihren Füßen. «Schau», sagte Janine. Vom anderen Ende des Platzes her kam ein großer, hagerer, sehniger Araber; er trug einen himmelblauen Burnus, Handschuhe und weiche, gelbe Schaftstiefel; sein braun gebranntes Adlergesicht blickte stolz. Nur das lange, zum Turban geschlungene Tuch erlaubte, ihn von den französischen Verbindungsoffizieren zu unterscheiden, die Janine manchmal bewundert hatte. Er kam mit gleichmäßigen Schritten auf sie zu, schien jedoch über sie hinwegzublicken, während er langsam den einen Handschuh auszog. «Na», sagte Marcel achselzuckend, «das scheint mir auch einer, der sich für einen General hält.» Gewiss, alle trugen sie eine stolze Miene zur Schau, aber dieser hier übertrieb es nun wirklich. Obwohl der Platz rings um sie menschenleer war, schritt er geradenwegs auf den Koffer zu, ohne ihn zu beachten, ohne sie zu beachten. Dann wurde die

Entfernung schnell kleiner, und der Araber stieß schon beinahe mit ihnen zusammen, als Marcel plötzlich den Koffer beim Griff packte und zurückzog. Scheinbar ohne im Geringsten etwas wahrzunehmen, ging der andere vorbei und entfernte sich mit unveränderter Gemessenheit in Richtung auf die Wälle. Janine blickte ihren Mann an, er machte wieder sein entgeistertes Gesicht. «Sie meinen jetzt, sie dürften sich alles erlauben», sagte er. Janine gab keine Antwort. Sie verabscheute die alberne Überheblichkeit dieses Arabers und fühlte sich auf einmal unglücklich. Sie wollte fort, sie sehnte sich nach ihrer kleinen Wohnung. Der bloße Gedanke an die Rückkehr ins Hotel, in das eiskalte Zimmer, lähmte sie. Unvermittelt fiel ihr ein, dass der Wirt ihr geraten hatte, auf die Terrasse des Forts hinaufzusteigen, weil man von dort die Wüste sehen konnte. Sie machte Marcel diesen Vorschlag, den Koffer konnten sie im Hotel lassen. Aber er war müde und wollte vor dem Abendessen noch ein bisschen ruhen. «Bitte», sagte Janine. Er schaute sie mit plötzlich wacher Aufmerksamkeit an. «Aber natürlich, Liebes», sagte er.

Sie wartete auf der Straße vor dem Hotel. Die weiß gekleidete Menge wurde immer dichter. Es fand sich keine einzige Frau darunter, und Janine hatte den Eindruck, noch nie so viele Männer gesehen zu haben. Dabei schaute sie keiner an. Scheinbar ohne ihrer zu achten, wandten Einzelne ihr langsam das magere, wettergegerbte Gesicht zu, um dessentwillen sie in ihren Augen alle gleich aussahen, der französische Soldat im Bus, der Araber mit den Handschuhen – ein zugleich verschlagenes und stolzes Gesicht. Sie kehrten dieses Gesicht der Fremden zu, sie sahen sie nicht, und dann gingen sie leichtfüßig und lautlos rechts und links an ihr vorbei, während ihre Knöchel immer mehr anschwollen. Und ihr Unbehagen, ihr Verlangen, fortzukommen, wuchs. ‹Warum bin ich hierher gekommen?› Aber schon war Marcel zurück.

Als sie die Treppe zum Fort hinaufstiegen, war es fünf Uhr nachmittags. Der Wind hatte sich ganz gelegt. Der völlig wolkenlose Himmel war jetzt von verwaschenem Blau. Die wieder schärfere Kälte brannte auf ihren Wangen. Auf halber Höhe der Treppe fragte ein alter, an der Mauer liegender Araber, ob sie einen Führer wünschten, aber er fragte, ohne sich zu rühren, als wäre er im Voraus ihrer Ablehnung gewiss. Die Treppe war endlos und steil, obwohl man hie und da auf einen Absatz aus gestampfter Erde gelangte. Je höher sie stiegen, desto mehr weitete sich der Raum, und sie erhoben sich in ein immer grenzenloseres, kälteres und trockeneres Licht, in dem jedes Geräusch der Oase rein und deutlich zu ihnen drang. Die helle Luft schien rings um sie in Schwingung zu geraten, eine zunehmend länger anhaltende Schwingung, als entlocke ihr Schritt dem Kristall des Lichts eine stets weitere Kreise ziehende Klangwelle. Und im Augenblick, da sie auf die Terrasse traten und ihr Blick sich unvermittelt jenseits des Palmenhains in der Unendlichkeit des Horizonts verlor, kam es Janine vor, als erdröhne der Himmel in einem einzigen, kurzen, schmetternden Ton, dessen Widerhall nach und nach den ganzen sich über ihr wölbenden Raum ausfüllte, um dann wie auf einen Schlag abzubrechen und sie in Stummheit der grenzenlosen Weite anheimzugeben.

In der Tat konnte sie ihren Blick langsam von Osten nach Westen wandern lassen, ohne in dieser vollkommen geschwungenen Bahn einem einzigen Hindernis zu begegnen. Zu ihren Füßen lag das Gewirr der blauen und weißen Terrassen der arabischen Stadt, in die das dunkle Rot der an der Sonne trocknenden Pfefferfrüchte blutige Flecken streute. Man sah keinen Menschen, aber aus den Innenhöfen stiegen mit den Düften des röstenden Kaffees lachende Stimmen und undeutbares Fußgetrappel empor. Dahinter breitete sich der durch Lehmmauern in ungleiche Rechtecke geteilte Palmenhain, und in den Kronen rauschte ein Wind, den man auf der Terrasse oben schon nicht mehr spürte. In etwas weiterer Ferne begann das bis zum Horizont gedehnte, ocker und grau getönte Reich der Steine, in dem man nichts Lebendiges wahrnahm. Erst in einiger Entfernung von der Oase gewahrte man gegen Sonnenuntergang, nahe bei dem an den Palmenhain grenzenden Wasserlauf, große, schwarze Zelte. Ringsum stand reglos eine Herde Kamele, die aus dieser Entfernung winzig wirkten und auf dem grauen Boden die dunklen Zeichen einer seltsamen Schrift bildeten, deren Sinn es zu entziffern galt. Das über die Wüste liegende Schweigen war unumschränkt wie der Raum.

Janine lehnte mit ihrem ganzen Gewicht gegen die Brüstung, keines Wortes mächtig, unfähig, sich von der Leere loszureißen, die sich vor ihr auftat. Marcel neben ihr trat unruhig von einem Fuß auf den anderen. Ihm war kalt, er wollte wieder hinunter. Was gab es denn hier zu sehen? Sie aber vermochte ihren Blick nicht vom Horizont zu lösen. Dort drüben, noch weiter südlich, wo Himmel und Erde in einer reinen Linie ineinander übergingen, dort drüben, so schien ihr auf einmal, wartete etwas auf sie, das sie bis zu diesem Tag nicht gekannt und das ihr doch seit jeher gefehlt hatte. Im weiter vorschreitenden Nachmittag verlor das Licht unmerklich an Spannung; es war Kristall, jetzt verflüssigte es sich. Zur gleichen Zeit begann im Herzen einer Frau, die allein der Zufall hierher geführt hatte, ein von den Jahren, der Gewohnheit und der Langeweile geschürzter Knoten sich langsam zu lösen. Sie betrachtete das Lager der Nomaden. Sie hatte seine Bewohner nicht einmal zu Gesicht bekommen, nichts rührte sich zwischen den schwarzen Zelten, und dennoch musste sie jetzt unablässig an diese Menschen denken, von deren Existenz sie bis dahin kaum etwas geahnt hatte. Ohne Haus, ohne Verbindung mit der Welt zogen sie in kleinen Gruppen durch das weite Land, das der Blick ihr entdeckte und das doch nicht mehr war als ein winziger Teil einer noch größeren Weite, deren Schwindel erregende Flucht erst Tausende von Kilometern weiter südlich endete, dort, wo der erste Fluss endlich fruchtbarkeitbringend den Wald erzeugt. Über die trockene, bis auf den Knochen aufgekratzte Erde dieses Landes ohne Maß zog seit jeher ruhelos eine

Handvoll Menschen, die nichts besaßen, aber niemandem hörig waren, elende und freie Herren eines fremdartigen Reiches. Janine wusste nicht, warum diese Vorstellung sie mit einer so sanften und allumfassenden Traurigkeit erfüllte, dass sie die Augen schließen musste. Sie wusste nur, dass ihr dieses Reich seit Anbeginn der Zeiten verheißen war und dass sie es dennoch nie besitzen würde, nie mehr, außer vielleicht in diesem flüchtigen Augenblick, da sie die Augen wieder aufschlug, den mit einem Mal unbeweglichen Himmel gewahrte und die Fluten erstarrten Lichts, während die aus der arabischen Stadt aufsteigenden Stimmen jäh verstummten. Da schien ihr, dass der Lauf der Welt eben zum Stillstand gekommen sei und dass von dieser Sekunde an niemand mehr altern, niemand mehr sterben werde. Allüberall war von nun an das Leben angehalten, außer in ihrem Herzen, wo im selben Augenblick jemand Tränen des Kummers und des ungläubigen Staunens vergoss.

Aber das Licht begann sich zu bewegen, die klare, wärmelose Sonne neigte sich gen Westen, wo der Himmel sich leise rosa färbte, während im Osten eine graue Woge entstand und sich anschickte, sich langsam über die unermessliche Weite zu ergießen. Ein erster Hund heulte auf, und sein fernes Bellen erhob sich in die noch kälter gewordene Luft. Da merkte Janine, dass ihre Zähne aufeinander schlugen. «Man holt sich ja den Tod!», sagte Marcel. «Du bist unverantwortlich. Wir wollen zurück.» Aber er fasste unbeholfen nach ihrer Hand. Fügsam wandte sie sich jetzt von der Brüstung ab und folgte ihm. Der alte Araber auf der Treppe schaute ihnen unbeweglich nach, während sie zur Stadt hinunterstiegen. Ohne die Vorübergehenden zu sehen, schritt Janine vor sich hin, von einer plötzlichen, unendlichen Müdigkeit gebeugt, und schleppte ihren Körper, dessen Gewicht ihr nun unerträglich vorkam. Ihre Gehobenheit war verflogen. Jetzt fühlte sie sich zu groß, zu dick und auch zu weiß für die Welt, in die sie eben eingetreten war. Ein Kind, ein junges Mädchen, der dürre Mann, der leise Schakal waren die einzigen Lebewesen, die lautlos über diese Erde gehen konnten. Was sollte sie hier in Zukunft, außer sich dahinschleppen bis zum Schlaf, bis zum Tod?

Sie schleppte sich denn auch bis zum Restaurant, begleitet von ihrem plötzlich wortkargen Mann, der höchstens seiner Müdigkeit Ausdruck verlieh, während sie selbst ohne rechte Willenskraft gegen die Erkältung und das Fieber ankämpfte, das sie in sich aufsteigen spürte. Sie schleppte sich noch bis zum Bett, in das Marcel ihr nachfolgte; er löschte sofort das Licht, ohne sie erst zu fragen. Die Luft im Zimmer war eisig. Janine spürte, wie die Kälte von ihr Besitz ergriff, während gleichzeitig das Fieber rasch anstieg. Sie konnte kaum atmen, das Blut pulste in ihren Adern, ohne sie zu erwärmen. So etwas wie Angst wuchs in ihr. Sie drehte sich um, das alte Eisenbett ächzte unter ihrem Gewicht. Nein, sie wollte nicht krank werden. Ihr Mann schlief bereits, und auch sie wollte schlafen, sie musste. Der dumpfe Lärm der Stadt drang durch die Schießscharte bis zu ihr. Die ausgeleierten Phonographen der maurischen Cafés näselten Melodien, die ihr bekannt vorkamen und die sich mit dem Raunen einer langsam wogenden Menge vermischten. Sie musste schlafen. Aber sie zählte die schwarzen Zelte; hinter ihren Lidern weideten reglose Kamele; unendliche Einöden drehten sich im Kreis. Ja, warum war sie hierher gekommen? Über dieser Frage schlief sie ein.

Ein wenig später erwachte sie. Rings um sie herrschte völlige Stille. Aber am Rand der Stadt heulten heisere Hunde in die stumme Nacht. Janine fröstelte. Sie drehte sich wieder um, spürte die harte Schulter ihres Mannes an der ihren und schmiegte sich plötzlich halb im Schlaf an ihn. Sie trieb an der Oberfläche des Schlafes dahin, ohne in ihn hinabzusinken, sie klammerte sich mit unbewusster Gier an diese Schulter wie an ihre sicherste Zuflucht. Sie sprach, aber kein Ton drang aus ihrem Mund. Sie sprach, aber sie hörte kaum selber, was sie sagte. Sie spürte nur die von Marcel ausgehende Wärme. Seit über zwanzig Jahren war es so, jede Nacht, immer in seiner Wärme, immer sie beide, selbst wenn sie krank waren, selbst auf Reisen wie heute ... Was hätte sie übrigens allein zu Hause tun sollen? Kein Kind! War es nicht gerade das, was ihr fehlte? Sie wusste es nicht. Sie folgte Marcel, weiter nichts, und war froh zu spüren, dass jemand sie nötig hatte. Er schenkte ihr keine andere Freude als das Bewusstsein ihrer Notwendigkeit. Gewiss liebte er sie nicht. Die Liebe, selbst die Hassliebe, zeigt kein so mürrisches Gesicht. Aber welches ist ihr wahres Gesicht? Sie pflegten sich nachts zu lieben, tastend, ohne sich zu sehen. Gibt es eine andere Liebe als die der Dunkelheit, eine Liebe, die sich am hellheiteren Tag laut kundtäte? Sie wusste es nicht, aber sie wusste, dass Marcel sie nötig hatte und dass sie selbst dieses Nötigsein nötig hatte, dass es sie am Leben erhielt, in der Nacht wie am Tag, aber vor allem in der Nacht, jede Nacht, wenn er nicht allein sein wollte, nicht alt werden, nicht sterben, immer mit jenem eigensinnigen Ausdruck, den er anzunehmen pflegte und den sie manchmal in anderen Männergesichtern entdeckte – einziger gemeinsamer Ausdruck all dieser Narren, die sich mit dem Anschein der Vernunft tarnen, bis der Wahnsinn sie packt und verzweiflungsvoll dem Leib einer Frau entgegenschleudert, auf dass sie, ohne Verlangen zu spüren, all das Grauen in ihm verbergen, das Nacht und Einsamkeit ihnen zeigen.

Marcel bewegte sich ein wenig, wie um von ihr abzurücken. Nein, er hatte sie nicht lieb, er hatte bloß Angst vor allem, was nicht sie war, und sie und er hätten sich schon längst trennen sollen, um bis zum Ende allein zu schlafen. Aber wer vermag immer allein zu schlafen? Es gibt vereinzelt solche Menschen; sie hat Berufung oder Unglück von den anderen abgesondert, und nun schlafen sie jeden Abend im gleichen Bett wie der Tod. Marcel wäre nie dazu fähig, gerade er nicht, dieses schwache und wehrlose Kind, das jeder Schmerz verstörte, ihr Kind eben, das sie nötig hatte und das in diesem Augenblick eine Art Stöhnen vernehmen ließ. Sie schmiegte sich ein bisschen enger an ihn und legte ihm die Hand auf die Brust. Und still für sich rief sie ihn bei dem Kosenamen, den sie ihm in früheren Zeiten gegeben hatte und den sie noch hie und da ganz gedankenlos gebrauchten, wenn sie allein waren.

Sie rief ihn mit der ganzen Kraft ihres Herzens. Letzten Endes hatte auch sie ihn nötig, seine Kraft, seine kleinen Schrullen, auch sie hatte Angst vor dem Sterben. ‹Wenn ich diese Angst überwinden könnte, wäre ich glücklich …› Alsogleich überflutete sie eine unnennbare Beklemmung. Sie rückte von Marcel ab. Nein, sie überwand nichts, sie war nicht glücklich, in Wahrheit würde sie sterben, ohne erlöst worden zu sein. Ihr Herz tat ihr weh, sie erstickte unter einem ungeheuren Gewicht, das sie, wie sie plötzlich entdeckte, seit zwanzig Jahren mit sich schleppte und gegen das sie sich nun mit aller Kraft wehrte. Sie wollte erlöst werden, selbst wenn Marcel, selbst wenn alle anderen der Erlösung nie teilhaftig werden sollten! Hellwach richtete sie sich im Bett auf und lauschte auf einen Ruf, der aus der nächsten Nähe zu kommen schien. Aber aus der Tiefe der Nacht drangen nur die erschöpften und unermüdlichen Stimmen der Hunde der Oase. Es war wieder ein schwacher Wind aufgekommen, und sie hörte sein leises Wispern in den Palmen. Er kam von Süden, von dort, wo Nacht und Wüste sich jetzt unter dem von neuem unbeweglichen Himmel vermengten, wo das Leben stillstand, wo niemand mehr alterte oder starb. Dann versiegten die Wasser des Windes, und sie war nicht einmal mehr sicher, überhaupt etwas gehört zu haben, außer einem stummen Ruf, den sie schließlich nach Belieben schweigen heißen oder wahrnehmen konnte, aber dessen Sinn sie nie mehr erfahren würde, wenn sie ihm nicht augenblicklich folgte. Augenblicklich, ja, das wenigstens war gewiss!

Sie erhob sich leise und blieb unbeweglich neben dem Bett stehen, während sie auf den Atem ihres Mannes lauschte. Marcel schlief. Sogleich wich die Wärme des Bettes von ihr, und die Kälte überfiel sie. Sie tastete im schwachen Licht der Straßenlampen, das durch die geschlossenen Rollläden sickerte, nach ihren Kleidern und zog sich langsam an. Mit den Schuhen in der Hand schlich sie zur Tür. Sie verharrte noch ein paar Sekunden abwartend im Dunkeln, dann begann sie sachte zu öffnen. Der Türknauf quietschte, sie blieb wie erstarrt stehen. Ihr Herz schlug wild. Sie lauschte gespannt, nichts rührte sich; beruhigt drehte sie wieder ein wenig am Knauf. Das Öffnen schien endlos lange zu dauern. Endlich war es so weit: Sie schlüpfte hinaus und schloss die Tür wieder mit derselben Behutsamkeit. Dann presste sie die Wange gegen das Holz und wartete. Nach einem Weilchen vernahm sie Marcels ferne Atemzüge. Sie wandte sich um, die eisige Nachtluft peitschte ihr ins Gesicht, sie lief über die Galerie. Der Eingang des Hotels war geschlossen. Während sie sich mit dem Riegel abmühte, erschien mit verschlafenem Gesicht der Nachtportier oben an der Stiege und sagte etwas auf Arabisch. «Ich bin gleich zurück», erklärte Janine und stürzte sich in die Nacht.

Sternengeschmeide rankten vom schwarzen Himmel über die Palmen und Häuser herab. Sie lief durch die kurze, jetzt menschenleere Hauptstraße, die zum Fort führte. Die Kälte, die nicht mehr gegen die Sonne zu kämpfen brauchte, hatte von der Nacht Besitz ergriffen; die eisige Luft brannte in Janines Lungen. Aber halb blind rannte sie weiter durch die Dunkelheit. Nun tauchten am oberen Ende der Straße Lichter auf, die sich im Zickzack abwärts bewegten und auf sie zukamen. Sie blieb stehen und vernahm ein Geräusch wie Flügelschwirren, dann sah sie endlich hinter den immer größer werdenden Lichtern mächtige Burnusse, unter denen die zerbrechlichen Speichen von Fahrrädern aufblitzten. Die Burnusse streiften sie; drei rote Schlusslichter leuchteten in der schwarzen Nacht hinter ihr auf und verschwanden alsbald. Sie begann wieder zu laufen, dem Fort entgegen. Auf halber Höhe der Treppe wurde das Brennen der Luft in den Lungen so scharf, dass sie anhalten wollte. Ein letzter Anlauf schleuderte sie willenlos bis auf die Terrasse und an die Brüstung, die jetzt hart gegen ihren Leib drückte. Sie keuchte, alles verschwamm vor ihren Augen. Das Laufen hatte sie nicht erwärmt, sie zitterte noch immer an allen Gliedern. Aber die kalte Luft, die sie stoßweise in sich aufnahm, strömte bald gleichmäßig in sie ein, und inmitten der Schauer begann eine laue Wärme sich schüchtern auszubreiten. Endlich öffneten sich ihre Augen vor den Weiten der Nacht.

Nichts störte die Einsamkeit und Stille, die Janine umgaben, kein Hauch, kein Geräusch, außer zuweilen das dumpfe Knacken der Steine, die die Kälte zu Sand zerrieb. Nach einer Weile hatte sie indessen das Gefühl, der Himmel über ihr werde gleichsam von einer schwerfällig kreisenden Bewegung mitgezogen. In der Dichte der spröden und kalten Nacht bildeten sich unablässig Tausende von Sternen, und ihre schimmernden, sogleich losgelösten Eiskristalle begannen unmerklich dem Horizont entgegenzugleiten. Janine vermochte sich nicht von der Betrachtung dieser dahintreibenden Lichter loszureißen. Sie kreiste mit ihnen, und das gleiche unbewegliche Ziehen verband sie allmählich mit ihrem tiefinnersten Wesen, wo Kälte und Verlangen nun im Widerstreit lagen. Die Sterne vor ihren Augen fielen einer nach dem anderen herab und erloschen dann inmitten der Steine der Wüste, und jedes Mal erschloss Janine sich ein bisschen weiter der Nacht. Sie atmete frei, sie vergaß die Kälte, die menschliche Schwere, das wahngepeitschte oder erstarrte Dasein, die lange Bangigkeit des Lebens und des Sterbens. Nachdem sie so viele Jahre lang, vor der Angst fliehend, blindlings und ziellos dahingestürmt war, hielt sie nun endlich inne. Gleichzeitig hatte sie das Gefühl, zu ihren Wurzeln zurückzufinden, der Saft stieg wieder in ihren jetzt nicht mehr zitternden Körper empor. Den Leib fest an die Brüstung pressend, wartete sie, dass ihr noch immer aufgewühltes Herz ebenfalls die Ruhe finde und es still werde in ihr. Die letzten Sterne ließen ihre Trauben tiefer unten über dem Horizont der Wüste fallen und verhielten unbeweglich. Da begann mit unerträglicher Milde das Wasser der Nacht Janine zu erfüllen, es begrub die Kälte unter sich, von dem geheimen Mittelpunkt ihres Wesens stieg es nach und nach empor und drang in ununterbrochener Flut bis in ihren von Stöhnen übergehenden Mund. Im nächsten Augenblick breitete der ganze Himmel sich über ihr, die rücklings auf der kalten Erde lag.

Als Janine wieder mit derselben Behutsamkeit zurückkehrte, schlief Marcel immer noch. Aber er brummte, als sie sich niederlegte, und richtete sich ein paar Sekunden später jäh auf. Er sagte etwas, aber sie konnte seine Worte nicht verstehen. Er stand auf und zündete das Licht an, das sie wie eine Ohrfeige mitten ins Gesicht traf. Er ging schwankend zum Waschbecken und trank lange aus der Flasche Mineralwasser, die dort stand. Er wollte eben wieder unter die Decke schlüpfen und hatte schon ein Knie auf das Bett gestützt, als er sie anschaute, verständnislos. Sie weinte fassungslos, ohne ihren Tränen Einhalt gebieten zu können. «Es ist nichts, Liebling», sagte sie, «es ist nichts.»

Der Abtrünnige
oder
Ein verwirrter Geist

Was für ein Kuddelmuddel, was für ein Kuddelmuddel! Ich muss Ordnung in meinen Kopf bringen. Seit sie mir die Zunge abgeschnitten haben, läuft eine andere Zunge, was weiß ich, unaufhörlich in meinem Schädel, etwas redet oder vielleicht jemand, der dann plötzlich verstummt, und nachher fängt alles wieder von vorne an, oh, ich höre zu viele Dinge, die ich jedoch nicht weitersage, was für ein Kuddelmuddel, und wenn ich den Mund öffne, tönt es wie rollende Kiesel. Ordnung, eine Ordnung, sagt die Zunge, und zugleich spricht sie von anderen Dingen, ja, nach Ordnung hat mich immer verlangt. Eines wenigstens ist sicher: Ich warte auf den Missionar, der meine Stelle einnehmen soll. Ich befinde mich hier eine Stunde von Taghâza entfernt auf der Piste, ich halte mich zwischen ein paar Felsbrocken verborgen und sitze auf dem alten Gewehr. Der Morgen dämmert über die Wüste, es ist noch sehr kalt, gleich wird es zu heiß sein, dieses Land macht einen verrückt, und ich, seit so vielen Jahren, dass ich sie schon gar nicht mehr nachrechnen kann … Nein, noch ein bisschen ausgeharrt! Der Missionar muss heute Morgen kommen oder heute Abend. Ich habe gehört, er werde von einem Führer begleitet sein, vielleicht haben sie nur ein Kamel für sie beide. Ich werde warten, ich warte, die Kälte, die Kälte allein lässt mich zittern. Hab weiter Geduld, dreckiger Sklave!

Seit so langer Zeit schon gedulde ich mich. Als ich noch daheim war, auf jener Hochebene im Massif Central, mein Vater unflätig, meine Mutter grob, der Wein, jeden Tag die Specksuppe, vor allem der Wein, sauer und kalt, und der lange Winter, der eisige Wind, die Schneeverwehungen, die ekelhaften Farnkräuter, oh, ich wollte fort, sie Knall und Fall verlassen und endlich zu leben anfangen, in der Sonne, mit klarem Wasser. Ich glaubte dem Pfarrer, er erzählte mir vom Seminar, er beschäftigte sich jeden Tag mit mir, er hatte ja Zeit in dieser protestantischen Gegend, wo er die Mauern entlangstrich, wenn er das Dorf durchquerte. Er sprach mir von einer Zukunft und von der Sonne, der Katholizismus ist die Sonne, sagte er, und er hielt mich zum Lesen an, er hat mir Latein in meinen harten Schädel gehämmert, «intelligent dieser Kleine, aber ein rechter Maulesel», so hart war mein Schädel übrigens, dass er in meinem ganzen Leben, sooft ich auch umfiel, noch nie geblutet hat, «Kalbskopf», sagte mein Vater, dieses Schwein. Im Seminar waren sie alle stolz, Zuwachs aus dem protestantischen Gebiet, das war ein Sieg, sie sahen meinem Kommen entgegen wie der Sonne von Austerlitz. Eine blässliche Sonne allerdings, wegen des Alkohols, sie haben den sauren Wein getrunken, und ihre Kinder haben schlechte Zähne, kch kch, seinen Vater töten, das müsste man, aber keine Gefahr, wahrhaftig, dass er sich der Mission verschreibt, sintemal er schon lange tot ist, der saure Wein hat ihm schließlich den Magen zerlöchert, also bleibt nichts anderes, als den Missionar zu töten.

Ich habe eine Rechnung zu begleichen mit ihm und mit seinen Meistern, mit seinen Meistern, die mich betrogen haben, mit dem dreckigen Europa, alle haben sie mich betrogen. Die Mission, dieses Wort führten sie ständig im Mund, zu den Wilden gehen und ihnen sagen: «Hier bringe ich euch meinen Herrn, schaut ihn an, er schlägt nicht, und er tötet nicht, er gebietet mit sanfter Stimme, er hält die andere Wange hin, er ist der größte aller Herren, hanget ihm an, schaut, wie er mich zu einem besseren Menschen gemacht hat, beleidigt mich, dann werdet ihr schon sehen.» Ja, ich habe geglaubt, kch kch, und ich fühlte mich als besserer Mensch, ich war dicker geworden, ich war beinahe schön, mich verlangte nach Beleidigungen.

Wenn wir im Sommer in dicht gefügten schwarzen Reihen durch das sonnige Grenoble marschierten und Mädchen in leichten Kleidern begegneten, wandte ich für mein Teil die Augen nicht ab, ich verachtete sie, ich wartete darauf, dass sie mich beleidigen sollten, und manchmal lachten sie. Dann dachte ich: ‹Möchten sie mich doch schlagen und mir ins Gesicht spucken!› Aber ihr Lachen war eigentlich nichts anderes, seine Zähne und Stacheln zerfleischten mich, die Beleidigung und das Leiden waren süß! Mein Beichtvater begriff mich nicht, wenn ich mich schlecht machte. «Aber nein, Sie haben auch Gutes in sich!» Gutes! Sauren Wein hatte ich in mir, nichts weiter, und es war auch richtig so, wie soll man besser werden, wenn man nicht schlecht ist, das hatte ich aus allen ihren Lehren wohl herausgemerkt. Im Grunde hatte ich nur das begriffen, eine einzige Idee, und als intelligenter Maulesel blieb ich nicht auf halbem Wege stehen, ich heischte Bußübungen, ich kargte mit dem kärglichen Essen, kurz, ich wollte ebenfalls ein Beispiel sein, auf dass man mich sehe, und wenn man mich sah, dem Ehre erwies, was mich besser gemacht hatte, durch mich hindurch ehret meinen Herrn.

Unzähmbare Sonne! Sie geht auf, die Wüste wandelt sich, sie besitzt nicht mehr die Farbe der Bergzyklamen, oh, meine Berge, und der Schnee, der weiche mollige Schnee, nein, sie ist von etwas grauem Gelb, die undankbare Stunde vor dem großen Blenden. Nichts, noch immer nichts, bis zum Horizont dort drüben, wo die Hochebene in einem Kreis noch sanfter Farben verschwimmt. Hinter mir steigt die Piste bis zur Düne, die Taghâza, dessen eiserner Name seit so viel Jahren in meinem Kopf hämmert. Der Erste, der mir davon sprach, war der alte, halb blinde Priester, der zur Verrichtung seiner Andachtsübungen ins Kloster kam, aber wieso der Erste? Der Einzige war er, und was mich an seiner Erzählung in Bann schlug, war nicht die Stadt aus Salz, die weißen Mauern in der glühenden Sonne, sondern die Grausamkeit der wilden Bewohner und der Umstand, dass die Stadt allen Fremden verschlossen blieb, ein

Einziger unter all denen, die versucht hatten, in sie einzudringen, ein Einziger, so viel er wusste, hatte erzählen können, was er gesehen. Sie hatten ihn ausgepeitscht und in die Wüste hinausgejagt, nachdem sie Salz in seine Wunden und in seinen Mund gestreut, er hatte Nomaden getroffen, ausnahmsweise waren sie nicht fühllos, ein Glück, und ich träumte fortan von dieser Erzählung, vom Feuer des Salzes und des Himmels, vom Haus des Fetischs und seinen Sklaven, vermochte man sich etwas Barbarischeres, etwas Erregenderes auszudenken, ja, dort lag meine Aufgabe, und ich musste hingehen und ihnen meinen Herrn zeigen.

Was hat man mir im Seminar nicht alles entgegengehalten, um mich davon abzubringen, ich müsse zuwarten, es sei kein Land für eine Mission, ich sei nicht reif dafür, ich müsse mich besonders vorbereiten, wissen, wer ich sei, und dann müsse man mich erst noch erproben, und dann würde man sehen! Aber immer warten, o nein! Einverstanden meinetwegen mit der besonderen Vorbereitung und der Erprobung, denn sie fand in Algier statt und brachte mich somit meinem Ziele näher, aber im Übrigen schüttelte ich meinen harten Schädel und wiederholte immer das Gleiche, zu den wildesten Barbaren gehen und mit ihnen leben, ihnen in ihrer eigenen Umgebung und sogar im Hause des Fetischs durch das Beispiel zeigen, dass die Wahrheit meines Herrn stärker war. Sie würden mich zweifellos beleidigen, aber die Beleidigungen flößten mir keine Angst ein, sie gehörten zur Beweisführung, und durch die Art und Weise, wie ich sie erduldete, musste ich diese Wilden unterwerfen wie eine machtvolle Sonne. Machtvoll, ja, das war das Wort, von dem ich mir ohne Unterlass die Zunge kitzeln ließ, ich träumte von der unumschränkten Macht, jener Macht, die den Gegner zur Übergabe zwingt, sein Knie zur Erde beugt, ihn schließlich bekehrt, und je größer die Blindheit, die Grausamkeit, die Selbstsicherheit und Überzeugungstreue des Widersachers ist, desto lauter verkündet seine Unterwerfung die Herrlichkeit dessen, der seine Niederlage herbeigeführt hat. Biedere, ein bisschen in die Irre gegangene Leute zu bekehren, war das klägliche Ideal unserer Priester, ich verachtete sie, weil sie so viel vermochten und so wenig wagten, sie hatten den Glauben nicht, und ich hatte ihn, ich wollte selbst von den Henkersknechten anerkannt werden, sie in die Knie zwingen und ihnen den Ruf abtrotzen: «Herr, sieh deinen Sieg», kurz, ich wollte mit dem bloßen Wort über ein Heer von Ungerechten herrschen. Ah, ich war gewiss, in dieser Sache Recht zu haben, sonst war ich meiner selbst nie sehr sicher, aber wenn ich einmal eine Idee habe, lasse ich nicht mehr locker, das ist meine Stärke, jawohl, die eigene Stärke in mir, mit dem sie alle Mitleid hatten!

Die Sonne ist höher gestiegen, meine Stirn beginnt zu glühen. Die Steine rings um mich knacken dumpf, nur der Lauf des Gewehrs ist kühl, kühl wie die Wiesen, wie der Abendregen, einst, wenn die Suppe leise brodelte, sie warteten auf mich, mein Vater und meine Mutter, die mir manchmal zulächelten, vielleicht liebte ich sie. Aber das ist vorbei, ein Hitzeschleier beginnt von der Piste aufzusteigen, komm, Missionar, ich warte auf dich, ich weiß jetzt, was es der Botschaft zu erwidern gilt, meine neuen Herren haben mir die Lektion beigebracht, und ich weiß, dass sie Recht haben, man muss es der Liebe heimzahlen. Als ich aus dem Seminar in Algier floh, stellte ich sie mir anders vor, diese Barbaren, nur etwas hatte ich mir richtig ausgemalt, sie sind böse. Ich hatte die Kasse des Verwalters gestohlen und die Soutane ausgezogen, ich habe den Atlas überquert, die Hochebenen und die Wüste, der Fahrer der Transsahara-Gesellschaft warnte mich höhnisch, «geh nicht dorthin», auch er, was hatten sie bloß alle, und über Hunderte von Kilometern die Wogen von Sand, zerzaust, vom Wind vorwärts gepeitscht und wieder zurückgetrieben, und von neuem das Gebirge, lauter schwarze Zacken und Grate, scharf geschliffen wie Eisen, und dann musste man einen Führer nehmen, um über das Meer aus braunen Kieseln zu gehen, das kein Ende nehmen wollte, das vor Hitze brüllte und aus tausend feuergespickten Spiegeln brannte, bis zu jener Stelle an der Grenze zwischen der Erde der Schwarzen und dem weißen Land, wo die Stadt aus Salz sich erhebt. Und das Geld, das der Führer mir gestohlen hat, vertrauensselig, wie immer vertrauensselig, hatte ich es ihm gezeigt, er aber ließ mich auf der Piste, ungefähr hier, nachdem er mich geschlagen hatte, «Hund, dort ist der Weg, ich halte mein Wort, geh dorthin, sie werden es dir schon beibringen», und sie haben es mir beigebracht, o ja, sie sind wie die Sonne, die nicht aufhört, immerfort zu strafen, außer nachts, gleißend und hoffärtig, die mich in diesem Augenblick hart straft, zu hart, mit glühenden, plötzlich aus dem Boden aufschießenden Lanzen, o Zuflucht, ja Zuflucht unter dem großen Felsen, ehe alles sich verwirrt.

Der Schatten hier tut gut. Wie kann man in der sälzernen Stadt leben, auf dem Grund jenes von Weißglut erfüllten Beckens? Auf einer jeden der senkrechten, mit dem Pickel gehauenen und grob geglätteten Mauern sträuben sich die vom Werkzeug hinterlassenen Kerben wie blendende Schuppen, verwehter heller Sand gibt ihnen eine gelbliche Färbung, außer wenn der Wind die schroffen Wände und die Terrassen reinfegt, dann erglänzt alles in blitzender Weiße, und der Himmel ist ebenfalls bis zu seiner blauen Rinde abgeschrubbt. Blind wurde ich in jenen Tagen, da der Brand stundenlang unbeweglich über den weißen Terrassen prasselte, die sich alle zusammenzuschließen schienen, als hätten ihre Bewohner vor Zeiten einmal vereint einen Salzberg angegriffen, ihn zuerst eingeebnet und dann in der Substanz selber die Straßen, das Innere der Häuser und die Fenster ausgehöhlt, oder als hätten sie, ja, das ist besser, als hätten sie ihre weiße brennende Hölle mit kochendem Wasser wie mit einem Lötkolben ausgeschnitten, nur eben um zu zeigen, dass sie an einem Ort zu wohnen verstünden, wo sonst keiner es je vermöchte, dreißig Tage von allem Leben entfernt, in dieser Vertiefung inmitten der Wüste, wo die Hitze des Mittags jede Berührung zwischen den Menschen verbietet, ein Fallgatter unsichtbarer Flammen und siedender Kristalle zwischen ihnen aufrichtet, wo die Kälte der Nacht sie ohne Übergang einzeln in ihren Gemmenmuscheln erstarren lässt, nächtliche Bewohner einer trockenen Eisscholle, schwarze Eskimos, die auf einmal in ihren würfligen Iglus vor Kälte zittern. Schwarz, ja, denn sie sind in lange schwarze Tücher gekleidet, und das Salz, das Haut und Knochen durchdringt, dessen Bitterkeit man im Polarschlaf der Nächte auf der Zunge spürt, das man im Wasser der Quelle trinkt, der einzigen, in einer glänzenden Höhlung gesammelten, es hinterlässt auf ihren Gewändern manchmal schmierige Spuren wie Schnecken nach dem Regen.

Regen, o Herr, einen einzigen richtigen Regen, lang und kräftig, den Regen deines Himmels! Dann endlich würde die allmählich unterhöhlte, fürchterliche Stadt langsam und unaufhaltsam in sich zusammensinken und, gänzlich zu einem schleimigen Wildbach zerschmolzen, ihre grausamen Bewohner in den Sand hinausschwemmen. Einen einzigen Regen, Herr! Aber was denn, welcher Herr, sie sind die Herren! Sie herrschen über ihre unfruchtbaren Häuser, ihre schwarzen Sklaven, die sie im Bergwerk zu Tode schinden, und jede ausgehauene Salzplatte ist in den Ländern des Südens ein Menschenleben wert, sie gehen schweigend, in ihre Trauerschleier gehüllt, durch die mineralische Weiße der Straßen, und wenn die Nacht hereingebrochen ist und die ganze Stadt wie ein milchiger Schemen anmutet, treten sie gebückt in den Schatten der Häuser, wo die Wände aus Salz leise schimmern. Sie schlafen einen schwerelosen Schlaf, und sobald sie erwacht sind, erteilen sie ihre Befehle, sie schlagen drein und sagen, dass sie ein einziges Volk sind, dass ihr Gott der einzig wahre ist und dass man gehorchen muss. Sie sind meine Herren, sie kennen kein Mitleid, und nach Herrenart wollen sie allein sein, allein vorwärts schreiten, allein herrschen, da sie allein den Wagemut hatten, in Salz und Sand eine kalte, sengende Stadt zu bauen. Und ich …

Was für ein Kuddelmuddel, wenn die Hitze zunimmt, ich

schwitze, sie nie, jetzt wird auch der Schatten heiß, ich spüre die Sonne auf dem Stein über mir, sie sticht, sie hämmert auf alle Steine nieder, und das ist die Musik, die mächtige Musik des Mittags, Schwingung von Luft und Gestein über Hunderte von Kilometern, kch, wie früher wird die Stille mir vernehmbar. Ja, diese gleiche Stille war es, die mich vor Jahren empfing, als die Wächter mich in der Sonne vor sie führten, in die Mitte des Platzes, von dem aus die übereinander geschichteten Terrassen sich allmählich gegen den auf den Rändern des Beckens aufliegenden Deckel aus hartblauem Himmel erheben. Da lag ich, in der Vertiefung dieses weißen Schildes auf die Knie geworfen, die Augen zerstochen von den Schwertern aus Salz und Feuer, die aus allen Mauern zuckten, bleich vor Müdigkeit, das Ohr blutig vom Schlag, den der Führer mir gegeben hatte, und sie, groß und schwarz, schauten mich wortlos an. Der Tag stand in seiner Mitte. Unter den Hämmern der eisernen Sonne erklirrte der Himmel, weiß glühendes Blech, die gleiche Stille umfing mich, und sie schauten mich an, die Zeit verging, sie hörten nicht auf, mich anzuschauen, aber ich konnte ihren Blicken nicht standhalten, ich keuchte stärker und stärker, schließlich weinte ich, und plötzlich kehrten sie mir schweigend den Rücken und gingen alle zusammen in der gleichen Richtung davon. Auf den Knien liegend, sah ich unter den langen, dunklen, bei jedem Schritt wippenden Kleidern nur ihre salzschimmernden Füße in den roten und schwarzen Sandalen mit der leicht aufwärts geschwungenen Spitze und den leise klappernden Absätzen, und als der Platz leer war, schleppte man mich in das Haus des Fetischs.

Kauernd wie heute im Schutze des Felsens, und das Feuer über meinem Kopf dringt durch die Dichte des Gesteins, blieb ich mehrere Tage im schattigen Hause des Fetischs, das ein wenig höher ist als die anderen, umgeben von einem Salzwall, doch fensterlos, erfüllt von funkelnder Nacht. Mehrere Tage, und man gab mir einen Napf mit brackigem Wasser und Körner, die man mir hinwarf wie den Hühnern, ich las sie auf.

Tagsüber blieb die Tür verschlossen, und doch wurde das Dunkel lichter, als gelänge es der unwiderstehlichen Sonne, sich einen Weg durch die Salzmassen zu bahnen. Keine Lampe, aber wenn ich mich die Wände entlangtastete, berührte ich Girlanden von dürren Palmblättern, die die Mauern schmückten, und im Hintergrund eine kleine, grob gehauene Tür, deren Riegel ich mit den Fingerspitzen befühlte. Später, viel später, ich vermochte die Tage oder Stunden nicht zu zählen, aber man hatte mir eine Handvoll Körner etwa zehnmal hingeworfen, und ich hatte ein Loch gegraben für meinen Kot, den ich bedeckte, jedoch vergebens, der Zwingergeruch haftete in der Luft, ja, viel später öffneten sich beide Flügel der Tür, und sie kamen herein.

Einer von ihnen trat auf mich zu, der ich in einer Ecke kauerte. Ich spürte an meiner Wange das Feuer des Salzes, ich atmete den Staubgeruch der Palmen, ich sah ihn kommen. Einen Meter vor mir blieb er stehen, starrte mich schweigend an, ein Zeichen, ich stand auf, er starrte mich an aus seinen Metallaugen, die ausdruckslos in seinem braunen Pferdegesicht glänzten, dann erhob er die Hand. Immer noch unbeteiligt fasste er mich bei der Unterlippe, langsam begann er zu schrauben, bis das Fleisch aufriss, und zwang mich dann, ohne die Zange der Finger zu lösen, mich um mich selber zu drehen und zurückzuweichen in die Mitte des Raums, er zog an meiner Lippe, sodass ich dort wie betäubt mit blutendem Mund auf die Knie fiel, dann kehrte er sich ab und gesellte sich zu den anderen, die den Wänden entlangstanden. Sie schauten zu, wie ich stöhnte im unerträglichen Brand des schattenlosen Tages, der durch die weit geöffnete Tür floss, und in diesem Licht tauchte der Zauberer auf, das Haupt mit Basthaar bedeckt, den Oberkörper in einem Panzer von Perlen, mit nackten Beinen unter einem Strohrock, einer Maske aus Schilf und Gras, in der zwei rechteckige Öffnungen ausgeschnitten waren für die Augen. Ihm folgten Musikanten und Frauen in schweren bunten Gewändern, die nichts von ihrem Körper verrieten. Sie tanzten vor der hinteren Tür, aber einen ungeschlachten Tanz mit kaum angedeutetem Rhythmus, sie bewegten sich, weiter nichts, und schließlich öffnete der Zauberer die kleine Tür hinter mir, die Meister rührten sich nicht, sie schauten mich an, ich wandte mich um und sah den Fetisch, seinen axtgleichen Doppelkopf, seine wie eine Schlange gewundene Nase aus Eisen.

Man trug mich vor ihn, an den Fuß des Sockels, man gab mir ein schwarzes Wasser zu trinken, ein bitteres, bitteres Wasser, und alsbald fing mein Kopf an zu brennen, ich lachte, das ist die Beleidigung, ich bin beleidigt worden. Sie zogen mir die Kleider aus, schoren mir Schädel und Leib kahl, wuschen mich mit Öl, schlugen mir mit wasser- und salzgetränkten Seilen ins Gesicht, und ich lachte und wandte den Kopf ab, aber jedes Mal nahmen zwei Frauen mich bei den Ohren und boten mein Gesicht den Schlägen des Zauberers dar, von dem ich nur die viereckigen Augen sah, ich lachte noch immer, blutüberströmt. Sie hielten inne, niemand sprach, nur ich, das Kuddelmuddel begann schon in meinem Kopf, dann hoben sie mich auf und zwangen mich, die Augen auf den Fetisch zu richten, ich lachte nicht mehr. Ich wusste, dass ich ihm jetzt geweiht war, um ihm zu dienen, ihn anzubeten, nein, ich lachte nicht mehr, die Angst und der Schmerz erstickten mich. Und dort in diesem weißen Haus, zwischen diesen Mauern, die die Sonne draußen mit Feuereifer versengte, ja, dort versuchte ich mit angespanntem Gesicht und erschöpftem Gedächtnis zum Fetisch zu beten, es gab nur ihn, und sein fürchterliches Gesicht war sogar weniger fürchterlich als der Rest der Welt. Nun fesselten sie meine Knöchel mit einem Strick, der die Länge meines Schritts freigab, dann tanzten sie wieder, aber diesmal vor dem Fetisch, und die Mister gingen einer nach dem anderen hinaus.

Als die Tür sich hinter ihnen geschlossen hatte, wieder Musik, und der Zauberer zündete ein Feuer von Palmrinde an, um das herum er hüpfte, seine Silhouette brach sich in den Winkeln der weißen Wände, zuckte auf den glatten Flächen, füllte den Raum mit tanzenden Schatten. Er zeichnete ein

Rechteck in einen Winkel, die Frauen schleppten mich dorthin, ich spürte ihre trockenen und weichen Hände, sie stellten einen Napf mit Wasser und ein Häufchen Körner neben mich und wiesen auf den Fetisch, ich begriff, dass ich die Augen auf ihn gerichtet halten musste. Dann rief der Zauberer sie eine nach der anderen zum Feuer, er schlug mehrere, sie stöhnten und warfen sich nachher vor dem Fetisch, meinem Gott, nieder, während der Zauberer wiederum tanzte, und sie mussten alle hinausgehen, bis nur noch eine zurückblieb, eine ganz junge, die bei den Musikanten kauerte und noch nicht geschlagen worden war. Er hielt sie an ihrem Zopf, den er immer enger um seine Faust schlang, mit aus den Höhlen tretenden Augen hing ihr Kopf nach hinten, bis sie endlich auf den Rücken fiel. Der Zauberer ließ sie los und schrie, die Musikanten kehrten sich der Wand zu, während hinter der Maske mit den rechteckigen Augen der Schrei anschwoll bis zur Grenze des Möglichen, und die Frau wälzte sich in Zuckungen am Boden, und auf allen vieren endlich, den Kopf in den verschränkten Armen vergraben, schrie auch sie, aber dumpf, und so, ohne aufzuhören zu brüllen und den Fetisch anzuschauen, besprang sie der Zauberer hurtig und böse, ohne dass man das jetzt unter den schweren Falten des Kleides verborgene Gesicht der Frau sehen konnte. Und ich, schrie ich nicht auch, von Sinnen in meiner Einsamkeit, brüllte ich nicht vor Entsetzen dem Fetisch entgegen, bis ein Fußtritt mich an die Mauer schleuderte, wo ich in Salz biss, wie ich heute in den Felsen beiße mit meinem Mund ohne Zunge, während ich auf den warte, den ich töten muss.

Nun hat die Sonne den Zenit ein wenig überschritten. Zwischen den Spalten des Felsens sehe ich das Loch, das sie in das überhitzte Metall des Himmels brennt, einen Mund, gesprächig wie der meine, und der unaufhörlich Flammenströme über die farblose Wüste speit. Auf der Piste vor mir nichts, kein Stäubchen am Horizont, hinter mir suchen sie mich wohl, nein, noch nicht, am späten Nachmittag erst öffnete man die

Tür, damit ich ein bisschen hinausgehen konnte, nachdem ich den ganzen Tag das Haus des Fetischs gereinigt und die Opfergaben erneuert hatte, und am Abend begann dann die Zeremonie, in deren Verlauf ich manchmal geschlagen wurde und manchmal nicht, aber immer diente ich dem Fetisch, dem Fetisch, dessen Bild mir mit dem Eisen ins Gedächtnis gebrannt ist und jetzt auch in die Hoffnung. Noch nie hatte ein Gott mich so in seinen Besitz und seinen Dienst genommen, mein ganzes Leben war ihm Tag und Nacht geweiht, und der Schmerz und das Fehlen von Schmerz, denn ist nicht das Freude?, waren sein, und selbst, ja selbst das Verlangen, da ich nun beinahe jeden Tag jener unpersönlichen und bösen Vereinigung beiwohnen musste, die ich hörte, ohne sie zu sehen, denn ich war jetzt gezwungen, mich der Wand zuzukehren, wollte ich nicht geschlagen werden. Von den tierischen Schatten überflackert, die auf der Wand zuckten, drückte ich mein Gesicht an das Salz, hörte den langen Schrei, und meine Kehle war trocken, und ein glühendes Verlangen ohne Geschlecht schnürte mir Schläfen und Leib. So folgte Tag auf Tag, ich unterschied sie kaum voneinander, als verflüssigten sie sich in der sengenden Hitze und der tückischen Rückstrahlung der Salzmauern, die Zeit war nur mehr ein gestaltloses Plätschern, in dem einzig in regelmäßigen Abständen Schreie des Schmerzes oder des Besitzens ertönten, ein langer, altersloser Tag, da der Fetisch herrschte wie diese blutrünstige Sonne über meinem Felsenhaus, und jetzt wie damals weine ich vor Unglück und vor Verlangen, von einer bösen Hoffnung verzehrt, ich will verraten, ich lecke den Lauf meines Gewehrs und seine Seele im Inneren, seine Seele, die Gewehre allein besitzen eine Seele, o ja, am Tag, da man mir die Zunge abschnitt, habe ich gelernt, die unsterbliche Seele des Hasses anzubeten!

Was für ein Kuddelmuddel, was für eine Raserei, kch, kch, trunken vor Hitze und Zorn, zu Boden geworfen, auf meinem Gewehr liegend! Wer keucht da? Ich kann diese unaufhörliche Hitze nicht länger ertragen, dieses Warten, ich muss ihn töten. Kein Vogel, kein Grashalm, Steine, ein dürres Verlangen, Schweigen, ihre Schreie, diese Zunge in mir, die spricht, und seitdem sie mich verstümmelt haben, das lange Leiden, flach und öde, selbst des Wassers der Nacht beraubt, jener Nacht, von der ich träumte, wenn ich mit dem Gott in meinem sälzernen Bau eingeschlossen war. Einzig die Nacht mit ihren kühlen Sternen und ihren dunklen Brunnen vermochte mich zu retten, mich endlich den bösen Göttern der Menschen zu entreißen, aber ich blieb stets eingeschlossen und konnte sie nicht betrachten. Wenn der andere noch lange nicht kommt, werde ich sie wenigstens aus der Wüste aufsteigen und den Himmel überfluten sehen, kalte goldene Traube, die vom dunklen Zenit herabhängen wird und wo ich nach Herzenslust werde trinken können, jenes schwarze ausgetrocknete Loch befeuchten, das von keinem lebenden, geschmeidigen Muskel aus Fleisch mehr gekühlt wird, endlich jenen Tag vergessen, da der Wahnsinn mich bei der Zunge fasste.

Wie heiß es war, heiß, das Salz schmolz, so kam es mir wenigstens vor, die Luft zerfraß meine Augen, und der Zauberer trat ein ohne Maske. Beinahe nackt unter einem grauen zerlumpten Kleid folgte ihm eine neue Frau, deren Gesicht von einer die Maske des Fetischs nachzeichnenden Tätowierung bedeckt war und nichts anderes ausdrückte als eine böse götzenhafte Starrheit. Einzig ihr dünner, flacher Körper lebte, er sank zu Füßen des Gottes zusammen, als der Zauberer die Tür der hinteren Kammer aufschloss. Dann ging er hinaus, ohne mich anzusehen, die Hitze nahm zu, ich rührte mich nicht, der Fetisch schaute mich an über den unbeweglichen Leib hinweg, dessen Muskeln leise zuckten, und das Götzengesicht der Frau veränderte sich nicht, als ich mich ihm näherte. Nur ihre Augen wurden größer, während sie mich starr anblickten, meine Füße berührten die ihren, da fing die Hitze an zu brüllen, und das Götzenbild sagte nichts, schaute mich aus seinen geweiteten Augen an und drehte sich allmählich auf den Rücken, zog langsam die Beine an und hob sie in die Höhe, während es die Knie sanft auseinander bog. Aber sogleich darauf, kch, der Zauberer hatte mich belauert, traten sie alle ein und entrissen mich der Frau, schlugen mich entsetzlich auf die Stelle der Sünde, der Sünde, welcher Sünde, dass ich nicht lache, wo ist sie und wo die Tugend, sie drückten mich an die Mauer, eine stählerne Hand umklammerte meine Kiefer, eine andere öffnete mir den Mund und zog an meiner Zunge, bis sie blutete, war ich das, der da schrie wie ein Tier, eine schneidende und kühle Liebkosung, ja, endlich kühl, strich über meine Zunge. Als ich wieder zu mir kam, war ich allein im Dunkeln, eng an die Wand geschmiegt, von verkrustetem Blut bedeckt, ein Knebel von seltsam riechenden getrockneten Kräutern steckte in meinem Mund, er blutete nicht mehr, aber er war leer, und in dieser Leere lebte einzig ein quälender Schmerz. Ich wollte aufstehen und fiel zu Boden, glücklich, verzweifelt glücklich, endlich zu sterben, auch der Tod ist kühl, und in seinem Schatten wohnt kein Gott.

Ich bin nicht gestorben, ein junger Hass stand eines Tages mit mir zusammen auf, ging zur Tür der hinteren Kammer, öffnete sie und schloss sie hinter mir, ich hasste die Meinen, der Fetisch war da, und aus der Tiefe des Abgrunds, in dem ich mich befand, betete ich nicht nur zu ihm, nein, ich glaubte an ihn und schwor allem ab, was ich bis dahin geglaubt hatte. Heil, er war die Kraft und die Macht, und man konnte ihn zerstören, doch nicht bekehren, mit seinen leeren verrosteten Augen schaute er über meinen Kopf hinweg. Heil, er war der Meister, der einzige Herr, dessen unbestreitbares Merkmal die Bosheit war, es gibt keine guten Meister. Ich war so beleidigt worden, dass ein einziger Schmerz meinen ganzen Körper zum Schreien brachte, und zum ersten Mal gab ich mich dem Fetisch hin und billigte seine Unheil stiftende Ordnung, ich betete in ihm das böse Prinzip der Welt an. Gefangener seines Reichs, der unfruchtbaren, in einen Salzberg gehauenen Stadt, die von der Natur abgeschnitten war, der flüchtigen und seltenen Blütezeiten der Wüste beraubt, jenen Zufällen oder Zärtlichkeiten entzogen, die selbst der Sonne oder den Sandböden zuteil werden, eine unvermutete Wolke, ein kurzer Platzregen, Gefangener der Stadt der Ordnung, der rechten Winkel, der viereckigen Räume, der steifen Menschen, freiwillig machte ich mich zu ihrem hasserfüllten, gemarterten Untertan, ich verleugnete die lange Geschichte, die man mich gelehrt hatte. Man hatte mich betrogen, einzig das Reich der Bosheit war fugenlos, man hatte mich betrogen, die Wahrheit ist viereckig, schwer und dicht, sie verträgt keine Abstufungen, das Gute ist ein Traum, ein unaufhörlich hinausgeschobenes und mit erschöpfendem Bemühen verfolgtes Vorhaben, eine Grenze, die man nie erreicht, sein Reich ist unmöglich, einzig das Böse kann bis zu seinen Grenzen gehen und unumschränkt herrschen, ihm muss man dienen, um sein Reich sichtbar aufzurichten, später wird man weitersehen, später, was soll das heißen, einzig das Böse ist gegenwärtig, nieder mit Europa, der Vernunft, der Ehre und dem Kreuz. Ja, ich musste mich zu dem Glauben meiner Meister bekehren, ja ja, ich war ein Sklave, aber wenn auch ich böse bin, bin ich kein Sklave mehr, trotz meiner gefesselten Füße und meines stummen Mundes. Oh, diese Hitze macht mich wahnsinnig, die Wüste schreit überall in dem unerträglichen Licht, und ihm, dem anderen, dem Herrn der Sanftmut, dessen bloßer Name mich mit Abscheu erfüllt, ihm schwöre ich ab, denn jetzt kenne ich ihn. Er träumte, und er wollte lügen, man hat ihm die Zunge abgeschnitten, damit sein Wort die Welt nicht mehr betrügt, man hat ihn mit Nägeln durchbohrt, sogar den Kopf, seinen armen Kopf, wie jetzt der meine, was für ein Kuddelmuddel, wie müde ich bin, und die Erde hat nicht gebebt, dessen bin ich gewiss, nicht einen Gerechten hat man umgebracht, ich weigere mich, das zu glauben, es gibt keine Gerechten, sondern böse Meister, die der unerbittlichen Wahrheit zur Herrschaft verhelfen. Ja, allein der Fetisch hat die Macht, er ist der einzige Gott auf dieser Welt, der Hass ist sein Gebot, die Quelle allen Lebens, das frische Wasser, frisch wie die Minze, die den Mund kühlt und den Magen verbrennt.

Da bin ich ein anderer geworden. Sie merkten es, ich küsste ihnen die Hand, wenn ich ihnen begegnete, ich gehörte zu ihnen, bewunderte sie stets aufs Neue, vertraute ihnen, ich hoffte, sie würden die Meinen verstümmeln, wie sie mich verstümmelt hatten. Und als ich erfuhr, dass der Missionar kommen werde, wusste ich, was ich zu tun hatte. Jener Tag, der gleich war wie alle anderen, dieser eine blendende Tag, der schon so lange dauerte! Am späten Nachmittag sah man einen Wächter auftauchen, der auf dem Rand des Beckens dahinrannte, und ein paar Minuten später wurde ich ins Haus des Fetischs geschleppt und die Tür geschlossen. Einer von ihnen hielt mich im Dunkeln mit der Drohung seines kreuzförmigen Säbels am Boden nieder, und die Stille währte lange, bis schließlich ein ungewohnter Lärm die sonst so ruhige Stadt erfüllte, Stimmen, die ich lange nicht verstand, weil sie meine Sprache redeten, aber sobald sie erklangen, senkte sich die Spitze der Klinge auf meine Augen, und mein Wächter starrte mich schweigend an. Da näherten sich zwei Stimmen, die ich jetzt noch höre, die eine fragte, warum dieses Haus bewacht werde, ob man die Tür aufbrechen solle, Herr Leutnant, und die andere sagte «Nein», in knappem Ton, und nach einer Weile fügte sie hinzu, es sei ein Abkommen getroffen worden, wonach die Stadt eine Garnison von zwanzig Mann dulden werde unter der Bedingung, dass sie außerhalb der Stadtwälle lagerten und die Bräuche achteten. Der Soldat lachte, sie geben klein bei, aber der Offizier war nicht so sicher, auf jeden Fall ließen sie es zum ersten Mal zu, dass jemand kam, um sich der Kinder anzunehmen, und das sollte der Feldprediger sein, mit dem Land würde man sich später befassen. Der andere sagte, sie würden dem Feldprediger das Bewusste abschneiden, wenn die Soldaten nicht zur Stelle wären. «O nein!», antwortete der Offizier, «Pater Beffort wird sogar vor der Garnison eintreffen, in zwei Tagen wird er hier sein.» Ich hörte nichts weiter, unbeweglich unter der Klinge geduckt, es tat weh, ein Rad von Nadeln und Messern drehte sich in mir. Sie waren verrückt, sie waren verrückt, sie ließen es zu, dass man an ihre Stadt rührte, an ihre unbesiegbare Macht, an den wahren Gott, und dem anderen, demjenigen, der kommen sollte, würde man nicht die Zunge abschneiden, er würde sich mit seiner unverschämten Güte brüsten, ohne etwas zu bezahlen, ohne Beleidigungen zu erdulden. Die Herrschaft des Bösen würde verzögert, es würde wieder Zweifel geben, von neuem würde man seine Zeit damit verlieren, vom unmöglichen Guten zu träumen, sich in fruchtlosen Bemühungen erschöpfen, anstatt das Kommen des einzig möglichen Reiches zu beschleunigen, und ich schaute die Klinge an, die mich bedrohte, o Macht, die du allein herrschest über die Welt! O Macht, und die Stadt entleerte sich nach und nach ihrer Geräusche, die Türen wurden endlich geöffnet, und ich blieb allein mit dem Fetisch, versengt und bitter, und ich schwor ihm, meinen neuen Glauben zu retten, meine wahren Meister, meinen herrschsüchtigen Gott, ich schwor ihm, ein guter Verräter zu sein, was immer es mich kosten mochte.

Kch, die Hitze lässt ein wenig nach, die Steine vibrieren nicht mehr, ich kann aus meinem Loch heraustreten und schauen, wie die Wüste sich nach und nach mit allen Tönungen von Gelb und Ocker und bald auch Violett überzieht. In der folgenden Nacht wartete ich, bis sie schliefen, ich hatte das Schloss der Tür gesperrt, mit dem gewohnten, vom Strick bemessenen Schritt ging ich hinaus, ich kannte die Straßen, ich wusste, wo ich das alte Gewehr finden würde, welcher Ausgang nicht bewacht war, und ich gelangte hierher zu der Zeit, da sich die Nacht um eine Handvoll Sterne herum entfärbt, während die Wüste etwas dunkelt. Und jetzt scheint mir, ich kauere schon seit Tagen in diesen Felsen. Schnell, schnell, oh, dass er doch schnell käme! Gleich werden sie anfangen, mich zu suchen, nach allen Seiten werden sie auf den Pisten ausschwärmen, sie wissen nicht, dass ich ihretwegen fortgegangen bin, um ihnen besser zu dienen, meine Beine sind schwach, trunken vor Hunger und Hass. Oh, oh, dort drüben, kch, kch, am Ende der Piste, tauchen zwei Kamele auf, werden größer, traben im Passgang, von kurzen Schatten bereits überholt, sie laufen auf die lebhafte und verträumte Art, an der man sie immer erkennt. Da sind sie endlich, da sind sie.

Das Gewehr, schnell, und schnell entsichert. O Fetisch, mein Gott dort drüben, auf dass deine Macht erhalten bleibe, die Beleidigung sich vermehre, der Hass gnadenlos über eine Welt von Verdammten herrsche, das Böse auf immer Herr sei und endlich das Reich komme, da in einer einzigen Stadt von Salz und Eisen schwarze Tyrannen mitleidlos unterjochen und besitzen! Und jetzt, kch, kch, Feuer auf das Mitleid, Feuer auf die Ohnmacht und ihre Nächstenliebe, Feuer auf alles, was das Kommen des Bösen verzögert, zweimal Feuer, und da fallen sie nach hinten, stürzen zu Boden, und die Kamele fliehen geradeaus zum Horizont, wo ein Geiser schwarzer Vögel sich eben in den unveränderten Himmel erhoben hat. Ich lache, lache, dieser dort windet sich in seinem verabscheuten Gewand, er richtet den Kopf ein wenig auf, sieht mich, mich, seinen allmächtigen Meister mit den gefesselten Füßen, warum lächelt er mir zu, ich zerschmettere dieses Lächeln! Wie gut tönt das Geräusch des Kolbens auf dem Gesicht der Güte, heute, heute endlich ist alles vollbracht, und überall in der Wüste, in stundenweiter Entfernung, wittern Schakale in den nicht vorhandenen Wind und setzen sich dann in Bewegung, laufen in einem kleinen geduldigen Trab dem Aasmahl entgegen, das ihrer harrt. Sieg! Ich erhebe die Arme zum Himmel, der weich wird, am gegenüberliegenden Rand ahnt man einen violetten Schatten, o Nächte Europas, Heimat, Kindheit, warum muss ich weinen im Augenblick des Triumphs?

Er hat sich bewegt, nein, das Geräusch kommt von anderswo, von der anderen Seite dort drüben, sie sind es, sie stürzen herbei wie ein Schwarm dunkler Vögel, meine Meister, sie werfen sich auf mich, o ja, schlagt zu, sie fürchten, ihre Stadt aufbrüllend zerfetzt zu sehen, sie fürchten die Rache der Soldaten, die ich, das eben musste sein, auf die heilige Stadt herabrief. Verteidigt euch jetzt, schlagt zu, schlagt mich zuerst, ihr besitzt die Wahrheit! O meine Meister, dann werden sie die Soldaten besiegen, sie werden das Wort und die Liebe besiegen, sie werden die Wüsteneien durchqueren und über die Meere fahren, das Licht Europas mit ihren schwarzen Schleiern verdunkeln, schlagt auf den Leib, ja, schlagt auf die Augen, werden ihr Salz auf dem Kontinent aussäen, alles Pflanzenleben, alle Jugend wird erlöschen, und stumme Menschenheere mit gefesselten Füßen werden mir zur Seite unter der grausamen Sonne des wahren Glaubens durch die Wüste der Welt ziehen, ich werde nicht mehr allein sein. Ah, wie weh tun sie mir, wie weh, ihr Wüten tut wohl, und auf dem Kriegersattel, auf dem sie mich jetzt in Stücke reißen, Mitleid, lache ich, ich liebe den Schlag, der mich kreuzigt.

Wie still die Wüste ist! Schon ist es Nacht, und ich bin allein, mich dürstet. Wieder warten, wo ist die Stadt, dieser Lärm in der Ferne, und vielleicht siegen die Soldaten, nein, das darf nicht sein, sogar wenn die Soldaten siegen, sind sie nicht böse genug, sie werden nicht zu herrschen verstehen, sie werden immer noch sagen, man müsse besser werden, und immer noch schwanken Millionen von Menschen verstört und zerrissen zwischen Böse und Gut, o Fetisch, warum hast du mich verlassen? Alles ist zu Ende, mich dürstet, mein Leib brennt, dunklere Nacht füllt meine Augen.

Dieser lange, dieser lange Traum, ich erwache, doch nein, ich werde sterben, der Morgen graut, für andere Lebende der Tag, für mich die erbarmungslose Sonne, die Fliegen. Wer spricht, niemand, der Himmel öffnet sich nicht, nein, nein, Gott spricht nicht in der Wüste, und doch, woher kommt diese Stimme, die sagt: «Wenn du bereit bist, um des Hasses und der Macht willen zu sterben, wer wird uns dann vergeben?» Ist es eine andere Zunge in mir oder immer noch dieser hier zu meinen Füßen, der nicht sterben will und ständig wiederholt: «Mut, Mut, Mut»? Ach wenn ich mich wiederum getäuscht hätte! Menschen, die ihr ehemals Brüder wart, einzige Zuflucht, o Einsamkeit, verlasst mich nicht! Hier, hier, wer bist du, zerrissen, mit blutendem Mund, du bist es, Zauberer, die Soldaten haben dich besiegt, dort drüben brennt das Salz, du bist es, mein geliebter Meister! Lass dieses Hassgesicht, sei gut jetzt, wir haben uns getäuscht, wir wollen von vorne anfangen, wir werden die Stadt des Erbarmens neu erbauen, ich will heim. Ja, hilf mir, so ist's recht, reich deine Hand, gib ...

Eine Handvoll Salz verschloss den Mund des geschwätzigen Sklaven.

Jonas oder
Der Künstler bei der Arbeit

Nehmt mich und werft mich ins Meer ...
Denn ich weiß, dass solch groß Ungewitter
über euch kommt um meinetwillen.
Jonas I, 12

Gilbert Jonas, Kunstmaler, glaubte an seinen Stern. Das war übrigens das Einzige, woran er glaubte, obwohl er eine gewisse Achtung und sogar etwas wie Bewunderung für die Religion der anderen empfand. Sein eigenes Glaubensbekenntnis war indessen nicht aller Löblichkeit bar, da es darin bestand, im Grunde seines Herzens zuzugeben, dass er viel verlangen werde, ohne dabei je ein Verdienst zu haben. So zeigte er sich denn auch keineswegs überrascht, als etwa in seinem fünfunddreißigsten Jahr rund ein Dutzend Kritiker sich plötzlich den Ruhm streitig machte, sein Talent entdeckt zu haben. Seine hie und da als Dünkel ausgelegte heitere Seelenruhe erklärte sich im Gegenteil ganz einfach aus einer vertrauensvollen Bescheidenheit. Jonas ließ nicht so sehr seinen eigenen Verdiensten als seinem Stern Gerechtigkeit widerfahren.

Er zeigte sich schon ein wenig erstaunter, als ein Kunsthändler ihm einen monatlichen Wechsel antrug, der ihn aller Sorgen entheben würde. Umsonst suchte der Architekt Rateau, der Jonas und seinem Stern seit der Gymnasialzeit zugetan war, ihm klarzumachen, dass diese monatliche Zuwendung ihm ein kaum eben menschenwürdiges Dasein sicherte, während der Händler reichlich auf seine Rechnung kommen werde. «Immerhin», sagte Jonas. Rateau, der in allen seinen

Unternehmungen Erfolg hatte, allerdings dank seiner streitbaren Tatkraft, machte seinem Freund Vorhaltungen. «Was heißt schon immerhin? Verhandeln muss man.» Es half alles nichts. In seinem Herzen dankte Jonas seinem Stern. «Mir soll's recht sein», sagte er dem Händler. Und er gab die Tätigkeit auf, die er im väterlichen Verlagsunternehmen ausübte, um sich völlig der Malerei zu widmen. «Das nenne ich Glück!», sagte er.

Bei sich dachte er sogar: ‹Das nenne ich fortgesetztes Glück.› So weit er sich zurückerinnern konnte, fand er dieses Glück am Werk. So hegte er zärtliche Dankbarkeit für seine Eltern, einmal, weil sie ihn mit Zerstreutheit erzogen und ihm so die nötige Muße zum Träumen gewährt hatten, zum zweiten, weil sie wegen Ehebruchs ihre Gemeinschaft aufgegeben hatten. Dies war zumindest der von seinem Vater geltend gemachte Vorwand, wobei er allerdings hinzuzufügen vergaß, dass es sich um eine recht besondere Art Ehebruch handelte: Er konnte sich nicht mit den guten Werken seiner Frau abfinden, die als wahre Weltheilige ganz arglos ihre Person der leidenden Menschheit zum Geschenk dargebracht hatte. Aber der Ehemann erhob Anspruch auf das ausschließliche Verfügungsrecht über die Tugenden seiner Frau. «Ich habe genug davon», sagte dieser Othello, «mit den Armen betrogen zu werden.»

Dieses Missverständnis erwies sich für Jonas als vorteilhaft. Da seine Eltern irgendwo gelesen oder aufgeschnappt hatten, dass mehrere Fälle bekannt seien, wo Kinder aus geschiedenen Ehen zu Lustmördern geworden waren, verwöhnten sie ihn um die Wette, um jeden Ansatz zu einer so betrüblichen Entwicklung im Keim zu ersticken. Je weniger augenfällig die Folgen des ihrer Meinung nach vom kindlichen Bewusstsein erlittenen Schocks waren, desto unruhiger wurden sie: Die verborgenen Verheerungen waren ohne Zweifel auch die tiefstgreifenden. Und wenn Jonas sich gar von sich oder seinem Tag befriedigt erklärte, grenzte die Besorgtheit seiner Eltern an Panik. Dann waren sie doppelt um ihn bemüht, und dem Jungen blieb kein Wunsch versagt.

Sein vermeintliches Unglück beschied Jonas schließlich einen ergebenen Bruder in der Gestalt seines Freundes Rateau, dessen Eltern den kleinen Schulkameraden häufig einluden, weil sie sein widriges Schicksal bedauerten. Ihre mitleidigen Reden erweckten in ihrem kräftigen, sportlichen Sohn den Wunsch, den Jungen, dessen lässige Erfolge er bereits bewunderte, unter seine Fittiche zu nehmen. Bewunderung und wohlwollende Herablassung ergaben eine glückliche Mischung in dieser Freundschaft, die Jonas wie alles Übrige mit ermutigender Schlichtheit entgegennahm.

Als Jonas seine Studien abgeschlossen hatte, ohne dass ihn dies besondere Mühe gekostet hätte, wurde ihm das weitere Glück zuteil, in den Verlag seines Vaters einzutreten, wo er eine gute Stellung und auf Umwegen auch seine Berufung zum Maler fand. Als größter Verleger Frankreichs war Jonas' Vater der Ansicht, mehr denn je und gerade wegen der Krise der Kultur gehöre die Zukunft dem Buch. «Die Geschichte beweist», pflegte er zu sagen, «dass die Leute desto mehr Bücher kaufen, je weniger sie lesen.» Infolgedessen las er selber die Manuskripte, die ihm unterbreitet wurden, nur selten; zur Veröffentlichung entschloss er sich lediglich aufgrund der Persönlichkeit des Verfassers oder der Aktualität des behandelten Themas (und da von diesem Gesichtspunkt aus betrachtet das einzige immer aktuelle Thema die Erotik war, hatte der Verleger sich schließlich spezialisiert) und beschränkte seine Tätigkeit auf die Suche nach originellen Aufmachungen und unentgeltlicher Werbung. So sah sich Jonas denn zugleich mit der Lektoratsabteilung auch mit reichlicher Freizeit bedacht, die es auszufüllen galt. Auf diese Weise machte er Bekanntschaft mit der Malerei.

Zum ersten Mal entdeckte er einen überraschenden, doch anhaltenden Eifer in sich, bald widmete er seine Tage ganz der Malerei und wurde wiederum mühelos ein Meister in dieser Kunst. Nichts anderes schien ihn zu fesseln, kaum dass es ihm gelang, sich im schicklichen Alter zu verheiraten, so sehr verschlang ihn das Malen. Den Menschen und dem Alltag des Lebens gewährte er nur ein wohlwollendes Lächeln, das ihn jeder Anteilnahme enthob. Es bedurfte eines Motorradunfalls, den Rateau mit dem Freund auf dem Soziussitz durch sein allzu forsches Fahren verursachte, damit Jonas, dessen Rechte endlich unbeweglich in einem Verband lag und der sich langweilte, Muße für die Liebe finden konnte. Auch diesmal sah er sich veranlasst, in dem schlimmen Unfall das günstige Wirken seines Sterns zu erblicken. Ohne ihn hätte er sich nie die Zeit genommen, Luise Poulin so anzuschauen, wie sie es verdiente.

Nach Rateaus Meinung verdiente Luise allerdings nicht, angeschaut zu werden. Da er selbst klein und vierschrötig war, gefielen ihm nur großgewachsene Frauen. «Ich weiß nicht, was du an dieser Ameise findest», sagte er. Luise war in der Tat klein, dunkel an Haut, Haar und Augen, aber wohlgestaltet und mit einem hübschen Frätzchen ausgestattet. Den großen, breitschultrigen Jonas überkam angesichts der Ameise zärtliche Rührung, umso mehr, als sie sehr geschäftig war. Luisens Berufung war Betriebsamkeit. Eine solche Berufung bildete eine glückliche Ergänzung zu Jonas' Hang zur Trägheit und deren Vorteilen. Luise verschrieb sich zuerst der Literatur, zumindest solange sie glaubte, das Verlagswesen interessiere Jonas. Sie las alles, regellos durcheinander, und war nach wenigen Wochen fähig, über alles zu reden. Jonas bewunderte sie und glaubte nun endgültig auf alle Lektüre verzichten zu dürfen, da Luise ihn auf dem Laufenden hielt und ihm so erlaubte, in großen Zügen über die wesentlichen zeitgenössischen Entdeckungen Bescheid zu wissen. «Man darf nicht mehr sagen, dieser oder jener sei böse oder hässlich», versicherte Luise, «sondern er wolle sich böse oder hässlich.» Die Unterscheidung war von Bedeutung und mochte wohl, wie Rateau bemerkte, zur Verdammung des gesamten Menschengeschlechts führen. Aber Luise machte die entscheidende Feststellung, dass diese Wahrheit allgemeingültig und unanfechtbar sein musste, da sie von den Frauenblättchen und von den philosophischen Zeitschriften gleichermaßen vertreten wurde. «Mir soll's recht sein», sagte Jonas und vergaß diese grausame Entdeckung alsogleich, um wieder seinem Stern nachzuträumen.

Luise ließ die Literatur im Stich, sobald sie merkte, dass Jonas sich nur für die Malerei interessierte. Unverzüglich verschrieb sie sich den schönen Künsten, eilte in Museen und Ausstellungen und schleppte auch Jonas mit, der nicht recht begriff, was seine Zeitgenossen malten, und in seiner Künstlereinfalt darob ein gewisses Unbehagen empfand. Er freute sich indessen, in allem, was seine Kunst betraf, so wohl unterrichtet zu sein. Es stimmte allerdings, dass er schon am nächsten Tag alles vergaß, selbst den Namen des Künstlers, dessen Werke er eben gesehen hatte. Aber Luise hatte ganz Recht, wenn sie ihm nachdrücklich eine der Gewissheiten in Erinnerung rief, die ihr aus ihrer literarischen Zeit geblieben waren, dass man nämlich in Wirklichkeit nie etwas vergaß. Der Stern war Jonas ganz entschieden wohlgesinnt, da er ihm auf diese Weise erlaubte, die Gewissheiten des Gedächtnisses und die Annehmlichkeiten des Vergessens ohne Gewissensbisse miteinander zu verbinden.

Aber die Schätze an Aufopferung, die Luise verschwenderisch darbrachte, offenbarten ihr glanzvollstes Sprühen in Jonas' Alltagsleben. Dieser gütige Engel ersparte ihm das Einkaufen von Schuhen, Kleidern und Wäsche, das für jeden normalen Mann die Tage des an sich schon so kurzen Lebens verkürzt. Tatkräftig übernahm sie es, mit den tausend Erfindungen des Zeit tötenden Räderwerks fertig zu werden, angefangen bei den geheimnisvollen Formularen der Sozialversicherung, bis zu den unablässig abgeänderten Bestimmungen des Fiskus. «Schön und gut», sagte Rateau. «Aber sie kann nicht für dich zum Zahnarzt gehen.» Das tat sie auch nicht, aber sie telefonierte und vereinbarte die Besuche zu den günstigsten Zeiten; sie kümmerte sich um den Ölwechsel des Renault-Heck, um das Vorbestellen der Ferienhotels, um den Kohlenvorrat für den Winter; sie kaufte selber die Geschenke ein, die Jonas zu machen wünschte, wählte und verschickte seine Blumen und fand an manchen Abenden sogar noch Zeit, in seiner Abwesenheit auf einen Sprung zu ihm nach Hause zu gehen, um sein Bett herzurichten, sodass er in dieser Nacht dann nur noch hineinzuschlüpfen brauchte.

Mit dem gleichen Schwung schlüpfte sie selber in dieses Bett, kümmerte sich zwei Jahre, bevor Jonas' Talent endlich anerkannt wurde, um das Rendezvous mit dem Bürgermeister, sorgte dafür, dass es eingehalten wurde, und organisierte die Hochzeitsreise dergestalt, dass alle Museen besucht wurden. Nicht ohne zuvor ungeachtet der schlimmsten Wohnungsnot eine Dreizimmerwohnung gefunden zu haben, wo sie sich nach ihrer Rückkehr einrichteten. Daraufhin brachte sie in rascher Folge zwei Kinder zur Welt, einen Jungen und ein Mädchen, gemäß dem Plan, der insgesamt drei vorsah und der dann auch erfüllt wurde, kurz nachdem Jonas aus dem Verlag ausgetreten war, um sich ganz der Malerei zu widmen.

Sogleich nach der Niederkunft verschrieb Luise sich übrigens ausschließlich ihren Kindern. Sie versuchte wohl noch, ihrem Mann zu helfen, aber sie hatte keine Zeit mehr. Gewiss tat es ihr Leid, Jonas zu vernachlässigen, aber ihr entschlossenes Wesen verbot ihr, sich bei derlei Bedauern aufzuhalten. «Es ist nun leider einmal so», sagte sie, «jedem Schuster seinen Leisten.» Jonas zeigte sich übrigens von diesem Ausspruch entzückt, war ihm doch wie allen Künstlern seiner Zeit daran gelegen, als Handwerker zu gelten. Der Handwerker wurde also ein wenig vernachlässigt und musste seine Schuhe selber kaufen. Aber abgesehen davon, dass dies in der Ordnung der Dinge lag, war Jonas versucht, sich auch darob zu beglückwünschen. Gewiss kostete es ihn einige Selbstüberwindung, die Geschäfte aufzusuchen, aber diese Mühe fand ihren Lohn in einer jener Stunden des Alleinseins, das dem Glück der Ehepaare einen so großen Wert verleiht.

Das Problem des Lebensraums überwog jedoch alle anderen Probleme ihres Haushalts, denn Zeit und Raum rings um sie schrumpften gleichermaßen zusammen. Die Geburt der Kinder, Jonas' neuer Beruf, die enge Wohnung, die Bescheidenheit des monatlichen Einkommens, die den Kauf einer größeren Wohnung untersagte, dies alles ließ Luisens und Jonas' beiderseitiger Tätigkeit nur ein beschränktes Feld. Die Wohnung befand sich in einem alten Viertel der Hauptstadt im ersten Stock eines ehemaligen Herrschaftshauses aus dem 18. Jahrhundert. Zahlreiche Künstler wohnten in diesem Stadtkreis, getreu dem Grundsatz, dass in der Kunst die Suche nach Neuem sich in einem alten Rahmen vollziehen soll. Jonas teilte diese Überzeugung und schätzte sich glücklich, in diesem Viertel zu wohnen.

Alt war seine Wohnung allerdings. Aber ein paar höchst moderne Einrichtungen hatten ihr etwas Originelles verliehen, das vornehmlich darin bestand, dass sie ihren Bewohnern ein beträchtliches Luftvolumen bot und doch nur eine beschränkte Oberfläche beanspruchte. Die außergewöhnlich hohen, mit prächtigen Fenstern geschmückten Räume waren, nach ihren überwältigenden Proportionen zu schließen, ursprünglich ohne Zweifel für prunkvolle Empfänge gedacht. Aber die Erfordernisse des städtischen Zusammenpferchens und der Rendite hatten die aufeinander folgenden Hausbesitzer gezwungen, diese zu weitläufigen Räume durch Zwischenwände aufzuteilen und auf diese Weise die Zahl der Boxen zu vermehren, die sie zu Höchstpreisen an ihre Herde von Mietern abgaben. Das hinderte sie nicht, die Vorzüge des «bedeutenden Luftinhalts», wie sie das nannten, gebührend hervorzuheben. Es war unbestreitbar ein Vorzug. Man musste ihn einzig dem Umstand zuschreiben, dass die Besitzer keine Möglichkeit hatten, die Räume auch in ihrer Höhe abzutrennen, ansonsten sie keine Sekunde gezögert hätten, die notwendigen Opfer zu bringen, um der jungen, zu jener Zeit ganz besonders heiratslustigen und fruchtbaren Generation ein paar zusätzliche Heimstätten zur Verfügung zu stellen. Der Luftinhalt bot übrigens nicht nur Vorteile. Er hatte zum Beispiel den Nachteil, dass die Zimmer im Winter schwer zu heizen waren, was die Besitzer unglücklicherweise zwang, den Heizungszuschlag zu erhöhen. Im Sommer wurde die Wohnung infolge der großen Glasfläche vom Licht buchstäblich vergewaltigt: Es waren keine Fensterläden vorhanden. Wohl von der Höhe der Fenster und dem Preis der Schreinerarbeiten entmutigt, hatten die Besitzer es unterlassen, welche anzubringen. Schwere Vorhänge konnten schließlich den gleichen Dienst leisten; zudem stellten sie keinerlei Kostenprobleme, da sie zu Lasten der Mieter gingen. Die Besitzer waren übrigens durchaus nicht abgeneigt, diesen behilflich zu sein, und boten ihnen zu Spottpreisen Vorhänge an, die aus ihren eigenen Geschäften stammten. Philanthropie in Wohnungsdingen war nun einmal ihr Steckenpferd. Im grauen Alltag des Lebens verkauften diese neuen Fürsten Samt und Perkal.

Jonas zeigte sich von den Vorzügen der Wohnung begeistert und nahm ihre Nachteile unbekümmert hin. «Mir soll's recht sein», sagte er dem Hausherrn, als vom Heizungszuschlag die Rede war. Was die Vorhänge betraf, so ging er völlig mit Luise einig, die fand, es sei durchaus genügend, das Schlafzimmer mit Gardinen zu versehen und die anderen Fenster entblößt zu lassen. «Wir haben nichts zu verbergen», sagte dieser Unschuldsengel. Jonas war ganz besonders vom größten Raum angetan, der so hoch war, dass von der Einrichtung einer Deckenbeleuchtung überhaupt keine Rede sein konnte. Beim Betreten der Wohnung gelangte man unmittelbar in diesen Raum, den ein schmaler Gang mit den beiden dahinter liegenden, beträchtlich kleineren Zimmern verband. Am anderen Ende der Wohnung befanden sich nebeneinander die Küche, die Toilette und ein Kämmerchen, das den hochtrabenden Namen Duschraum trug. Es konnte sogar als solcher gelten, vorausgesetzt, dass man eine entsprechende Vorrichtung anschaffte, sie senkrecht aufstellte und gewillt war, den wohltuenden Strahl der Brause in völliger Unbeweglichkeit über sich ergehen zu lassen.

Die wahrhaft beeindruckende Höhe der Decken und die Winzigkeit der Zimmer machten aus dieser Wohnung ein merkwürdiges Gefüge von beinahe völlig eingeglasten, aus lauter Türen und Fenstern bestehenden Parallelepipeden, wo die Möbel sich nirgends anlehnen konnten und wo die im weißen, grellen Licht verlorenen Menschen gleichsam auf und ab zu schweben schienen wie kartesianische Teufelchen in einem hochgestellten Aquarium. Überdies gingen alle Fenster auf den Hof, das heißt in geringer Entfernung auf andere Fenster gleicher Art, durch die hindurch man beinahe alsogleich den hohen Umriss weiterer Fenster gewahrte, die ihrerseits auf einen zweiten Hof gingen. «Der reinste Spiegelsaal», sagte Jonas entzückt. Auf Rateaus Rat beschloss man, das Ehegemach in eines der kleinen Zimmer zu verlegen und das andere für das Kind vorzusehen, dessen Kommen sich bereits ankündigte. Der große Raum diente tagsüber als Atelier für Jonas, abends und für die Mahlzeiten als Wohnzimmer. Man konnte übrigens notfalls auch in der Küche essen, sofern Jonas oder Luise sich bereit fand, die Mahlzeit stehend einzunehmen. Rateau hatte seinerseits zahlreiche sinnvolle Vorrichtungen angebracht. Unter beträchtlichem Aufwand an Schiebetüren, versenkbaren Regalen und Klapptischen war es ihm gelungen, den Mangel an Möbeln wettzumachen und gleichzeitig das Juxbudenhafte dieser wunderlichen Wohnung noch zu betonen.

Als aber die Zimmer mit Bildern und Kindern angefüllt waren, musste man die Wohnung ungesäumt anders einrichten. Bis das dritte Kind zur Welt kam, arbeitete Jonas nämlich im großen Atelierraum, während Luise im Ehegemach strickte und die beiden Kleinen laut im hintersten Zimmer herumtobten und sich, so gut sie es vermochten, auch über die ganze übrige Wohnung ausbreiteten. Man beschloss daher, das Neugeborene in einem Winkel des Ateliers unterzubringen, den Jonas abtrennte, indem er seine Bilder gewissermaßen als spanische Wand übereinander stellte; das gewährte den Vorteil, das

Kind in Hörweite zu haben und somit beim ersten Schrei herbeieilen zu können. Jonas war übrigens nie gezwungen, nach ihm zu sehen, Luise kam ihm stets zuvor. Sie wartete gar nicht erst, bis das Kind schrie, um das Atelier zu betreten, allerdings mit größter Behutsamkeit und immer auf den Zehenspitzen. Von dieser Rücksichtnahme gerührt, versicherte Jonas ihr eines Tages, so empfindlich sei er nicht, und er könne sehr wohl auch beim Geräusch ihrer Schritte arbeiten. Luise gab zur Antwort, es gehe ebenso sehr darum, das Kind nicht zu wecken. Voll Bewunderung für die Mütterlichkeit, die sie so offenbarte, lachte Jonas herzlich über seinen Irrtum. Gleichzeitig wagte er nicht mehr, Luise zu gestehen, dass ihr sachtes Eindringen viel störender wirkte als ein unbekümmertes Hereinplatzen. Einmal, weil es länger dauerte, und zum zweiten, weil sie dabei mit weit ausgebreiteten Armen, leicht rückwärts geneigtem Oberkörper und hoch erhobenem und kräftig vorwärts geschleudertem Bein einherstelzte, sodass sie wirklich nicht unbemerkt bleiben konnte. Diese Technik wirkte zudem Luisens offenkundigen Absichten entgegen, da sie jeden Augenblick Gefahr lief, an irgendeinem der über das Atelier verstreuten Bilder hängen zu bleiben. Dann weckte der Lärm das Kind, das seine Unzufriedenheit mit den ihm zur Verfügung stehenden und nebenbei bemerkt recht kräftigen Mitteln kundtat. Der vom Fassungsvermögen der Lungen seines Sohnes begeisterte Vater eilte dann, um ihn einzuwiegen, und wurde bald von seiner Frau abgelöst. Daraufhin pflegte Jonas seine Bilder aufzuheben und anschließend mit dem Pinsel in der Hand verzückt der eindringlichen und gebieterischen Stimme seines Sohnes zu lauschen.

Dies war auch die Zeit, da Jonas dank seiner Erfolge zahlreiche Freunde gewann. Diese Freunde machten sich über den Draht oder anlässlich von Überraschungsbesuchen bemerkbar. Das Telefon, das nach reiflicher Überlegung im Atelier aufgestellt worden war, schrillte häufig und immer zum Nachteil des schlafenden Kleinen, der seine Schreie in das unduldsame

Klingeln des Apparats mischte. Wenn Luise zufällig mit den beiden anderen Kindern beschäftigt war, bemühte sie sich, mit ihnen herbeizueilen; aber zumeist fand sie Jonas schon am Telefon, wobei er in der einen Hand das Kind hielt und in der anderen die Pinsel mitsamt dem Hörer, der ihm eine herzliche Einladung zum Mittagessen übermittelte. Jonas konnte es gar nicht recht fassen, dass irgendjemand mit ihm zu speisen begehrte, wusste er doch keine geistvollen Gespräche zu führen; jedenfalls zog er es vor, abends auszugehen, um seinen Arbeitstag nicht zu zerstückeln. Zumeist war es leider so, dass der Freund nur zum Mittagessen und nur zu diesem einen Mittagessen frei war; er bestand darauf, es mit dem lieben Jonas einzunehmen. Der liebe Jonas sagte zu: «Mir soll's recht sein», hängte auf, «so ein netter Kerl!», und erstattete Luisen das Kind zurück. Dann machte er sich wieder an die Arbeit, die gar bald durch das Mittagessen unterbrochen wurde. Man musste die Bilder beiseite schieben, den vervollkommneten Tisch aufklappen und sich mit den Kleinen daran niederlassen. Während des Essens blickte Jonas ständig mit einem Auge auf das angefangene Bild, und es kam vor, wenigstens in der ersten Zeit, dass er fand, seine Kinder seien ein bisschen langsam im Kauen und Herunterschlucken, weswegen sich jede Mahlzeit ungebührlich in die Länge zog. Aber er las in seinem Leibblatt, dass es notwendig sei, langsam zu essen, um die Nahrung richtig zu verarbeiten, und von da an bot ihm jede Mahlzeit Gelegenheit, sich ausgiebig zu freuen.

Andere Male kamen seine neuen Freunde zu Besuch. Rateau zwar erschien immer erst nach dem Essen. Er war tagsüber in seinem Büro, und zudem wusste er, dass die Maler bei Tageslicht arbeiten. Aber Jonas' neue Freunde gehörten beinahe alle zur Gattung der Künstler oder Kritiker. Die einen hatten gemalt, andere wollten malen, und die Übrigen schließlich befassten sich mit allem, was gemalt worden war oder werden würde. Sie alle hegten unzweifelhaft die größte Hochachtung für das künstlerische Schaffen und beklagten die Bedingungen des modernen Lebens, die es so unendlich schwer machen, in besagtem Schaffen fortzufahren und sich daneben der für den Künstler unerlässlichen Meditation hinzugeben. Sie klönten ganze Nachmittage lang und baten Jonas dabei inständigst, sich in seiner Arbeit nicht stören zu lassen, zu tun, als ob sie nicht da wären, ja keine Rücksicht auf sie zu nehmen, da sie wahrhaftig keine Spießbürger waren und wohl wussten, wie kostbar die Zeit eines Künstlers war. Froh, Freunde zu besitzen, die es nicht für unannehmbar hielten, dass man in ihrer Gegenwart arbeitete, kehrte Jonas zu seinem Bild zurück, ohne indessen aufzuhören, die an ihn gerichteten Fragen zu beantworten oder über die Witze, die man ihm erzählte, zu lachen.

So viel Ungezwungenheit bewirkte, dass seine Freunde sich immer heimischer fühlten. Ihre gute Laune war so echt, dass sie sogar die Essenszeit vergaßen. Die Kinder aber hatten ein besseres Gedächtnis. Sie kamen herbeigelaufen, gesellten sich zu den Erwachsenen, tollten herum, wurden von den Besuchern übernommen und von Schoß zu Schoß gereicht. Endlich verblasste der Tag in dem vom Viereck des Hofs umgrenzten Stück Himmel, und Jonas legte seine Pinsel nieder. Es blieb nichts anderes übrig, als die Freunde einzuladen, wenn sie vorlieb nehmen wollten, und wiederum bis spät in die Nacht zu reden, von der Kunst natürlich, aber vor allem von den Malern, die kein Talent besaßen, sich mit fremden Federn schmückten oder liebedienerten und die gerade nicht da waren. Jonas aber liebte es, früh aufzustehen, um das Licht der ersten Tagesstunden auszunützen. Er wusste, dass es schwerhalten würde, das Frühstück würde nicht beizeiten bereit und er selbst müde sein. Doch freute er sich auch, an einem einzigen Abend so viele Dinge zu erfahren, die ihm in seiner Kunst ganz gewiss, wenn auch auf unsichtbare Weise, zum Vorteil ausschlagen mussten. «In der Kunst wie in der Natur geht nichts verloren», pflegte er zu sagen. «Das ist eine Auswirkung des Sterns.»

Zu den Freunden gesellten sich zuweilen die Schüler: Jonas machte jetzt Schule. Anfänglich hatte es ihn überrascht, er sah nicht ein, was man bei ihm lernen konnte, da ihm doch selber noch alles zu entdecken blieb. Der Künstler in ihm wandelte im Dunkeln, wie hätte er da die wahren Wege aufzeigen sollen? Aber er merkte ziemlich bald, dass ein Schüler nicht unbedingt jemand war, der darauf brannte, etwas zu lernen. In der Mehrzahl der Fälle machte man sich im Gegenteil zum Schüler, um das uneigennützige Vergnügen zu genießen, seinen Meister etwas zu lehren. Als Jonas dies begriffen hatte, konnte er demütig diese zusätzliche Ehre entgegennehmen. Seine Schüler erklärten ihm des Langen und Breiten, was er gemalt hatte und warum. Jonas entdeckte so in seinem Werk eine Fülle von Absichten, die ihn ein wenig überraschten, und eine Unmenge Dinge, die er gar nicht hineingelegt hatte. Er hielt sich für arm und fand sich dank seinen Schülern mit einem Schlage reich. Bisweilen überkam ihn angesichts so vieler bisher ungeahnter Reichtümer ein Anflug von Stolz. ‹Es ist wirklich wahr›, sagte er sich, ‹dieses Gesicht da im Hintergrund zieht alle Aufmerksamkeit auf sich. Ich weiß zwar nicht recht, was sie sagen wollen, wenn sie von indirekter Vermenschlichung sprechen. Und doch, mit diesem Effekt bin ich in eine schöne Tiefe vorgedrungen.› Aber sehr schnell schob er diese unbequeme Meisterschaft auf seinen Stern ab. «Der Stern ist's», sagte er, «der in die Tiefe vordringt. Ich selber bleibe bei Luise und den Kindern.»

Die Schüler hatten übrigens noch ein weiteres Verdienst: Sie zwangen Jonas zu strengerer Selbstzucht. Sie stellten ihn in ihren Reden so hoch, und zwar insbesondere wenn es um seine Gewissenhaftigkeit und Arbeitskraft ging, dass er sich daraufhin überhaupt keine Schwächen mehr leisten konnte. So legte er seine alte Gewohnheit ab, sooft er eine schwierige Partie fertig hatte, ein Stück Zucker oder Schokolade zu essen, ehe er die Arbeit fortsetzte. In der Einsamkeit hätte er dieser Schwäche wohl trotz allem heimlich nachgegeben. Aber er wurde auf dem Weg der moralischen Besserung durch die beinahe ständige Gegenwart seiner Schüler und Freunde unterstützt, in deren Beisein es ihm peinlich war, Schokolade zu knabbern, und deren Gespräche viel zu tiefsinnig waren, als dass er sie um einer so törichten Schwäche willen hätte unterbrechen dürfen.

Zudem verlangten seine Schüler, dass er seiner Ästhetik treu blieb. Da Jonas nur in langem, mühsamem Ringen von Zeit zu Zeit eine flüchtige Erleuchtung erfuhr, die die Wirklichkeit in unversehrtem Licht vor seinen Augen erstehen ließ, hatte er bloß eine dunkle Vorstellung von seiner eigenen Ästhetik. Seine Schüler dagegen hatten deren mehrere, ebenso widersprüchliche wie endgültige: In dieser Beziehung verstanden sie keinen Spaß. Jonas hätte sich manchmal gerne auf die Willkür der Laune berufen, diese bescheidene Freundin des Künstlers. Aber das Stirnrunzeln seiner Schüler angesichts gewisser von ihren Vorstellungen abweichender Bilder zwang ihn, ein bisschen mehr über seine Kunst nachzudenken, was wiederum nur von Vorteil war.

Schließlich förderten die Schüler Jonas auch noch auf eine andere Weise, indem sie ihn nämlich nötigten, seine Meinung zu ihren eigenen Erzeugnissen abzugeben. Es verging in der Tat kein Tag, ohne dass man ihm irgendein kaum skizziertes Gemälde brachte, das der Urheber zwischen Jonas und das in Arbeit befindliche Bild stellte, um dem Entwurf ein möglichst günstiges Licht zuteil werden zu lassen. Jonas musste eine Meinung äußern. Bis dahin hatte er sich insgeheim immer ein bisschen geschämt, weil er zutiefst unfähig war, ein Kunstwerk zu beurteilen. Abgesehen von einer Handvoll Bilder, die ihn in Begeisterung versetzten, und von den ganz eindeutig geschmierten Klecksereien, fand er alles gleichermaßen interessant und gleichgültig. Nun musste er sich notgedrungen einen Vorrat an Werturteilen zulegen, die umso vielfältiger zu sein hatten, als seine Schüler, wie eigentlich alle in der Hauptstadt lebenden Künstler, im Grunde nicht ganz unbegabt waren und er dementsprechend, wenn sie bei ihm weilten, eine hinlängliche Auswahl fein abgestufter Wendungen zur Verfügung halten musste, um einen jeden zufrieden zu stellen. Diese glückliche Verpflichtung zwang ihn also, sich einen Wortschatz und darüber hinaus bestimmte Ansichten über seine Kunst zuzulegen. Seine angeborene Gutmütigkeit litt übrigens nicht unter dieser Anstrengung. Er erkannte bald, dass seine Schüler keine Kritik von ihm erwarteten, mit der sie sowieso nichts anzufangen wussten, sondern lediglich Aufmunterung und wenn möglich Lob. Es galt nur, das Lob in verschiedene Formen zu kleiden. Jonas begnügte sich nicht mehr damit, wie gewohnt, ganz einfach liebenswürdig zu sein: Er wurde dabei erfinderisch.

So verging die Zeit. Er malte, umgeben von Freunden und Schülern, die auf den nunmehr halbkreisförmig um die Staffelei angeordneten Stuhlreihen saßen. Häufig kam es auch vor, dass Nachbarn an den gegenüberliegenden Fenstern auftauchten und so die Zahl seiner Zuschauer vergrößerten. Er erging sich in Diskussion und Meinungsaustausch, begutachtete die ihm vorgelegten Bilder, lächelte Luise zu, sooft sie vorbeikam, tröstete die Kinder und beantwortete mit unveränderlicher Wärme alle Telefonanrufe, ohne je die Pinsel aus der Hand zu legen, mit denen er von Zeit zu Zeit wieder einen Strich auf dem angefangenen Bild anbrachte. In gewissem Sinn war sein Leben wohl ausgefüllt, keine Stunde blieb müßig, und er dankte seinem Schicksal, das ihn vor der Langeweile bewahrte. Andererseits waren viele Striche nötig, um ein Bild zu füllen, und manchmal dachte er, dass die Langeweile auch ihr Gutes habe, da man ihr durch angestrengte Arbeit entgehen konnte. Jonas' Schaffen jedoch verlangsamte sich immer mehr, je anregender seine Freunde wurden. Selbst in den seltenen Stunden, da er ganz allein war, fühlte er sich zu müde, um mit verdoppeltem Eifer das Versäumte nachzuholen. In solchen Stunden war er nur fähig, einer Neuordnung nachzusinnen, die den Freuden der Freundschaft und den Vorzügen der Langeweile gleichermaßen gerecht würde.

Er sprach mit Luise darüber, die das Heranwachsen der

beiden Ältesten und die Enge des ihnen zugewiesenen Zimmers ihrerseits mit Besorgnis erfüllte. Sie schlug vor, die Kinder im großen Raum unterzubringen, das Bett hinter einer spanischen Wand zu verbergen und dafür den Jüngsten in das kleine Zimmer zu verlegen, wo er nicht ständig durch das Telefon geweckt würde. Und da der Kleine sozusagen keinen Raum einnahm, konnte Jonas in diesem Zimmer sein Atelier einrichten. Dann konnte man im bisherigen Atelier tagsüber die Besucher empfangen, und Jonas gewann die nötige Bewegungsfreiheit, um nach Belieben mit seinen Freunden zu plaudern oder zu arbeiten, da sein Bedürfnis nach Alleinsein bestimmt bei jedermann auf volles Verständnis stoßen musste. Zudem würde die Notwendigkeit, die größeren Kinder zu Bett zu bringen, ihnen erlauben, die geselligen Abende abzukürzen. «Großartig», sagte Jonas nach reiflicher Überlegung. – «Und wenn deine Freunde zeitig nach Hause gehen», sagte Luise, «haben wir ein bisschen mehr voneinander.» Jonas schaute sie an. Ein Schatten von Traurigkeit überflog Luisens Gesicht. Gerührt drückte er sie an sich und küsste sie mit all seiner Zärtlichkeit. Sie überließ sich seiner Umarmung, und einen Augenblick lang waren sie so glücklich wie in den ersten Tagen ihrer Ehe. Aber sie riss sich gleich wieder zusammen. Vielleicht war das Zimmer überhaupt zu klein für Jonas. Luise holte ein Metermaß, und sie entdeckten, dass infolge der Anhäufung seiner eigenen Bilder und derer seiner Schüler, die sich bei weitem in der Überzahl befanden, sein gewohnter Arbeitsraum kaum größer war, als was ihm von nun an zur Verfügung stehen sollte. Jonas machte sich schnurstracks an den Umzug.

Seine Berühmtheit wuchs zum Glück immer mehr, je weniger er arbeitete. Jede Ausstellung wurde begierig erwartet und im Voraus gefeiert. Allerdings dämpften ein paar wenige Kritiker, unter denen sich zwei Stammgäste des Ateliers befanden, die Wärme ihres Berichts durch ein paar Einschränkungen. Aber die Empörung der Schüler wog dieses kleine Missgeschick mehr als reichlich auf. Sie versicherten mit allem Nachdruck, dass ihnen zwar selbstverständlich nichts über die Bilder der Frühzeit gehe, dass aber die gegenwärtigen Bestrebungen eine wahre Revolution vorbereiteten. Jonas machte sich die leichte Gereiztheit zum Vorwurf, die ihn überkam, sooft man seine ersten Werke pries, und dankte überschwänglich. Nur Rateau war unzufrieden. «Komische Käuze … Sie sähen dich am liebsten als unveränderliches Standbild. Wenn man sie hört, ist es nicht erlaubt, zu leben!» Jonas aber nahm seine Schüler in Schutz. «Du kannst das nicht verstehen», sagte er zu Rateau, «denn du liebst einfach alles, was ich mache.» Rateau lachte. «Das will ich meinen! Ich liebe eben nicht deine Bilder, sondern deine Malerei.»

Wie dem auch sein mochte, die Bilder gefielen nach wie vor, und eine mit Begeisterung aufgenommene Ausstellung bewog den Händler, unaufgefordert eine Erhöhung des monatlichen Wechsels anzubieten. Jonas erklärte sich unter warmen Dankesbezeigungen einverstanden. «Man könnte beinahe meinen, dass Sie dem Geld Bedeutung beimessen», sagte der Händler. Eine solche Treuherzigkeit überwältigte den Maler. Als er den Händler indessen um die Erlaubnis bat, für einen wohltätigen Zweck ein Bild zu stiften, erkundigte sich jener besorgt, ob es eine ‹einträgliche› Wohltätigkeit sei. Jonas hatte keine Ahnung. Also schlug der Händler ihm vor, sich ganz bieder an die Abmachungen des Vertrages zu halten, der ihm das ausschließliche Verkaufsrecht einräumte. «Ein Vertrag ist ein Vertrag», sagte er. Und in dem ihren war Wohltätigkeit nicht vorgesehen. «Mir soll's recht sein», sagte der Maler.

Die Wohnungsumstellung brachte Jonas lauter Befriedigungen. Er konnte sich tatsächlich ziemlich oft zurückziehen, um die zahlreichen Briefe zu beantworten, die er jetzt erhielt und die unbeantwortet zu lassen ihm seine Höflichkeit verbot. Die einen betrafen seine Kunst, die anderen und weitaus meisten die Person des Briefstellers, der entweder in seiner Berufung zum Maler bestärkt werden wollte oder einen Rat oder finanzielle Unterstützung benötigte. Als sein Name immer häufiger in den Gazetten auftauchte, wurde Jonas wie jeder andere aufgefordert, sich einzusetzen, um besonders empörendes Unrecht anzuprangern. Jonas antwortete, schrieb über die Kunst, dankte, gab Ratschläge, versagte sich einen Schlips, um eine kleine Unterstützung gewähren zu können, und setzte schließlich seinen Namen unter die gerechten Proteste, die ihm unterbreitet wurden. «Treibst du jetzt Politik? Überlass das den Schriftstellern und den hässlichen Frauenzimmern», sagte Rateau. Nicht doch, Jonas unterzeichnete nur die Proteste, die ausdrücklich jedem Parteigeist fremd waren. Aber alle erhoben sie Anspruch auf diese schöne Unabhängigkeit. Woche um Woche trug Jonas in seinen prallen Taschen die ebenso beständig vernachlässigte wie erneuerte Post mit sich herum. Er beantwortete die dringendsten Briefe, die im Allgemeinen von Unbekannten stammten, und verschob auf bessere Zeiten, was eine in Geruhsamkeit verfasste Antwort erforderte, das heißt die Briefe der Freunde. Die unzähligen Verpflichtungen untersagten ihm auf jeden Fall alles Bummeln und alle Unbeschwertheit des Herzens. Er fühlte sich immer verspätet und immer schuldig, selbst wenn er arbeitete, was von Zeit zu Zeit vorkam.

Luise wurde mehr und mehr von den Kindern in Anspruch genommen und verausgabte ihre Kräfte in all den Kleinigkeiten des Haushalts, die Jonas unter anderen Umständen hätte übernehmen können. Das machte ihn unglücklich. Schließlich arbeitete er zu seinem Vergnügen, und die ganze Plackerei blieb an ihr hängen. Er merkte es wohl, wenn sie ausgegangen war, um Einkäufe zu machen. «Telefon!», schrie der Älteste, und Jonas ließ sein Bild im Stich, um gleich darauf mit beruhigtem Gewissen und einer weiteren Einladung zu ihm zurückzukehren. «Die Gasrechnung!», brüllte ein Angestellter unter der Tür, die eines der Kinder ihm geöffnet hatte. «Ich komme, ich komme!» Wenn Jonas von Telefon oder Tür loskam, begleitete ihn ein Freund oder ein Schüler, und manchmal mehr als einer, bis in das kleine Zimmer, um das begonnene Gespräch zu Ende zu führen. Nach und nach wurden sie alle im Gang heimisch. Man hielt sich hier auf, man plauderte unter sich, rief Jonas von weitem zum Zeugen an oder drang für einen Augenblick in das kleine Zimmer ein. «Hier kann man sich wenigstens ein bisschen sehen, ohne ständig gestört zu werden», riefen die Eintretenden. Gerührt entgegnete Jonas: «Sie haben Recht. Am Ende sieht man sich überhaupt nicht mehr.» Er spürte auch sehr wohl, dass er die Leute enttäuschte, die er nicht empfing, und das betrübte ihn. Häufig waren es Freunde, mit denen er gern zusammen gewesen wäre. Aber er hatte keine Zeit, er konnte nicht alle Einladungen annehmen. Sein Ruf litt denn auch darunter. «Er ist stolz geworden, seit er berühmt ist», sagte man. «Er will keinen Menschen mehr sehen.» Oder: «Er liebt niemand, nur sich selbst.» Nein, er liebte seine Malerei, Luise, die Kinder, Rateau, ein paar andere mehr, und er empfand Sympathie für jedermann. Aber das Leben ist kurz, die Zeit verfliegt, und seine eigene Energie hatte ihre Grenzen. Es war schwer, die Welt und die Menschen zu malen und zur gleichen Zeit mit ihnen zu leben. Andererseits durfte er sich nicht beklagen und auch die Gründe seiner Absagen nicht erklären. Denn dann klopfte man ihm auf die Schulter und rief: «Glückspilz! Das hat man davon, wenn man berühmt ist!»

Die Post blieb also liegen, die Schüler duldeten kein noch so geringfügiges Sichgehenlassen, und die gute Gesellschaft begann herbeizuströmen. Jonas empfand übrigens Achtung für diese Leute, weil sie sich für die Malerei interessierten, während sie sich doch wie alle anderen für die englische Königsfamilie oder feine Restaurants hätten begeistern können. Genau genommen waren es vor allem Damen der guten Gesellschaft, die jedoch mit unübertrefflicher Schlichtheit auftraten. Sie kauften selber keine Bilder, aber sie brachten ihre Freunde mit, in der freilich häufig enttäuschten Hoffnung, dass sie an ihrer Statt kaufen würden. Dafür halfen sie Luise, insbesondere indem sie den Besuchern Tee machten. Die Tassen gingen von Hand zu Hand, aus der Küche durch den Gang in das große Zimmer und wieder zurück und landeten schließlich in dem kleinen Atelier, wo Jonas, von einer Handvoll den Raum füllender Freunde und Besucher umgeben, weitermalte, bis er die Pinsel niederlegen musste, um voll Dankbarkeit die Tasse in Empfang zu nehmen, die ein bezauberndes Wesen eigens für ihn gefüllt hatte.

Er trank seinen Tee, betrachtete den Entwurf, den ein Schüler eben auf seine Staffelei gestellt hatte, lachte mit seinen Freunden, dachte plötzlich daran, einen unter ihnen zu bitten, den Stoß der in der Nacht geschriebenen Briefe zur Post zu bringen, richtete das über seine Füße gestolperte Zweitjüngste auf, ließ sich fotografieren, dann hieß es: «Jonas, Telefon!», und er hob seine Tasse über die Köpfe, bahnte sich unter tausend Entschuldigungen einen Weg durch die in seinem Gang zusammengedrängte Menge, kam wieder, malte ein Eckchen Bild, hielt inne, um der Bezaubernden die hochheilige Versicherung zu geben, dass er sie porträtieren werde, und kehrte wieder zur Staffelei zurück. Er arbeitete, aber «Jonas, unterschreiben!» – «Ist's der Briefträger?» – «Nein, die Zwangsarbeiter von Kaschmir.» – «Ich komme, ich komme!» Er eilte also zur Tür, um einen jungen Freund der Menschen und seinen Protest zu empfangen, erkundigte sich, ob Politik dahinter stecke, und unterschrieb, nachdem er mitsamt allen diesbezüglichen Beruhigungen auch eindringliche Ermahnungen hinsichtlich der aus seiner bevorzugten Stellung als Künstler entstehenden Verpflichtungen erhalten hatte, dann tauchte er wieder auf, um sich den neuesten Boxmeister oder den größten Dramatiker eines fremden Landes vorstellen zu lassen, ohne dabei die Namen zu verstehen. Der Dramatiker stand ihm fünf Minuten lang gegenüber und drückte durch bewegte Blicke aus, was seine Unkenntnis des Französischen ihm nicht in verständliche Worte zu kleiden erlaubte, während Jonas voll aufrichtiger Anteilnahme mit dem Kopf nickte. Zum Glück wurde er durch das plötzliche Auftreten des zurzeit beliebtesten, die Weiblichkeit betörenden Predigers, der die Bekanntschaft des großen Malers zu machen begehrte, aus dieser ausweglosen Lage erlöst. Erfreut sagte Jonas «freut mich sehr», betastete das Bündel Briefe in seiner Tasche, griff entschlossen nach seiner Palette und schickte sich an, eine Partie auszuarbeiten, musste jedoch zuerst für das Setter-Pärchen danken, das ihm eben gebracht wurde, versorgte die Hunde im Ehegemach, kam zurück, um die Einladung der Geberin zum Mittagessen anzunehmen, stürzte auf Luisens Gezeter wieder hinaus, um ganz eindeutig festzustellen, dass die Setter nicht für das Leben in einer Stadtwohnung erzogen waren, und brachte sie im Duschraum unter, wo sie mit solcher Unermüdlichkeit heulten, dass man sie schließlich überhaupt nicht mehr hörte. Von Zeit zu Zeit erhaschte Jonas über die Köpfe hinweg Luisens Blick, und ihm schien, dieser Blick sei traurig. Endlich ging der Tag zu Ende, ein Teil der Besucher verabschiedete sich, andere säumten noch im großen Zimmer und schauten gerührt zu, wie Luise die Kinder zu Bett brachte; eine elegante, hutbewehrte Dame war so nett, ihr dabei behilflich zu sein, und beklagte unterdessen ihr Los, das sie zwang, gleich darauf in die Villa zurückzukehren, wo das über zwei Stockwerke verstreute Leben so viel weniger traulich und gemütlich war als bei Jonas.

Eines Samstagnachmittags kam Rateau, um Luise eine höchst sinnreiche Vorrichtung zum Wäschetrocknen zu bringen, die an der Küchendecke befestigt werden konnte. Die Wohnung wimmelte von Besuchern; im kleinen Zimmer stand Jonas, von Kennern umringt, und malte die Hundegeberin, während er selber von einem offiziellen Künstler porträtiert wurde. Luise erzählte, dieser führe einen staatlichen Auftrag aus. «Es soll *Der Künstler bei der Arbeit* heißen.» Rateau zog sich in eine Ecke des Zimmers zurück, um seinen sichtlich in der Anstrengung aufgehenden Freund zu betrachten. Einer der Kenner, der Rateau noch nie gesehen hatte, neigte sich zu ihm. «Er sieht gut aus, was!» Rateau gab keine Antwort. «Sie malen», fuhr der andere fort, «ich auch. Nun, glauben Sie mir, er lässt nach.» – «Schon?», sagte Rateau. – «Ja, das macht der Erfolg. Keiner widersteht dem Erfolg. Es ist aus mit ihm.» – «Lässt er nach, oder ist es aus mit ihm?» – «Wenn ein Künstler nachlässt, ist es aus mit ihm. Sie sehen ja, er hat nichts mehr zu malen. Jetzt wird er selber gemalt und dann an die Wand gehängt.»

Später, mitten in der Nacht, waren sie im Schlafzimmer beisammen, Luise und Rateau saßen auf einer Kante des Bettes, Jonas stand daneben. Sie schwiegen. Die Kinder schliefen, die Hunde waren auf dem Land in Pension, Luise hatte eben die Berge von Geschirr gespült, Jonas und Rateau hatten abgetrocknet, sie waren rechtschaffen müde. «Nehmt doch ein Dienstmädchen», hatte Rateau angesichts des Stapels von Tellern gesagt. Aber Luise hatte trübsinnig gefragt: «Wo sollten wir sie unterbringen?» Also schwiegen sie. «Bist du zufrieden?», fragte Rateau unvermittelt. Jonas lächelte, aber er sah abgespannt aus. «Ja. Alle Leute sind nett mit mir.» – «Nein», sagte Rateau. «Nimm dich in Acht. Nicht alle sind dir wohlgesinnt.» – «Wer?» – «Deine Malerfreunde zum Beispiel.» – «Ich weiß», sagte Jonas. «Aber viele Künstler sind nun einmal so. Sie sind der Wirklichkeit ihrer eigenen Existenz nicht sicher, selbst die größten. Darum suchen sie nach Beweisen, sie richten, sie verdammen. Das gibt ihnen Kraft, es ist ein Anfang von Existenz. Sie sind allein!» Rateau schüttelte den Kopf. «Glaub mir», sagte Jonas, «ich kenne sie. Man muss sie lieben.» – «Und du», fragte Rateau, «existierst du denn? Du sagst nie etwas Böses über irgendjemand.» Jonas fing an zu lachen. «Ach, ich denke oft Böses von ihnen. Bloß vergesse ich es wieder.» Ernst fügte er hinzu: «Nein, ich bin nicht sicher, dass ich existiere. Aber ich werde existieren, dessen bin ich gewiss.»

Rateau fragte Luise, was sie davon halte. Sie schüttelte ihre Müdigkeit ab und versicherte, Jonas habe Recht, und die Meinung der Besucher sei völlig einerlei. Wichtig war nur Jonas' Arbeit. Sie merkte wohl, dass das Kind ihn störte. Es wurde übrigens größer, und man musste daran denken, einen Diwan anzuschaffen, der wiederum Platz wegnehmen würde. Wie sollten sie sich bloß behelfen, bis sie eine größere Wohnung gefunden hatten! Jonas schaute sich im Schlafzimmer um. Gewiss, eine ideale Lösung bot es nicht, das Ehebett war sehr breit. Aber das Zimmer stand den ganzen Tag hindurch leer. Das sagte er Luise; sie überlegte. In diesem Zimmer würde Jonas wenigstens nicht gestört, es würde sich doch wohl niemand erdreisten, sich auf ihr Bett zu legen. «Was halten Sie davon?», fragte Luise nun ihrerseits Rateau. Der schaute Jonas an. Jonas betrachtete angelegentlich die Fenster der gegenüberliegenden Wohnung. Dann erhob er den Blick zum sternenlosen Himmel und ging zum Fenster, um die Vorhänge zuzuziehen. Als er zurückkam, lächelte er Rateau zu und setzte sich neben ihn auf das Bett, ohne ein Wort zu sagen. Luise, die vor Erschöpfung beinahe umfiel, erklärte, sie wolle jetzt ihre Dusche nehmen. Als die beiden Freunde allein waren, spürte Jonas Rateaus Schulter an der seinen. Er schaute ihn nicht an, aber er sagte: «Ich liebe das Malen. Mein ganzes Leben lang möchte ich Tag und Nacht nichts anderes tun. Ist das nicht ein Glück?» Rateau blickte ihn gerührt an und sagte: «Gewiss, das ist ein Glück.»

Die Kinder wuchsen heran, und Jonas war froh, sie so munter und lebenstrotzend zu sehen. Sie gingen zur Schule und kamen um vier Uhr nach Hause. Jonas konnte ihre Gegenwart überdies am Samstagnachmittag und am Donnerstag genießen, und natürlich von morgens bis abends während der häufigen und ausgedehnten Schulferien. Sie waren noch nicht alt genug, um sich still für sich zu beschäftigen, doch zeigten sie sich durchaus kräftig genug, um die Wohnung mit ihren Händeln und ihrem Lachen zu erfüllen. Man musste sie zur Ruhe anhalten, sie ausschelten, ihnen bisweilen sogar mit Schlägen drohen. Und man musste die Wäsche sauber halten, die Knöpfe annähen – Luise konnte nicht allein mit allem fertig werden. Da sie kein Dienstmädchen beherbergen oder auch nur in die Enge ihrer Lebensgemeinschaft aufnehmen konnten, schlug Jonas vor, Luisens Schwester Rosa, die verwitwet war und eine erwachsene Tochter besaß, zu Hilfe zu rufen. «Fein», sagte Luise, «mit Rosa braucht man keine Umstände zu machen. Man kann sie wieder wegschicken, wenn man will.» Jonas war froh über diese Lösung, die gleichzeitig Luise und sein eigenes, durch die Müdigkeit seiner Frau beschwertes Gewissen entlasten würde. Die Entlastung war umso spürbarer, als die Schwester häufig ihre Tochter als Verstärkung mitbrachte. Sie hatten beide ein goldenes Herz, Tugend und Selbstlosigkeit strahlten aus ihrem redlichen Wesen. Sie rissen sich in Stücke, um ihren Verwandten zu helfen, und scheuten weder Zeit noch Mühe. Die Langeweile ihres einsamen Lebens und die angenehme Zwanglosigkeit, die sie in Luisens Haushalt fanden, erleichterten ihnen ihr löbliches Tun. Wie vorausgesehen, wurden tatsächlich von niemand Umstände gemacht, und die beiden Verwandten fühlten sich vom ersten Tag an wirklich wie zu Hause. Der große Raum wurde zum allgemeinen Aufenthaltsort, Speisezimmer, Flickstube und Kindergarten in einem. Im kleinen Zimmer, wo der Jüngste schlief, wurden die Bilder untergebracht sowie ein Feldbett, auf dem Rosa zuweilen übernachtete, wenn sie gerade tochterlos war.

Jonas richtete sich im ehelichen Schlafzimmer ein und arbeitete in dem freien Raum zwischen Bett und Fenster. Er musste nur warten, bis nach den Betten der Kinder auch das seine gemacht war. Dann blieb er ungestört, außer wenn jemand ein Wäschestück holen musste, denn der einzige Schrank des Hauses befand sich in ebendiesem Zimmer. Die zwar ein bisschen weniger zahlreichen Besucher hatten ihrerseits Gewohnheiten angenommen und zögerten ganz gegen Luisens Hoffnung mitnichten, sich auf dem Ehebett auszustrecken, um gemütlicher mit Jonas plaudern zu können. Auch die Kinder kamen herein, um dem Vater guten Tag zu sagen. «Zeig dein Bildchen!» Jonas zeigte ihnen das angefangene Bild und küsste sie zärtlich.

Wenn er sie wieder hinausschickte, spürte er, dass sie sein Herz ganz ausfüllten, rückhaltlos, bis in den geheimsten Winkel. Ohne ihre Gegenwart war er nur noch von Leere und Einsamkeit umgeben. Er liebte sie ebenso innig wie seine Malerei, besaßen doch auf der weiten Welt nur sie dasselbe Leben.

Und doch: Jonas arbeitete weniger, ohne den Grund herausfinden zu können. Er war immer noch fleißig, aber das Malen fiel ihm nun schwer, selbst in den Augenblicken des Alleinseins. Diese Augenblicke verbrachte er damit, in den Himmel zu gucken. Er war schon immer zerstreut und selbstvergessen gewesen, nun wurde er verträumt. Er dachte an die Malerei, an seine Berufung, anstatt zu malen. ‹Ich male gern›, sagte er sich noch jetzt, und die Hand mit dem Pinsel hing schlaff an seinem Körper herab, während er auf einen fernen Lautsprecher lauschte.

Zur gleichen Zeit verlor er an Berühmtheit. Man brachte ihm mit Vorbehalten untermischte oder gar abfällige Kritiken, und ein paar Artikel waren so gehässig, dass sein Herz sich zusammenschnürte. Aber er sagte sich, dass er aus diesen Angriffen auch eine Lehre ziehen konnte, da sie ihn zu besseren Leistungen anspornten. Wer noch zu ihm kam, behandelte ihn mit weniger Ehrerbietigkeit, gewissermaßen wie einen alten Freund, auf den man keine Rücksicht zu nehmen braucht. Wenn er sich wieder an die Arbeit machen wollte, hieß es: «Ach was, das eilt doch nicht!» Jonas fühlte, dass sie ihn in gewissem Sinn schon in ihr eigenes Versagen einbezogen. Aber andererseits besaß diese neue Gemeinschaft auch etwas Wohltuendes. Rateau zuckte die Achseln. «Du bist verboten einfältig. Im Grunde liebt dich keiner.» – «Ein klein wenig liebt man mich jetzt», erwiderte Jonas. «Ein bisschen Liebe, das ist ungeheuer viel. Was tut's, wie man dazu kommt!» Er fuhr also fort, zu reden, Briefe zu schreiben und zu malen, so gut er es vermochte. Hie und da malte er sogar wirklich, besonders am Sonntagnachmittag, wenn die Kinder mit Luise und Rosa spazieren gingen. Am Abend war er dann froh, mit dem angefangenen Bild ein bisschen vorwärts gekommen zu sein. In dieser Zeit malte er Himmel.

Als der Händler eines Tages mitteilte, dass er sich angesichts des beträchtlichen Rückgangs des Verkaufs zu seinem Bedauern gezwungen sehe, den monatlichen Scheck zu kürzen, pflichtete Jonas ihm bei, aber Luise war beunruhigt. Es war im September, die Kinder mussten für den bevorstehenden Schulanfang eingekleidet werden. Mit ihrer gewohnten Tatkraft machte sie sich selbst an die Arbeit, die ihr jedoch bald über den Kopf wuchs. Rosa konnte zwar flicken und Knöpfe annähen, aber nicht schneidern. Dafür war die Kusine ihres verstorbenen Mannes Schneiderin; sie kam, um Luise beizuspringen. Von Zeit zu Zeit setzte sich diese stille Frau in einer Ecke von Jonas' Zimmer auf einen Stuhl, wo sie sich im Übrigen ruhig verhielt. So ruhig sogar, dass Luise Jonas vorschlug, eine *Arbeiterin* zu malen. «Gute Idee», sagte Jonas. Er versuchte es, verpfuschte eine Leinwand, dann eine zweite und kehrte wieder zu einem angefangenen Himmel zurück. Am nächsten Tag ging er lange in der Wohnung auf und ab und dachte nach, anstatt zu malen. Ein Schüler brachte ihm voll Aufregung einen langen Artikel, den er andernfalls nicht gelesen hätte und aus dem er erfuhr, dass seine Malerei gleichzeitig überbewertet und überholt sei; der Händler rief ihn an, um ihm erneut seine angesichts der Umsatzkurve wachsende Besorgnis mitzuteilen. Dessen ungeachtet fuhr Jonas fort, zu träumen und zu sinnieren. Dem Schüler sagte er, es sei etwas Wahres an diesem Artikel, aber er, Jonas, könne noch auf viele Jahre der Arbeit rechnen. Dem Händler antwortete er, dass er seine Besorgnis zwar verstehe, aber nicht teile. Er habe ein bedeutendes, wahrhaft neues Werk zu schaffen; es werde einen großen Neubeginn geben. Er fühlte, dass er die Wahrheit sprach und dass sein Stern ihm treu war. Alles, was Not tat, war eine richtige Einteilung.

In den folgenden Tagen versuchte er zuerst, im Gang zu arbeiten, dann bei elektrischem Licht im Duschraum, dann in der Küche. Aber zum ersten Mal störten ihn die Leute, denen er überall begegnete, die fremden, die er kaum kannte, und die eigenen, die er lieb hatte. Eine Zeit lang hörte er auf zu schaffen und dachte nach. Er hätte nach der Natur gemalt, wenn die Jahreszeit dies gestattet hätte. Aber leider stand der Winter vor der Tür, es war schwierig, vor dem Frühling Landschaften zu malen. Er versuchte es trotzdem und musste es aufgeben. Die Kälte drang ihm bis ins Mark. Ein paar Tage verbrachte er mit seinen Bildern; zumeist saß er daneben, oder aber er stand am Fenster; er malte nicht mehr. Dann gewöhnte er sich an, vormittags auszugehen. Er nahm sich vor, irgendein Detail in Skizzen festzuhalten, einen Baum, ein windschiefes Haus, ein im Vorübergehen erhaschtes Gesicht. Der Tag neigte sich, und er hatte nichts gearbeitet. Hingegen wurde er von jeder noch so geringfügigen Versuchung, den Zeitungen, einer Begegnung, den Schaufenstern, der Wärme eines Cafés, unwiderstehlich angezogen. Jeden Abend erfand er unermüdlich triftige Entschuldigungen für sein ewig schlechtes Gewissen. Er würde wieder malen, ganz bestimmt, und zwar besser malen nach dieser Zeit scheinbarer Leere. Es arbeitete in ihm, das war es, der Stern würde blank gefegt und strahlend aus den düsteren Nebeln aufsteigen. Unterdessen verbrachte er seine Tage in Kaffeehäusern. Er hatte entdeckt, dass der Alkohol ihn in die gleiche gehobene Stimmung versetzte wie früher die Zeiten versessener Arbeit, als er noch mit der Hingebung und Wärme an sein Bild dachte, die er sonst nur seinen Kindern gegenüber empfand. Beim zweiten Cognac kehrte wieder das übermächtige Gefühl in ihn ein, das ihn gleichzeitig zum Herrn und zum Diener des Weltalls machte. Nur genoss er es jetzt im leeren Raum, mit müßigen Händen, ohne es in ein Werk umzusetzen. Aber es war doch die Empfindung, die der Freude, für die er lebte, am nächsten kam, und er verbrachte nun lange Stunden sitzend und träumend in rauchgeschwängerten, lärmerfüllten Gaststätten.

Er mied indessen die Lokale und Viertel, wo die Künstler

verkehrten. Wenn er einem Bekannten begegnete, der von seiner Malerei zu reden anfing, wurde er von Panik gepackt. Er hatte Lust, zu fliehen, man sah es ihm an, und dann floh er. Er wusste, dass man hinter seinem Rücken sagte: ‹Er hält sich für Rembrandt›, und sein Unbehagen wuchs. Er lächelte nicht mehr, das stand fest, und seine ehemaligen Freunde zogen daraus die merkwürdige, aber unvermeidliche Schlussfolgerung: ‹Wenn er nicht mehr lächelt, heißt das einfach, dass er überaus mit sich zufrieden ist.› Da er dies wusste, wurde er immer scheuer und argwöhnischer. Wenn er beim Betreten eines Cafés das Gefühl hatte, von irgendeinem der Gäste erkannt zu werden, genügte das, um alles in ihm zu verfinstern. Eine Sekunde lang blieb er wie angewurzelt stehen, von Ohnmacht und seltsamem Kummer erfüllt, und sein Gesicht verschloss sich über seiner Verstörtheit und auch über seinem heißhungrigen, plötzlichen Verlangen nach Freundschaft. Er dachte an Rateaus warmen Blick und ging schnell hinaus. «Macht der aber eine Schnauze!», sagte einmal jemand ganz in seiner Nähe, als er eben im Begriff war, den Rückzug anzutreten.

Er besuchte nur noch abgelegene Stadtteile, wo ihn niemand kannte. Dort konnte er reden und lächeln, seine Freundlichkeit kehrte zurück, man wollte nichts von ihm. Er gewann ein paar wenig anspruchsvolle Freunde. Besonders schätzte er die Gesellschaft eines Obers, der ihn in dem Bahnhofsrestaurant, wo er ein häufiger Gast geworden war, zu bedienen pflegte. Dieser Kellner hatte ihn gefragt, was er von Beruf sei. «Maler», hatte Jonas geantwortet. – «Kunstmaler oder Flachmaler?» – «Kunstmaler.» – «Ach ja», hatte der andere gesagt, «das ist nicht leicht.» Dann hatten sie nicht mehr davon gesprochen. Gewiss, es war nicht leicht, aber Jonas würde den Weg finden, wenn er nur erst wusste, wie er seine Arbeit einteilen sollte.

Im Zufall der Tage und Tränke machte er andere Bekanntschaften. Frauen halfen ihm. Mit ihnen konnte er sprechen, vor oder nach der Umarmung, und sich vor allem ein bisschen her-

ausstreichen, sie verstanden ihn, selbst wenn sie nicht überzeugt waren. Manchmal hatte er das Gefühl, seine frühere
Kraft kehre zurück. Eines Tages, als eine seiner Freundinnen
ihm Mut zugesprochen hatte, ging er nach Hause und versuchte, wieder in seinem Zimmer zu arbeiten, da die Schneiderin gerade abwesend war. Aber nach einer Stunde räumte er seine
Leinwand weg, lächelte Luise zu, ohne sie zu sehen, und verließ
das Haus. Er trank den ganzen Tag und verbrachte die Nacht bei
seiner Freundin, übrigens ohne in der Lage zu sein, sie zu be-
gehren. Am Morgen empfing ihn der verkörperte Schmerz mit
verwüstetem Gesicht in der Gestalt Luisens. Sie wollte wissen,
ob er mit dieser Frau geschlafen habe. Jonas sagte, dazu sei er zu
betrunken gewesen, aber er habe vor ihr mit anderen geschlafen. Und zum ersten Mal sah er mit zerrissenem Herzen an Luise das entstellte Gesicht, das Überraschung und Übermaß des
Schmerzes einem verleihen können. Da merkte er, dass er all
die Zeit über nicht an sie gedacht hatte, und er schämte sich. Er
bat sie um Verzeihung, es war vorbei, morgen würde alles wieder sein wie früher. Luise war keines Wortes mächtig und
wandte sich ab, um ihre Tränen zu verbergen.

Am folgenden Morgen ging Jonas sehr früh aus. Es regne-
te. Als er bis auf die Haut durchnässt heimkam, war er mit
Brettern beladen. Zu Hause fand er zwei alte Freunde vor, die
sich nach seinem Ergehen erkundigen wollten und eben im
großen Zimmer Kaffee tranken. «Jonas wechselt seine Technik. Jetzt malt er auf Holz!», sagten sie. Jonas lächelte. «Das
nicht. Aber ich fange in der Tat etwas Neues an.» Er begab sich
in den schmalen Gang, der zu Duschraum, Toilette und Küche
führte. In dem von den beiden Gängen gebildeten rechten
Winkel blieb er stehen und betrachtete eingehend die hohen
Wände, die sich bis zur im Dunkeln verlorenen Decke erhoben. Er benötigte einen Schemel und ging zum Concierge hinunter, um sich einen auszuborgen.

Als er wieder heraufkam, waren noch ein paar Leute mehr
da, und er musste sich der Herzlichkeit der vom Wiedersehen

beglückten Besucher und der Neugier seiner Angehörigen erwehren, um wieder ans Ende des Ganges zu gelangen. In diesem Augenblick trat seine Frau aus der Küche. Jonas stellte seinen Schemel ab und drückte Luise heftig an sich. Sie schaute ihn an. «Ich bitte dich, fang nicht wieder an.» – «Nein, nein», sagte Jonas. «Ich will malen. Ich muss malen.» Aber er schien zu sich selber zu sprechen, und sein Blick weilte anderswo. Er machte sich an die Arbeit. Auf halber Höhe der Wände baute er einen Boden, um sich eine Art engen, wenn auch hohen und tiefen Zwischenstock herzurichten. Am späten Nachmittag war alles fertig. Jonas stieg auf den Schemel, hängte sich an den eben eingezogenen Boden und machte ein paar Turnübungen, um sich der Festigkeit seiner Arbeit zu vergewissern. Dann gesellte er sich zu den anderen, und jedermann war hocherfreut, ihn von neuem so aufgeschlossen zu sehen. Am Abend, als die Wohnung ungefähr leer war, holte Jonas eine Petroleumlampe, einen Stuhl, einen Hocker und einen Rahmen. Unter den neugierigen Blicken der drei Frauen und der Kinder verbrachte er alles in seinen Verschlag. «So», sagte er von seinem luftigen Sitz aus, «jetzt kann ich arbeiten, ohne jemand zu stören.» Luise fragte, ob er ganz sicher sei. «Aber natürlich», erwiderte er, «es braucht wenig Platz. Ich werde mich freier fühlen. Es gibt Beispiele großer Maler, die bei Kerzenlicht arbeiteten, und …» – «Ist der Boden auch solid genug?» Er war es. «Sei ganz ruhig», sagte Jonas. «Es ist eine vorzügliche Lösung.» Und er stieg wieder herunter.

Am nächsten Morgen kletterte er in aller Frühe in seinen Verschlag, setzte sich, stellte den Rahmen gegen die Wand gelehnt auf den Hocker und wartete, ohne die Lampe anzuzünden. Die einzigen unmittelbar vernehmbaren Geräusche rührten aus der Küche oder der Toilette. Aller andere Lärm schien fern, und die Besuche, das Klingeln der Hausglocke oder des Telefons, das Kommen und Gehen, die Gespräche drangen nur gedämpft bis zu ihm, als kämen sie von der Straße oder vom anderen Hof. Überdies war das hier herrschende Halbdunkel ausruhend, während die ganze übrige Wohnung in grellem Licht badete. Von Zeit zu Zeit kam ein Freund und stellte sich unter dem Hängeboden auf. «Was treibst du da oben, Jonas?» – «Ich arbeite.» – «Ohne Licht?» – «Im Augenblick ja.» Er malte nicht, aber er dachte nach. Im Dämmer und dem gedämpften Raunen, das ihn im Vergleich zu allem bisher Erlebten wie das Schweigen der Wüste oder des Grabes anmutete, lauschte er auf sein eigenes Herz. Die Geräusche, die seine Klause erreichten, schienen ihn nichts mehr anzugehen, selbst wenn sie an ihn gerichtet waren. Er glich jenen Menschen, die daheim mitten im Schlaf sterben, allein, und wenn dann der Morgen kommt, schrillen die Telefonanrufe fieberhaft und aufdringlich im verlassenen Haus über einen auf immer tauben Körper hinweg. Er aber lebte, er lauschte dem Schweigen in seinem Inneren, er erwartete seinen Stern, der noch verborgen war, der sich aber anschickte, wieder aufzugehen, endlich in seiner Unantastbarkeit über dem Wirrsal dieser wüsten Tage emporzusteigen. «Leuchte», bat er, «leuchte. Beraube mich nicht deines Lichts.» Er würde wieder leuchten, dessen war er gewiss. Aber er bedurfte einer noch längeren Zeit der Besinnung, da ihm endlich das Glück gewährt war, allein zu sein, ohne sich von den Seinen zu trennen. Er musste herausfinden, was er noch nicht klar begriffen hatte, obwohl er es seit jeher wusste und immer gemalt hatte, als wisse er es. Er musste sich endlich des Geheimnisses bemächtigen, das, wie er eingesehen hatte, nicht bloß das Geheimnis der Kunst war. Aus diesem Grund zündete er die Lampe nicht an.

Von da an begab sich Jonas jeden Morgen auf seinen Boden. Die Besucher wurden seltener, da Luise den Kopf anderswo hatte und nicht zum Plaudern aufgelegt war. Jonas kam zu den Mahlzeiten herunter und verschwand unmittelbar darauf wieder in seiner Klause. Den ganzen Tag verharrte er unbeweglich im Dunkeln. Nachts ging er zu Bett, wenn seine Frau sich schon niedergelegt hatte. Nach ein paar Tagen bat er Luise, ihm sein Mittagessen hinaufzureichen, und sie folgte seinem

Wunsch mit einer Fürsorglichkeit, die Jonas rührte. Um sie andere Male nicht bemühen zu müssen, schlug er ihr vor, ein paar Vorräte anzulegen, die er auf dem Boden aufbewahren konnte. Mit der Zeit kam er den ganzen Tag nicht mehr herunter. Aber seine Vorräte rührte er kaum an.

Eines Abends rief er Luise und bat sie um ein paar Decken. «Ich will die Nacht hier verbringen.» Luise legte den Kopf in den Nacken und schaute ihn an. Sie öffnete den Mund, aber sie schwieg. Sie musterte Jonas nur mit einem besorgten, traurigen Ausdruck. Er gewahrte auf einmal, wie sehr sie gealtert war und wie sehr ihr zermürbendes Leben auch an ihr gezehrt hatte. Da dachte er, dass er ihr nie wahrhaft beigestanden hatte. Aber ehe er etwas sagen konnte, lächelte sie ihm mit einer Innigkeit zu, die ihm das Herz abdrückte. «Wie du willst, Liebster», sagte sie.

Von nun an verbrachte er die Nächte auf dem Boden, den er sozusagen nicht mehr verließ. Das hatte zur Folge, dass die Wohnung sich ihrer Besucher entleerte, da man Jonas nicht mehr zu Gesicht bekam, weder tagsüber noch abends. Den einen sagte man, er befinde sich auf dem Land, anderen erklärte man, des Lügens müde, er habe ein Atelier gefunden. Nur Rateau kam immer getreulich. Er kletterte auf den Schemel, sein dicker, gutmütiger Schädel ragte über den Fußboden empor. «Wie geht's?» – «Ausgezeichnet.» – «Arbeitest du?» – «Sozusagen.» – «Aber du hast ja keine Leinwand!» – «Ich arbeite trotzdem.» Es war schwierig, dieses Gespräch zwischen Schemel und Boden in die Länge zu ziehen. Rateau nickte mit dem Kopf, kam wieder herunter, machte sich bei Luise nützlich, indem er eine Sicherung auswechselte oder ein Schloss flickte, und ging dann wieder zum Schemel, um sich, ohne hinaufzusteigen, von seinem Freund zu verabschieden; Jonas antwortete aus der Dunkelheit: «Gehab dich wohl, alter Kamerad.» Eines Abends fügte er seinem Gruß ein «Danke» hinzu. «Warum danke?» – «Weil du mich lieb hast.» – «Was du nicht sagst!», bemerkte Rateau und verschwand.

An einem anderen Abend rief Jonas nach Rateau, der ungesäumt herbeieilte. Zum ersten Mal brannte die Lampe. Jonas beugte sich mit angstvollem Gesicht aus seinem Schlupfwinkel. «Reich mir eine Leinwand», bat er. – «Was ist los mit dir? Du bist abgemagert, du siehst aus wie ein Gespenst.» – «Ich habe seit ein paar Tagen kaum gegessen. Das hat keine Bedeutung. Ich muss arbeiten.» – «Iss zuerst.» – «Nein, ich habe keinen Hunger.» Rateau brachte ihm eine Leinwand. Als Jonas sich eben wieder in seinen Verschlag zurückziehen wollte, fragte er noch: «Wie geht es ihnen?» – «Wem?» – «Luise und den Kindern.» – «Es geht ihnen gut. Es ginge ihnen besser, wenn du bei ihnen wärest.» – «Ich bin ja bei ihnen. Sag ihnen vor allem, dass ich bei ihnen bin.» Und er verschwand. Rateau ging zu Luise und teilte ihr seine Besorgnisse mit. Sie gestand, dass sie selbst sich schon seit Tagen ängstigte. «Was tun? Ach, wenn ich doch nur an seiner Statt arbeiten könnte!» Todunglücklich kehrte sie sich Rateau zu. «Ich kann nicht leben ohne ihn», sagte sie. Sie hatte wieder ihr Jungmädchengesicht, wie Rateau voll Überraschung feststellte; und er gewahrte, dass sie errötet war.

Die Lampe brannte die ganze Nacht und den ganzen folgenden Vormittag. Wenn Rateau oder Luise kam, antwortete Jonas bloß: «Lass nur, ich arbeite.» Um Mittag verlangte er Petroleum. Die blakende Lampe brannte wieder in strahlender Helligkeit bis zum Abend. Rateau blieb zum Essen bei Luise und den Kindern. Um Mitternacht verabschiedete er sich von Jonas. Er verharrte ein Weilchen abwartend vor dem unverändert erleuchteten Boden, dann entfernte er sich ohne ein Wort. Als Luise am Morgen des zweiten Tages aufstand, brannte die Lampe immer noch.

Ein strahlender Tag brach an, aber Jonas merkte es nicht. Er hatte das Bild der Wand zugekehrt. Erschöpft saß er da und wartete, seine Hände lagen wie eine Opfergabe auf den Knien. Er sagte sich, dass er nun nie mehr arbeiten werde, er war glücklich. Er hörte das Quengeln seiner Kinder, Wasserrauschen, Geschirrklappern, Luisens Stimme. Die großen Scheiben erzitterten, wenn ein Lastwagen auf dem Boulevard vorbeifuhr. Die Welt war noch da, jung und köstlich: Jonas horchte auf den unbekümmerten Lärm des menschlichen Treibens. Er kam aus so weiter Ferne, dass er der in ihm wohnenden jubelnden Kraft nichts anhaben konnte und nichts seiner Kunst und all den Gedanken, die er nicht auszusprechen vermochte, die auf immer schwiegen und ihn doch über alles hinaushoben in eine befreite, erfrischende Luft. Die Kinder tollten durch die Zimmer, das kleine Mädchen lachte, Luise nun ebenfalls, er hatte sie schon so lange nicht mehr lachen hören. Er liebte die Seinen! Wie sehr er sie liebte! Er löschte die Lampe, und da, in der zurückgekehrten Dunkelheit, war da nicht sein Stern, der unverändert leuchtete? Er war es, er erkannte ihn, sein Herz war voll Dankbarkeit, und er schaute ihn noch immer an, als er lautlos zu Boden fiel.

«Nichts Schlimmes», versicherte ein wenig später der Arzt, den man herbeigerufen hatte. «Er arbeitet zu viel. Bis in einer Woche ist er wieder auf dem Damm.» – «Sind Sie ganz sicher, dass er wieder gesund wird?», fragte Luise mit verstörtem Gesicht. – «Ganz sicher.»

Im Zimmer nebenan betrachtete Rateau die Leinwand; sie war völlig weiß. Nur in der Mitte hatte Jonas mit ganz kleinen Buchstaben etwas geschrieben, das man wohl entziffern konnte, ohne indessen sicher zu sein, ob es heißen sollte *«solitaire»* oder *«solidaire»**.

---

* Wortspiel: etwa *«einsam – gemeinsam»*.

Editorische Nachbemerkung

«In *Der Fremde* sind all die großen Motive Camus' versammelt: die Mutter, der Tod, das Meer, die physische Freude, Hitze, Sonne in ihrer Ambivalenz – und der zum Tode Verurteilte» (Brigitte Sändig). Albert Camus' Erstlingswerk erregt schon bei seinem Erscheinen im Kriegsjahr 1942 Aufsehen und wird noch 1999 bei einer Befragung unter 6000 Franzosen nach den besten fünfzig Büchern der Weltliteratur des 20. Jahrhunderts auf Platz 1 gewählt. «Ein Mann, der das Leben dort gesucht hat, wo man es zu suchen pflegt (Ehe, Stellung usw.) und unvermittelt beim Lesen eines Modejournals entdeckt, wie sehr er dem Leben fremd war», lautet Camus' erste Tagebuchnotiz (Tb. I, 1. Heft, 1937, S. 49) zu diesem Roman über einen Mörder aus Zufall, der für seine Tat keine Rechtfertigung vorbringen will: «Ich sagte schnell, wobei ich die Wörter durcheinander brachte und mir meiner Lächerlichkeit bewusst war, dass es wegen der Sonne gewesen wäre.» – «Was machte es, wenn er, des Mordes angeklagt, hingerichtet würde, weil er bei der Beerdigung seiner Mutter nicht geweint hatte?» Entsprechend Camus' eigener Gruppierung seiner Werke gehört *Der Fremde* zum Zyklus des Absurden.

Sonnenessays (ursprünglich «Mittelmeeressays») erscheinen 1937 unter dem Titel *Licht und Schatten* (*L'envers et l'endroit*) und 1939 unter dem Titel *Hochzeit des Lichts* (*Noces*) in Algier; Camus setzt diese Sammlungen autobiographischer Stücke mit dem Band *Heimkehr nach Tipasa* (*L'été*) 1954 in Paris fort. «Jeder Künstler besitzt nämlich in seinem tiefsten Inneren eine einzige Quelle, die sein Leben lang speist, was er ist und was er sagt.» – «Ich weiß, dass meine Quelle sich [...] in jener

Welt der Armut und des Lichtes [befindet], in der ich lange Jahre gelebt habe und die mich dank der Erinnerung heute noch vor zwei gegensätzlichen, jeden Künstler bedrohenden Gefahren bewahrt, nämlich dem Ressentiment und der Sattheit. Die Armut, um zuerst von ihr zu sprechen, habe ich nie als Unglück empfunden, denn das Licht breitete seine Schätze über sie aus.» So der Autor in seiner Vorrede zur Neuausgabe von 1958. Das Licht der algerischen Heimat findet Camus auch in Griechenland wieder. Man verstehe dort: «Wenn die Griechen von der Verzweiflung angerührt wurden, so war es immer durch die Schönheit und durch jenes Bedrückende, das sie birgt.» Das antike griechische Denken habe nichts ins Extrem vorgetrieben, «weder das Heilige noch die Vernunft, weil es nie etwas verleugnete. [...] Unser Europa hingegen, in die Eroberung der Totalität geschleudert, ist die Tochter der Unmäßigkeit», heißt es in *Helenas Exil* – Überlegungen, die um den geplanten, nicht mehr ausgeführten dritten Zyklus zum Thema Maß und Grenze, um den Mythos der griechischen Göttin Nemesis kreisen. Das *Bordtagebuch* schließlich, Ausdruck einer lebenslangen Liebe zum Meer, nimmt wesentliche Eindrücke von Camus' Südamerikareise (von Juni bis August 1949) auf.

Die Gerechten werden im Dezember 1949 im Théatre Hébertot in Algier uraufgeführt, dem «Theater der Arbeit», das Camus 1935 gründet – er spielt dort selbst, führt Regie und schreibt seit 1938 auch Stücke. Die in den *Gerechten*, seinem vierten Drama, wiedergegebenen Ereignisse sind historisch, betont der Autor – «selbst die erstaunliche Unterredung zwischen der Großfürstin und dem Mörder ihres Mannes»; sie folgen den 1905 veröffentlichten «Erinnerungen eines Terroristen» des russischen Sozialrevolutionärs Boris Sawinkow. Das Stück erscheint in der Zeit von Camus' großer ideologiekritischer Analyse zur Geisteshaltung der Revolte (*Der Mensch in der Revolte*; 1951), einer «Geschichte von Europas Hochmut», einer «Untersuchung der Haltungen, Ansprüche und Gewinne» zweier

Jahrhunderte metaphysischer und historischer Revolte (Vorwort), die zum Bruch mit Jean-Paul Sartre führen wird. Zusammen mit dem 1947 erschienenen Roman *Die Pest* ergeben der Essay und das Theaterstück auch den Werkzyklus der Revolte. «Terrorismus. Die große Reinheit des Terroristen von Kaliajews Art besteht darin, dass für ihn Mord und Selbstmord eins sind [...]. Ein Leben wird mit einem Leben bezahlt. Die Überlegung ist falsch, aber achtenswert» (Tb. I, 5. Heft, 1947, S. 358). Der Mensch ist nicht nur der zum Tode Verurteilte, er ist auch der zum Tode Verurteilende: «Das einzige wirklich ernste moralische Problem ist der Mord», so Camus (ebd., 1946, S. 336).

Die **Erzählungen** aus dem Jahr 1957, in dem Camus den Literaturnobelpreis zugesprochen bekommt, entstammen dem Band *Das Exil und das Reich.* «Zu sterben erschreckt mich nicht, wohl aber im Tod zu leben» (Tb. II, 8. Heft, 20. Sept. 1954, S. 150). Und «im Tod zu leben» bedeutet für Camus Exil – «das heißt ohne Licht, ohne die Natur, in der Stadt, in Stein und Düsternis, ein Dasein in leeren, unsinnigen Konventionen, in verfälschten menschlichen Beziehungen, ein gedrücktes, gedemütigtes Leben endlich ohne Würde und Sinn», fasst Brigitte Sändig zusammen (Monographie S. 111). Die drei Geschichten – der verheirateten Frau (einer bei Camus seltenen Protagonistin), des Missionars und des Künstlers – sind Umbruchsmomenten gewidmet, in denen sich motivgebende Lebenserfahrungen des Autors noch einmal auf unterschiedliche Weise spiegeln: Das schmerzliche Bewusstsein der eigenen Entfremdung angesichts einer überwältigenden Natur und Landschaft; herrischer Glaubenseifer, der sich schließlich in masochistische Raserei verkehrt – «o Fetisch, warum hast du mich verlassen?»; ein hochgespanntes Künstlerdasein, das sich zwischen schöpferischer Einsamkeit und den Überlebensbedingungen sozialer Gemeinschaft ausbalancieren muss.

Quellenverzeichnis

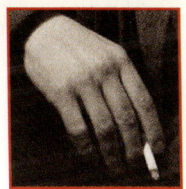

rowohlts monographien
begründet von Kurt Kusenberg
herausgegeben von Wolfgang Müller
und Uwe Naumann

Albert Camus

Dargestellt von Brigitte Sändig

Seite 3: Albert Camus. Foto von 1951
Seite 7: Bergdörfer in der Kabylei, Tellatlas (Nordalgerien)

INHALT

Die Bilder Camus'

[...] an dem Tag, da sich zwischen dem, was ich bin, und dem, was ich sage, das Gleichgewicht einstellt, an dem Tag kann ich vielleicht, und ich wage es kaum auszusprechen, das Werk schaffen, von dem ich träume. Hier wollte ich bloß sagen, daß es auf diese oder jene Weise «Licht und Schatten» gleichen und von einer gewissen Art Liebe handeln wird[1], schreibt Camus zu Beginn seines letzten Lebensjahrzehnts, Anfang der fünfziger Jahre. Er sehnt sich nach einem Zustand der Übereinstimmung zwischen seinen inneren Bedürfnissen und Wünschen und den äußeren Lebensumständen, zwischen dem, was er ist, und dem, was er darstellt. Zwanzig Jahre früher, als er die Essays mit dem Titel *Licht und Schatten (L'Envers et l'endroit)* schrieb, hatte es diesen Zustand für ihn gegeben; jetzt aber ist er weit davon entfernt.

Die seit damals zurückgelegte Lebensstrecke versteht Camus als einen mühevollen Weg dahin, *die zwei oder drei einfachen, großen Bilder wiederzufinden, denen sich das Herz ein erstes Mal erschlossen hat*[2]. Welches sind diese Bilder für ihn? Es sind die Naturgegebenheiten des Mittelmeers – Sonne, Meer, Stein, Himmel – und die Camus' Kindheit beherrschenden Gestalten der schweigenden Mutter und des toten Vaters.

Diese Sehnsuchtsbilder waren und sind vor allem positiv besetzt; dennoch ist keines einhellig gut und schön, sondern alle bergen sie auch eine dunkle, verunsichernde, zuweilen sogar zerstörerische Seite. In ihnen tut sich der Gegensatz von Licht und Schatten, Liebe und Tod auf, in den sich Camus von Beginn seines Lebens an gestellt sah.

Der lange und mühevolle Weg zurück zu diesen Bildern führte Camus über viele Lebensstationen und brach schließlich abrupt ab; die glücklichen Phasen seines Lebens waren nicht die der hohen öffentlichen Anerkennung, des Ruhms, sondern die des Anfangs, da er auf unbelastete Art zu leben und zu schreiben vermochte. Doch Camus bekannte sich zu jeder seiner Lebensstationen und jeder seiner Schaffensphasen und behielt sich das Recht darauf vor, zu irren und den Irrtum zu korrigieren. Im Rück- und Ausblick auf sein künstlerisches Schaffen sprach Camus jedoch von nur drei bündelnden Begriffen, die eine jeweils andere geistig-psychische Disposition bei der Suche nach diesen Bildern bezeichneten und um die sich jeweils mehrere seiner Werke gruppieren: vom Absurden, von der Revolte und – dies als Sehnsuchtsvorstellung, die das schließliche Wiederfinden der Bilder in sich einschloss – von der Liebe. Den Zyklus des Absurden und der Revolte hat Camus ausschreiten und vollenden können; für den Zyklus der Liebe war ihm dies nicht vergönnt.

Sprechen von sich selbst: Die Kindheit

Für den Roman, der den Zyklus der Liebe begründen sollte, hatte Camus nach einigem Schwanken den Titel *Der erste Mensch (Le Premier homme)* gewählt; 145 Seiten und Notizen zu diesem Roman lagen vor, als Camus zu Beginn des Jahres 1960 tödlich verunglückte.

In diesem Fragment stellt der Autor mit einer in seinem bisherigen Werk nie vorhandenen Absicht offenkundiger Selbstaussage seine Kindheit und seine späteren Bemühungen dar, diese Kindheit durch Rückkehr an die Orte, durch Gespräche mit einstigen Bekannten, durch Fotos und andere Belege wiederzufinden. Camus plante, sich schließlich bis an die Zeit, in der er diese Lebensdarstellung abfasste, «heranzuschrei-ben»; er konnte die Abfassung des Manuskripts jedoch nur bis zum Übertritt des autobiographischen Helden von der Kind-heit ins Jugendalter vorantreiben.

Es mutet wie eine makabre Schicksalswendung an, dass Camus starb, als er – nach einer quälenden Phase der Stagna-tion – wieder ans Schreiben gehen und dabei zum ersten Mal von sich selbst sprechen konnte. Heute aber geben uns diese fragmentarischen Zeugnisse die Chance, Selbstaussagen Camus' für das Verständnis seiner Kindheit heranzuziehen.

Merkwürdig ist, dass uns dies die *Carnets (Tagebücher)*, die Camus seit seinem 23. Lebensjahr führte, in weniger direkter Weise erlauben. Er nannte diese Niederschriften jedoch nicht ohne Grund «Notizhefte» und nicht «Tagebuch», denn gegen die unverhüllte Darstellung seines Lebens anderen und sogar sich selbst gegenüber hatte Camus eine entschiedene Abnei-gung. So enthalten die *Carnets* kaum direkte Selbstaussagen, sondern das Erlebte und Empfundene wird – oft in varianten-reichen Wiederholungen – auf die im Entstehen begriffenen literarischen Schriften projiziert. Die wenigen hier vorliegen-

9

den direkten Aussagen Camus' über seine Kindheit sind jedoch von fundamentaler Bedeutung, und aus vielen der verallgemeinernden Reflexionen, Stimmungs- und Landschaftsbeschreibungen, Menschenbeobachtungen und literarischen Ideenskizzen, die diese Hefte füllen, lassen sich prägende Kindheitseindrücke herauslesen.

In der ersten Eintragung vom Mai 1935 bezeichnet Camus *das merkwürdige Gefühl, das der Sohn seiner Mutter entgegenbringt* (man beachte die unpersönliche Bezeichnung seiner eigenen Person!) als die Grundlage *seine[r] ganze[n] Empfindlichkeit.* Und diese Sensibilität entstehe – auch hier formuliert Camus verallgemeinernd – aus *eine[r] gewisse[n] Anzahl in Armut verbrachter Jahre*; diese Erfahrung sei wie *ein Leim, der an der Seele haften bleibt* (Tr, 8) [3].

So stellt sich Camus seine Kindheit dar, zumal die frühen Jahre. Tatsächlich waren seine Eltern, deren Vorfahren bereits die erste Einwanderungswelle von 1830 nach Algerien gebracht

hatte, besitzlose Siedler geblieben. Der Vater, Lucien Auguste
Camus, arbeitete bei einer französischen Weinfirma und hing,
was den Aufenthaltsort seiner Familie betraf, von den Weisun-
gen seines Chefs ab. So musste er mit Frau und Sohn kurz vor
der Geburt des zweiten Kindes für längere Zeit in ein Wein-
anbaugebiet an der tunesischen Grenze ziehen. Dort wurde am
7. November 1913 auf einem Bauernhof im damaligen Dorf
Saint-Paul, acht Kilometer von Mondovi, einer kleinen Stadt
südlich von Annaba, der zweite Sohn Albert geboren.

Die Fahrt der Familie mit dem Pferdekarren im Zeichen
der bevorstehenden Niederkunft der Mutter und die Umstände, unter denen das Kind das Licht der Welt erblickte, hat
Camus im ersten Kapitel von *Der erste Mensch* beschrieben.

Camus ist neun Monate alt, als der Erste Weltkrieg aus-
bricht, der Vater einberufen wird und die Mutter mit den beiden kleinen Söhnen in der Wohnung ihrer Mutter in Algier, im
populären Stadtteil Belcourt, Zuflucht sucht. Camus' Groß-

mutter, eine tatkräftige, durch ein schweres Leben hart gewordene Frau, nimmt Tochter und Enkelkinder auf, doch muss Camus' Mutter notwendigerweise zum Lebensunterhalt der Familie beitragen. In der ersten Marneschlacht erleidet Camus' Vater eine Kopfverletzung; aus dem Lazarett schreibt er zwei gewollt zuversichtliche Feldpostkarten an seine Frau und stirbt neunundzwanzigjährig am 11. Oktober 1914 im Hospital von Saint-Brieuc in der Bretagne.

Frankreich, das unbekannte, ferne Land, mit dem die kleine Siedlerfamilie wenig verband, hatte gewaltsam in ihr Leben eingegriffen: Der Vater war von der Familie weggerufen worden an einen Ort, den er nicht kannte, in ein Geschehen, das er kaum verstand; in einer Fußnote in *Der erste Mensch* heißt es: *Er [d. h. der Vater Camus'] hatte Frankreich nie gesehen. Er sah es und wurde getötet.*[4] Lucien Auguste Camus verschwand an einem unbekannten Ort, und die Familie war *unfähig, sich diesen so fernen Tod tief in einem unbekannten Dunkel vorzustellen.*[5] Trotzdem hatten sie alle das unbestimmte Gefühl, dass der Vater für die richtige Seite gekämpft habe und gefallen sei; denn – so viel wussten sie – der Angreifer war Deutschland, und dort lag das Unrecht.

Die Mutter ging außer Haus, arbeitete als Putzfrau bei begüterten Familien. Die Erziehung der Kinder oblag der Großmutter, dem Oberhaupt dieses Haushalts. Diese ihre unstrittige Rolle drückte sich auch in der Raumverteilung der Dreizimmerwohnung aus: Die Mutter schlief mit ihren Söhnen in einem Zimmer, im Esszimmer nächtigten ein oder zwei ihrer Brüder, die Großmutter nannte das dritte Zimmer ihr Eigen. Die alte Frau hatte selbst neun Kinder erzogen und nach dem frühen Tod ihres Mannes allein durchgebracht. Daher hielt sie ihre Erziehungsprinzipien für unfehlbar und die Ziele – Sauberkeit, Fleiß, äußerste Sparsamkeit, Gehorsam – für absolut gültig. Mit ihrer beschränkten Rechtschaffenheit legte sie zum einen ein unumstößliches moralisches Fundament in dem Kind an, unterdrückte aber andererseits eisern sein Verlangen nach Selbständigkeit, seine Übertretungswünsche, die Äußerungen seiner kindlichen Kreativität. Im Ernstfall strafte

Albert mit seinem älteren Bruder Lucien

sie ihren Enkel mit der Peitsche – und die Mutter litt bei diesen Szenen, wagte aber nicht einzugreifen.

Camus' kindliche Beziehung zu der Großmutter und sein späteres Urteil über sie sind zwiespältig: Er lehnt ihre Selbstgerechtigkeit und Härte ab, aber er spürt und achtet auch ihre Art der Zuwendung und die Beherztheit, mit der sie dem materiellen Mangel trotzte. Nur das unentbehrlich Notwendige konnte in der Familie angeschafft werden. *Er war immer inmitten einer Armut aufgewachsen, die so nackt war wie der Tod* [6], schreibt Camus über die Kindheit seines autobiographischen Helden. Das ist aber weder Klage noch Anklage, sondern bejahende, beinahe stolze Feststellung: Das Fehlen alles Überflüssigen machte ihn offen und frei für das Wesentliche, für Kameradschaft, Freundschaft, Liebe und – dies versteht er als sein besonderes Privileg – für die unverstellte Freude an der großartigen Natur Algeriens, in der er aufwuchs.

Dieses Glück fließt für den Jungen zusammen mit den Kinderfreundschaften, die in dem Stadtviertel mit gemischter Einwohnerschaft ganz selbstverständlich zustande kommen und die sich bei gemeinsamen Spielen, Stadterkundungen, Streichen und Badevergnügungen bewähren: *Das Meer war ruhig, lau, die Sonne jetzt sanft auf den nassen Köpfen, und die Herrlichkeit des Lichts erfüllte diese jungen Körper mit einer Freude, die sie unaufhörlich schreien ließ* [7], beschreibt Camus die großen Momente dieser Kindergemeinschaft. Und die Armut schaffe erst die rechte Empfindungsfähigkeit für dieses Glück in der Natur: *Reichen Leuten erscheint der Himmel, der ihnen obendrein gegeben ist, als ein selbstverständliches Geschenk. Für die armen Leute gewinnt er wieder sein eigentliches Wesen unendlicher Gnade.* (Tr, 8)

Wenn Camus von Armut spricht, meint er die Situation seiner Familie – harte Arbeit, äußerste Sparsamkeit, Befriedigung nur unabdingbarer Bedürfnisse – und die daraus resultierende Moral: *Das einzige [...] in Sachen Moral [...] war der Alltag einer Arbeiterfamilie, in der offensichtlich niemand je daran gedacht hatte, daß es andere Wege gab, das nötige Geld zum Leben zu verdienen, als mit härtester Arbeit.* [8]

Nun gab und gibt es allerdings Elendssituationen unterhalb der hier beschriebenen Armutsschwelle, die mit solchen Begriffen nicht mehr zu fassen sind. Camus selbst wird später bei journalistischen Recherchen in einem algerischen Hungergebiet mit dem äußersten Grad materieller, sozialer und psychischer Verelendung konfrontiert werden, die der Kolonialismus produzierte. Was ihm dort vor Augen kam, hat er zwar mutig bekannt gemacht, nicht aber mit allen Konsequenzen in seinen eigenen inneren Erfahrungsfundus aufgenommen; denn Armut in Algerien ist und bleibt für ihn die seiner Kindheit, nicht das massenweise extreme Elend der Kolonisierten. Ihm erscheint die materielle Situation seiner Kindheit nicht anders als die seiner algerischen Schul- und Spielkameraden (die er übrigens beharrlich *arabes* nennt); das koloniale Unrecht spielt für ihn in dieser Zeit keine Rolle, und viele Jahre hindurch stellt er die Tatsache seiner Existenz als französisches Kind in Algerien als unproblematisch dar. Im letzten Kapitel von *Der erste Mensch* schlägt allerdings als dunkles, verdrängtes Bild das einer undurchdringlichen Menschenmasse durch, der er (oder jeder andere Franzose) allein gegenüberstehe: *[…] bis […] der Franzose, der sich [mit einem Algerier] prügelte, sich im Zurückweichen auf einmal seinem Gegner und einer Menge von verschlossenen, dunklen Gesichtern gegenüberfindet, […] und dann war er mit dieser bedrohlichen Menge konfrontiert, die mit nichts drohte, außer mit ihrer Anwesenheit […]*[9]; demzufolge *geisterten für das Kind Bedrohung, Gewalt und Angst durch die Straße, und eine unbekannte Beklemmung trocknete ihm die Kehle aus*[10].

Diese mühsam niedergehaltene Angst war auch deshalb in dem Jungen lebendig, weil es für ihn keine schützende und orientierende Vatergestalt gab. In den Notizen zu *Der erste Mensch* schreibt Camus – und dies noch für sein volles Mannesalter –: *Mit vierzig Jahren erkennt er, daß er jemanden braucht, der ihm den Weg zeigt und tadelt oder lobt: einen Vater.*[11] Als Kind hat Camus intuitiv nach Ersatzvätern gesucht und väterliche Qualitäten in einem Onkel und in dem Primarschullehrer Louis Germain entdeckt; dies musste freilich Stückwerk bleiben, obwohl er zuweilen Trost darin fand. Denn der Platz des Vaters war ja nicht auf neutrale Weise leer, sondern in undeutlicher, für das Kind schwer fassbarer Weise mit Bildern des Todes besetzt. Zum Beispiel wurde eine Episode aus dem Leben des Vaters in der Familie weitergegeben, und diese Erinnerung hat Camus, wie er es seinem autobiographischen Helden zuschreibt, sein Leben lang bis in die Träume verfolgt: Zu Lebzeiten des Vaters wurde in Algier ein Mörder hingerichtet, und der Vater war voll Genugtuung, tief überzeugt von der Rechtmäßigkeit dieser Strafe, zu der Hinrichtung gegangen. Nach Hause zurückgekehrt, hatte er kein Wort gesprochen, sich mehrmals erbrochen und den Tag im Bett verbracht. – Seit der Sohn das gehört hat, träumt er immer wieder in großen Abständen davon, dass man ihn zur Hinrichtung abhole. Aber während er den Traum in der Kindheit erleichtert abschütteln konnte, wurde das Realitätspotenzial des Traumes für ihn im Erwachsenenalter immer größer; in *Der erste Mensch* heißt es über den autobiographischen Helden: *[...] die Realität erleichterte nicht mehr von den Träumen, sondern wurde im Gegenteil [...] von der gleichen Beklemmung genährt, die seinen Vater gequält hatte und die er ihm [dem autobiographischen Helden] als einziges offensichtliches und gewisses Erbe hinterlassen hatte.* [12]

Literarisch fruchtbar geworden ist dieses qualvolle Erbe zweifellos – man denke nur an den Urteilsspruch über Meursault, den *Fremden*, oder an die durch ein Todesurteil geprägte Lebensgeschichte Tarrous, einer der Hauptgestalten von *Die Pest*. Gestalt und Problematik des zum Tode Verurteilten sind eine Konstante in Camus' Denken und Schaffen; sie leuchtet in den frühen Werken, *Der Mythos des Sisyphos* und *Caligula*, grell auf und wird dann in dem theoretischen Essay der fünfziger Jahre, *Die Guillotine (Réflexions sur la guillotine)*, thematisiert, den Camus zusammen mit einem Essay Arthur Koestlers unter dem Titel *Betrachtungen zur Todesstrafe (Réflexions sur la peine capitale)* veröffentlichte.

Die Mutter war für Camus die weitaus stärkste Bezugsperson und blieb dies wohl auch sein Leben lang. Umso mehr hat ihn ihre eigenartige und bezeichnende Behinderung berührt: Sie litt an einer angeborenen Gehörschwäche, und auch ihr Sprechvermögen war schlecht ausgebildet. Deshalb war sie zeit ihres Lebens sehr zurückhaltend, wortkarg, ja gehemmt und konnte weder die Liebe zu ihren Kindern in Gesten und Worten äußern noch später das Drängen des erwachsenen Sohnes nach Erinnerungen an den Vater befriedigen. Immer hat ihre geringe Zugänglichkeit, ihr Schweigen, ihre freundlich-sanfte Zurückhaltung eine Barriere zwischen ihr und dem Sohn gebildet; als kleines Kind hat er sich heftig nach Zärtlichkeiten der geliebten und bewunderten Mutter gesehnt, und die Momente, da ihn ein Blick oder eine Geste ihrer Liebe versicherten, sind in seiner Erinnerung unverlierbar geblieben.

Da es diese Momente gab, und da er auch den demütig-zähen Lebenskampf der Mutter als ein Bekenntnis zu ihren Söhnen begreifen lernte, sind die mütterlichen Eigenarten – geduldige Akzeptanz des anderen, Freundlichkeit und Sanftmut und eben auch Wortlosigkeit – auf immer mit seinem Verständnis von Liebe verschmolzen. Von seinem autobiographischen Helden sagt Camus: *Seine Liebe, seine einzige Liebe würde stumm sein für immer.*[13]

Freilich hat er diese Liebe nicht in gleicher Weise erwidern können. In den vorbereitenden Notizen zu *Der erste Mensch* schreibt Camus, die Rolle des Erzählers verlassend und zur Ich-Form übergehend: *Mama. Die Wahrheit ist, daß ich trotz all meiner Liebe nicht auf der Ebene dieser blinden Geduld ohne Sätze, ohne Pläne habe leben können. Ich habe ihr unwissendes Leben nicht leben können. Ich war dauernd unterwegs, habe die Menschen aufgebaut, erschaffen, verbrannt. Meine Tage waren zum Bersten ausgefüllt – aber nichts hat mein Herz so erfüllt wie …*[14] und, sein schlechtes Gewissen, ja Schuldgefühl noch mehr betonend: *Nein, ich bin kein guter Sohn: ein guter Sohn ist der, der bleibt. Ich habe mich in der Welt herumgetrieben, ich habe sie mit Nichtigkeiten, mit dem Ruhm, mit hundert Frauen betrogen.*[15]

Die Vaterlosigkeit hat das Kind und später den Mann zu betonter Selbstbehauptung gedrängt. Allein bei der Mutter fand er Ruhepausen, mehr noch: Die Möglichkeit, sich zu akzeptieren, wie er war: *Da sie […] ihn liebte, mußte er es akzeptieren, und um diese Liebe anzuerkennen, mußte er sich selbst ein wenig lieben …*[16]

Bildung – ein Weg ins Freie?

Aus der Welt, die diese Mutter verkörperte, entfernte sich Camus schon als Kind. Auf den Weg, den er sich wünschte, allein aber nicht gefunden hätte, brachte ihn der Primarschullehrer Louis Germain; ihm oblag die, so Camus, *einzige, zugleich bedachte und entscheidende väterliche Geste, die in seiner Kindheit vorgekommen war [...]*[17].

Le quartier pauvre, das Stadtviertel der Armen, ist ein Schlüsselbegriff in Camus' frühen Schriften. Gemeint ist damit

Louis Germain, Camus' erster Lehrer

Belcourt, einer der ärmeren Stadtteile Algiers, in dem Besitzlo- se unterschiedlicher europäischer Herkunft, meist aus den Mittelmeerländern, in – wie Camus es als Kind empfunden hat – echter Gemeinsamkeit zusammenlebten: *Ihre Familien*, schreibt er in *Der erste Mensch* über die seinige und die seiner Schulkameraden, *waren lose befreundet oder so, wie es in diesen Vierteln üblich ist, das heißt, daß man sich gegenseitig schätzte, ohne sich je zu besuchen, und wild entschlossen war, einander zu helfen [...]*[18].

Die selbstverständliche Solidarität dieser einfachen, vitalen und sinnenfrohen Menschen hat Camus als Erfahrungswert zeit seines Lebens hochgehalten und zu bewahren versucht.

Eine Kategorie Menschen fiel allerdings aus dieser Gemeinsamkeit heraus: Algerier, *les arabes* in Camus' Sprachgebrauch, gehörten nicht zu dem Kreis, mit dem man diese freundschaftlichen Verbindungen unterhielt. In Camus'

Algier: Ein «Viertel der Armen», Bab-el-Oued

Grundschulklasse gab es zwar algerische Kinder, aber zu seinen Freunden gehörten sie nicht; gemessen am algerischen Bevölkerungsanteil in der französischen Provinz Algerien waren sie schon in der Grundschule, und erst recht später im Gymnasium, unterrepräsentiert.[19]

Die Schule war für den Jungen ein Ort der Geborgenheit, ja des Glücks. Hier wurde die Enge eines nur von materiellen Bedürfnissen bestimmten Lebens durchbrochen, hier wurden geistige und emotionale Fähigkeiten um ihrer selbst willen gefordert und entwickelt, und hier fand der Junge in dem Lehrer Louis Germain einen Menschen, dessen väterliche Autorität er nicht nur akzeptierte, sondern dankbar bejahte. In diesen Lehrer konnte das Kind die Gestalt des unbekannten Vaters projizieren: Louis Germain gab an die Schüler nicht nur Wissen weiter, sondern ließ sie an seinem persönlichen Dasein teilnehmen, indem er ihnen Geschichten aus seinem Leben erzählte und seine moralischen Grundsätze vermittelte. Er las den Kindern aus Roland Dorgelès' «Die hölzernen Kreuze», einem Kriegsroman, vor, wodurch er sie – als authentischer Zeuge des Geschehens – mit Krieg und Tod konfrontierte. Und er wandte sich den Kindern, deren Väter im Krieg geblieben waren, aus einem Bedürfnis der Wiedergutmachung heraus besonders zu; in *Der erste Mensch* lässt Camus den Lehrer sagen: *Ja, ich ziehe Cormery vor [so der Name des autobiographischen Helden], wie all jene von euch, die ihren Vater im Krieg verloren haben. Ich habe mit ihren Vätern den Krieg mitgemacht, und ich lebe. Ich versuche hier wenigstens, meine toten Kameraden zu ersetzen. Und wenn jetzt noch jemand meint, ich hätte «Lieblinge», soll er es sagen!* [20] Von diesem Lehrer nimmt der Junge auch *ohne Bitterkeit* [21] Prügelstrafen entgegen, während er die Ohrfeige, die er von einem Katecheten im Religionsunterricht erhält, mit Stolz und Verachtung quittiert.

Die *variable Zahl von [...] tüchtigen Schlägen mit dem Lineal* [22], die der geliebte Lehrer der jeweiligen Missetat entsprechend verabreicht, empfindet der Junge als verdient und gerecht; sie rufen daher nicht das Gefühl von Bitterkeit und Revolte hervor, das Gewalt – sowohl erlittene wie ausgeübte – sonst in ihm erzeugt. – Camus beschreibt in *Der erste Mensch* den weiteren Verlauf der Auseinandersetzung seines autobiographischen Helden mit dem Mitschüler, der ihn als «Liebling» des Lehrers bezeichnet hatte: Cormery gibt die Kränkung auf denkbar stärkste Weise, durch eine Beschimpfung der Mutter des anderen, zurück, wohl wissend, dass er damit einen Zweikampf heraufbeschwört. Obwohl voller Angst, wird Cormery-Camus durch glückliche Umstände sehr rasch Sieger und als solcher von seinen Kameraden im Triumph vom Feld geführt. Sein zwiespältiges Gefühl nach dem Sieg beschreibt Camus so: *Er wollte froh sein, war es auch irgendwo in seiner Eitelkeit, und doch [...] legte sich ihm [...] plötzlich eine düstere Traurigkeit aufs Gemüt. Und so begriff er, daß der Krieg nicht gut ist, da einen Menschen zu besiegen ebenso bitter ist, wie von ihm besiegt zu werden.* [23]

Nach beider Rückkehr aus dem Zweiten Weltkrieg sagt Louis Germain in *Der erste Mensch* zu seinem einstigen Schüler, dass er sich in vorgerücktem Alter freiwillig verpflichtet habe *«nicht für den Krieg», [...] «sondern gegen Hitler, und du, Kleiner, hast auch gekämpft, oh, ich wußte, daß du von echtem Schrot und Korn bist [...]»*[24]. Der Lehrer-Vater hatte Camus ein klares, einfaches Unterscheidungsvermögen zwischen Gut und Böse mitgegeben, mit dem sich beide, ohne Wissen voneinander, angesichts einer Herausforderung ihres moralischen Empfindens bewährt hatten.

Dieser Vaterrolle entspricht die Verantwortung, mit der sich Louis Germain in Camus' Werdegang eingeschaltet hatte und die Camus in *Der erste Mensch* so charakterisiert: *[...] er war es, der Jacques in die Welt geworfen hatte, indem er ganz allein die Verantwortung dafür übernommen hatte, ihn zu entwurzeln, damit er sich zu noch größeren Entdeckungen aufmache.*[25] Der Lehrer trat nämlich an Mutter und Großmutter Camus' mit dem für sie überraschenden Plan heran, den Jungen aufs Gymnasium zu schicken. Nachdem die Großmutter – denn nur um deren Einwilligung musste gerungen werden – nach einem Hausbesuch Louis Germains und mit der Aussicht auf ein Stipendium zögernd ihre Einwilligung gegeben hatte, erteilte der Lehrer seinem auserwählten Schüler zur Vorbereitung auf die Aufnahmeprüfung unentgeltlichen Unterricht. In dieser spannungsreichen Zeit wünschte der Junge mitunter, die Aufnahmeprüfung nicht zu bestehen, um so den ständigen demütigenden Hinweisen der Großmutter auf das Opfer zu entgehen, das sein künftiger Werdegang für die Familie bedeute. Er bestand, doch angesichts der Zufriedenheit des Lehrers und des freudigen Trubels zu Hause fühlte er nur dies: *[...] statt der Freude über den Erfolg zerriß ein grenzenloser Kinderkummer sein Herz, so als wüßte er im voraus, daß er soeben durch diesen Erfolg aus der unschuldigen, warmherzigen Welt der Armen herausgerissen worden war [...], um in eine unbekannte Welt geworfen zu werden, die nicht mehr seine war [...].*[26] Dieses Vorgefühl bewahrheitete sich: Die neue Umgebung, die Bildungseindrücke, die Kenntnisse, die er durch das Gymnasium erlangte – all das konnte er seiner Familie nicht mehr mitteilen; für Mutter, Großmutter und die Onkel, die ohne Zeitungen, geschweige denn Bücher lebten, war dies fremdes, wenn nicht gar bedrohliches Terrain. *[...] das, was Jacques aus dem Lycée heimbrachte, [war] nicht assimilierbar, und das Schweigen zwischen seiner Familie und ihm nahm zu.*[27]

Wenn der Gymnasiast bei seinen Fachlehrern auch die Nähe und Herzlichkeit seines einstigen Lehrer-Vaters vermisste – die von ihnen vermittelten Kenntnisse nahm er, zumal in den geistesgeschichtlichen und literarischen Fächern, freudig auf. Hier ging sein Wissensdurst noch über das in der Schule Gebotene hinaus: An den freien Donnerstagnachmittagen besuchte er die kommunale Bibliothek, genoss Bücher – sinnlich, in ihrer materiellen Beschaffenheit, und als Verheißung des begehrten zukünftigen Wissens. Die Gesamtheit dieser Bücher begriff er als *einen Raum und vielfältige Horizonte, die sie [...] dem engen Leben des Viertels enthoben*[28]. Doch damit entzieht er sich vollends dem Verständnishorizont seiner analphabetischen Mutter: *Das ist die Bibliothek,* wiederholt die Mutter das ihr unverständliche, vom Sohn in die Familie eingeschleppte Wort, wenn sie eines der entliehenen Bücher in seinen Händen sieht; und wenn dieser aus dem Buch aufschaut, richtet er den Blick auf sie *wie auf eine Fremde*[29].

Das Bedauern darüber, dass ihm die Welt seiner Mutter verloren zu gehen droht, kämpft in dem Kind mit einer neuen Empfindung: sozialem Unterlegenheits- und Schamgefühl und dem daraus entstehenden Wunsch, seine Herkunft vergessen zu machen. Wenn er in einen Fragebogen den Beruf der Eltern einzutragen hat, ist er im Falle der Mutter unschlüssig und wird von einem Kameraden belehrt, dass er «Dienstbote» eintragen müsse; den Jungen berührt das unangenehm – hatte er die Arbeit der Mutter doch nie als Dienstbotentätigkeit für andere Leute, sondern als Dienst an ihren Kindern begriffen.

Wenn Großmutter und Mutter ihn zur Preisverleihung am Jahresabschluss in die Schule begleiten, schämt er sich für die Kleidung und das ungenierte Benehmen der Großmutter. Gleich in den ersten Eintragungen der *Carnets* erinnert er sich an *Scham [...] und die Scham, sich geschämt zu haben*[30]: *Was ebenfalls zählt, das sind die falschen Schamgefühle, die kleinen Feigheiten, die unbewußte Achtung, die man der anderen Welt zollt (der Welt des Geldes).* (Tr, 8) Aber es geht nicht nur um Geld, es geht auch um eine Erschütterung seines Ich-Gefühls: Er glaubt zu verstehen, dass ein Kind ausschließlich nach seinen Eltern beurteilt wird und dass ihn seine neue soziale Umgebung, für die seine Mutter Dienstbote ist und sonst nichts, unwiderruflich ablehnen müsse. Diesem Urteilsspruch gegenüber entwickelt er einen *harten, bösen Stolz*[31].

Das Bewusstsein des Anders-Seins, das den Jungen schmerzt und hinter dem er sich verschanzt, erhält immer wieder neue Nahrung. Als die ersten Ferien seiner Gymnasialzeit nahen, rüsten die Kinder aus wohlhabenden französischen Familien zum Urlaub, zur Fahrt *in die gute «Frankreichluft»*[32]. Er möchte wie vormals den algerischen Sommer, auch wenn der trocken und erbarmungslos ist, erleben, aber die Großmutter entscheidet, dass er wenigstens in dieser Zeit Geld für die Familie verdienen müsse. – So hat Camus während seiner Gymnasialzeit in einer Eisenwarenhandlung, bei einem Schiffsmakler, in einem Geschäft für Autoersatzteile gearbeitet. Die besondere Krux bei diesen Anstellungen war, dass er seinem Arbeitgeber, um die Stelle zu erhalten, ein dauerndes Arbeitsverhältnis vorspiegeln musste – wohl wissend, dass er die Stelle mit Schulbeginn wieder verlassen würde. Die Großmutter findet, ihre Armut rechtfertige eine solche Lüge; Camus ist beschämt und gedemütigt, als einer seiner Chefs entdeckt, dass er ihn bewusst belogen hat, und ihm den Lohn empört in die Tasche stopft.

Diese Arbeiten werden ihm auch deshalb sauer, weil sie keine physische Kraft und kein handwerkliches Geschick erfordern und weil sie zu keinem sichtbaren Resultat führen wie etwa die Arbeit des Onkels, eines Böttchers, den Camus als Kind oft in der Werkstatt besucht hat. *Verkaufen und kaufen, alles drehte sich um diese minderwertigen, unbestimmbaren Tätigkeiten*[33], schreibt Camus in *Der erste Mensch* und liefert so ein biographisches Motiv für seine grundsätzliche Ablehnung der «Händlergesellschaft». Und allein die Tatsache, dass er den Sommertag in einem geschlossenen, dunklen Raum verbringen muss, bedeutet Entzug der ergiebigsten Quelle seiner Freuden: der sonnenüberfluteten Natur.

Elementarschüler Albert (vorn, Mitte) mit den Arbeitern
der Böttcherwerkstatt, in der auch sein Onkel arbeitete

Der algerische Sommer und die Sonne, einst begeistert genossen, bekommen unter diesen Umständen ein anderes Gesicht: Nicht mehr Befreiung, sondern Beklemmung, Ein-
schluss, Qual geht von ihnen aus. Camus, der in *Der Fremde*
und *Die Pest* das schwarze, vernichtende Gesicht der Sonne
zeigen wird, bezeichnet sich selbst, wenn er in die Tretmühle
eines sinnlosen Arbeitstages eingesperrt ist, als *Gefangenen des
Sommers*[34].

Sonne und Tod, beginnt eine von Camus' frühesten Notiz-
buch-Eintragungen (Tr, 19), in der er in Kurzsätzen und Satz-

bruchstücken die Geschichte eines Hafenarbeiters wiedergibt, der allein lebt, dem seine Katzen wegsterben, der vom Elend des Daseins überwältigt wird. Angst, Tod, Todesangst waren Konstanten in der Kindheit Camus'. *Diese Angst vor dem Unbekannten und dem Tod, die ihn auf dem Rückweg von der Schule immer überkam, die am Ende des Tages mit der gleichen Geschwindigkeit in sein Herz einzog wie die Dunkelheit, die schnell das Licht und die Erde verschlang – diese Angst, die erst aufhörte, wenn die Großmutter die Petroleumlampe anzündete, […] den Docht regulierte, […] bis das warme gelbe Licht in einem vollkommenen großen Kreis gleichmäßig auf den Tisch schien und mit einem gleichsam von dem Wachstuch zurückgeworfenen, sanfteren Licht das Gesicht der Frau und das des Kindes erhellte, das […] der Zeremonie beiwohnte, und im gleichen Maße, wie das Licht sich aufhellte, wurde sein Herz langsam leichter.*[35] Licht und menschliche Geborgenheit als Gegengewicht zu Dunkelheit und Tod; die Großmutter, die beides bietet, ist mit dem Tode eng vertraut: *Sie [die Großmutter] hatte nämlich um sich herum viele sterben sehen. Zwei ihrer Kinder, im Krieg ihren Mann, ihren Schwiegersohn und alle ihre Neffen. Aber gerade weil der Tod ihr ebenso vertraut war wie die Arbeit oder die Armut, dachte sie nicht daran, sondern lebte ihn gewissermaßen […].*[36]

Bei diesem offenen, pragmatischen Umgang mit den «letzten Dingen» erstaunte es den Jungen, dass ihn die Großmutter

zur Kommunion drängte. Sie hatte sich offenbar plötzlich sozialer Konformitätszwänge besonnen, mit denen sie den Enkel bisher noch nicht behelligt hatte.

Im Rückblick sieht sich Camus als Teil der Generationsfolge armer europäischer Ansiedler in Algerien, die samt und sonders traditionslose «erste Menschen» wie er sind: *Und [...] Söhne und Enkel waren [...] auf diesem Boden dagewesen, [...] ohne Vergangenheit, ohne Moral, ohne Vorschrift, ohne Religion, aber glücklich, da zu sein und im Licht zu sein, voller Angst vor der Nacht und dem Tod. All jene Generationen, all jene aus so vielen verschiedenen Ländern gekommenen Menschen unter diesen wunderbaren Himmel [...] waren in sich selbst gekehrt verschwunden, ohne Spuren zu hinterlassen. Unermeßliches Vergessen hatte sich über sie gebrei-tet[...].*[37] Der massenhafte, anonyme Tod ist Teil der Geschichte Algeriens; Tod und Vergessenwerden sind aber nicht nur – wie das Camus, befangen in seiner persönlichen Mythologie, dar-stellt – Schicksal der ins Land gekommenen europäischen An-siedler, sondern Tod und Verleugnetwerden sind auch das Ge-schick der durch die französische Kolonisation verdrängten und vernichteten Bevölkerung des Landes. Indem Camus die Bedeutung von *Der erste Mensch* von seiner persönlichen Fami-lientradition auf die gesamte algerische Kolonialgeschichte ausweitet, schließt er die andere Seite aus. Camus' problemati-sche Situation als Algerienfranzose, als «pied-noir», ist im lite-rarischen Werk untergründig fast stets präsent und dort sehr produktiv geworden. Wo er jedoch aus ihr im analytischen Diskurs allgemeine, realitätsbestimmende Handlungsdirekti-ven gewinnen will, schlägt die vereinseitigende Sicht erkenn-bar – zuweilen auch für ihn erkennbar – durch.

Als reale Möglichkeit und Ängstigung trat der Tod sehr früh in Camus' Leben. 1930 – er war siebzehn Jahre alt – zeigen sich jäh Symptome einer Lungentuberkulose; in *Der erste Mensch* heißt es in Erinnerung an diesen Schock: *Jugend. Seine Lebenskraft, sein Glaube an das Leben. Aber er spuckt Blut. Das Le-ben würde also das sein, das Krankenhaus, der Tod, die Einsamkeit, diese Absurdität. [...] Und ganz tief in seinem Innern: nein, nein, das Leben ist etwas anderes.*[38] Dass die Krankheit zum Tode führen könne, war immer gegenwärtig – es gab mehrere derartige Fäl-le in Camus' nächster Umgebung. In der einen Nacht, die er im Mustapha-Hospital in Belcourt, der Klinik für mittellose, meist algerische Kranke, zubringen muss, wird ihm inmitten der Husten- und Speigeräusche bewusst, wie weit er nun entfernt ist von den Gesunden, die unbeeinträchtigt leben können. Den Neid des unheilbar Kranken auf den Gesunden, den *furchtbaren Haß* (Tr, 9) gar malt Camus in einer *Carnet*-Eintragung krass aus. Der Versuchung zu verzweifeln setzt der Siebzehnjährige aber einen entschiedenen Lebenswillen entgegen.

Das Bewusstsein, krank zu sein, war außerordentlich fol-genreich für Camus. Es machte äußere Veränderungen in seinem Leben notwendig – so die Wiederholung der letzten Klasse des Gymnasiums, den Auszug aus der Familienwohnung. Vor allem aber war die Gewissheit geschwunden, einen gesunden, verlässlichen Körper zu besitzen und sich jederzeit ganz dem Genuss der Natur überlassen zu können. Zeit und Glück sind nun nicht mehr selbstverständlich, sondern werden zu Gegenständen der Reflexion; ein anderer, bewusster Lebensentwurf wird nötig. Der Abiturient Camus entscheidet sich für ein Studium der Philosophie und fasst den Entschluss zu schreiben: *Man denkt nur in Bildern. Wenn du Philosoph sein willst, schreib Romane* (Tr, 12), heißt es in den *Carnets*. Es sind für ihn einander ergänzende Annäherungsmöglichkeiten an die Problematik seines Lebens, die mit der Krankheit aufgebrochen ist. Aus diesem Grunde akzeptiert er die Krankheit, nimmt sie bewusst, in gewisser Weise sogar dankbar an: «*Wir müssen bis in unsere letzten Stellungen gedrängt werden*», zitiert er im Notizbuch seinen Philosophielehrer Jean Grenier und fügt dem hinzu: *Genau das, nicht mehr und nicht weniger.* (Tr, 9)

Jean Grenier, 1926

Welterkundung –
Frühe Schriften

Aus der Krankheit ging Camus mit dem Willen hervor, zu leben und seine Lebenszeit nach besten Kräften zu nutzen, was
für ihn hieß: sie mit stärksten Eindrücken und Empfindungen
zu füllen. *Das Leben ist kurz, und es ist eine Sünde, seine Zeit zu verlieren* (Tr, 11), schreibt er in den *Carnets*, und in *Der erste Mensch*
heißt es: *[...] er wollte leben, und ihm schien, daß die Zeit des Schlafens dem Leben und seinen Spielen weggenommen wurde.*[39]

    Dieses Verlangen äußerte sich auch in einer großen intel-
lektuellen Neugierde und Aufnahmebereitschaft. Zur rich-
tungweisenden Gestalt wurde für Camus hier Jean Grenier,
sein junger französischer Philosophielehrer, der ihn an Nietzsche, Kierkegaard und Schopenhauer, an Pascal, Molière und
an die griechische Antike heran-
führte – all dies geistige Leitlinien,
denen Camus zeit seines Lebens treu
bleiben sollte. Wirksam wurde die
Anleitung durch Grenier auch aufgrund persönlicher Nähe: Der Lehrer, der durch seine unkonventionel-
le Lehrmethode ohnehin wenig
Distanz zu seinen Zuhörern
aufkommen ließ – er beteiligte sie
an dem eigenen spontanen Denk-
prozess, bezog sie bewusst darin
ein –, wandte sich Camus besonders
aufmerksam zu. Auf einen Hausbesuch Greniers bei seinem kranken
Schüler, auf den dieser seinerzeit
merkwürdig reserviert reagiert hatte, kommt Camus noch 1951 in
einem Brief an den einstigen Lehrer

Jean Grenier
Geboren 1898 in Paris; nach
Trennung der Eltern mit der
Mutter in deren bretonischer
Heimat, der er zeitlebens verbunden bleibt. Studium in Paris; Bekanntschaft u. a. mit
Guilloux, Malraux, den Surrealisten, Arbeit für den Verlag Gallimard. Ab 1930 Philosophielehrer in Algier, 1933
Veröffentlichung von «Les
Îles» (Die Inseln) und 1938
von «Essai sur l'esprit d'orthodoxie» (Essay über den Geist
der Orthodoxie). Im Zweiten
Weltkrieg Mitarbeit an
Camus' Zeitung «Combat».
Ab 1962 Lehrstuhl für Ästhetik an der Sorbonne, besonders fasziniert von fernöst-
licher Kultur; gestorben 1971.

und nunmehrigen Freund zurück: *[...] der sehr junge Mann, der Sie in Belcourt so seltsam empfangen hat, war vor allem von Schüchternheit und Dankbarkeit gelähmt, weil Sie zu ihm gekommen waren. Das ist so wahr, [...] daß von diesem Besuch die Treue herrührt, die ich Ihnen zwanzig Jahre lang bewahrt habe und die nie aufhören wird.* [40] Der kontinuierliche Briefwechsel zwischen Camus und Grenier von 1932 bis zu Camus' Tod zeugt von der Intensität dieser Beziehung; auch Grenier bekennt sich in seinen persönlichen Aufzeichnungen [41] zu der Bedeutung, die der jüngere und alsbald weitaus bekanntere Freund für ihn hat.

Die Maßstäbe und Leitbilder ihrer intellektuellen Aktivität bezogen Camus und seine Freunde mit Selbstverständlichkeit aus dem aktuellen französischen Geistesleben. Algerien, ihr Lebensraum, war für sie zwar Anlass vitaler Daseinsfreude, aber für ihre intellektuellen und künstlerischen Bemühungen lieferte es eher das exotische Kolorit. Damit konnte sich Camus auf einen ganz Großen der französischen Literatur berufen – auf André Gide: *Ich war sechzehn Jahre alt, als ich zum ersten Mal auf Gide stieß,* erinnert sich Camus; *Gide hat dann meine Jugend beherrscht [...].* [42] Nicht die verwickelten psychologischen Erkundungen Gides entsprechen dem Lebensgefühl des jungen Camus, wohl aber das hymnische Lob der großen, in Nordafrika gefundenen Bestätigungen und Freuden, das Gide besonders in dem Traktat «Uns nährt die Erde» erhebt. Nun wurde die Begeisterung Gides vor allem dadurch entfacht, dass er in Algerien die Restriktionen seines puritanischen Elternhauses durchbrechen und seine homosexuelle Veranlagung ausleben konnte; diese Vorgeschichte ist nicht die Camus', und darum erklärt dieser später mit Distanz zu «Uns nährt die Erde»: *[...] vor Gides Exaltation standen wir gleichzeitig bewundernd und perplex. Wirklich, wir hatten es nicht nötig, von den Scheuklappen der Moral befreit zu werden und die Früchte der Erde zu besingen. Sie hingen in unserer Reichweite, im Licht. Man brauchte nur hineinzubeißen.* [43] Trotzdem bleibt Gide für Camus eine normsetzende Gestalt: *Gide erschien mir [...] wie die Mustergestalt des Künstlers, der Wächter, [...] der die Pforten eines Gartens bewachte, in dem ich leben wollte.* [44]

Nicht so hochgespannt, aber ebenfalls durch die Bindung an Nordafrika bestimmt, ist Camus' Beziehung zu Henry de Montherlant. Dieser vielgesichtige Roman- und Dramenautor hatte Nordafrika zu seiner Wahlheimat gemacht, weil er hier das fand, was auch Camus begeisterte: Natürlichkeit und Unmittelbarkeit der Lebensformen, Schönheit der Natur und der Menschen. Montherlant wurde früh auf den Bruder im Geiste, der Camus in dieser Hinsicht war, aufmerksam: Schon 1938, zur Veröffentlichung der Essaysammlung *Hochzeit des Lichts*, gratulierte er dem Jüngeren.

In Montherlants Werk nahm männliches Dominanzstreben zuweilen groteske Formen an; auch das konnte in Nordafrika ausgelebt werden. Bis in diese Auswüchse folgt Camus dem Vorbild nicht, aber für alle Äußerungen kraftvoller Selbstverwirklichung war er sehr empfänglich. So zogen ihn die aktivistische Lebensform und die daraus hervorgegangenen Schriften André Malraux' an; dieser Autor, der Südostasien bereist und sich dort angeblich an den revolutionären Erhebungen beteiligt hatte – dies suggerieren sowohl seine Romane als auch seine Memoiren – galt als Prototyp des Schriftstellers in Aktion. Camus sieht in dieser Lebensform eine Antwort auf die Verzweiflung an den Wirkungsmöglichkeiten der Kunst: *Der Abenteurer. Hat deutlich das Gefühl, daß in der Kunst nichts mehr zu wollen ist. Nichts Großes oder Neues ist möglich – zumindest in unserer abendländischen Kultur. Es bleibt nur die Tat.* (Tr, 30)

André Malraux
Geboren 1901 in Paris; nach Orientalistik-Studien unternimmt er Reisen nach Südostasien, die er mit revolutionären Absichten begründet.
Der literarische Durchbruch gelingt ihm mit Romanen, in denen aktuelles Revolutions- oder Bürgerkriegsgeschehen mit metaphysischen Fragestellungen verwoben ist. Teilnahme am Spanischen Bürgerkrieg gegen Franco und an der letzten Phase der Résistance. Kulturminister in der Regierung de Gaulles; in dieser Zeit umfangreiche autobiographische und kunstphilosophische Schriften; gestorben 1976.

Neben der Vorbildwirkung einzelner Autoren gibt es zwei große geistige Horizonte, die Camus' intellektuelle Entwick-

lung prägten und für sein ganzes Leben bestimmend bleiben sollten: die alten Griechen und die russischen Romanciers
des 19. Jahrhunderts. Die Nähe zum griechischen Denken ist
entscheidend für Camus' gesamte geistige Existenz[45]; sie findet – um nur einige besonders prägnante Beispiele anzufüh-
ren – Ausdruck im Gegenstand seiner Examensschrift, einem
Vergleich zwischen Hellenismus und Christentum[46], oder in
seiner nicht mehr verwirklichten Absicht, einen Essay über
die griechische Göttin Nemesis zu schreiben, die Sachwalterin
des für Camus am Ende zentralen Begriffes von Maß und Grenze. In einem Brief an Grenier schreibt Camus: *Je älter ich werde,
desto mehr staune ich über die Fülle stets wahrer und neuer Dinge,
die die Griechen ausgesprochen haben.*[47] Unter den russischen Er-
zählern ragen für Camus Dostojewskij und Tolstoj hervor[48];
«Die Dämonen» und «Krieg und Frieden» zählt Camus zu den
vier oder fünf größten literarischen Schöpfungen[49]. Die Bedeutung dieser beiden geistigen Horizonte geht noch aus einer
Projektnotiz zu *Der erste Mensch* hervor; dort schreibt Camus
als Selbstaufforderung: *Durch diese Unschuld zweiten Grades die
Größe der Griechen oder der großen Russen wiederfinden.*[50]

Zwei Grundbedingungen des Glücks waren Camus in seiner algerischen Jugendzeit gegeben: neben dem Einssein mit
der Natur auch der kameradschaftliche Zusammenhalt mit
Gleichgesinnten. Zu der Gruppe künstlerisch und intellek-
tuell ambitionierter junger Männer, die ihn in Algier umgab,
gehörten u. a. Max-Pol Fouchet, später Schriftsteller und
Kunstkritiker, der zukünftige Architekt Jean de Maisonseul,
der Maler und Bildhauer Louis Benisti sowie der Verleger von
Camus' ersten Schriften, Edmond Charlot. Die lebhaften und
vielfältigen Diskussionen, die in diesem Kreis gepflegt wurden, mündeten bald in konkrete Projekte ein – Theaterauf-
führungen, Editionen –, wie sich der Zusammenhalt dieses
Freundeskreises auch in späteren Jahren durch gegenseitige
Unterstützung und gemeinsame Unternehmungen bewies.
Dieser menschliche Austausch ist ebenso wie die Nähe zur Natur Bedingung für Camus' erwachende literarische Produktivität; in den *Carnets* heißt es: *Begegnungen suchen. Alle Begeg-*

Camus mit der Fußballmannschaft der Universität Algier

*nungen. Wie kann ich mich von der Landschaft abwenden, wenn ich
über die Menschen schreiben will? Und wenn der Himmel oder das
Licht mich anzieht, kann ich darüber die Augen oder die Stimme derer, die ich liebe, vergessen?* (Tr, 15)

Gemeinsame Unternehmungen – in der Jugend waren das
Fußball, Theaterspielen, später sollten es Journalismus und
immer wieder das Theater sein – waren für Camus das am
stärksten glücksbetonte Tun. Über seine Zugehörigkeit zu
der Fußballmannschaft der Universität Algier sagt er noch
1953: *[...] was ich schließlich am sichersten über Moral und menschliche Verpflichtungen weiß, verdanke ich dem Sport [...].* [51]

Camus' Arbeit mit der Theatertruppe «Théâtre du
Travail», später «Théâtre de l' Équipe», am Kulturhaus von Algier, das mit der französischen Volksfrontbewegung entstanden war, verschaffte ihm bei den gemeinsamen Proben und
durch erfolgreiche Aufführungen viele solcher Glücksmo-
mente. Camus orientierte sich in seiner Theaterarbeit an der
Betonung der Ensembleleistung, wie sie Jacques Copeau vor-
führte, und an der Theaterkonzeption Antonin Artauds, der

Absage an das psychologisierende Bildungstheater zugunsten eines «Theaters der Aktion» von exemplarischer Wucht. Die Stückwahl entsprach den literarischen Vorlieben und der Geisteshaltung Camus': Gespielt wurden u. a. eine Bühnenbearbeitung von Malraux' Novelle «Die Zeit der Verachtung», sodann «Der gefesselte Prometheus» von Aischylos, Puschkins «Don Juan», Dostojewskijs «Die Brüder Karamasow» (Camus dabei in der Rolle des Iwan), das alte spanische Stück «Celestina» und eine Adaption von Gides «Die Heimkehr des verlorenen Sohnes». Nicht gespielt wurde, weil vom Bürgermeister von Algier verboten, ein gemeinsam erarbeitetes Stück über die Niederschlagung eines Bergarbeiteraufstands in Asturien; hier bauten sich politische Fronten auf.

Neugierde auf die Welt führte Camus bald über Algerien hinaus. 1935 macht er eine Reise auf die Balearen und 1936 nach Mitteleuropa – nach Österreich, der Tschechoslowakei und Deutschland. Seine Sensibilität wirkt sich auf diesen Reisen nicht nur positiv, in starkem, bejahendem Erfassen des Geschauten aus, sondern führt ihn auch in Unsicherheit und Angst; in den *Carnets* heißt es: *[...] in einem gewissen Augenblick, so fern von unserer Heimat, von unserer Sprache [...], überfällt uns eine unbestimmte Angst, und wir empfinden unwillkürlich das Verlangen, in den Schutz unserer alten Gewohnheiten zurück-*

Simone Hié, Camus'
erste Frau

zukehren. Das ist das augenfälligste Ergebnis des Reisens. [...] Der ge-
ringste Stoß erschüttert uns bis auf den Grund unseres Wesens. [...]
Es gibt kein Vergnügen des Reisens. Ich möchte eher eine Askese darin
sehen. (Tr, 14) Im Bedrängenden seiner Reiseeindrücke mischen
sich äußere Anlässe – eine Begegnung mit der nazistischen
Folklore in Berchtesgaden oder der Eindruck von Düsternis und
strengstem zeitlichem Reglement in den mitteleuropäischen
Städten – mit einem privaten Vorkommnis, von dem Camus
nicht spricht: Auf dieser Reise brachte er in Erfahrung, dass
seine Begleiterin Simone Hié, das schöne, kapriziöse Mädchen,
mit dem er sich als Zwanzigjähriger verheiratet und bald über-
worfen hatte, offenkundig rauschgiftsüchtig und ihm untreu
war. Das traf ihn an einem so empfindlichen Punkt, dass er sich
zur Trennung entschloss.

Nach Algier zurückgekehrt, tat sich Camus mit zwei
Studentinnen aus Oran [52] zu einer Art Wohngemeinschaft zusammen; eingebettet in diese *sanfte und zurückhaltende Freund-*
schaft der Frauen (Tr, 18) konnte er feststellen: *Mir scheint, daß ich*
ganz langsam auftauche. (Tr, 18) In dem
Haus auf den Höhen Algiers, von
Camus *Haus vor der Welt* getauft, ver-
brachten die drei nach seiner Darstellung eine Zeit heiter-phantasievollen
Zusammenlebens. Doch ständig plag-
ten ihn Geldnöte; nach der Mitteleu-
ropa-Reise, von Camus als *in Anbetracht*
meiner Geldmittel recht abenteuerlich bezeichnet [53], musste er sich wieder nach
Erwerbsquellen umsehen. Teils konnte
er dabei seiner Neigung folgen – als Mitglied der Schauspielertruppe von Radio
Algier –, teils war er zu stumpf-mecha-
nischer Arbeit gezwungen. Dazu bemerkt er: *Es ist normal, etwas von seinem*
Leben wegzugeben, um es nicht ganz zu
verlieren. Sechs oder acht Stunden am Tag,
um nicht Hungers zu sterben. Und überdies

André de Richaud
Geboren 1909 in Perpignan;
nach Tod des Vaters im
Ersten Weltkrieg und Verlust
der Mutter Jura- und Philosophiestudium in Aix-en-Provence; sein 1930 veröffent-
lichter erster Roman, «La
Douleur» (Der Schmerz) findet Beifall, sodass er den Leh-
rerberuf aufgibt und als freier
Schriftsteller lebt. Schreibt
Gedichte, Novellen, vor allem
Romane und Theaterstücke;
1965, nach langem Schweigen,
meldet er sich mit der autobiographischen Schrift
«Je ne suis pas mort»
(Ich bin nicht tot) zurück,
die den Prix Nimier erhält;
gestorben 1968.

gereicht dem, der die Dinge zu nutzen versteht, alles zum Nutzen. (Tr, 50)

Voraussetzung für dieses literarische Nutzbarmachen war allerdings, dass er seinen Erlebnissen Bedeutung zuerkannte, dass er sich mitzuteilen, zu schreiben w a g t e – was keine Selbstverständlichkeit war für den Jungen aus dem Armenviertel. Auch hier kam der Anstoß von außen, von Jean Grenier, der Camus André de Richauds Roman «La Douleur» zu lesen gab. Über diesen Leseeindruck schreibt Camus noch 1951: *Niemals habe ich sein (d. h. Richauds) schönes Buch vergessen, das erste Buch, das mir von dem sprach, was ich kannte: eine Mutter, Armut, schöne Abende im Angesicht des Himmels. Es löste einen dunklen Knoten am Grunde meines Wesens, befreite mich von Fesseln, die ich spürte, ohne sie benennen zu können. Ich las das Buch in einer Nacht, wie immer, und mit dem Erwachen betrat ich, erfüllt von einer neuen, unbekannten Freiheit, zögernd unbekanntes Gebiet. [...] Mein verbohrtes Schweigen zuweilen, meine unbestimmten, unumschränkten Leidenszustände, diese einzigartige Welt um mich herum, der Anstand meiner Familie, ihre Armut, meine Geheimnisse endlich, über all das konnte man also sprechen!* [54] Nicht ohne Staunen vergleicht man diese Aussage Camus' mit der Handlung von Richauds Buch, das von der Liebschaft und der Gefühlsverwirrung einer verwitweten Frau erzählt, deren Mann im Ersten Weltkrieg gefallen ist (!), und von den Rivalitätsgefühlen und der Demütigung, die die «Entgleisung» der Mutter für den beinahe erwachsenen Sohn bedeutet. Die willkürliche Auslegung des Romans durch Camus ist psychologisch aufschlussreich, denn sie zeigt auch, was alles er n i c h t wahrnehmen wollte. Wichtig aber ist hier vor allem, dass dieses Buch offenbar den letzten Anstoß zur Freisetzung der künstlerischen Produktivität Camus' gab.

Worum geht es ihm, was will er sagen? Da ist immer die soziale, realitätsgebundene Komponente – das Stadtviertel der Armen, ihre Arbeit, ihre Einsamkeit und ihr Glück; dieses Ausdrucksverlangen Camus' enthält auch ein Gran schlechten Gewissens dieser Welt gegenüber, von der er sich entfernt: *Ein schlechtes Gewissen drängt zum Geständnis. Das Werk ist ein Geständnis [...].* (Tr, 8) Als bündelnde Kraft steht dahinter sein

«Albéric»,
Selbst-
karikatur
Camus'

wachsendes Ich-Gefühl, das sich von der Helligkeit nährt; hier eine Stimmungsbeschreibung aus den *Carnets*, verfasst an einem Januartag, da Camus zwischen Licht und Schatten am Fenster sitzt: *[...] von diesem ganzen Jubilieren der Luft, das man draußen ahnt, von dieser ganzen über die Welt ausgegossenen Freude gewahre ich nur die Schatten der Blätter, die auf den weißen Gardinen spielen. Und auch fünf Sonnenstrahlen [...] dieses zunehmende Strahlen genügt, und schon bin ich von einer verworrenen und betäubenden Freude erfüllt. [...] Wer bin ich und was kann ich tun – wenn nicht in das Spiel der Blätter und des Lichts eingehen? [...] Wenn ich versuche, zu mir selbst zu gelangen, vermag ich es nur in der Tiefe dieses Lichts. Und wenn ich versuche, diese feine Würze zu erfassen und zu genießen, die das Geheimnis der Welt offenbart, so finde ich am Grunde des Universums mich selbst.* (Tr, 11)

Camus' frühe Prosaversuche zielen darauf ab, in realitätsgetreu wiedergegebenen Episoden und Details einen mythischen, universellen Hintergrund aufscheinen zu lassen. Zwischen dieser Absicht und dem Gelingen liegt jedoch ein ziemlich weiter Weg (während er an seine dramatischen Arbeiten um vieles unbefangener herangeht).[55] Nach ersten Versuchen emotional-spiritueller Selbstaussage in *Intuitionen* von 1932[56] entstand im Jahr darauf eine Art Prosagedicht mit dem Titel *Das maurische Haus (La Maison mauresque)*[57], das in mancher Hinsicht als erste Manifestation der charakteristischen Schreibweise Camus' angesehen werden kann. In dem Essay, vordergründig eine Beschreibung des typisch arabischen Hauses oder arabischer Baukunst generell, wird dieses Haus auf einer zweiten Ebene zum Ausdruck von emotionalen Aufschwüngen und Wünschen nach Grenzüberschreitung. Camus setzt das Haus als Metapher für die algerische Natur – und gibt damit auf drastische Weise der Zwiespältigkeit Ausdruck, die stets in seinem Verhältnis zu Algerien liegt: Das reale Vorbild seines maurischen Hauses war ein zur Hundertjahrfeier der Eroberung errichteter Bau in Algier, also eine Manifestation kolonialer Macht.

Doch Camus weiß um die Ambivalenz seines Naturverhältnisses; in den *Carnets* heißt es auch: *Gewitterhimmel im August. Heiße Windstöße. Schwarze Wolken. Im Osten jedoch ein zarter, durchsichtiger blauer Streifen. Unmöglich, ihn anzusehen. Er ist eine Herausforderung für die Augen und für die Seele. Denn die Schönheit ist unerträglich. Sie läßt uns verzweifeln […].* (Tr, 9) Neben den elementaren und extremen Gemütszuständen, die die Natur hervorruft, stehen die differenzierteren seelischen Bewegungen, die aus dem menschlichen Miteinander erwachsen; dass beides zusammengehört, einander bedingt und steigert, hat Camus in seinen wichtigsten, im Sinngehalt nicht eindeutig auflösbaren Werken nachvollziehbar zu machen vermocht.

Nicht stattfindende, abirrende, missglückende Kommunikation ist das Sujet eines Prosastückes aus dieser Zeit, *Die Stimmen des Armenviertels (Les Voix du quartier pauvre)*[58], einer Vor-Form der ersten publizierten Essays: Da ist die verschlossene, ausdrucksunfähige Mutter, da ist der redselige, durch Alter und Krankheit isolierte Mann, und da ist eine hinfällige Frau, die sich vergeblich an die Gesellschaft der Jungen klammert. Camus hat diese Episoden lose, ohne durchgehende Handlung aneinander gereiht; aber in dieser Anordnung werden die mit den realen Umständen verbundenen Stimmungswerte überaus fühlbar.

Etwa gleichzeitig arbeitete Camus an einem – nur in Fragmenten erhaltenen – Roman[59]: Hier schreibt er der Hauptgestalt die Stimmungen und Erlebnisse zu, die er bisher als die seinen wiedergegeben hatte: Ablehnung der herrschsüchtigen Großmutter, die Schrecknisse des Krankenhausaufenthalts, immer wieder sein schwieriges Verhältnis zur Mutter – sein Wunsch, sich ihr mitzuteilen und ihre scheinbare Indifferenz. Hier taucht auch erstmals die Gestalt des zum Tode Verurteilten auf. Die Bruchstücke des Romans vermitteln – besonders im Vergleich zu Camus' Kindheitsdarstellung in *Der erste Mensch* – einen düsteren, oft trostlosen Eindruck. Die Fragmente deuten nicht darauf hin, dass Camus mit diesem Versuch, wäre er vollendet worden, schon der Durchbruch zu seiner originären Schreibweise gelungen wäre. Da er selbst noch keine sichere Position zu seiner Jugendzeit im Armenviertel gefunden hatte – war es nun eine Zeit der Geborgenheit oder ein armseliges und schmutziges Leben? –, konnte er auch der Hauptgestalt noch keinen einheitlichen Blickwinkel geben; so vermag dieser konturlose Held die Einzelepisoden nicht miteinander zu verbinden.

Einen zweiten Romanversuch mit dem Titel *Der glückliche Tod (La Mort heureuse)* hat Camus 1938 abgeschlossen, aber wohlweislich nicht publiziert.[60] Hier hat er den Helden, Patrice Mersault, zum Sprecher seines eigenen quälenden Ausdrucksverlangens machen wollen; in den *Carnets* heißt es: *Patrice erzählt seine Geschichte des zum Tode Verurteilten. «Ich sehe ihn, diesen Mann. Er ist in mir. Und jedes Wort, das er sagt, drückt mir das Herz ab. Er lebt und atmet mit mir. Er hat Angst mit mir. […] Und diesen anderen, der ihn in die Knie zwingen will. Auch ihn sehe ich leben. Er ist in mir. […] Ich weiß, daß ich jetzt schreiben werde. Es kommt die Zeit, da der Baum, nachdem er viel gelitten hat, Früchte*

39

tragen muß. [...] Ich muß schreiben, wie ich schwimmen muß, weil mein Körper es verlangt.» (Tr, 13)

Tatsächlich stellt Camus seinen Helden in einen Handlungsablauf, in dem er unverkennbar seine eigene Lebensproblematik unterbringt – und Lösungen anbietet: Dem Zwang, seinen Lebensunterhalt durch Büroarbeit zu verdienen, kostbare Lebenszeit also dem Broterwerb zu opfern, entkommt Patrice durch den kalkulierten Mord an einem begüterten Invaliden. Mit dieser Motivation (deren Analogie zu dem Mordmotiv Raskolnikows bei Dostojewskij ins Auge springt) wertet Mersault / Camus den Mord zu einem Akt der Revolte auf, was für den Leser schwer nachzuvollziehen ist. Etwas besser gelingt das bei Mersaults anschließendem Aufbruch ins glückliche Leben: Er geht auf eine Europareise, hält dann, nach der Rückkehr nach Algier, Einzug in das «Haus vor der Welt» und flüchtet schließlich in ein einsames Küstendorf. Mersault leidet aber seit dem Mord an Lungentuberkulose und erliegt ihr schließlich in dem Gefühl, seine Vollendung zu erleben: *Und Stein zwischen Steinen, ging er in der Freude seines Herzens wieder in die Wahrheit der unbeweglichen Welten ein.*[61] Auch in diesem Romanversuch drängt sich die unmittelbare Ausdrucksabsicht Camus' so stark in den Vordergrund, dass für die Hauptgestalt keine eigene Handlungslogik entsteht. Insofern hat Camus Recht daran getan, den Roman als missglückt wegzuschließen.

Andererseits fällt hier die Stärke einzelner Bilder, die Vermittlung von Gefühlsinhalten bestimmter, hinfort häufig wiederkehrender Situationen auf. Darin liegt auch die Stärke der ersten Veröffentlichungen Camus', Sammlungen kurzer Prosatexte mit den Titeln *Licht und Schatten (L'Envers et l'endroit)* und *Hochzeit des Lichts (Noces)*. Hinzu kommt jetzt eine tragfähige gestalterische Lösung: Camus liefert seine Lebensprobleme und -freuden nicht mehr pur, sondern tritt hinter einen Ich-Sprecher zurück, der die wiedergegebenen Ereignisse in den großen Bezugsrahmen von Licht und Schatten, Sonne und Elend stellt. So entsteht eine Mischform von Erzählung und Essay, die am treffendsten mit «literarischer Essay» zu bezeichnen ist.

Wieder tauchen die bekannten Situationen auf – die gebrechliche Frau, der geschwätzige Alte, die schweigende Mutter, missliche Reiseerlebnisse – und, auf der anderen Seite, die Schönheiten mediterraner Landschaft. Die konkreten Situationen bleiben als Bild stehen; von ihnen ausgehend lässt der Ich-Sprecher einen inneren Monolog voll synästhetischer Wahrnehmungen, Erinnerungen und Reflexionen ablaufen, aus dem sich das Verlangen nach Liebe, nach Öffnung zur Welt, nach vorbehaltloser Bejahung von Licht und Schatten erhebt. Mit diesen literarischen Essays ist es Camus geglückt, die Naturschönheit Algeriens und den Jammer menschlicher Existenz gleichermaßen und ineinander fließend sinnlich fassbar zu machen.

Hochzeit des Lichts ist hingegen ein einhelliges Preislied auf algerische Landschaft und Natur, auf die freudvolle Vereinigung mit ihnen. Tipasa, ein für seine römischen Ruinen bekannter Ort in der Nähe Algiers, an dem Camus von diesem Glücksgefühl geradezu überschwemmt wurde, bleibt für ihn zeitlebens ein Kennwort für diese Vereinigung, die *Hochzeit in Tipasa*[62]. Camus hat aus der naturnahen Daseinsform persönliche Stärke und literarische Impulse gewonnen: eine große Kraft des sprachlichen Ausdrucks, eine Kraft zu Bildern, die sich durch Reihung und Wiederholung einprägen. Dieses Glücksgefühl wurde für Camus zu einem Sicherheitsfundus auf Lebenszeit. In solchen Erlebnissen fand auch sein Verlangen Befriedigung, sich von den Entstellungen zu befreien, die das gesellschaftliche Dasein ihm aufzwang: *Alles hier läßt mich gelten, wie ich bin; ich gebe nichts von mir auf und brauche keine Maske [...].*[63] In diesem Essay steckt allerdings auch eine Tendenz, den Naturgenuss zu ideologisieren, zur Maske gegen die Maske zu machen, wenn nämlich Camus dieses persönliche Glücksempfinden zu einem Vorzug des Mittelmeermenschen, gar zur Grundlage einer Kultur jenseits der Entfremdung erklärt: *Ich habe die verwegene Hoffnung, daß diese Barbaren, die sich am Strand des Meeres tummeln, eines Tages – vielleicht unbewußt – eine Kultur schaffen werden, in der endlich die Größe des Menschen ihren wahren Ausdruck findet.*[64]

41

Doch es war ja kein intellektuelles Programm, sondern ein Lebensgefühl, dem Camus hier Ausdruck geben wollte; *[...] mein Herz und mein Fleisch haben hier [...] geschrieben, nicht mein Verstand* [65], erklärt er einem Freund zu diesen Essays.

Durchbrüche: «Der Fremde»

Über die Jugendfreundin und erste Frau, von der sich Camus abrupt trennte – seiner Ehrauffassung nach trennen musste –, hat er nirgendwo direkt gesprochen; erst in *Der erste Mensch* taucht die Erinnerung an sie auf als an *jene Frau, die er geliebt hatte, o ja, er hatte sie mit großer Liebe, von ganzem Herzen und auch ganzem Körper geliebt, [...] er hatte sie wegen ihrer Schönheit und jener großzügigen und verzweifelten Lebensgier geliebt [...]*[66]. Als Verkörperung eines absoluten Lebensanspruchs war sie für ihn bei aller Bewunderung auch Bedrohung; die Notiz *sexuelle Eifersucht* taucht in den *Carnets* mehrmals auf, zum Teil schon zum Romanmotiv umfunktioniert.

Aus dieser frühen Bindung ist in Camus eine Verwundung zurückgeblieben. Liebe als individueller Beziehung, und besonders zwischen Mann und Frau, gibt er im Rahmen seines Lebensprojekts keine große Chance: *Eine Liebe, die es nicht aushält, mit der Realität konfrontiert zu werden, ist keine. Und also ist es das Vorrecht edler Herzen, nicht lieben zu können* (Tr, 75), heißt es in den *Carnets*. Camus macht es sich hinfort zur Regel, Verwundungen dieser Art, wenn möglich, zu meiden; unumgänglichen Leiden aber will er mit Beherrschung, Anspannung, dem Willen, stärker als das Leiden zu sein, begegnen: *[...] das Erniedrigende an allem Leiden. Sich nicht der Leere überlassen. Versuchen zu siegen [...].* (Tr, 60) Mit diesem Verhaltensmuster will er auch diese negative Lebenserfahrung überwinden; so, wie er die untreue Geliebte aus seinem Leben streicht, will er sie auch aus seinem Empfinden und Erinnern verbannen. Dies aber ist ihm nicht gelungen; kurze Zeit vor seinem Tod schreibt er im Nachsinnen über eine zerbrochene Beziehung: *Ich habe mein Leben lang, sobald ein Mensch mir Zuneigung entgegenbrachte, alles getan, damit er sich zurückzog. [...] vielleicht war ich weniger leichtfertig, als ich behaupte. Das erste Geschöpf, das ich geliebt habe und dem ich treu war, ist mir in den Drogen, im Verrat entglitten. Viel-*

43

leicht rührt vieles von dort her, aus Eitelkeit, aus Furcht, wieder zu leiden, [...] seitdem bin ich meinerseits allen entglitten, und irgendwie wollte ich, daß mir alle entgleiten. (T, 352) Hier bekennt sich Camus sehr aufrichtig zu der seinerzeit nicht bewältigten Erfahrung und zu ihrem Weiterwirken in seinem Leben.

Damals, als er aus verletztem Ehrgefühl die abrupte Trennung vollzog, hielt er nicht viel von der Bedeutung des Seelenlebens. *Was mich zutiefst betrübt, ist die Wichtigkeit, die man den Bewegungen der Seele zuschreibt* (Tr, 33), notierte er 1937 in den *Carnets*. Um die Bewegungen der Seele ihrer geringen Bedeutung entsprechend niederzuhalten, mobilisierte Camus einen Aktivismus, der schon da etwas Angestrengtes, Überhöhtes hatte und später – Camus' Neider und Feinde hatten dafür ein feines Gespür – etwas Krampfhaftes bekommen wird.

Im Politischen lagen Bewährungsproben für solchen Aktivismus im Algerien der dreißiger Jahre allerdings buchstäblich auf der Straße: Es rumorte in der französischen Provinz Algerien – der kulturellen Dominanz der Kolonialmacht setzte eine gebildete muslimische Schicht jetzt autochthone kulturelle Traditionen entgegen, vor allem aber beschwor das mit der Weltwirtschaftskrise wachsende Elend der ganz Armen soziale Unruhen herauf. Diesen Bewegungen gegenüber schloss sich die ethnisch und sozial vielfältig differenzierte europäische Siedlerschicht Algeriens im Bewusstsein eines gemeinsamen Feindes, der «arabes», der Kolonisierten, beinahe ausnahmslos zur Bewahrung des Status quo zusammen. Sympathien mit der Volksfront oder gar der Kommunistischen Partei blieben so auf eine kleine Gruppe linker europäischer Intellektueller beschränkt.

Nach eigener Aussage war es der *Wunsch, die Summe des Unglücks und der Bitterkeit, die die Menschen vergiftet, vermindert zu sehen*[67], die Camus 1934 zur Kommunistischen Partei führte. Als deren Mitglied sollte er eine Parteigruppe in Belcourt aufbauen, besonders aber Kontakt zu algerischen Intellektuellen aufnehmen und unter ihnen Mitglieder gewinnen. Doch nach einer Unterredung Lavals mit Stalin, in der Laval um Zurückhaltung der kommunistischen Parteien in kolonialen

Auseinandersetzungen nachsuchte, änderten sich die zentralen Direktiven; daher zog auch die Kommunistische Partei Algeriens ihre Hand von der algerischen Autonomiebewegung ab. Den Verfolgungen und Verhaftungen unter den Anhängern dieser Bewegung sah die KP zu, tatenlos, wenn nicht sogar froh über die Schwächung des Rivalen. Camus, der freundschaftliche Kontakte zu algerischen Autonomisten unterhielt, konnte und wollte diese Wendung nicht nachvollziehen; als man ihn auf die Parteidisziplin verpflichten wollte, brach er mit der Kommunistischen Partei. Das Ansinnen, sich in einer Gewissensentscheidung einer meinungsbestimmenden Instanz unterzuordnen, hat Camus hier – wie in jedem späteren Fall – strikt zurückgewiesen.

In diese Zeit fällt noch eine weitere existentielle Entscheidung: Camus hatte eine Anstellung als Lehrer in Sidi-bel-Abbès, einer Stadt etwa 250 km südwestlich von Algier, angeboten bekommen; er fuhr hin – und kehrte auf der Stelle um. Fast erschrak er anschließend darüber, die gesicherte soziale Position so unumwunden ausgeschlagen zu haben; in den *Carnets* arbeitet er sich mühsam zu der Erklärung durch, dass er die *Aussicht [...], ein wirkliches Leben zu führen, einem gesicherten Leben* vorgezogen habe (Tr, 45). Mit solch einem Risiko aber hat sich für ihn der Druck, außerordentliche Leistungen erbringen zu müssen, noch erhöht; die nächste Eintragung in den *Carnets* nach seiner Erklärung für den Verzicht auf eine feste Anstellung lautet: *Wert haben oder keinen Wert haben. Schöpferisch sein oder nicht. Im ersten Fall ist alles gerechtfertigt. [...] Im zweiten Fall ist es die totale Absurdität. Zu wählen bleibt dann der ästhetischste Selbstmord: Heirat + 40 Stunden oder Revolver.* (Tr, 46)

1938 nahm Camus bei der neu gegründeten Zeitung «Alger républicain» eine Arbeit als Reporter auf und wurde trotz seiner Unerfahrenheit von Chefredakteur Pascal Pia alsbald überaus geschätzt, da er sich als kenntnisreich, engagiert und grenzenlos einsatzbereit erwies. Seine Ressorts waren Berichte über kulturelle und künstlerische Ereignisse – insbesondere Buchbesprechungen – und die für Camus' späteres Schaffen so bedeutsamen Gerichtsreportagen. Als Gerichtsreporter startete Camus einige wirkungsvolle, der Kolonialadministration höchst unliebsame Kampagnen; es gelang ihm, einige Anklagen, die offenbar erhoben worden waren, um unliebsame Personen auszuschalten, zu Fall zu bringen. Im Zuge dessen macht Camus auch – immer in engagierter, wirkungsvoller Sprache – die Folterung algerischer Angeklagter und Zeugen publik.[68] Die größte Wirkung hatte seine Artikelfolge *Das Elend in der Kabylei (Misère de la Kabylie)*[69], die er nach einer Reise durch dieses Hungergebiet verfasste und die 1939 in «Alger républicain» erschien. Was Camus hier in Zahlen und Fakten enthüllt, ist ein krasses Beispiel kolonialer Misswirtschaft: Von den europäischen Siedlern in unfruchtbare Gebiete abgedrängt, vegetieren die Kabylen resigniert an der Grenze des Verhungerns dahin, dürftig am Leben erhalten durch Zuwendungen der Kolonialmacht. Mag Camus damit auch besondere Sympathie für die nicht-arabischen Kabylen bezeugen, mag er sie zuweilen gar zum geschändeten Abbild antiker griechischer Schönheit stilisieren (wie ihm das von algerischer Seite neuerdings zum Vorwurf gemacht wird[70]) – wichtiger ist die Entschiedenheit und der Mut, mit dem Camus hier für Rechtlose und Sprachlose Partei ergriffen hat.

Angesichts der politischen Situation in Frankreich, die sich selbstverständlich auch auf Algerien auswirkte – Zusammenbruch der Volksfront, Vormarsch der Rechten –, trug die kompromisslos anklagende Haltung Camus' zu den Schwierigkeiten der Zeitung bei, die sich immer schlechter verkaufte. Nur noch drei verschworene Mitarbeiter machten aus ihr ein Abendblatt reduzierten Umfangs, «Soir républicain», doch auch in dieser reduzierten Gestalt hielt sie den Konfrontationskurs nicht lange durch: Der Generalgouverneur untersagte das Erscheinen der Zeitung, und die Militärbehörde von Algier sprach Pia und Camus einen offiziellen Tadel unter Androhung weiterer Strafmaßnahmen aus. Pia ging sofort nach Paris, Camus suchte – nunmehr vergeblich – journalistische Arbeit in Algier.

Er wollte nicht weggehen, denn sein Daseins- und Schaffenshintergrund ist Algerien. Ohne das Geburtsland, in dem er

mehr als die Hälfte seines kurzen Lebens zugebracht hat, ist sein Werk nicht zu denken. Das gilt besonders für die erste Trilogie, das heißt die um den Begriff des Absurden gruppierten Werke: den Roman *Der Fremde (L'Étranger)*, den Essay *Der Mythos des Sisyphos (Le Mythe de Sisyphe)* und das Drama *Caligula*. – In *Der Fremde* sind all die großen Motive Camus' versammelt: die Mutter, der Tod, das Meer, die physische Freude, Hitze, die Sonne in ihrer Ambivalenz – und der zum Tode Verurteilte. Wie gelingt Camus nun die Verschmelzung dieser Motive und deren Aufladung mit einer Weite und Vieldeutigkeit, die dieses schmale Buch zu einem frühen Meisterwerk machen? Camus hat hartnäckig nach dem rechten Erzählton für dieses Werk gesucht – eine Menge Notizen in den *Carnets* zeugen davon. Und er findet ihn mit der Einsicht: *Das wahrhafte Kunstwerk ist dasjenige, das weniger sagt. Es gibt ein gewisses Verhältnis zwischen der Gesamterfahrung eines Künstlers, seinem Denken + seinem Leben [...] und dem Werk, das diese Erfahrung widerspiegelt. Dieses Verhältnis ist schlecht, wenn das Werk die gesamte Erfahrung – umsäumt von einem Rand Literatur – wiedergibt. Dieses Verhältnis ist gut, wenn das Werk ein aus Erfahrung ge-*

meißeltes Stück ist, eine Facette des Diamanten, wo sich das innere Strahlen bündelt [...]. Im ersten Fall herrscht Überladenheit und Literatur. Im zweiten gibt es ein fruchtbares Werk dank einer Fülle von unausgesprochener Erfahrung, deren Reichtum man errät. (Tr, 65)

So kam es zu dem einzigartigen, wieder und wieder analysierten Erzählton des *Fremden* [71] – den kurzen, kargen, unverbundenen Sätzen, mit denen der Ich-Erzähler und Held Meursault seine sozialen Beziehungen – die alltäglichen eines Angestellten und die dramatischen eines des Mordes Angeklagten – charakterisiert. Das aber ist nicht der einzige sprachliche Duktus des Romans. Ausbrüche gibt es immer dann, wenn der Ich-Erzähler von seinen Freuden in der Natur und von aufrichtigen mitmenschlichen Beziehungen spricht.

Die Handlung des Romans, auf die bloßen Tatsachen reduziert, ist diese: Meursault, der Held (fast namensgleich übrigens mit dem Helden von *Der glückliche Tod*), Angestellter eines Schiffsmaklers in Algier, bekommt Nachricht vom Tod seiner Mutter in einem Altersheim. Er fährt dorthin, nimmt an Totenwache und Begräbnis teil – dies allerdings so sachlich und emotionslos, dass es die Trauergemeinde befremdet. Nach Algier zurückgekehrt, schläft er sich aus, geht an den Strand, trifft dort ein Mädchen, lädt sie ins Kino ein und verbringt die Nacht mit ihr. Ein Nachbar, ein Zuhälter offenbar, bittet Meursault, für ihn einen Brief an eine frühere Geliebte zu schreiben; der Brief soll die Frau zum Zurückkommen bewegen, damit der Zuhälter, der sich von ihr hintergangen fühlt, sie «bestrafen» kann. Meursault erfüllt den Wunsch des Nachbarn und bemerkt, dass die fragliche Frau «une Mauresque», eine Algerierin, ist. Das Vorhaben des Zuhälters, eine sexuelle Demütigung der Frau, gelingt halb, aber seitdem verfolgen die männlichen Angehörigen der Algerierin den Zuhälter und dann auch Meursault. Am Strand, in der Mittagssonne, kommt es zu einer Schlägerei, und als diese schon – nach einer Verletzung des Zuhälters – abgeklungen ist, erschießt Meursault unvermittelt einen der Algerier.

Er wird festgenommen, und es wird Anklage wegen Mordes gegen ihn erhoben. Die Fragen, die man ihm während der

Untersuchung und vor Gericht stellt, betreffen seine Reaktionen auf den Tod der Mutter, nicht den Hergang des Mordes. Seine Schüsse auf den Algerier sind für die Kolonialjustiz tatsächlich eine Bagatelle; da Meursault jedoch seine Empfindungslosigkeit beim Begräbnis der Mutter nicht befriedigend erklärt – trotz hilfreicher Deutungsversuche nicht erklären will! –, wird sein gesamtes Verhalten als Disposition zum Verbrechen gewertet und Meursault als eine Art Muttermörder zum Tode verurteilt.

Über dieses karge und rätselhafte Buch ist ungeheuer viel geschrieben worden; die Deutungen reichen – um nur zwei Extreme zu nennen – von einer psychoanalytischen Einordnung Camus' als Opfer eines Kastrationskomplexes[72] bis zu seiner Verurteilung als Propagandist des Kolonialismus[73]. Solche Interpretationen kranken daran, dass sie das Werk – den inneren Monolog des Helden, seine Aussagen, ja selbst Aussagen anderer Gestalten – als Meinungsbekundung des Autors bewerten. Sie gehen vorbei an der künstlerischen Absicht Camus' (wie er sie in etwa mit dem Gleichnis von der Facette des Diamanten ausgedrückt hatte), die in *Der Fremde* überzeugende Realisierung gefunden hat: dass ein literarisches Kunstwerk sowohl Teil als auch Bündelung der G e s a m t erfahrung eines Autors ist, dass sich in ihm also ein starker, umfassender, jedoch nicht auf eine Tendenz festzulegender Gestaltungswille des Autors manifestiert.

Nur vorgeschlagen werden sollen deshalb hier zwei Deutungsmöglichkeiten für den Titel des Romans – eine von Camus ausdrücklich gestützte und eine untergründig ablesbare. Interessant ist der innere Zusammenhang, der zwischen beiden besteht: F r e m d steht Meursault dem formalen Reglement sozialen Zusammenlebens gegenüber: Er weint nicht am Sarge der Mutter, er legt der Freundin gegenüber nicht das gewünschte Liebesbekenntnis ab, er geht nicht auf Karriereangebote ein; dies alles geschieht nicht aus Empfindungslosigkeit – er kann nur nicht von außen auferlegten Gefühlsanforderungen nachkommen. Dazu Camus: *[…] er [Meursault] weigert sich zu lügen. Lügen, das ist nicht nur sagen, was nicht ist. Das ist auch und vor allem mehr sagen, als was ist [...].*[74] Diese Eigenschaft bewahrt Meursault sogar, nachdem er sich durch den großen Wendepunkt der Romanhandlung, seine Schüsse auf den Algerier, der Beurteilungsgewalt der Gesellschaft ausgeliefert hat; wiederum Camus: *[...] der Held des Buches [...] ist der Gesellschaft, in der er lebt, fremd [...], er weigert sich, seine Gefühle zu verschleiern, und sogleich fühlt sich die Gesellschaft bedroht. [...] Man täuscht sich also nicht sehr, wenn man den ‹Fremden› als die Geschichte eines Mannes liest, der bereit ist, ohne jede heroische Geste für die Wahrheit zu sterben.*[75] Meursaults Wahrheit aber ist – erst im Angesicht des Todes wird ihm das ganz bewusst – eine große Indifferenz äußeren Zielen gegenüber zugunsten der Schönheit der natürlichen Welt und der physischen Freude in ihr.

F r e m d, weder bejahend noch kritisch, steht Meursault auch den Strukturen der Kolonialgesellschaft gegenüber; dies aber macht schon stille Mittäterschaft aus. Er lässt sich von dem Zuhälter in eine Affäre verwickeln, in der dieser neben seiner männlichen Dominanz auch die koloniale wohl kalkuliert einsetzt – und dies so geschickt-vereinnahmend, dass die Gegengewalt der anderen Seite gegen s i e   b e i d e aufsteht. Angesichts des Umstands, dass Camus dieser anderen Seite, den kolonisierten Algeriern, in seinem Algerien-Bild nicht bewusst Raum gibt, wird immer wieder der Vorwurf einer kolonialistischen Haltung gegen ihn erhoben. Tatsächlich aber bringt Camus auf diese Weise untergründig etwas zum Ausdruck, was er als außerordentlich bedrohlich empfindet: Die Tatsache, dass der Existenzanspruch der beiden Seiten einander ausschließt – wie es die Kulminationsszene am Strand zeigt, in der letztlich ein bestimmter Platz mit Waffengewalt behauptet bzw. freigeschossen wird. Als Ankündigung dessen kann Meursaults Beobachtung über die algerische Verfolgergruppe gelten: *Sie sahen uns schweigend an, aber auf ihre Weise, nicht anders, als wenn wir Steine oder abgestorbene Bäume wären.*[76] Die koloniale Situation macht also Indifferenz, Draußen-Stehen, Fremdheit unmöglich; sie drängt zu – bewusster oder unbewusster – Stellungnahme und führt Meursault, der die Unbewusstheit lebt und verteidigt, in menschliche Schuld.

Diese Haltung der Indifferenz gegenüber grundsätzlichen Widersprüchen, die der Einzelne weder lösen kann noch will und die ihn dennoch in ihr Spannungsfeld hineinziehen, ließ Meursault zu einer Identifikationsgestalt für die Kriegs- und Nachkriegsgeneration werden.

Zusammen mit *Der Fremde* begründete der Essay *Der Mythos des Sisyphos* Camus' literarisches Prestige. Beide Werke, größtenteils in Algerien entstanden, erschienen 1942 in kurzem zeitlichem Abstand in Paris. Der Essay wird häufig als essayistische Entsprechung, gewissermaßen als «Erklärung des Fremden»[77] angesehen. Das war Camus' Absicht nicht; ihm ging es bei dem Essay, den er in den *Carnets* kurz *das Absurde nennt*[78], um die Bewältigung seiner schwierigen Lebenssituation. Zu diesem Zweck entwickelt er keine philosophischen Abstraktionen, sondern projiziert die Aussagen und Theoreme, die er bei für ihn maßgeblichen Denkern gefunden hat, auf seine Lebenslage. Während Camus' subjektiver Lebenshintergrund im Falle von *Der Fremde* ganz in dem Werk aufgegangen ist, scheint er in dem Essay sichtbar durch; nur insofern kann der Essay zur «Erklärung» des Fremden dienen – wenn dieser denn eine solche Erklärung überhaupt nötig hat.

Das Hauptmotiv für Camus' Gefühl des Absurden ist die grundsätzliche, aber auch unmittelbar persönliche Bedrohung durch einen jederzeit nahen Tod. Selbstmordsituationen werden in den *Carnets* in verschiedenen Varianten beschrieben – einmal auch als Vorwegnahme eines Todes durch Lungentuberkulose. Und der zum Tode Verurteilte erscheint als der aller Illusionen Entkleidete: *Es gibt nur einen Fall reiner Verzweiflung. Das ist der des zum Tode Verurteilten [...]. Das Absurde ist hier vollkommen klar. Es ist das Gegenteil des Irrationalen. [...] Irrational ist oder wäre vielmehr die flüchtige und dahinsterbende Hoffnung, daß es vorübergehen wird und daß dieser Tod vermieden werden könnte. [...] Die Menschen haben die Illusion, frei zu sein. Die zum Tode Verurteilten haben diese Illusion nicht. (Tr, 72)*

Der berühmte Eingangssatz des Essays lautet: *Es gibt nur ein wirklich ernstes philosophisches Problem: den Selbstmord.*[79] Camus geht hier also *mit Problemen um, die man zuerst leben muß,*

wie er in einem Brief von 1943 schreibt.[80] Alle die von Camus
für das Entstehen des Gefühls der Absurdität herangezogenen
Motive – Fremdheit der sozialen Umgebung gegenüber, Nich-
tigkeit angesichts der übermächtigen Natur, Unfähigkeit zu
umfassender Erkenntnis – münden in die große, durch den
Tod scheinbar verneinte Sinnfrage. Die für Camus wichtigen
philosophischen Köpfe – er spricht hier vor allem von Søren
Kierkegaard, Leo Schestow, Edmund Husserl, Karl Jaspers, Mar-
tin Heidegger – wichen, so lautet sein recht pauschales und
harsches Urteil, vor dieser Herausforderung in totale Verzweiflung oder in Hoffnung aus. Sein Weg könne keines von beidem
sein: Das Absurditätsgefühl auf der einen Seite und eine krea-
türliche Lebensbejahung auf der anderen führe ihn zu einer
Haltung illusionsloser, aber leidenschaftlicher Bejahung des
Lebens; diese Haltung ist es, die er schließlich *das Absurde*
nennt. Sie mache frei und produktiv und – wie er in letzter, er-
staunlicher Wendung behauptet – sogar glücklich. So ist nach
der Illustration absurden Lebens an verschiedenen Beispiel-
gestalten – Don Juans, des Schauspielers, des Eroberers, des
Künstlers und schließlich Sisyphos' – der ebenfalls berühmte
Schlusssatz des Essays zu verstehen, mit dem Camus die end-
lose, vergebliche Anstrengung des Sisyphos gewagt und doch
sehr eingängig umwertet: *Wir müssen uns Sisyphos als einen
glücklichen Menschen vorstellen.*[81]

Das zu dem Zyklus des Absurden gehörende Drama ist
Caligula. Die Fassung des Stückes, die Camus in Algerien
schrieb, wurde erst 1984 publiziert[82]; die allgemein bekannte
ist die 1944 gedruckte und 1945 uraufgeführte[83], die Camus später noch geringfügig verändert hat. Wenngleich er an seinen
Theatertexten häufig Änderungen vornahm, sind sie doch in
diesem Falle besonders drastisch und bezeichnend für ein Denken, das sich mit den Zeitumständen wandelte. Denn nachdem
die Parallele zwischen dem zerstörungswütigen römischen Kai-
ser und Hitler deutlich geworden war, ging Camus entschiede-
ner auf Distanz zu seiner Hauptgestalt, die er in der algerischen
Zeit noch positiv, als dramatische Personifikation des Absurden, verstanden hatte: Unter dem freundlichen Titel *Der Spie-*

ler (Le Joueur) zeigte er Caligula als Träger einer unbändigen, vor Extremen nicht zurückschreckenden Lebensbesessenheit. Die Hauptrolle in diesem Drama, das für die eigene Theatertruppe vorgesehen war, wollte Camus selbst spielen.

Das auslösende Moment für Caligulas Verzweiflung ist das in den frühen Schriften mehrmals auftauchende Motiv des Verlusts der Geliebten[84]. Durch ihn sieht sich Caligula schlagartig mit der Ohnmacht des Menschen vor schicksalhaften Eingriffen ins Leben konfrontiert, mit Sinnlosigkeit und Leere – und reagiert auf diese Erschütterung mit der Errichtung einer Willkür- und Gewaltherrschaft. Camus' Stellung zu seiner Gestalt ist schwankend – er identifiziert sich mit Caligulas Motiven, und auch deren Auswirkungen steht er noch ambi-

valent gegenüber: Er sieht Caligulas Wüten wohl als eine Geißel an, jedoch als eine lehrreiche und heilsame, da es die Menschen zum Denken zwinge.

Die gelassene, wenn nicht gar bejahende Haltung zu solch
radikaler Diktatur hat Camus nicht nur aufgegeben, sondern
verurteilt, sobald er sie mit Ausbruch des Zweiten Weltkrieges
in der Realität erfuhr. Nun verstärkt er die Position von Caligulas Gegenspieler, und sogar Caligula selbst lässt er am Schluss
des Stückes sagen: *Ich habe nicht den Weg eingeschlagen, den ich
hätte einschlagen sollen. [...] Meine Freiheit ist nicht die richtige.*[85]
Trotz aller Korrekturbemühungen blieb und bleibt *Caligula*
ein angesichts des Gegenstandes bedenklich unentschiedenes
Stück.

Im September 1939 war Camus im Begriff, eine lange ge-
plante und ersehnte Griechenland-Reise anzutreten, als das Be-
fürchtete, noch gar nicht recht Fassbare eintritt: der Ausbruch
des Krieges. *Im Haß auf dieses Tier gelebt haben, es vor sich zu haben und nicht imstande zu sein, es zu erkennen. So wenig hat sich
verändert. Später werden zweifellos Schmutz, Blut, ungeheurer Ekel
kommen (Tr, 85)*, schreibt er bei Kriegsausbruch ins Notizbuch.
Dem will sich Camus nicht entziehen; er beschließt, sich freiwillig zum Militärdienst zu melden und schreibt dazu: *[...] ist
es nicht erlaubt, außerhalb dieses Krieges zu stehen, so niederträchtig
er auch sein mag. Dies gilt natürlich und in erster Linie für mich – der
ich mein Leben aufs Spiel setzen kann, indem ich ohne Furcht auf den
Tod setze (Tr, 86)*. Doch seiner Tuberkulose wegen wird er nicht
eingezogen; auch diese Wendung versucht er gefasst zu akzeptieren: *Und wenn man mich nicht haben will, muß ich mich auch
mit der Stellung des verschmähten Zivilisten abfinden. In beiden Fällen kann mein Urteil unbedingt und meine Abneigung grenzenlos
sein. In beiden Fällen stehe ich mitten im Krieg und habe das Recht,
über ihn zu urteilen. Zu urteilen und zu handeln. (Tr, 89)* Und dieses
Urteil lautet so: *Er [der Krieg] – ist in dieser furchtbaren Einsamkeit
des Mobilisierten wie des nicht Mobilisierten, in der allen gemeinsamen Demütigung und Verzweiflung und in der Erniedrigung, die
sich immer deutlicher auf den Gesichtern abzeichnet. [...] Die Herrschaft der Tiere hat begonnen. (Tr, 87)*

Widerstehen: «Die Pest»

Im März 1940 geht Camus nach Paris, weil Pia dort für ihn eine Anstellung als Redaktionssekretär bei «Paris-Soir» ausfindig gemacht hat. In der untergeordneten Position, die Camus bei diesem erfolgreichen Abendblatt zufiel, konnte er seine Auffassung von Journalismus – eines von Effekthascherei freien, sozial engagierten – nicht geltend machen. Auch sonst wird Camus der Anfang in Paris schwer: Mit dem Wechsel zwischen Algier und Paris geht ein Schwund an persönlicher Bedeutung und öffentlichen Wirkungsmöglichkeiten einher: In Algier hatte Camus im Zentrum der oppositionellen Intelligenz gestanden, in Paris war er ein Unbekannter.

Im Mai marschiert die Hitler-Armee in Frankreich ein. Pétain übernimmt die Regierung und unterzeichnet ein Waffenstillstandsabkommen, nach dem zwei Drittel Frankreichs unter deutsche Besatzung fallen und Pétain in der nicht be-

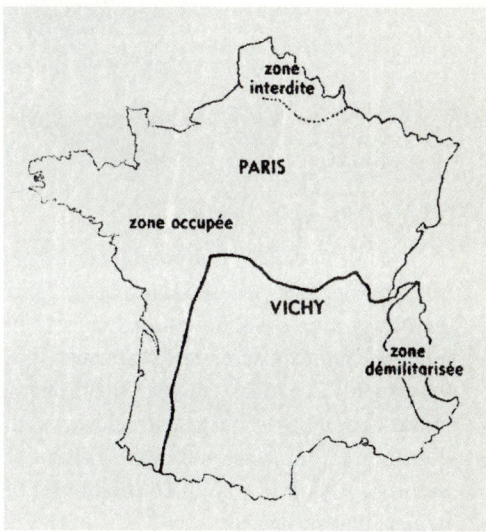

Frankreich 1940

Juni 1940: Einmarsch der deutschen Truppen in Paris

setzten Südzone, zu deren Hauptstadt Vichy avanciert, eine Regierung – von Kollaborateuren, wie sich herausstellen wird – bildet. Daraufhin setzt eine Massenflucht von Nord nach Süd ein; auch «Paris-Soir» übersiedelt in die Südzone, nach Clermont-Ferrand. Das viel gelesene Blatt passt sich den neuen politischen Erfordernissen an, und Camus' Widerstreben gegen seine Arbeit nimmt zu; halb fürchtet er die Entlassung, halb wünscht er sie herbei.

Camus mit
seiner zweiten
Frau Francine

Gegen Ende des Jahres geht er die Ehe mit Francine Faure ein, einer Studentin aus begüterter Oraner Familie, die er durch die Mitbewohnerinnen des «Hauses vor der Welt» kennen gelernt hatte. Kurz darauf wird Camus tatsächlich entlassen und fährt mit seiner Frau nach Oran, wo beide bei deren Familie leben können.

Dass diese Lebensgrundlage nicht dazu angetan ist, ihm die Stadt schmackhaft zu machen, liegt auf der Hand. Camus charakterisiert seinen neuen Aufenthaltsort ohne Schonung; obwohl auch Oran seine Schönheiten habe – immer wieder wird hier die spanische Feste Santa Cruz erwähnt –, sei es die Stadt der Langeweile, des Überdrusses: *Es gibt keinen Ort, den die Oraner nicht mit irgendeinem scheußlichen Bau verschandelt hätten, wie er jedes Landschaftsbild zerstören muß. Eine Stadt, die dem Meer den Rücken kehrt und sich nach Schneckenart um sich selbst dreht. Man irrt durch dieses Labyrinth und sucht das Meer wie den Faden der Ariadne. Aber man bewegt sich in all diesen anmutlosen und häßlichen Straßen im Kreis.* (Tr, 113) Tatsächlich unterscheidet sich die Anlage der Stadt von der Algiers, das sich zum Meer

hin weit öffnet. Wenn Camus aber daraus eine ganz unterschiedliche Mentalität der Städte ableitet – Algier als Stätte geistiger und kultureller Blüte, Oran hingegen langweilig und von Händlergeist erfüllt –, generalisiert er seine persönliche Wahrnehmung. Eine bezeichnende Fehlleistung unterläuft ihm, wenn er Oran das *Chicago unseres absurden Europa* (Tr, 97) nennt; damit schlägt er die nordafrikanische Stadt, die ihn an das ungeliebte Europa erinnert, diesem schlankweg zu.

Anfang 1942 wird Camus von einem neuerlichen schweren Ausbruch der Tuberkulose heimgesucht. Jetzt muss der

Blick auf Oran vom Meer aus

Aufenthaltsort nach seinem Gesundheitszustand gewählt werden; also reisen Camus und seine Frau nach Südfrankreich, in den Ferienort der Familie Faure, Le Panelier. Francine bleibt zwei Monate bei ihrem Mann – dann ist er mit seiner Krankheit und seinen Problemen allein. Der Anblick von Saint-Étienne, der nahe gelegenen Industriestadt, in die Camus regelmäßig zur Behandlung fahren muss, erhärtet seine Ansicht von europäischer Zivilisation: *Saint-Étienne und seine Vororte. Ein solches Schauspiel spricht der Zivilisation, die es entstehen ließ, das Urteil. Eine Welt, in der kein Raum mehr vorhanden ist für das Sein, die Freude, die tätige Muße, ist eine Welt, die untergehen muß.* (Tr, 175) Doch auch mit dem Gebirge kann sich Camus nicht recht anfreunden; die Landschaft erscheint ihm banal, die Sonne fade, und die Berge empfindet er als eine Art Gefängnis. *Das Klima, das mir verordnet wird, ist nie das, das ich liebe*[86], schreibt er an Grenier.

Auch sein innerer Zustand trägt zu dieser trüben Sicht seiner Umgebung bei; im Bewusstsein, krank zu sein, fühlt er sich alt: *Meine Jugend verläßt mich: darin besteht das Kranksein* (Tr, 153), notiert er. Andererseits steigert das strenge Reglement, zu dem die Krankheit zwingt, seine Aufnahmefähigkeit und Produktivität: *Die Krankheit ist ein Kloster mit seiner Ordensregel, seiner Askese, seinem Schweigen und seinen Erleuchtungen* (Tr, 155), stellt Camus fest. Er liest in dieser Zeit ungeheuer viel: Bemerkungen zu Spinoza, Pascal, Kierkegaard, Madame de la Fayette, Benjamin Constant, Stendhal, Honoré de Balzac, Marcel Proust, Lew Tolstoj tauchen in den Notizen auf. All diese Leseeindrücke werden von Camus auf seine Überzeugungen, Absichten und Vorhaben hin registriert, verarbeitet, auch miteinander verwoben. Das bringt ihn jedoch nur im Nachdenken ein Stück voran, seine Emotionen bleiben unbefriedigt: *Vier Monate asketisches und einsames Leben. Der Wille und der Geist gewinnen dabei. Aber das Herz?* (Tr, 167)

Die Einsamkeit verdichtet sich zu etwas Endgültigem, als nach der Landung der Alliierten in Nordafrika die deutschen Truppen auch Südfrankreich besetzen und die schon vorher schwierige Überfahrt von Frankreich nach Nordafrika vollends unmöglich wird. *Wie Ratten* (Tr, 153), schreibt Camus im November 1942, erbittert über die erzwungene Trennung von Frau und Familie und von dem Land, dem er sich zugehörig fühlt. Aus Algerien gelangt nun auch kein Geld mehr zu ihm. Hier schaltet sich wieder einmal Pia hilfreich ein, der veranlasst, dass der Verlag Gallimard dem eben lancierten jungen Autor (im Juni und Oktober 1942 waren *Der Fremde* und *Der Mythos des Sisyphos* erschienen) in der Hoffnung auf künftige Werke ein monatliches Fixum zahlt.

Die Wirkung dieser beiden Erstveröffentlichungen Camus' in Frankreich war groß, obwohl sie vorerst auf den Kreis aufmerksamer, meist professioneller Beobachter der Literaturszene beschränkt blieb: Es gab Ablehnung, Verständnislosigkeit – und begeisterte Zustimmung. Der folgenreichste Kommentar kam von Jean-Paul Sartre; er stellte, nach einer klugen Charakterisierung des *Fremden*, eine Beziehung gegenseitiger Bedingtheit zwischen den beiden Werken her: «Man könnte sagen: *Der Mythos des Sisyphos* wolle uns diesen Begriff [des Absurden] vermitteln und *Der Fremde* dieses Gefühl.»[87] Dieser Ansicht kann Camus nicht beipflichten; an Grenier schreibt er,

einen prinzipiellen Unterschied zwischen Sartre und ihm be-
nennend: *Der Artikel von Sartre ist das Modell einer «Demontage».*
Was er nicht berücksichtigt, das ist das instinktive Moment in jedem
künstlerischen Werk. So groß ist der Anteil des Intellekts nicht.[88] Ein
Kenner des literarischen Betriebs wie Roland Barthes erklärte
noch Jahre später, dass das Erscheinen des *Fremden* ein literarisches Ereignis von Rang war: «[…] man fühlte sich mit ihm verbunden wie mit einem dieser vollkommenen und bedeutungs-
vollen Werke, die an gewissen Wendepunkten der Geschichte
auftauchen und einen Bruch, eine neue Empfindungsfähigkeit
bekunden […]. Das Erscheinen des *Fremden* ist ein gesellschaft-
liches Ereignis gewesen.»[89]

Dass in Camus' frühen Werken ein Widerstandspotenzial
enthalten ist, argwöhnten die Besatzer, auch ohne die politische Haltung des Autors genau zu kennen.

Und sie täuschten sich nicht. In Le Panelier festzusitzen
war Camus immer schwerer geworden. Die stumpfe Ergeben-
heit vieler Franzosen in das Kriegselend, die populistische De-
magogie Pétains, die Nachrichten über faschistische Gräuel-
taten, die zu ihm gelangten – all das drängte ihn zum Handeln.

Woher ihm die Kraft zum Widerstand kam, kann er – so
seine spätere Aussage – nicht erklären: *Das ist eine Frage, die für*

Zwangsver-
pflichtete
Franzosen
vor dem
Abtransport
zum Arbeits-
dienst nach
Deutschland

eine gewisse Anzahl von Menschen, zu denen ich gehöre, keinen Sinn hat. Ich konnte nirgendwo anders sein, das ist alles. Es schien mir und es scheint mir noch immer so, daß man nicht auf seiten der Konzentrationslager stehen kann.[90] Anlässe für das Umschlagen dieser Disposition in Handeln nennt er allerdings: *[...] ich erinnere mich sehr gut an den Tag, an dem die Woge der Empörung in mir ihren Höhepunkt erreicht hat. Das war an einem Morgen in Lyon, und ich las in der Zeitung von der Hinrichtung Gabriel Péris.*[91] (Der Résistance-Schriftsteller Péri wurde am 19. Dezember 1941 hingerichtet.) Vom künftigen Zusammenbruch Hitler-Deutschlands ist Camus überzeugt; 1943 schreibt er an Grenier: *Ich glaube, daß man uns eine Götterdämmerung im Bayreuther Stil bereiten wird. Aber leider sitzen wir nicht im Parkett, wir werden die Darsteller sein. Jetzt weiß ich, was das ist: das Vaterland. Aber dieser Erkenntnis mußten Leiden vorausgehen. Das gereicht mir nicht zur Ehre.*[92]

In Lyon, dem Widerstandszentrum Südfrankreichs, trifft Camus Pascal Pia wieder und festigt er seine freundschaftlichen Beziehungen zu René Leynaud und Francis Ponge, beide der Literatur verschrieben und beide im Widerstand. Pia war Chefredakteur der Résistance-Zeitung «Combat» und führte Camus wahrscheinlich schon in Lyon mit den Mitarbeitern der Zeitung zusammen. Die Redaktion zog gerade nach Paris um, wo auch Camus im November 1943 die Arbeit als Lektor beim Verlag Gallimard aufnahm. Camus war bei einer der ersten Pariser Redaktionssitzungen des illegalen «Combat» zugegen und erklärte sich bedingungslos zur Mitarbeit bereit. Bald fiel ihm große Verantwortung zu – er musste den Chefredakteur vertreten zu einem Zeitpunkt, da die Zeitung ständig an Bedeutung zunahm. Unter hoher innerer Anspannung verband Camus seine beiden neuen Arbeitsbereiche; sein Verlagsbüro zum Beispiel diente den Mitarbeitern der Widerstandsgruppe als Treffpunkt.

Wenn Camus auch den bewaffneten Kampf stets höher bewertet hat als die Zeitungsarbeit – akuter Lebensgefahr setzten sich auch die intellektuellen «résistants» aus. Gerade in der letzten Phase der Besatzungszeit, als die Auflage von 40 000

auf 300 000 Exemplare emporschnellte, war die Verfolgung besonders hart; eine ganze Reihe von Mitarbeitern wurde deportiert oder ermordet.

Einer von ihnen war René Leynaud, der 1944 in Lyon verhaftet und nach einem Martyrium erschossen wurde. Ihm, dessen Ermordung für Camus erschütternder war als jedes anderen Menschen Tod[93], sind die vier *Briefe an einen deutschen Freund (Lettres à un ami allemand)* gewidmet, die Camus 1943/44 schrieb und die zum Teil noch illegal veröffentlicht wurden. Der Titel mag unter diesen Umständen verwundern; dem Inhalt der Briefe nach müsste er tatsächlich lauten *Briefe an einen*

combat

DÉCEMBRE 1941 · N° 1

*Dans la guerre comme dans la paix le dernier
mot est à ceux qui ne se rendent jamais.* Clemenceau

APPEL

La rédaction de "Combat" présente aux Français le dernier-né des journaux clandestins. Dès le premier numéro, elle entend informer ses lecteurs des buts qu'elle poursuit et des moyens qu'elle emploiera. Sa position étant ainsi clairement définie, chaque Français pourra choisir: il sera avec ou contre nous. C'est avec ceux qui viendront à nous que nous mènerons le bon combat de la France pour la France. Nous voulons qu'à la défaite des armes succède la victoire de l'esprit.

En Octobre 1940, quatre mois après l'armistice, le Gouvernement a accepté le principe de la "collaboration". Cette politique qui a pu troubler un moment les esprits par les espoirs qu'elle a fait naître, aboutit aujourd'hui à des résultats qui sont parfaitement connus et qu'on pouvait prévoir.
Ces résultats, les voici:
– division territoriale et spirituelle de la France, par le maintien et le renforcement (en dépit des promesses) des 3 lignes de démarcation, amorce du futur démembrement de notre territoire.
– dépouillement systématique de notre malheureux pays par le rapt sous forme pseudo-légale de toutes nos richesses. La France affamée voit partir tous ses biens pour alimenter la machine de guerre allemande.
– abaissement du niveau de vie des travailleurs qui confine maintenant à l'extrême misère.
– destruction de notre monnaie par le paiement d'un tribut journalier hors de proportion avec les frais réels de l'armée d'occupation.
– main-mise par l'Allemagne sur l'économie française préparant une tutelle économique absolue et nous rayant ainsi de la liste des Grandes Puissances.
– Propagande dans nos colonies dont le statut sous la domination allemande est d'ores et déjà préparé.
– Asservissement ou dégradation de la pensée française à l'aide de la Presse et de la Radio dites Nationales.

Les agissements de l'Allemagne avant même le traité de paix sont trop clairs, ils sont trop conformes aux plans d'Hitler dans Mein Kampf, pour qu'on puisse s'y méprendre et persévérer dans des espoirs que la réalité infirme chaque jour. Par des étapes savamment dosées, l'Allemagne hitlérienne mène à la France non seulement la servitude, mais, ce qui est plus grave, à la servilité.

La France est en voie de perdre à la fois son corps et son âme. Le bon sens français le présent. En dépit de la propagande asservie, de la surveillance policière renforcée; des emprisonnements et des fusillades, le peuple français se refuse dans son immense majorité à favoriser sa propre destruction. Il n'est plus pour collaborer que des imbéciles, des lâches, des traîtres.

Le Journal "Combat" appelle les Français à la lutte. Il les convie à s'unir pour vaincre l'esprit de soumission et préparer l'appel aux armes.
Notre combat sera mené contre l'Allemagne d'abord, mais aussi contre quiconque pactisera avec elle et, consciemment ou non, se fera son auxiliaire dans notre malheur.

Il lance un appel particulier aux ouvriers et aux paysans que la défaite a plus durement frappés que quiconque et dont le vigoureux bon sens, l'esprit de résistance sont le meilleur gage du salut.

Toutes les énergies françaises, jusqu'à ce jour dispersées et sans appui, doivent se grouper autour de nous. Nous invitons tous nos lecteurs, citadins et paysans, intellectuels et manuels, chrétiens ou non, à s'unir dans cette entreprise dont dépend le salut du pays. Ils doivent tous sentir leur appartenance à ce vaste Mouvement que nous avons l'ambition de créer, en accepter les disciplines et obéir à ses mots d'ordre.
Nous demandons que l'esprit partisan se taise pour faire place à l'unité absolue entre ceux qui hier encore étaient politiquement divisés.
Une petite minorité empêche la France de faire entendre sa voix et d'expri-

mer sa volonté. C'en est assez. Il faut montrer à nous-mêmes et au monde que notre Patrie reste fidèle à ses traditions d'honneur et de liberté. Nous combattrons par la parole et l'exemple en attendant de pouvoir reprendre les armes.
La croisade européenne contre le nazisme s'organise. Hollandais, Belges, Norvégiens, Polonais, Tchèques, Serbes, Grecs fourbissent leurs armes. Nous voulons être à leurs côtés.
"L'armistice n'est pas la paix" disait en juin dernier l'Amiral Darlan. Dieu merci! car notre sort n'est pas encore fixé et c'est pourquoi nous voulons combattre.

La meilleure de nos armes est notre Foi. Nous croyons à la France, celle de Jeanne la Pucelle jusqu'à celle du Poilu de 1914 celui dont l'histoire veut d'être supprimée des manuels scolaires car il faudrait oublier que nous avons vaincu.
Notre arme aussi la Vérité. Les mensonges des plus insidieux aux plus grossiers s'étalent sur nos murs et remplissent les journaux et la radio. Nous lutterons contre l'anesthésie du peuple français.

Certains vont se demander si la nécessité de "Combat" se faisait bien sentir, car d'autres journaux clandestins se proposent, semble-t-il, le même but que le nôtre. Certes, nous ne méconnaissons pas le mérite des ouvriers de la première heure et rendons hommage à leur courage qui les a parfois menés au martyre.
Mais ces journaux représentent des tendances diverses, ils s'adressent à des milieux particuliers, ils sont différents en zone libre et en zone occupée, ils n'atteignent qu'un petit nombre de la population française. En un mot, ils n'ont pas réalisé l'union.
Nous, rédacteurs de ce journal, avons patiemment attendu d'avoir réuni les moyens de toute nature qui nous permettent d'offrir maintenant à nos compatriotes un journal aux informations précises puisées aux meilleures sources, accessible à tous et qui sera diffusé de Brest à Nice et de Dunkerque à Bayonne. Le chiffre de notre tirage nous classe

Die erste Nummer des illegalen «Combat»

ehemaligen deutschen Freund. Denn in den fiktiven Briefen spricht Camus einen Vertreter des – auch ihm vertrauten – nihilistischen Denkens an, der die in diesem Denken latent enthaltenen menschenvernichtenden Konsequenzen bejaht, wie sie im Faschismus zutage getreten sind. Die Briefe sind Zeugnis dafür, wie Camus' Erleben des Faschismus – als einer gigantischen Mordmaschine, angetrieben durch und für eine ideologische Fiktion – ihn erst in spontanes Erschrecken versetzt und nun zur Ausformulierung einer entschiedenen Gegenposition gezwungen hat. Was Camus gegen die intellektuelle Abstraktion geltend macht, ist physisches Leiden: *Beweisen. Daß die Abstraktion das Übel ist. Sie verursacht die Kriege, die Folterungen, die Gewalttätigkeit, usw.* (Tr, 197) Der Abstraktion stellt Camus jetzt einen unbedingten, nicht mehr zu befragenden Wert entgegen: Das menschliche Leben. *Ich glaube weiterhin*, schreibt er in den *Briefen, daß unserer Welt kein tieferer Sinn innewohnt. Aber ich weiß, daß etwas in ihr Sinn hat, und das ist der Mensch, denn er ist das einzige Wesen, das Sinn fordert. Diese Welt besitzt zumindest die Wahrheit des Menschen […].*[94] Von dieser Wahrheit kann man nur konkret sprechen, und Camus tut dies mit der Geschichte von der letzten Fahrt einer Gruppe zum Tode Verurteilter, auf der ein Sechzehnjähriger entfliehen kann; der Junge wird wie-

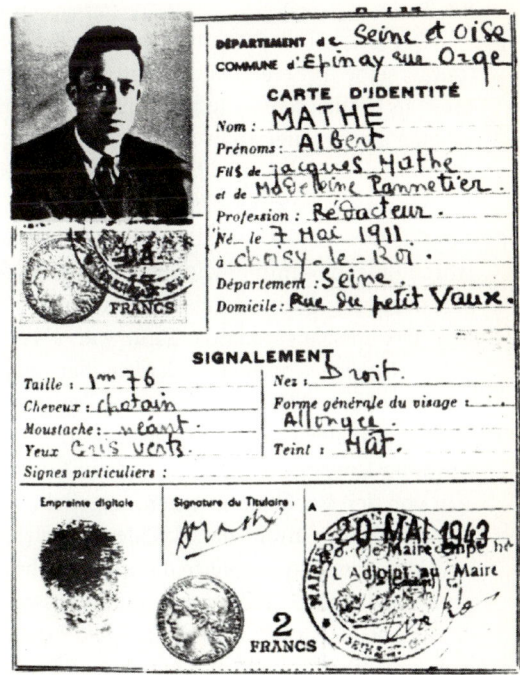

Camus' gefälschter Ausweis

der gefangen genommen und erschossen, weil der den Konvoi begleitende Geistliche nach einem Moment des Zögerns die Bewacher alarmiert hat. Bewusst hat sich der Geistliche damit auf die Seite derer geschlagen, die im Namen des faschistischen Prinzips Menschen töten.

Die Haltung zum konkreten Menschenleben ist für Camus das Kriterium, an dem sich die Geister scheiden: hier Einwilligung in die Vernichtung von Menschen im Namen eines ideologischen Prinzips, da die Verteidigung des Menschen. Diese beiden Haltungen legt Camus, auch wenn er von *wir* und *ihr* spricht, keinesfalls automatisch nach nationalen Kriterien fest: *Ich stelle zwei Haltungen einander gegenüber, nicht zwei Völker [...]. Wenn der Verfasser dieser Briefe «ihr» sagt, meint er nicht «ihr Deutschen», sondern «ihr Nazi». Wenn er «wir» sagt, heißt das nicht immer «wir Franzosen», sondern «wir freien Europäer»*, schreibt Camus in einem späteren Vorwort zu den Briefen.[95]

Der Mensch als absoluter Wert – im Zeichen dessen macht Camus seine früheren Glückserfahrungen geltend. Im letzten Brief, als freilich schon die Niederlage Deutschlands gewiss ist, werden als Gegengewicht zur faschistischen Barbarei *die Erinnerung an ein glückhaftes Meer, einen nie vergessenen Hügel, das Lächeln eines geliebten Gesichts*[96] beschworen.

Das literarische Vorhaben, mit dem Camus in den Kriegsjahren umgeht – immer wieder neu ansetzende Versuche und Skizzen in den *Carnets* zeugen davon –, ist eine Schrift über die Pest. Der Ausgangsgedanke dafür war, ähnlich wie bei dem Drama *Caligula*, das Nichtigwerden aller menschlichen Pläne vor einer übermächtigen Bedrohung; hinzugekommen waren einige aus realem Erleben gespeiste Motive: Oran als ein Labyrinth der Langeweile oder das Getrennt- und Abgeschnittensein von den Nächsten in einem ungeliebten Land. Die neue Einsicht Camus' nun – dass das Menschenleben einen absoluten Wert darstelle, der Verteidigung brauche – führt zu einer grundsätzlichen Veränderung seiner Aussageabsicht: *Natürlich wissen wir, daß die Pest ihr Gutes hat, daß sie die Augen öffnet, zum Nachdenken zwingt. [...] Aber [...], gleichgültig, welche Größe*

*einzelne ihr abgewinnen, muß einer angesichts der Not unserer Brü-
der ein Irrer, ein Verbrecher oder ein Feigling sein, um die Pest zu be-
jahen, und ihr gegenüber ist die einzige Parole des Menschen die Revolte.* (Tr, 163) Durch den Krieg erhält das Pestsymbol aktuelle,
eindeutig negative Bedeutung; in offenkundiger Gleichsetzung von Pest und Krieg schreibt Camus: *Pest. Man kann sich
nicht am Gezwitscher der Vögel in der abendlichen Kühle erfreuen –
nicht an der Welt, wie sie ist. [...] Keine ihrer Äußerungen wird rein
empfunden, weil sich mit jedem Moment der Welt eine ganze Reihe
von Bildern des Todes oder der Verzweiflung verbindet. Es gibt keinen Morgen ohne Agonien mehr, keinen Abend ohne Gefängnis,
keinen Mittag ohne fürchterliche Gemetzel.* (Tr, 189)

In welche Prosaform aber kann Camus die Geißel Krieg
oder Pest fassen? Sie ist das bestimmende Motiv, das, wie er
erklärt, *einen sozialen und einen
metaphysischen Sinn besitzt* (Tr,
152); sie bildet den Auslöser
und den Brennpunkt für die
Leidenschaften der Menschen,
sodass es sich nunmehr nicht
mehr um individuelle, sondern
um *kollektive Leidenschaften* handelt (Tr, 195). In Vorbereitung
der Niederschrift liest Camus
Prosawerke, die von einer ähn-
lichen Konstellation ausgehen,
wie Daniel Defoes «Die Pest zu
London» oder Herman Melvil-
les «Moby Dick». Er spürt, dass

> In der Tat, diese geheimnisvolle,
> subtile, noch verborgene Kunst
> kann, wenn wir weiterhin neben
> den Schlachthäusern aller Art da-
> hinleben, neben den Menschen,
> die man in China auf den öffent-
> lichen Plätzen und unter dem
> gleichgültigen Blick der Kameras
> niedermetzelt, die einzige von
> unserer fragwürdigen Situation
> untrennbare Kunst werden, eine
> Kunst, die vielleicht ihren ersten
> Historiker und Sucher in dem
> unruhigen Albert Camus
> gefunden hat.
>
> Jean Cayrol: Für eine
> lazarenische Literatur, 1950

er vor der Aufgabe steht, im Schreiben *die kollektiven Leidenschaften zu beherrschen, das heißt, sie zu formen* (Tr, 195). Für die
Aktionen der Menschen, die bei aller Leidenschaftlichkeit angesichts des beherrschenden Übels widersprüchlich und immer vom Scheitern bedroht sind, wählt Camus einen Darstel-
lungsmodus von lakonischer Genauigkeit, der an die Sprache
von Chroniken erinnert. Für die Herrschaft der Pest hingegen
findet er große, beeindruckende Bilder und spannt ihren Ver-

lauf in den Handlungsbogen des klassischen Dramas ein, das heißt, er entwirft eine einheitliche Handlung an einem geschlossenen Ort, gegliedert in fünf Teile des Geschehens.

Der unpathetische, spröde Ton, in dem die Handlungen der Menschen dargestellt werden, sei, so erklärt Camus später, eine Lehre der Résistance: *Wenn auch die Schriftsteller nicht viel für die Résistance getan haben, so müssen wir jedoch sagen, [...] daß die Résistance viel für sie getan hat: Sie hat sie über den Preis der Worte belehrt. [...] der Schriftsteller, der plötzlich entdeckte, daß Worte belastet sind, gelangt dahin, sie maßvoll anzuwenden: die Gefahr macht klassisch.*[97] «Klassizismus» ist ein Ausdruck, der in Camus' *Carnets* im Zusammenhang mit *Die Pest* mehrmals als stilistische Selbstanforderung auftaucht. In einem klassisch-maßvollen Stil sieht Camus das Mittel, den ungestalten, durch große Bedrohung entfesselten kollektiven Leidenschaften Form zu geben. Doch sei die Aufgabe des Gestalters der kollektiven Leidenschaften, des zeitgenössischen Künstlers, unvergleichlich schwieriger als die des Gestalters individueller Leidenschaften, des Künstlers im 17. Jahrhundert, denn in die kollektiven Leidenschaften sei der Künstler selbst einbezogen, ja, er laufe Gefahr, von ihnen aufgesogen und möglicherweise physisch vernichtet zu werden. Diese Überlegung schließt Camus mit der Feststellung: *Deshalb ist diese Art Klassik vielleicht nicht möglich.* (Tr, 203) Dennoch ringt er um sie – auch dies ist eine Äußerung seines Durchhaltewillens und seiner Tapferkeit.

Es hat in diesem Zusammenhang seine Logik, dass Camus einen Arzt zur Hauptgestalt und zum Erzähler der Pest-Chronik macht. Doktor Rieux, der die Bewahrung der physischen Integrität seiner Mitmenschen als seine professionelle und humane Bestimmung ansieht, vollzieht den gesamten Pest-Verlauf mit und steht im Zentrum der Handlung. Er entdeckt und deutet die Ankündigung der Seuche, die auf dem Trottoir verendenden Ratten. Ihm begegnen dann die Vertreter unterschiedlicher Verhaltensvarianten der Pest gegenüber – der entschiedene Pestgegner aus moralischer Motivation, der außenstehende Besucher, der das Schicksal der Stadt vorerst nicht zu teilen bereit ist und sich dann zum Widerstand entschließt, der farblose Beamte, der seine ganze Existenz der Pestabwehr widmet, der gesuchte Verbrecher, der den Ausnahmezustand als Schonzeit für sich begrüßt, der Geistliche, der die Geißel erst zur Unterwerfung seiner Mitbürger benutzt und sich ihr dann selbst unterwirft. Ihnen allen gegenüber macht Rieux seine entschiedene, gefasste Widerstandshaltung geltend und lebt sie als Leiter der freiwilligen Sanitätstrupps. Zeitweilig wird er durch die Pest darin fast ad absurdum geführt: Das Massensterben, auch die wachsende Gleichgültigkeit der Menschen dem Grauen gegenüber drängen ihn in die Rolle eines ohnmächtigen Registrators. Er verliert schließlich noch seinen wichtigsten Mitkämpfer und einzigen Freund, bis die Pest sich zurückzieht und die Stadt die Erlösung feiert. Doch in diesem Siegestaumel bleibt Rieux allein, denn er weiß, dass die Geißel wieder zuschlagen wird …

Dass Camus den leidenschaftlichen Überzeugungsdrang, der ihn mit diesem Stoff verband, gebändigt, in eine klare, durchsichtige Form gebracht hat, ist eine künstlerische Leistung hohen Ranges. – Der heutige Leser kann den Roman auf einer ersten Verständnisebene als Zeitzeugnis oder, in weiterem Sinnzusammenhang, als generelles Dokument des Widerstands gegen eine alles menschliche Maß übersteigende Macht lesen. Gerade die klassische Einfachheit und Strenge, die Camus ihm verliehen hat, erlaubt verschiedene, weit ausgreifende Deutungsmöglichkeiten, wie sie einem Gleichnis eignen.

Der Repräsentant

Albert Camus und all jene, die widerstanden hatten, erlebten die Befreiung von Paris im August 1944 und den Zusammenbruch des Faschismus als eine einmalige historische Bestätigung. Nun konnte der «Combat», wie die anderen Widerstandszeitungen auch, frei erscheinen. Die erste nicht-illegale Nummer vom 21. August 1944, die sich in der Befreiungseuphorie im Nu verkaufte, legte mit dem lange beibehaltenen Untertitel «Von der Résistance zur Revolution» ihr Bekenntnis für die Gestaltung der Zukunft ab.

Das Niveau der Zeitung war unbestreitbar hoch. Die Redaktion bildeten junge, profilierte Journalisten, und zu den Mitarbeitern zählten Jean-Paul Sartre, Simone de Beauvoir, André Gide, Georges Bernanos, Michel Leiris, Jean Paulhan. Chefredakteur der Zeitung war Camus. Er und andere führende Mitarbeiter plädierten in den Kolumnen mit Leidenschaft dafür, dass die Befreiung vom Faschismus in einen grundsätzlichen Wandel der Lebenseinstellung einmünden solle: die Abwendung vom Besitz- und Machtstreben und die Orientierung an Solidarität und Opfermut. Camus macht in den von ihm gezeichneten Kolumnen auf Länder wie Spanien und Polen aufmerksam, für die keine Befreiung stattgefunden habe, und tadelt die neutralistische Politik Frankreichs. Er verurteilt hier wie in anderen Fällen die diplomatisch-unklare Ausdrucksweise der Politiker, die mit solchen Sprachregelungen stets der stärkeren Seite zuarbeiten.

Große Aufmerksamkeit fand Camus' Debatte mit François Mauriac über die Bestrafung faschistischer Kollaborateure; im Falle des Todesurteils, das über dem Schriftsteller und Kollaborateur Robert Brasillach schwebte, wurde das Problem des Umgangs mit der jüngsten Vergangenheit für Camus außerordentlich quälend. Er unterschrieb schließlich, entgegen seiner anfänglichen Haltung, das Gnadengesuch für Brasillach mit

Die Redaktion des freien «Combat»

der Begründung, dass er die Todesstrafe generell ablehne und der Tod von «résistants» nicht durch eine Hinrichtung gesühnt werden könne.

1945 veröffentlichte Camus Eindrücke einer Reise in die französisch besetzten Teile Badens und Württembergs unter dem Titel *Bilder des besetzten Deutschland (Images de l'Allemagne occupée)*[98]. Dieses Land hat für ihn, *einen Mann, der die Hitler-Besatzung erlebt hat,* einen *blutigen und blinden Widerschein*[99]. Camus ist auf gedrückte, unter dem Hass der Völker gebeugte Menschen und auf ein verwüstetes Land gefasst; daher erschrickt er beinahe vor der Harmlosigkeit, ja Heiterkeit, die in den wohl erhaltenen Ortschaften herrscht, und ist in der nachträglichen Reflexion von dem abrupten Umschwung zur Normalität befremdet, zu dem die Bewohner unmittelbar nach der Katastrophe fähig sind. Seine Leidenserfahrung mit Hitler-Deutschland und die Bilder arglos-friedfertigen Lebens, auf die er Mitte 1945 in Deutschland trifft, sind für ihn *zwei Welten, die ich nicht miteinander verbinden konnte*[100].

Noch in den letzten Besatzungswochen, bei der Uraufführung von Sartres «Die Fliegen», war Camus mit Sartre und

General de Gaulle auf den Champs-Élysées nach der Befreiung von Paris, im August 1944

Simone de Beauvoir zusammengetroffen. Nach weiteren Begegnungen im Café stellte Simone de Beauvoir befriedigt Übereinstimmung fest: «Wie wir war Camus vom Individualismus zum Engagement übergegangen»[101], heißt es in ihren Erinnerungen. Camus sieht da viel weniger Gemeinsamkeit; über Sartre schreibt er an Grenier: *Obwohl es anders aussehen mag, empfinde ich nicht viel Gemeinsames, weder mit dem Werk noch mit dem Menschen. In Anbetracht derer aber, die gegen ihn sind, muß man für ihn sein.*[102] An den Theaterplänen der beiden fängt Camus jedoch Feuer; er will in Sartres Stück «Geschlossene Gesellschaft» eine Rolle übernehmen und setzt Pablo Picassos Posse «Wie man Wünsche beim Schwanz packt»[103] in glänzender Laienbesetzung in Szene: Jacques Lacan, Pierre Reverdy, Picasso selbst, Simone de Beauvoir, Sartre und Leiris waren an dem Theaterspaß beteiligt (vgl. Abb. S. 74/75).

Im Oktober 1944 kam Camus' Frau nach langer erzwungener Trennung nach Paris. Das Zusammenleben war nicht leicht angesichts der schwierigen materiellen Situation und des Umfangs von Camus' Bekanntenkreis und Arbeitsbelastung. Ein Jahr darauf, am 5. September 1945, werden die Zwillinge Jean und Catherine geboren. Die Kinder finden in den *Carnets* selten Erwähnung, und wenn, dann eher als das Problem, das mit ihnen ins Leben des Vaters getreten ist: *Die Armut hat mir allezeit die notwendigen Voraussetzungen geboten – und wird sie mir auch in Zukunft bieten –, um meiner Schuld, sofern sie vorhanden ist, wenigstens die Schande zu nehmen [...]. Aber darf ich meine Kinder zur Armut zwingen, ihnen sogar die bescheidene Behaglichkeit rauben, die ich ihnen biete. Und hatte ich unter diesen Umständen unrecht, die allereinfachsten menschlichen Aufgaben und Pflichten auf mich zu nehmen, etwa die, Kinder zu haben? Hat man eigentlich das Recht, Kinder in die Welt zu setzen, in die Conditio humana einzuwilligen, wenn man nicht an Gott glaubt [...]?* (Tr, 210) Dieser Frage hat Camus sogar noch eine Fußnote bei-

Francine Camus
mit den Zwillingen
Jean und
Catherine

gefügt: *Habe ich übrigens wirklich darein eingewilligt, obwohl ich doch so viele Widerstände in mir spürte und es mir so ungemein schwerfällt.* (Tr, 210)

Im literarischen Universum Camus' sind Frauen und Kinder auffallend selten: Einprägsame Frauenfiguren sind fast stets alte Frauen, Mütter; die bedeutungsvollste Gestalt eines Kindes in Camus' Werk ist die eines sterbenden in *Die Pest*.

In der Nachkriegszeit wurde Camus zu einer öffentlichen Gestalt – und damit einher geht der Verlust an Nähe, an unmittelbaren Beziehungen zu anderen Menschen, den Camus zu beklagen beginnt: *Schaffen, um sich mit den Menschen zu vereinen? Aber nach und nach trennt die Schöpfung uns von allen und verstößt uns in die Ferne, ohne einen Schatten von Liebe.* (Tr, 203) Camus' Klage über Einsamkeit, über ständige Forderungen von außen, die von keinerlei Hilfeleistungen begleitet sind, wird nicht mehr verstummen; doch diese Einsamkeit ist, das spürt Camus nur zu deutlich, auch durch einen Schwund an Vertrauen und Bindungsfähigkeit von seiner Seite verursacht. Der ironische Widerspruch, dass er, aus dessen persön-

Die Mitwirkenden an dem Picasso-Stück «Wie man Wünsche beim Schwanz packt»; darunter: Picasso (Mitte), rechts von ihm Simone de Beauvoir, ganz links Jacques Lacan, vorn von links Sartre, Camus und Michel Leiris

lichem Leben Gemeinschaftlichkeit zunehmend schwindet, in seinen Schriften immer dringlicher auf Solidarität pocht, bleibt ihm nicht verborgen; später, in *Der Fall*, wird diese Dissonanz Ausdruck finden.

Camus' Prestige als Résistance-Journalist hatte die Aufmerksamkeit mit einigen Jahren Verspätung auf seine beiden ersten großen Würfe, *Der Fremde* und *Der Mythos des Sisyphos*, gelenkt. Erst jetzt fanden diese Werke breite Aufnahme und wurden in die zur Modephilosophie avancierende existentia-

listische Strömung eingepasst. Dies scheint einer der Gründe für Camus' – ihn selbst überraschenden – Ruhm gewesen zu sein. Ein zweiter dürfte in der Vorbildhaftigkeit seiner Person und seines Werkes liegen: Ein literarischer Senkrechtstarter aus dem Abseits, der im Werk eine schwer fassbare Form von Widerstand propagiert und dies im Leben durch eine sehr reale Haltung ergänzt hatte – das war ein verlockendes Identifikationsangebot für das Publikum, dessen Bereitschaft zum Widerstand so eindeutig nicht gewesen war.

Die Umstände bauten Camus zur literarisch-moralischen Größe auf; er ließ es mit sich geschehen, erschrak zuweilen darüber und genoss es auch. Der Charakter politisch-moralischer Grundsatzerklärungen, den Camus' Zeitungsartikel immer mehr annahmen, wollte seinen Journalistenkollegen und besonders dem alten Freund und Förderer Pascal Pia nicht gefallen. Den Bruch mit Pia, der sich daraus ergab, scheint Camus ohne allzu großes Bedauern hingenommen zu haben. Offenkundige Beweise seiner zunehmenden Bedeutung halfen ihm darüber hinweg: eine mehrmonatige USA-Reise 1946 als Repräsentant französischer Nachkriegsliteratur etwa oder das Gewicht, das sein Urteil im Verlagsgeschehen des Hauses Gallimard hatte. Camus setzte es besonders dafür ein, junge nordafrikanische Schriftsteller zu fördern oder ihm besonders nahe stehende Autoren wie Simone Weil, René Char, Brice Parain zu publizieren.

Was der Verlust der kameradschaftlichen Zusammenarbeit beim «Combat» jedoch auf Dauer für Camus bedeutete und wie dieser Verlust ihn noch mehr in Starre und Pathos hineingetrieben hat, geht aus einer *Carnet*-Eintragung zehn Jahre später hervor: *Meine Erklärungen im*

René Char
Geboren 1907 in der Provence; er schließt sich nach dem Studium in Avignon dem Pariser Surrealistenkreis an. Als bereits bekannter Lyriker verzichtet er in den Okkupationsjahren auf das Schreiben, um als aktiver Teilnehmer der Résistance in seiner Herkunftsregion zu wirken; ab 1944 Führer des Maquis in der Region Basses-Alpes; lyrisches Zeugnis davon legt Char in den «Feuillets d'Hypnos» von 1946 ab («Hypnos»). Dt. von Paul Celan, 1958). Lebt bis zu seinem Tod 1988 bei nicht abreißender schriftstellerischer Arbeit in der Provence.

Camus in London

Radio – Wenn ich mich höre, finde ich mich zum Verzweifeln. Paris macht mich so, ungeachtet all meiner Anstrengungen. Zu unablässig allein, seit «Combat» eingegangen ist […]. Nie mit der Wärme der anderen […] verbunden. Mich friert schließlich, und eben daher mein eisiger Ton, […] unerträglich anzuhören. Wenn ich auch nur eine Sekunde lang wirklich Vertrauen hätte, könnte ich lachen, und alles wäre in Ordnung. (T, 31)

Mit der Veröffentlichung von *Die Pest* im Juni 1947 verfestigte sich das Bild Camus' als einer moralischen Instanz. Der Erfolg des Buches ist enorm: In wenigen Monaten werden

100 000 Exemplare verkauft, Übersetzungen in viele Sprachen werden vorbereitet, und ein Wörterbuch führt den Roman als Beispiel für den Neologismus «bestseller» an. Die Rezensionen sind einhellig lobend; Camus erhält den «Prix des Critiques» und ist schon im Herbst 1947 als Nobelpreis-Anwärter im Gespräch.

Dass er nun ein Erfolgsautor ist, konstatiert Camus – mit Berufung auf seine Jugend – vorerst gelassen: *Mit dreißig Jahren bin ich beinahe über Nacht berühmt geworden. Ich bedaure das nicht. Später hätte es mir vielleicht Alpträume verursacht. Jetzt weiß ich, was es ist. Es ist wenig.* (Tr, 207) Kurze Zeit darauf aber heißt es schon: *Sobald das Talent anerkannt wird, beginnt das große Elend des Schaffenden. (Ich habe nicht mehr den Mut, meine Bücher zu veröffentlichen.)* (Tr, 225) Der Erfolgsdruck, die Tatsache, dass man auf sein nächstes Buch als auf einen weiteren Bestseller wartet, wirkt beklemmend auf Camus. Zweifel an seinem schriftstellerischen Können haben ihm sein Leben lang und mit den Jahren immer stärker zugesetzt.

Er versucht sich selbst Klarheit darüber zu verschaffen, welche Kräfte in ihm – oft im Kampfe miteinander – wirken und Leben und Schreiben für ihn immer anstrengender werden lassen: *Nur durch eine unablässige Anstrengung vermag ich zu schaffen. Ich neige zur Bewegungslosigkeit. Meine tiefste und verläßlichste Neigung ist das Schweigen und die alltägliche Gebärde. Ich habe mich jahrelang beharrlich darum bemühen müssen, der Zerstreuung, der Faszination des Mechanischen zu entkommen. Aber ich weiß, daß ich mich durch eben diese Anstrengung aufrechthalte und daß ich in den Abgrund fallen würde, sobald ich nur einen Augenblick aufhörte, daran zu glauben. So trotze ich Krankheit und Selbstverzicht und halte mit aller Kraft den Kopf oben, weil ich atmen und siegen will. Das ist meine Art, zu verzweifeln, und das ist meine Art, von der Verzweiflung zu genesen.* (Tr, 209)

Nach innen hatte Camus seinen Blick kaum gerichtet, solange er – er gebraucht diesen Ausdruck mehrmals – *seinem Stern* folgen konnte; Anfang der fünfziger Jahre aber heißt es in den *Carnets: Aus jeder Niedergeschlagenheit bin ich dadurch gerettet worden, daß ich nie aufgehört habe, an das zu glauben, was*

ich, da mir kein besseres Wort einfällt, ‹meinen Stern› nenne. Heute aber glaube ich nicht mehr an ihn. (T, 67) Was hatte diese lebenswichtige Sicherheit abbröckeln lassen? Es scheint die psychische Überforderung durch ein überraschend und schnell entstandenes außerordentliches Prestige gewesen zu sein – mit all seinen Folgeerscheinungen wie Zwang zu öffentlicher Darstellung, ständigem Beurteilt-Werden, indiskreten Übergriffen auf die Privatsphäre, unablässigem Zeitmangel. Und es scheint auch das Gefühl dazu beigetragen zu haben, dass er, Camus, den ihm nächsten Menschen oder denen, die in seine Sphäre geraten waren, nicht nur vieles schuldig blieb, sondern sie durch seine bloße Existenz verletzte. Ein Schuldgefühl, das in seiner Jugendzeit undenkbar gewesen wäre, spricht sich jetzt aus: *Wer ein einziges Mal das Strahlen des Glücks auf dem Gesicht eines geliebten Menschen gesehen hat, weiß, daß es für einen Menschen keine andere Berufung geben kann, als dieses Leuchten auf den ihn umgebenden Gesichtern hervorzurufen […] und der Gedanke an das Unglück und die Nacht, womit wir durch unser bloßes Dasein die Gemüter der Menschen erfüllen, denen wir begegnen, zerreißt uns das Herz.* (Tr, 273 f.)

Camus' Bindung an die Schauspielerin Maria Casarès[104] ist vermutlich eine Quelle solcher Zerrissenheit, bestimmt aber auch eine Quelle menschlicher Bereicherung und künstlerischer Produktivität gewesen. Maria Casarès war Camus gegen Ausgang des Krieges als Hauptdarstellerin seines wenig erfolgreichen Stückes *Das Mißverständnis (Le Malentendu)* begegnet. Einige Jahre blieb sie mit Camus' Theaterprojekten verbunden, nahm an seinem Leben teil und führte ihn ihrerseits in den Kreis spanischer Exilanten in Paris ein. Leidenschaftlich verteidigte Camus die Interessen der Exilspanier, wie er auch zu libertären Syndikalisten ständige sympathisierende Verbindung hielt.[105]

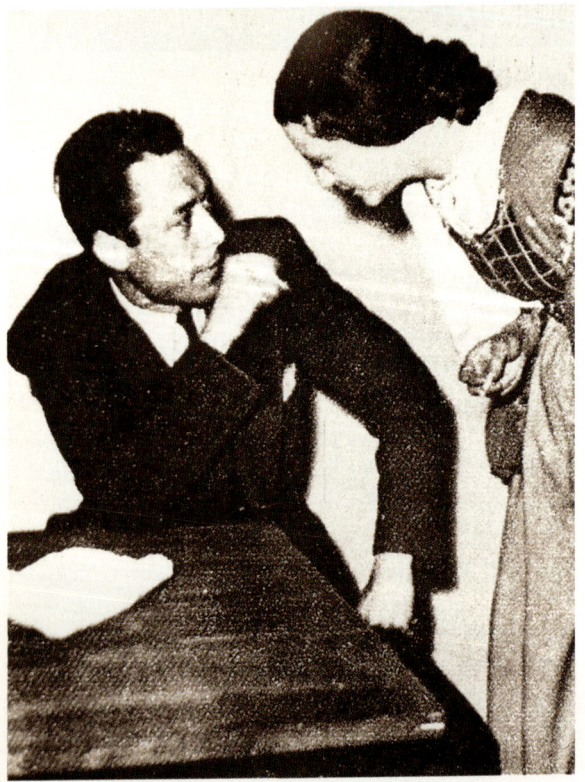

Maria Casarès und Camus bei den Proben zu «Das Mißverständnis»

Zu den Theaterprojekten, an denen Maria Casarès beteiligt war, gehörte auch das 1948 in Zusammenarbeit mit Jean-Louis Barrault entstandene Stück *Der Belagerungszustand (L'État de siège)*, eine Art Mysterienspiel über die Pest in Cádiz. Barrault beschreibt in seinen Erinnerungen[106], mit welcher Begeisterung Autor und Regisseur einander gefunden zu haben glaubten und an der Inszenierung arbeiteten. Doch im Verlauf der Proben wurde die Diskrepanz ihrer Auffassungen immer deutlicher: Barraults metaphysische Intention – die Pest als ein heilsames Schrecknis zu zeigen, das die Menschen denken lehrt – und Camus' politisch-moralische Absicht – Abscheu und Widerstand gegen totalitäre Herrschaft zu wecken – waren unvereinbar. Kompromissversuche führten nur zu Entstellungen, und so wurde diese Premiere trotz glänzender Ausstattung und Besetzung ein voller Misserfolg.

Von einer mehrmonatigen Vortragsreise durch Lateinamerika im Sommer 1949 erhoffte sich Camus neuen Lebens- und Schaffensantrieb; so oft wie möglich scherte er aus dem vorgegebenen Programm aus, um die sozialen Realitäten, kulturellen Besonderheiten und spontanen menschlichen Kontaktangebote, die ihm auf diesem widerspruchsreichen Kontinent begegneten, unverstellt erleben zu können. Doch überwog bei Camus dennoch der Eindruck, dass er vom Korsett der Repräsentationspflichten verbogen und erdrückt werde; sein Fazit der Reise war, solchen Schaustellungen in Zukunft aus dem Wege zu gehen.

Schon im Laufe der Südamerika-Reise hatte sich ein neuerlicher schwerer Krankheitsausbruch angekündigt; dennoch beendete Camus nach seiner Rückkehr, schwer erkrankt, das Stück *Die Gerechten (Les Justes)*. Er behandelt hier die für ihn fundamentale Frage, ob und unter welchen Bedingungen politische Gewalt eingesetzt werden kann. Als ideales Beispiel für die Austragung des Problems erschien Camus die sozialrevolutionäre Bewegung im zaristischen Russland zu Beginn des 20. Jahrhunderts. Zur Vorbereitung hatte er sich gründliche Kenntnisse der russischen Philosophen und Gesellschaftstheoretiker des vorigen Jahrhunderts angeeignet und vor

Im Theater Marigny, mit Arthur Honegger und der Truppe von Jean-Louis Barrault, die «Der Belagerungszustand» aufführte

allem Selbstzeugnisse über die terroristische Organisation «Narodnaja Wolja» gesammelt. Das Material seines Stückes – Vorkommnisse, Gestalten und Handlungszeit – entnahm Camus den «Erinnerungen eines Terroristen» von Boris Sawinkow, eines Sozialrevolutionärs von 1905, der die in Camus' Augen einzig gültige Rechtfertigung politischer Gewalt propagiert: die Bereitschaft zum Selbstopfer.

Diese Haltung erscheint Camus plausibel, zuweilen sogar beispielhaft: Erst das Attentat und dann das Selbstopfer – durch diese Abfolge zeige der Attentäter, dass seine Gewalthandlung durch sozialen Zwang provoziert worden, für ihn persönlich jedoch immer und unter allen Umständen inakzeptabel sei. In den *Carnets* fordert Camus: *Der Gewalttat ihre Eigenart als Bruch, als Verbrechen bewahren – das heißt, sie nur akzeptieren, wenn sie mit persönlicher Verantwortung verbunden ist.* (Tr, 242) Damit grenzt sich Camus entschieden von der staatlich organisierten und legitimierten politischen Gewalt ab, wie er sie durch das nationalsozialistische Deutschland und dann in den Herrschaftspraktiken der Sowjetunion und der von ihr dominierten Länder kennen gelernt hat. Nur wer zum Selbstopfer bereit ist, habe eine bedingte Berechtigung zum Attentat, denn er bezeuge mit seinem Leben, dass *Gewalt gleichzeitig unvermeidlich und nicht zu rechtfertigen*[107] sei.

Wenn Camus das Selbstopfer als extreme Lösung eines moralischen Dilemmas für möglich, wünschenswert, beispielhaft erklärt (all diese Nuancen sind vorhanden), dann äußert sich darin auch eine Regung von Todesverlangen. Dass solches Selbstopfer eine Form von Selbstmord darstellt, hält er in den *Carnets* fest: *Die große Reinheit des Terroristen von Kaliajews Art besteht darin, daß für ihn Mord und Selbstmord eins sind [...].* (Tr, 233) Und einen Selbstmord in seinem Bekanntenkreis kommentiert Camus so: *A. hat sich das Leben genommen. Ich bin erschüttert, weil ich ihn sehr gern hatte, natürlich, aber auch, weil ich plötzlich erkannt habe, daß ich Lust hatte, dasselbe zu tun wie er.* (Tr, 299)

In den Helden der *Gerechten*, Dora Brilliant und Kaliajew, zwei authentischen Gestalten aus Sawinkows «Erinnerungen», liegt der heroische Wille zu Attentat und Selbstopfer mit schlichtem Liebes- und Glücksverlangen im Streit. Sie entscheiden die Frage, ob ein Attentat zur Ausführung gelangen darf, wenn dabei Unschuldige getötet werden, eindeutig mit nein. Ein anderes Mitglied der Gruppe, ein kühler Pragmatiker, in dem sich der spätere staatlich sanktionierte Terrorismus ankündigt, tut diese Entscheidung als Gefühlsduselei ab. Kaliajew vollzieht schließlich Attentat und Selbstopfer als moralisch gerechtfertigten Akt, und seine Geliebte wünscht, sich im Tod mit ihm vereinigen zu können.

Camus war, obwohl schwer krank, bei der Uraufführung

der *Gerechten* zugegen. Das Stück, das Reminiszenzen an die Résistance wachrief, wurde vom Publikum mit Anteilnahme bedacht. Doch die Kritik vermerkte, dass die Gestalten als starre Ideenträger aufträten, keine Lebendigkeit und Eigenlogik zeigten – zu stark spreche aus ihnen und dem Konflikt, mit dem sie ringen, der Autor.

Der neuerliche Ausbruch der Tuberkulose zwang Camus wiederum zum Orts- und Klimawechsel. Zerrissen zwischen Rücksichten auf seine Gesundheit und den Bindungen an Paris lässt er sich zeitweilig in Cabris, einem Gebirgsort in Südfrankreich, nieder. Im Wesentlichen dort, in freudloser, oft deprimierter Einsamkeit, entsteht der große Essay *Der Mensch in der Revolte (L'Homme révolté)*, den Camus seit den Kriegsjahren vorbereitet hatte. In ihm verfolgt Camus sein politisch-moralisches Hauptproblem, das staatlich sanktionierte Großverbrechen mit ideologischer Rechtfertigung, von seiner Entstehung am Beginn des 19. Jahrhunderts bis zu seinem Paroxysmus, den Massenmorden im Zeichen nationalsozialistischer und stalinistischer Ideologie.

Der Standpunkt, von dem aus Camus sich in diese Geschichte des Grauens hineinbegibt, ist seine aus dem Erlebnis des Faschismus gewonnene Überzeugung vom Wert eines jeden Menschenlebens. In Analogie zu den Eingangssätzen des *Mythos von Sisyphos* hatte Camus in den *Carnets* den folgenden Auftakt eines Essays über die Revolte entworfen: *Das einzige wirklich ernste moralische Problem ist der Mord. Alles übrige kommt später.* (Tr, 218) Damit weist er auf eine Übereinstimmung hin: So wie ihn das Absurde über den Wert des eigenen Lebens belehrt und damit den Selbstmord ausgeschlossen hat, schließt die Überzeugung vom Wert eines jeden Menschenlebens (deren Konsequenz im Handeln von Camus *Revolte* genannt wird) den Mord aus. Doch dem Phänomen des staatlich organisierten Verbrechens kommt Camus mit dieser individuellen Lebensmaxime nicht bei. Um den Ursprung todbringender ideologischer Abstraktionen zu verstehen, geht Camus in die Geschichte, auf den Beginn des modernen aufgeklärten Zeitalters vor etwa 200 Jahren zurück.

Zu diesem Zeitpunkt trete in der europäischen Ideenge-
schichte das autonome, durch kein religiöses Gesetz mehr
niedergehaltene oder gezügelte Subjekt auf den Plan und ma-
nifestiere sich in der, so Camus, *metaphysischen Revolte*, das
heißt durch individuell-egoistischen Selbstverwirklichungs-
drang, oder in der *historischen Revolte*, dem Willen und der Er-
mächtigung zur Vollstreckung angeblich historischer Gesetz-
mäßigkeiten. Dieser schrankenlose Selbst- bzw. Geschichtsver-
wirklichungsanspruch legitimiere sich mit der schlimmen
Prophetie Nietzsches vom Tod Gottes und der daraus folgenden unbeschränkten Handlungsmacht des Einzelnen und erhebe das Verbrechen zur philosophisch ausgewiesenen Größe;
damit sei der Weg frei für den guten Gewissens ausgeübten
Massenmord – Signum der Geschichte des 20. Jahrhunderts.

Doch nicht den menschlichen Autonomieanspruch an
sich, sondern nur den durch Schrankenlosigkeit, durch *Europas Hochmut*[108] pervertierten, verurteilt Camus. Als positives
Gegenstück, als die eigentliche, die richtige Revolte stellt er

Foto Nietzsches, das in Camus' Arbeitszimmer hing

ihm einen maßvollen Autonomieanspruch gegenüber, dessen Maß und Grenze aus dem gleichberechtigten Anspruch des Mitmenschen erwachse. Als Beispiel für die metaphysische und die historische Revolte führt Camus eine Fülle historischer und literarischer Gestalten vom Marquis de Sade bis zu dem Surrealisten André Breton, von Robespierre bis Stalin an. Für die richtige, die eigentliche Revolte bringt er nur zwei konkrete Beispiele – die Commune und den libertären Syndikalismus – und beschwört zwei Lebensformen als deren Ausdruck: die produktive Anstrengung des Künstlers und das Dasein in mediterraner Natur.

Der umfangreiche Essay war die Summa und das Fazit von Überlegungen, die Camus vom Beginn seines intellektuellen Lebens an begleiteten und die sich bereits in einer 1945 veröffentlichten *Bemerkung über die Revolte (Remarque sur la révolte)*[109] manifestierten. Den Glauben an den Fortschritt, an historische Aufwärtsbewegung hatte er schon als junger Mann als eine Illusion des Bürgertums abgetan. Die dem Menschen gemäße Sphäre der Verwirklichung sei nicht die Geschichte, nicht die abgemessene, auf ein Ziel ausgerichtete Zeit, sondern die Natur in ihren zyklischen Wiederholungen. *Das wahre Problem: die Antithese der Geschichte und der Natur* (Tr, 52), schreibt Camus schon in die *Carnets* der dreißiger Jahre und bezieht in dieser Antithese entschieden Stellung: *Die Deutschen waren es, die die mechanischen Uhren erfanden, schauerliche Symbole der rinnenden Zeit, deren Tag und Nacht von zahllosen Türmen über Westeuropa hin hallende Schläge vielleicht der ungeheuerlichste Ausdruck sind, dessen ein historisches Weltgefühl überhaupt fähig ist. Wir Menschen der westeuropäischen Kultur sind mit unserem historischen Sinn eine Ausnahme, nicht die Regel.* (Tr, 52) Das positive Gegenbild ist für Camus der in die natürlichen Kreisläufe aufgenommene und in ihnen sein Maß findende antike Mensch.

Wenn Camus allerdings die *Mediterranen* als privilegierte Fortsetzer und Vollstrecker des antiken Menschenbildes aufbaut, entwirft er eine bedenkliche Völkertypologie; so heißt es gegen Ende von *Der Mensch in der Revolte*: *In das gemeinsame Europa geworfen, […] leben wir Mediterranen immer im gleichen Licht.*

Inmitten der europäischen Nacht erwartet das Sonnendenken, [...] die Morgendämmerung. Aber sie beleuchtet schon die Wege einer echten Überlegenheit.[110] Und der Essay schließt mit dem lyrischen Appell: *In dieser Stunde, da jeder von uns seinen Bogen spannen muß, um seine Probe wieder abzulegen, mit und gegen die Geschichte zu erwerben, was er schon besitzt, die karge Ernte seiner Felder, die kurze Liebe dieser Erde, in dieser Stunde, da endlich ein Mensch ins Leben tritt, muß man die Epoche und ihre unreifen Rasereien sich selbst überlassen. Der Bogen krümmt sich, das Holz stöhnt. Ist die höchste Spannung erreicht, wird ein durchdringender Pfeil abschnellen, das härteste und freieste Geschoß.*[111]

Der Essay schließt also mit der Vorstellung einer Erlösung des Menschen durch die Balance mit der Natur; damit hatte sich Camus weit entfernt von seinem Ausgangsproblem, den ungeheuerlichen Massenvernichtungsaktionen unseres Jahrhunderts. Gerade mit diesem Problem aber hatte er einen sehr sensiblen Punkt im Denken und Verhalten der ihn umgebenden Pariser Intellektuellen getroffen: Die Existenz von Konzentrationslagern in der Sowjetunion war als Tatsache bekannt; darüber, wie man sich zu ihr zu verhalten habe, wurde im Sartre-Kreis erbittert gestritten. Camus hatte seine Haltung unmissverständlich kundgetan: Er werde, ungeachtet aller taktischen Erwägungen, diesen Tatbestand benennen und verurteilen. Seine Kontrahenten in der berühmten Debatte um *Der Mensch in der Revolte* hingegen, Francis Jeanson und Jean-Paul Sartre, hielten eine eindeutige Stellungnahme zum stalinistischen Terror für inopportun, da für sie das Bestehen der Sowjetunion noch immer Garant einer erwünschten revolutionären Veränderung war. Solche intellektuellen Konstrukte eines «objektiven Geschichtsverlaufs», dem gegenüber menschliches Leid zum zweitrangigen Faktor wird, hat Camus im Namen der Leidenden stets zurückgewiesen. Als lakonische Grundaussage dazu heißt es in den *Carnets: Zu denken ist die Geschichte leicht, einzusehen aber schwer für all jene, die sie am eigenen Leib erfahren.* (T, 236)

Dies stand im Hintergrund der heftigen Attacke der von Sartre geleiteten Zeitschrift «Temps modernes», die 1952, nach

Jean-Paul Sartre und Simone de Beauvoir, 1948

der Publikation des Essays, über Camus hereinbrach und für die das Werk mit seiner ausufernden Struktur und seinem beschwörenden Duktus tatsächlich Angriffsflächen bot. Doch sprachen die Kritiker insofern völlig an der Intention des Essays vorbei, als sie ihn vornehmlich auf seine Funktion im aktuellen politischen Kräftespiel abklopften – eine Vorgehensweise, gegen die sich Camus grundsätzlich und besonders in dieser politisch-moralischen Streitschrift gewandt hatte.

Die Ankündigung des Abbruchs jeglicher Kommunikation, mit der Sartre seinen Verriss schloss, machte die Verletzungen, die Camus aus diesem Disput davontrug, irreparabel.

Ich habe Camus gut gekannt. Es gab doch diese scheußliche Auseinandersetzung, weil Camus etwas ganz anderes sagte als Sartre. [...] Es gibt keine linken guten Lager und keine rechten schlechten Lager, es gibt Lager, und damit Schluss. Daraufhin kam der Krach. Sartre sagte, man darf das nicht öffentlich sagen, öffentlich muss man darüber weggehen, denn immerhin geht es um den Humanismus [...] Dann haben sie Camus auf der ganzen Linie angegriffen [...].

Georg K. Glaser: Aus einem Gespräch, 1990

Seine Bitterkeit über den Opportunismus und das Meinungsdiktat des Sartre-Kreises vertraute Camus den *Carnets* an: *Emporkömmlinge des revolutionären Geistes, Neureiche und Pharisäer der Gerechtigkeit. Sartre, der Mensch und der Geist, nicht loyal* (T, 71), heißt es dort, und 1956, angesichts der ungarischen Volkserhebung, noch um vieles schärfer: *Intellektuelle des Fortschritts. Sie sind die Strickerinnen der Dialektik. Bei jedem Kopf, der fällt, nehmen sie die Maschen der von den Tatsachen zerrissenen Überlegungen wieder auf.* (T, 251)

Heimkehr nach Tipasa?

*S*onnenessays (Tr, 293) aus den letzten fünfzehn Jahren mit dem Titel *Été (Sommer)*[112] publizierte Camus 1954 in der Hoffnung, den Gegenpol zu dem gedrückten und gehetzten Leben in Paris zu stärken und zu gestalten: die in sich selbst ruhende, erfüllte und glückliche Existenz in mediterraner Natur. Die Schauplätze dieser acht literarischen Essays, die nach Camus' Worten *natürlich an «Hochzeit des Lichts» anknüpfen*[113], sind Orte und Landschaften am Mittelmeer: Oran, Algier, Griechenland und wiederum die Ruinenstadt Tipasa. Der Name dieses Ortes ist für Camus zum Signum der glücklichen Naturerfahrung seiner Jugend geworden: *Welch ein Glück, auf den Hügeln von Tipasa zur Welt gekommen zu sein und nicht in Saint-Étienne oder Roubaix. Mein Glück erkennen und mit Dankbarkeit annehmen* (Tr, 189), heißt es noch Mitte der fünfziger Jahre in den *Carnets.*

Mit Bezug auf den frühen Essay *Hochzeit in Tipasa* trägt der in der nun veröffentlichten Sammlung enthaltene den Titel *Heimkehr nach Tipasa*. Die Vorstellung von der Rückkehr zu den Ursprüngen, von Heimkehr, verband sich für Camus unlösbar mit seinem Geburtsland Algerien. *[...] die Rückkehr nach Algerien weckt in mir das gleiche Gefühl wie die Betrachtung eines Kindergesichts* (Tr, 188), schreibt er um 1945 in den *Carnets*, und in einem der Sonnenessays bekennt Camus: *[...] habe ich mit Algerien ein langes Verhältnis, das wohl nie aufhören wird und das mich hindert, ganz objektiv zu sein.*[114]

Heimkehr nach Tipasa ist die Darstellung eines mit schweren Erlebnissen belasteten, einmal schon verfehlten, nun aber glücklichen Wiederfindens des geliebten Ortes. Vorsichtig, im Wissen um die wahrscheinliche Enttäuschung, nähert sich der Erzähler der Stätte seines frühen Glücks: *Gewiß, es ist heller Wahnsinn, den man meistens büßen muß, wenn man an die Stätten der Jugend zurückkehrt und mit vierzig Jahren wieder zum Leben erwecken will, was man mit zwanzig so geliebt und genossen hat.*[115]

Vermutlich ist der Zugang für immer verbaut, denn die schlimmen Erfahrungen der Zwischenzeit haben auch Tipasa entstellt: *[...] war der Stacheldraht gekommen, das heißt die Tyrannei, der Krieg, die Polizei [...]. Man mußte sich den Gesetzen der Nacht unterordnen; [...] Und in diesem schlammigen Tipasa verwischte sich selbst die Erinnerung.*[116] Bei einem ersten Besuch nach dem Kriege war ihm Tipasa tatsächlich verschlossen geblieben: *Doch die Ruinen waren jetzt mit Stacheldraht umzäunt, und man durfte sie nur durch erlaubte Eingänge betreten. Es war auch verboten, aus moralischen Gründen, wie behauptet wurde, dort in der Nacht zu spazieren; tagsüber traf man einen vereidigten Wächter.*[117] Der Erzähler war damals nach Paris zurückgegangen – *ohne heimzukehren*[118], wie er ausdrücklich hinzufügt – und hatte über Jahre das Gefühl eines Mangels und den Drang zu einem neuerlichen Versuch der Heimkehr in sich verspürt; schon scheint sein zweiter Anlauf im winterlich regnerischen Algier Schiffbruch zu erleiden, als plötzlich ein klarer Morgen anbricht und er sich auf den Weg nach Tipasa macht: *Und im glorreichen Dezemberlicht, wie es nur ein- oder zweimal in einem da-*

durch erfüllten Leben geschieht, fand ich genau das, was ich gesucht hatte [...]. In diesem Licht und in diesem Schweigen zerrannen lang- sam die Jahre der Raserei und der Nacht. Ich lauschte in mir einem fast vergessenen Klang, als finge mein Herz nach langem Stillestehen ganz sachte wieder zu klopfen an. [...] Eine Amsel präludierte kurz, und dann sprühte von allen Seiten der Gesang der Vögel auf, mit einer Kraft, einem Jubeln, einer fröhlichen Dissonanz und unend- lichen Hingerissenheit. Der Tag nahm seinen Lauf und sollte mich bis zum Abend tragen.[119]

Solch glückliche Erfüllung, wie Tipasa sie ihm gewährt hat, findet Camus in den Folgejahren nur noch auf zwei Reisen nach Italien und Griechenland. Sie sind nunmehr das einzige Gegengewicht zu seiner Existenz in der Großstadt Paris, die, wie Camus notiert, *mich seit einem Jahr Zelle um Zelle zerstört* (T, 158). Allein die Reisen gewähren ihm *vollendete Augenblicke* von *unaussprechlicher Freude* – vor allem im Genuss des Lichtes, das auf diesen Regionen liegt und das er in seinem Innern bewahren möchte. Vor der Abreise aus Griechenland notiert Camus: *Griechenland ist für mich nur noch ein langer, strahlender Tag, [...] und auch wie eine riesige, von roten Blüten [...] bedeckte In- sel, die unablässig auf einem Meer des Lichts und unter einem durch- scheinenden Himmel dahintreibt. Dieses Licht festhalten, wieder- kehren, der Nacht der Tage nicht mehr nachgeben...* (T, 216) Aber gerade die Liebe zu diesem Land weckt auch Todesgedanken: *Zum erstenmal sehe ich ein Land, das ich liebe, mit dem schmerz- lichen Gefühl verschwinden, daß ich es vielleicht bis zu meinem Tod nicht mehr wiedersehen werde.* (T, 212)

In Athen hatte Camus einen Vortrag über die Zukunft der Tragödie gehalten[120], der sich zu einer Reflexion über die Zu- kunft der Moderne gestaltete. Denn Blütezeiten der Tragödie, als die Camus die griechische Antike und das englische, spa- nische und französische Theater des 16. und 17. Jahrhunderts ansieht, seien stets Umbruchsituationen gewesen, in denen *Formen kosmischen Denkens, ganz geprägt von dem Begriff des Gött- lichen und des Geheiligten,* übergingen in *andere Denkformen, die [...] aus individueller und rationalistischer Reflexion gespeist wer- den*[121]. Die Tragödie, die mächtige, einander ebenbürtige Kräfte

Mit Maria Casarès und Serge Reggiani in Angers, 1952

in schicksalhafter Konfrontation vorführe, könne jeweils nur auf einem solchen schmalen Umbruchsgrat des Denkens entstehen. Eine solche Situation nun sei in der Mitte des 20. Jahrhunderts wiederum erreicht mit dem, wie Camus behauptet, sich vollziehenden Übergang von analytisch-rationalistischem Denken zu kosmischer Erfassung des Ganzen – und also sei die Tragödie wieder möglich.

Camus sprach hier in eigener Sache, denn in den fünfziger Jahren hatte er sich als Regisseur, Stückeschreiber und -bearbeiter sowie mit dem Projekt, eine eigene kleine Experimentalbühne zu gründen, wieder stark dem Theater zugewandt. Er gestaltete 1953 und in den Folgejahren das Festival von Angers und brachte in Paris Dino Buzzatis «Un caso clinico», William Faulkners «Requiem für eine Nonne» und Fjodor M. Dostojewskijs «Die Dämonen» in eigener Bearbeitung und Regie zur Aufführung. Wohl folgte er mit dieser Wiederbesinnung auf das Theater einer alten Neigung, doch hatte sie auch aktuelle Gründe: Zum einen erlaubte sie ihm, sich mit Autoren auseinander zu setzen, die er bewunderte und daher mit seinem Verständnis durchdringen wollte; zum anderen ist in schwierigen Lebens- und Schaffensmomenten das Theater für ihn immer eine Stätte der Bestätigung gewesen – vor allem durch die Gemeinschaftsarbeit, die er dort wie im Journalismus fand. *Ich habe nie anderswo Glück und inneren Frieden gefunden als in einem Beruf, einer Arbeit, die ich mit anderen, für mich liebenswerten Menschen ausführen konnte* (T, 203 f.), heißt es in den *Carnets*.

All dies, vor allem aber die Möglichkeit der Rückkehr und Heimkehr wurde in Frage gestellt durch den Beginn des bewaffneten Befreiungskampfes in Algerien im November 1954, aus dem ein von beiden Seiten mit äußerster Härte geführter Krieg wurde. Dieser Krieg traf Camus in seinem Lebensnerv. Algerien war für ihn der Inbegriff von naturnahem Dasein außerhalb der Zeit, in Schönheit und Tragik – des Lebensgefühls der Antike. Tenès, ein Ort an der algerischen Mittelmeerküste, veranlasst Camus zu folgender Notiz: *Kleine Bucht von Tenès, am Fuß der Bergkette. Ein Halbrund in seiner Vollkommenheit. Im hereinbrechenden Abend liegt eine angstvolle Erfülltheit über den*

Probenarbeit. Camus mit seinen Kindern

schweigenden Wassern. Hier versteht man, daß sich die Griechen ih-
re Vorstellung von Verzweiflung und Tragödie stets durch die Schön-
heit und deren niederdrückende Momente hindurch gebildet haben.
Das ist die Tragödie an ihrem Kulminationspunkt. Wohingegen der
moderne Geist seine Verzweiflung aus Häßlichkeit und Mittelmäßig-
keit gewinnt. [...] Für die Griechen stellt die Schönheit den Ausgangs-
punkt dar. Für den Europäer ist sie das Ziel, das selten erreichte.
Ich bin nicht modern. (Tr, 254) Algerien also assoziiert Camus
mit dem antiken Griechenland und stellt diese Welt, seine
Welt, dem modernen Europa entgegen. Dieses offenkundige
Wunschdenken ist Ausdruck der Intensität seiner Bindung an
Algerien – und geht an der sozialen und politischen Realität
des Landes vorbei.

Liegt hier der persönliche Grund für den glühenden Ver-
söhnungswunsch, mit dem Camus dem Kriegsausbruch begegnete, so gab es durchaus auch praktische, politisch bedingte
Motive: Die seit mehreren Generationen in Algerien ansässi-
gen Franzosen betrachteten das Land als ihre Heimat, so wie
dies auch Camus' Vater getan hatte; Frankreich gegenüber hatten sie sich weit entfernt, oder sie hatten als seinerzeit Zwangs-
angesiedelte seit je ein gespanntes Verhältnis zum Mutterland.
In *Der erste Mensch* stellt Camus die Härten, die Qualen, das
Massensterben bei dieser Ansiedlung dar und unterstreicht
immer wieder die ähnliche soziale Lage und Mentalität von
Algerienfranzosen und «arabes». Deshalb sei der Bestand Algeriens nur durch eine Übereinkunft zwischen dem arabischen und dem französischen Bevölkerungsteil zu sichern;
in Zeitungsartikeln von 1955 zu diesem brennenden Problem
schreibt Camus: *Diese beiden Seiten, eine an die andere gekettet*
durch die Macht der Umstände, können wählen, ob sie sich miteinan-
der verbinden oder einander zerstören wollen.[122] Eine algerische
Nation habe es nie gegeben und könne ohne den französischen
Bevölkerungsteil nie entstehen[123]; Camus schwebt die Bildung
einer Art Misch-Nation vor, in der *Araber und Franzosen frei und*
gleichberechtigt auf algerischem Boden leben sollen[124]. Damit will
Camus die Hierarchie zwischen Herren und Beherrschten im
Kolonialverhältnis, die die gesamte Geschichte ihrer Beziehun-

gen durchzieht, mit einem entscheidenden Akt des guten Willens für immer aus der Welt schaffen.

Der algerische Schriftsteller Mouloud Feraoun, der später das Opfer französischer Extremisten wurde, reagiert auf die Idee einer solchen Misch-Nation mit dem offenen «Brief eines muslimischen Algeriers an Albert Camus»: «Wenn die Algerier europäischer Herkunft uns sagen, dass sie Algerier sind, heißt das für uns, dass sie vor allem Franzosen sind und Algerier obendrein. [...] Demzufolge sind sie die Herren. Demzufolge auch wenden sie sich bei jeder beunruhigenden Handlung von unserer Seite an die Metropole, die, ihrer Pflichten eingedenk, die Position der Herren stärkt.»[125] Nach diesem Muster eskalierte der algerische Befreiungskampf zu einem Krieg, der von französischer Seite unter Einsatz der Folter, von algerischer mit Terroranschlägen geführt wurde.

Diese Eskalation war unerträglich für Camus, der nach eigener Aussage *das algerische Unglück als persönliche Tragödie* erlebte[126]. Auf Einladung in Algerien lebender Gesinnungsge-

nossen fährt er Anfang 1956 nach Algier, um dort zumindest für die Verschonung der Zivilbevölkerung von den Kriegshandlungen, wenn möglich für sein Verständigungskonzept zu werben. Bei aller Gefahr, in die er sich begibt, ist er froh, handeln zu können; in den *Carnets* notiert er: *Diese Angst, die ich in Paris mit mir herumschleppte und die Algerien betraf, ist von mir abgefallen. Hier wenigstens steht man im Kampf, der hart für uns ist, da wir die öffentliche Meinung hier*

Opfer des Algerienkriegs: nach dem französischen Bombardement eines tunesischen Dorfes

Opfer des Algerienkriegs: nach einem algerischen
Anschlag in Belcourt

gegen uns haben. Aber letzten Endes habe ich stets im Kampf meinen
Frieden gefunden. Der Intellektuelle von Amts wegen [...] lebt wie ein
Feigling. Er kompensiert diese Ohnmacht mit verbalen Exzessen. Nur
das Risiko rechtfertigt das Denken. [...] Ja, zum erstenmal seit Mona-
ten war ich beim Aufstehen glücklich. Ich habe den Stern wiederge-
funden. (T, 229)

Camus wird mit Mord und Entführung bedroht. Er tritt
dennoch vor einem mit großen Schwierigkeiten organisierten
Forum geladener Gäste aus beiden Bevölkerungsteilen auf, um
an Reste von Verständigungsbereitschaft zu appellieren: *[...]*
selbst der Entschlossenste unter Ihnen bewahrt auch inmitten des
Kampfgemenges in seinem Herzen einen Winkel, in dem er, ich weiß

es, sich nicht mit Mord und Haß abfindet und von einem glücklichen Algerien träumt. An diese Stelle in jedem von Ihnen, Franzosen und Araber, appellieren wir.[127]

Camus dringt auf einen Minimalkonsens darüber, dass die *unschuldige Zivilbevölkerung*[128] aus den Kämpfen ausgeklammert wird, denn *nichts rechtfertigt den Tod der Unschuldigen*[129]. Aus dieser Übereinkunft könne und müsse sich dann eine *gesunde, durch keine sinnlose Starrköpfigkeit beeinträchtigte Diskussion*[130] entwickeln.

Camus hatte *nicht einen eigentlichen Vortrag*, sondern ein *Zwiegespräch*[131] geplant; angesichts der dichten, kaum übersehbaren Menschenmenge, die den Versammlungsort umlagerte und aus der Hassschreie gegen den Redner aufstiegen, waren Camus und die Veranstalter schon froh darüber, dass er seinen Vortrag zu Ende bringen konnte, und es auch anschließend nicht zu Gewaltausbrüchen kam.

> Albert Camus verkörpert ganz exakt die Gestalt, die ich genannt habe: den Kolonisator guten Willens. Das ist eine zweideutige Rolle, aber ich muss sagen, dass sie weder komisch noch verächtlich ist.
>
> Albert Memmi: Camus oder Der Kolonisator guten Willens, 1957

Allein der Verlauf dieser Veranstaltung zeigt, dass die von Camus beschworene gemeinsame Interessenlage der beiden Bevölkerungsteile nicht vorhanden war: Die lange, blutige Geschichte der kolonialen Eroberung Algeriens, die Kette von Demütigungen und Enttäuschungen, die die autochthone Bevölkerung durch Frankreich erfahren hatte, und das Prinzip absoluter Schonungslosigkeit und Vergeltung, mit dem der Kampf nun geführt wurde, hatten einen unauflösbaren Konflikt hervorgebracht. In dieser extremen Situation wurde aus Camus' weiterem Festhalten an der *communauté franco-arabe* eine Stärkung der Position Frankreichs.

Das Scheitern seiner Vorstellung allmählicher Versöhnung sowie die zunehmende Isolation der wenigen noch Verständigungswilligen in den Folgejahren waren für Camus eine deprimierende Erfahrung; es bedeutete für ihn den Verlust seiner Heimat, des Landes, von dem er sagt: *[...] habe ich dieses Land, in dem ich geboren wurde, immer leidenschaftlich geliebt;*

alles, was ich bin, habe ich aus ihm geschöpft [132]. Wenn Camus, der sich in politischen Fragen stets zur öffentlichen Mitsprache berechtigt und gedrängt sah, hier, in diesem ihn ursprünglich berührenden Konflikt, in Schweigen verfiel, bezeugt dies seine tiefe Resignation und Verzweiflung. 1957 erklärt er: *Ich habe mich dazu entschlossen, über Algerien zu schweigen, um nicht zu seinem Unglück beizutragen und nicht die Dummheiten zu vermehren, die darüber geschrieben werden.* [133] Aus den *Carnets* spricht grenzenlose Entmutigung: *Ich verzweifle an der Zukunft* (T, 270), heißt es dort, und: *Zu spät, zu spät … Wenn ich mein Land verliere, bin ich nichts mehr wert.* (T, 315)

Enttäuschten Erwartungen und Vorwürfen wegen dieses Schweigens wollte Camus begegnen, indem er durch eine Zusammenstellung seiner journalistischen Arbeiten zum Thema Algerien seine langjährigen Bemühungen dokumentierte, die Explosivkraft der dort angestauten Probleme bewusst zu machen und Reformen einzuleiten. Diese *Algerische Chronik (Chroniques algériennes)*, eröffnet durch die Kabylei-Reportagen von 1939 und beschlossen mit den eigenen Reformvorschlägen aus dem Jahre 1958, nennt Camus im Vorwort selbst eine *Chronik des Mißlingens* [134]. Denn nicht Verständigungsspielraum ist mittlerweile entstanden, sondern die Fronten haben sich erbarmungslos verhärtet und bekunden mit Folter und Terroranschlägen die Absicht, sich gegenseitig zu vernichten. Dennoch beharrt Camus auf der Idee einer Föderation zwischen den Angehörigen beider Bevölkerungsteile, eine Vorstellung, die er jetzt nur noch durch die Drohung mit dem sonst eintretenden schlimmsten Fall stützt: *Wenn man will, daß Algerien sich von Frankreich trennt, werden beide in gewissem Sinne zugrunde gehen.* [135]

Vor diesem nunmehr wahrscheinlichen Fiasko zieht sich Camus auf seine letzte sichere Position zurück: die Verteidigung Unschuldiger vor den Gewalthandlungen beider Seiten. Hier schleicht sich in seine Haltung allerdings ein Ungleichgewicht ein: Da der ihm nächste bedrohte Mensch in Algerien seine Mutter ist, verurteilt er die gegen Europäer gerichteten Aktionen des FLN als *Terrorismus*, während er für die Folterung

von Algeriern durch das französische Militär nur den Begriff
Auswüchse gebraucht[136]. Von
der *Kasuistik des Blutes*[137] – nämlich die Schuld der anderen Seite jeweils als Entschuldigung
für die eigene zu benutzen – ist
auch er nicht völlig frei; er wird
darin allerdings nicht von ideologischen Prämissen, sondern
von menschlichen Bindungen
geleitet.

Die Gestalten seiner Eltern
sind für Camus unlösbar mit
dem Algerienkrieg verwoben;
sie verteidigt er, wenn er das
Existenzrecht armer französischer Siedler in Algerien ein-
klagt: *[...] an die Meinen denke ich,
wenn ich das Wort Algerien schrei-
be und für die Versöhnung eintre-
te.*[138] Die Gestalt des Vaters ist
für Camus auch gegenwärtig,
wenn er eine Grenze setzt, die
kein Mensch ohne Verlust sei-
ner Menschlichkeit überschreiten darf. In *Der erste Mensch*
berichtet ein Bataillonskamerad des Vaters, der mit diesem im
Kolonialkrieg in Marokko gekämpft hatte, von dem Zorn- und
Entsetzensausbruch des sonst schweigsamen Vaters angesichts demütigend und grausam verstümmelter französischer
Soldaten. Auf die Bemerkung des Kameraden, dass die Marok-
kaner ihr Land eben mit allen Mitteln verteidigten, schreit
Camus' Vater wie von wahnsinniger Wut gepackt: *Nein, ein
Mensch, der hält sich in Zaum. Genau das ist ein Mensch, oder
sonst ...*[139] Als der Kamerad noch hinzufügt, dass auch Franzo-
sen so vorgingen, entgegnet der Vater: *Dann sind sie auch keine
Menschen.*[140]

In dieser schlichten Auffassung von Menschlichkeit und Unmenschlichkeit findet auch Camus seinen letzten Rückhalt. Dass dies nur ein Regulativ und keine Generallösung sein kann, ist ihm bewusst und tritt ihm im Verlauf des Algerienkriegs quälend vor Augen. Er hat zumindest dem Regulativ treu zu bleiben versucht, indem er sich unter Ausschluss der Öffentlichkeit für inhaftierte und zum Tode verurteilte Algerier verwendet hat.

Von welcher Lösung des Algerienkonflikts Camus träumte, zeigt die Notiz, mit der er das Ende des Romans *Der erste Mensch* skizziert hat: *Gebt das Land zurück, das Land, das niemandem gehört. Gebt das Land zurück, das weder zu verkaufen noch zu kaufen ist [...]. Und er rief, während er seine Mutter und dann die anderen ansah: «[...] Gebt den ganzen Boden den Armen, [...] der riesengroßen Schar der Elenden, die meisten Araber und einige Franzosen, die mit Hartnäckigkeit und Ausdauer hier leben oder überleben, [...] und dann werde ich, wieder und endlich arm, [...] lächeln und zufrieden sterben, weil ich weiß, daß unter der Sonne meines Ursprungs der Boden, den ich so geliebt habe, und jene und die eine, die ich verehrt habe, endlich vereint sind.»* Und in Klammern nach dieser Notiz: *Ich werde in dieses Land zurückkehren.*[141] Das war Camus nicht vergönnt.

Auf unwirtlicher Höhe: «Der Fall», «Das Exil und das Reich»

Das Scheitern des Dialogs, der Fähigkeit, sich dem Gesprächs-partner zu öffnen und diesen zu erreichen, hatte Camus bei seinem Versuch einer Vermittlung zwischen den kämpfenden Parteien im Algerienkrieg in extremer Weise erlebt. Die Erzäh-lung *Der Fall (La Chute)*, mit der er 1956 an die Öffentlichkeit trat, ist das Musterbeispiel monologischen Sprechens, das sich allerdings – hierin liegt die polemische Spitze – als Dialog ausgibt. Die Erzählung beginnt und endet mit dem Redestrom, mit dem die Haupt- und im Grun-de einzige Gestalt einen durchgängig passiven Zu-hörer überschüttet. Die Begegnungen beider fin-den meist in einer Ams-terdamer Hafenkneipe statt, wo sich der Dauer-redner seinem stummen Zuhörer gegenüber als-bald als Jean-Baptiste Clamence, früher Anwalt in Paris und jetzt Rechtsberater für die Amsterdamer Unterwelt, vorstellt. Sein Redestrom ist eine Art Beichte, die aber ständig vom Selbstbekenntnis zu allgemeiner vernichtender Menschenbe-urteilung übergeht; abgelegt wird diese Beichte in gehobenem Konversationston, mit einer Unmenge von Witzeleien, An-spielungen, Höflichkeitsfloskeln. Clamence, der rhetorische Verführer, beherrscht sein Metier in allen Feinheiten; er liest sogar vom Gesicht seines stummen Zuhörers die ihm geneh-men Reaktionen ab, die er sodann in seinen Monolog einflicht.

> Er sprach oft von einem Thema, das ihn beschäftigte. Eines Tages müsse er die Wahrheit schreiben! Eigentlich gab es bei ihm zwischen Leben und Werk eine tiefere Kluft als bei vielen anderen. [...] Mit der Feder in der Hand wurde er ein starrer Moralist, in dem ich unseren vergnügten nächtlichen Kumpan nicht wiedererkannte. Er war sich darüber im klaren, daß seine öffentliche Erschei-nung so gar nicht mit seiner privaten Wirklichkeit übereinstimmte, und das war ihm zuweilen peinlich.
>
> Simone de Beauvoir: Der Lauf der Dinge, 1963

Was nun gibt Jean-Baptiste Clamence preis? Vormals, als Anwalt, war er als erklärter Fürsprecher der Armen und Rechtlosen aufgetreten; dabei hatte ihm – neben seinem Erfolg – die eigene Hochherzigkeit den Genuss einer grenzenlosen Selbstzufriedenheit verschafft. Jetzt erklärt er seinem Zuhörer: *Das Bewußtsein des guten Rechts, der Genugtuung, recht zu haben, das Hochgefühl der Selbstachtung – das, Verehrtester, sind Triebfedern, mächtig genug, uns Haltung zu geben oder vorwärtszubringen.*[142] Dieses Hochgefühl hatte schon einige kleine Beeinträchtigungen erlitten, als Clamence nachts, auf einer Seinebrücke, eine Selbstmörderin beobachtet hatte und ihr nicht zu Hilfe gekommen war: *Zu spät, zu weit weg [...]*[143] hatte er, plötzlich sehr schwach, vage die Möglichkeiten seines Eingreifens bedacht und sich zögernd entfernt. Seitdem hat ihn, wenn er nachts die Seine überquerte, ein Lachen verfolgt – ein Lachen, das der Komödie seiner lustvollen Hilfsbereitschaft bei Tage galt. Von diesem Lachen getrieben, verändert Clamence sein Leben völlig – der hoch geachtete öffentliche Anwalt taucht in die Amsterdamer Unterwelt ein und erklärt sich zum *juge-pénitent*, zum Büßer seiner Sünden und gleichzeitig zum Richter über die gesamte Menschheit.

Aus dieser bravourös vorgetragenen Beichte kann der Leser nicht, wie etwa im Falle von *Die Pest*, klare und eindeutige Verhaltensanleitungen gewinnen; die Aufnahme des Buches war dementsprechend zögernd und distanziert. Unvermittelt und kommentarlos mit dieser Redeflut konfrontiert, muss der Leser zu eigener Stellungnahme, eigenem Urteil finden – auf vielfältige Möglichkeiten der Meinungsbildung ist die Erzählung und ist auch ihr dominanter Held angelegt. Doch nicht in Handlungen, sondern in seinem Sprechen darüber gibt sich Clamence zu erkennen, sodass der eigentliche Darstellungsgegenstand dieser Erzählung das Selbstbewusstsein des Helden ist. Und dieses Selbstbewusstsein lässt – auch dies Folge der sehr ambivalenten Beziehung Camus' zu seiner Gestalt – viele Deutungen und Urteile zu.

Clamence ist witzig, scharfsinnig, hochintelligent und rigoros in seiner Selbstbezichtigung. Insofern provoziert er

Identifikation oder zumindest partielle Übereinstimmung, die aber dann, als Beichte und Urteil immer schneidender werden, nachlässt oder aufhört. Denn in der absoluten Verdammung seiner selbst wird allmählich die gleiche Persönlichkeitskonstante sichtbar – wenngleich mit umgekehrtem Vorzeichen –, die Clamence durch den erfolgreichen Teil seines Lebens getragen hatte: der Wunsch und Wille, sich leichten, immer gültigen Wahrheiten anzuvertrauen, das heißt, sich der absoluten Bejahung oder absoluten Verneinung zu verschreiben. Camus führt hier eine Gestalt vor, die aus menschlichem Maß herausgefallen ist, die das Absolute will. Und da absolute Schuldlosigkeit nicht erlangt werden kann, verbohrt sich Clamence in das Bekenntnis absoluter Schuld. Der Titel *Der Fall*, zu dem sich Camus erst nach längerer Überlegung, anderen Titelideen wie «Der Schrei», «Der Schandpfahl», «Das Jüngste Gericht» oder «Ein Held unserer Zeit», entschloss, ist traditionsbeladen und vieldeutig: Unweigerlich stellt sich die Assoziation des biblischen Sündenfalls, auch die zum Absturz des Ikarus oder zum Sturz der Engel ein; auf die konkrete Romanhandlung bezogen, kann der Titel den Sturz der Selbstmörderin in die Seine, Clamence' sozialen Abstieg oder auch sein Herausfallen aus menschlichem Maß, seinen Hang zu absoluter Verurteilung, meinen.

Solche der Selbstzerfleischung verfallene Denker wie Clamence – dies ist eine reale Erfahrung Camus', von der noch zu sprechen sein wird – dehnen ihr Urteil schließlich, um sich zu entlasten, auf alle anderen aus. Clamence' vereinnahmender Monolog zielt auf die Verkündigung einer nivellierenden Negativität, und als deren Prediger schwingt er sich schließlich zum Diktator auf. Dazu braucht er zumindest einen Zuhörer, der jedoch nur zum Schweigen, als Opfer der Manipulation, ausersehen ist. – Die merkwürdige Konstruktion der Erzählung ist somit direkt von der Ausdrucksabsicht bestimmt; durch sie entsteht eine theatralische Situation par excellence, sodass *Der Fall* das Prosawerk Camus' ist, das am häufigsten szenisch umgesetzt wurde.

Ambivalent und spannungsgeladen ist die Beziehung zwischen Autor und Hauptgestalt. Man war schnell bereit, Camus mit Clamence zu identifizieren. Das wies Camus, zusammen mit der Ansicht, dass *Der Fall* mit seinem Zentralproblem von Schuld und Beichte eine Annäherung an die christliche Religion darstelle, entschieden zurück; dass weder sein Held noch er *auch nur im geringsten Christen*[144] seien, akzeptierte er als *einzigen gemeinsamen Punkt mit diesem Jean-Baptiste Clamence, mit dem man mich hartnäckig zu identifizieren versucht*[145]. Zweifellos hat Camus einen Teil seines eigenen Gewissens in die Hauptgestalt hineingelegt; der Diskrepanz zwischen seiner öffentlichen Rolle als Moralinstanz und seinem tatsächlichen Vermögen, den ihm nächsten Menschen Beistand zu leisten, war er sich durchaus bewusst. In einem Brief Camus' aus der Entstehungszeit von *Der Fall* heißt es: *[...] ringe ich mit der Zeit und mit den Menschen um jede Stunde meiner Arbeit, zumeist vergeblich. [...] Um allem zu genügen, hätte ich heute drei Leben und mehrere Herzen nötig* (T, 88), und in den *Carnets* noch deutlicher: *[...] ich habe nach und nach verlernt zu leben, bis zu dem Punkt, an dem alle meine Handlungen und Gedanken zum Leiden oder zum Unbehagen der anderen und meiner selbst beitragen, zur unerträglichen Last dieser Welt [...]*. (T, 68 f.) Auch die Auseinandersetzung mit seinen früheren Sympathien für radikal-destruktives Denken à la Nietzsche spielt hier noch einmal eine Rolle: Camus hatte in seiner Jugend die Versuchung absoluter Negation – und auch das Berauschende absoluter Bejahung – sehr wohl kennen gelernt. Jetzt hingegen ringt er ganz nachdrücklich um eine differenzierte Position *weder völlige[r] Ablehnung noch [...] völlige[r] Zustimmung zu dem, was ist*[146]. Der dominante Begriff zur Bezeichnung dieser angestrebten Position ist der des Maßes.

Maß ist ein Zentralbegriff antiker Philosophie, dessen Gebrauch allein schon Camus' Entfernung vom Kreis der Existentialisten offenkundig macht. *Die Griechen hätten vom Existentialismus nichts begriffen* (Tr, 188), hatte Camus schon zehn Jahre vorher notiert; und tatsächlich stand diese aktivistische philosophische Modeströmung der Nachkriegszeit den Grundlagen antiken Denkens beziehungslos und fremd gegenüber. Nicht diese Verständnislosigkeit in philosophischer

Höhenluft aber ist es, sondern die praktische Haltung der Existentialisten in der intellektuellen Auseinandersetzung, die Camus als repressiv und dogmatisch erfahren hatte, die ihn zur
Abrechnung mit dem Sartre-Kreis drängt: *Unsere Philosophen
[...] haben den Dialog durch das Kommuniqué ersetzt. ‹Das ist die
Wahrheit›, sagen sie [...],* heißt es in einem der Entwürfe der Erzählung[147]. Die Gleichsetzung der Gestalt des Bußrichters mit
den Existentialisten nimmt Camus in einem *Carnet*-Eintrag
von 1954 vor: *Existentialismus. Wenn sie sich anklagen, kann man
sicher sein, daß es immer geschieht, um den anderen eins auszuwi-
schen. Lauter Bußrichter.* (T, 180)

Dies nun ist eine Auseinandersetzung um grundsätzliche
politische Verhaltensfragen. Camus spricht vom *intellektuelle[n] Verrat der Linken,* da es ihnen angeblich um die Korrektur
der Entstellungen gehe, die das revolutionäre Prinzip in der Sowjetunion erfahren habe, sie tatsächlich aber für jede totalitäre Maßnahme der russischen Regierung eine vorgefertigte Entschuldigung bereithielten. Er setzt dagegen: *In Wirklichkeit
kann nur die offene Opposition der Menschen, der Linken im Westen,
diese Regierung zum Nachdenken bringen, vorausgesetzt, daß sie dazu fähig und gewillt ist.* Dass die institutionalisierte Linke diese
ihre Aufgabe nicht erfülle, erkläre sich *aus anderen Gründen als
der Dummheit* (T, 184).

Herausforderungen für diese unterschiedlichen Haltungen totalitären Regimen gegenüber – offene Opposition oder
verschämtes Entschuldigen – gab es in der fraglichen Zeit einige; Camus hat seine Bereitschaft zur Opposition in jedem Fall
bewiesen. Er nahm 1953 für die protestierenden Ostberliner
Arbeiter und 1956 sowohl für den Juni-Aufstand in Posen wie
für die ungarische Volkserhebung öffentlich Partei. Camus'
Bemühen um genauere Kenntnis der Zustände und Vorgänge
in der Sowjetunion und den Ländern ihrer Einflusssphäre und
um Einblick in deren Umgang mit Oppositionellen wird durch
eine Sammlung von Schriften und Dokumenten in seinem
persönlichen Archiv bezeugt, die er sich zu dieser Thematik
angelegt hatte[148]; er wusste also sehr wohl, wovon er sprach.
Die Oppositionellen in den osteuropäischen Ländern haben

Ce soir, à 20 h. 45
SALLE DE LA MUTUALITE
(rue Saint-Victor, métro Maubert)

Grand Meeting de Solidarité

avec

LES OUVRIERS INSURGÉS DE BERLIN-EST

sous la présidence de
ALBERT CAMUS

Mireille OSMIN, secrétaire générale de la Fédération socialiste de la Seine ;
André LAFONT, secrétaire de la C.G.T.-F.O.,
entourés de :
Gilberte BROSSOLETTE, vice-présidente du Conseil de la République ;
Maurice COUTEROT, président du Conseil général de la Seine ;
Georges DELAMARRE, secrétaire de la Fédération des métaux Force Ouvrière ;
Robert VERDIER, directeur du « Populaire » ;
Elie PEJU, directeur de « Franc-Tireur » ;
Jean PARAF, médecin des hôpitaux ;
STERN, du Bund socialiste ;

Jean ROUS, secrétaire général du Congrès des Peuples ;
Pierre CORVAL, du Mouvement Républicain Populaire ;
Pierre FELCE, secrétaire de la Fédération des transports (F.O.) ;
GRIMALDI, secrétaire de la Fédération postale (F.O.) ;
Marceau PIVERT, du comité directeur du Parti socialiste S.F.I.O. ;
Ch. SAVOUILLHANT, pour le Groupe « Reconstruction » (C.F.T.C.) ;
de La NOE, pour les « Amis de la Liberté » ;
David ROUSSET, de la Commission internationale contre le régime concentrationnaire ;
Manès SPERBER, écrivain.

ORATEURS

GEORGES ALTMAN, rédacteur en chef de « Franc-Tireur » ;
RAYMOND LEBOURRE, secrétaire confédéral C.G.T.-F.O. ;
JEAN LANNES, groupe « Reconstruction » C.F.T.C. ;
JEAN BOUCHER, « Démocratie prolétarienne » ;
ROGER HAGUENAUER, « Révolution prolétarienne » ;
EDOUARD DEPREUX, député de la Seine ;
GERARD ROSENTHAL, « Mouvement Socialiste pour les Etats-Unis d'Europe » ;
GUY MOLLET, secrétaire général du Parti Socialiste (S.F.I.O.).

Un film pris à Berlin-Est pendant l'insurrection ouvrière sera projeté au cours du meeting

Aufruf zu einem Solidaritätsmeeting für die aufständischen Arbeiter von Berlin 1953

diese Unterstützung dankbar als eine Ausnahmeerscheinung innerhalb der westeuropäischen Linken wahrgenommen.

Doch auch ein Stück Auseinandersetzung mit der eigenen Entwicklung spiegelt sich in der Erzählung *Der Fall*; besonders zu der ersten meisterlichen Erzählung, *Der Fremde*, gibt es Verbindungslinien und Entsprechungen – auch durch Gegensätzlichkeit. Beide Werke sind ganz und gar nicht eindeutig, wirken rätselhaft und hermetisch. In die Hauptgestalten beider Erzählungen, die sich jeweils in der Ich-Form präsentieren, ist ein intensiver Strom autobiographischen Erlebens eingeflossen. Auf der Basis dieser Übereinstimmungen aber erhebt sich die diametrale Gegensätzlichkeit beider Werke: Zwischen *Der Fall* und *Der Fremde* liegt ein zeitlicher Abstand von etwa fünfzehn Jahren, in denen Camus Zeuge der schlimmsten Vorkommnisse in der europäischen Zivilisation – Krieg, Konzentrationslager, Totalitarismus – war; unter diesem Aspekt erscheint

Der Fall wie die negative Antwort auf *Der Fremde.* Dort gab es einen Helden, der sparsam umging mit Worten und Gefühlen und ihnen damit Echtheit und Wert verlieh; jetzt präsentiert sich der Held als manipulierender Dauerredner, der das Wort durch inflationären Gebrauch nicht nur entwertet, sondern für uneingestandene diktatorische Zwecke missbraucht. Dort hatte der Held in der Natur Erlösung und Aufnahme, sogar im Tod, gefunden, hier zappelt sich ein ambitionierter Blender ab, um seine Eitelkeit zu befriedigen und von der Gesellschaft hoch geschätzt zu werden. In *Der Fremde* war der Held durch ein schicksalhaftes Zusammentreffen von Umständen zum unwillentlichen Mörder geworden; nach diesem Unglückseinbruch bewies er jedoch die Stärke, sich den gesellschaftlichen Konventionen und Deformationen mit aller Konsequenz zu verweigern. In *Der Fall* hingegen agiert erst ein selbstgefälliger Retter der Entrechteten und mutiert dann abrupt zum Parasiten der Unterwelt; in beiden anscheinend widersprüchlichen Rollen zeigt er keine eigene Substanz, sondern stellt er nur sein hervorragendes Funktionieren im sozialen Mechanismus zur Schau. Dass Camus nunmehr einen solchen Helden hervorbrachte, deutet darauf hin, dass die Höhe, auf der er sich befand, ihm unheimlich und unangemessen vorkam; fast scheint es, als habe er den Absturz herbeischreiben wollen.

Nicht so eindeutig skeptisch ist der Tenor der sechs Erzählungen, die Camus ein Jahr später unter dem antithetischen Titel *Das Exil und das Reich (L'Exil et le royaume)* veröffentlichte. Seit 1952 schon trug er sich mit Motiven für Erzählungen, die er unter dem Titel «Novellen des Exils» vereinigen wollte. Unter *Exil* versteht Camus *im Tod zu leben* (T, 150), das heißt ohne Licht, ohne die Natur, in der Stadt, in Stein und Düsternis, ein Dasein in leeren, unsinnigen Konventionen, in verfälschten menschlichen Beziehungen, ein gedrücktes, gedemütigtes Leben endlich ohne Würde und Sinn. Oft hatte sich Camus in der Entstehungszeit der Novellen in dieser bedrückenden Lage befunden; in dem bereits erwähnten klagenden und depressiven Brief heißt es auch: *[...] des Lärms müde, angesichts des endlosen Werks, das weitergeführt werden muß, entmutigt und vom Wahn-*

sinn der Welt angegriffen, der ei-
nen beim Aufstehen mit der Zei-
tung überfällt, und schließlich ge-
wiß, daß ich nicht genügen und
alle Welt enttäuschen werde, ha-
be ich an manchem Morgen nur
noch das Verlangen, mich hinzu-
setzen und auf den Abend zu
warten. Und zuweilen gebe ich
diesem Verlangen nach. (T, 89)

Camus fragt nun in jeder
der Erzählungen danach, ob
die Beschränkungen und Ver-
hinderungen des richtigen Lebens so stark sind, dass sie das
Reich, den positiven Gegenpol, zum Verschwinden bringen oder unerreichbar ma-
chen. Der Befund ist unter-
schiedlich: Es hängt von der
Vitalität und Stärke ab, mit der
die jeweilige Gestalt ihrer
Sehnsucht und Ahnung eines
anderen Lebens nachgeht, von
der Hilfe der Mitmenschen
auch und den konkreten ma-

teriellen und historischen Gegebenheiten, ob das Reich greif-
barer wird oder sich vollends entzieht.

In einigen Novellen sind es das überwältigende fremde
Land und mehr noch seine unzugänglichen Bewohner, die
einen Umbruch im Leben der Helden auslösen und ihnen neue
Horizonte eröffnen. In *Die Ehebrecherin (La Femme adultère)*
wird der Frau eines in Geschäften durch die algerischen Oasen-
städte reisenden Kleinunternehmers durch diese Reise die
Leere ihres Daseins und ihrer Zweisamkeit bewusst, sodass sie
sehnsüchtig nach anderen Lebensmöglichkeiten Ausschau
hält. Sie erklimmt eine Höhe, von der aus sie in der endlosen

Wüste Menschen wahrnimmt, für die es ihre Schwierigkeiten offenbar nicht gibt: *Über die trockene [...] Erde des Landes ohne Maß zog seit jeher ruhelos eine Handvoll Menschen, die nichts besaßen, aber niemandem hörig waren, elende und freie Herren eines fremdartigen Reiches.*[149] In der Nacht lässt sie ihren Mann schlafend im Hotel zurück, geht allein in die Wüstennacht und erlebt in ihr Beruhigung und Erfüllung wie durch einen Liebesakt. Danach kehrt sie zu ihrem Mann zurück, muss hemmungslos weinen und beruhigt den verständnislos ihre Tränen Bemerkenden: «*Es ist nichts, Liebling» [...], «es ist nichts.*»[150]

Ohne auf halbem Weg umzukehren, nähert sich hingegen der Held der Novelle *Der treibende Stein (La Pierre qui pousse)* dem Reich. Als Ingenieur will er in Brasilien den Bau eines Staudamms leiten, aber auch ein anderes Leben finden. Also sucht er Zugang zu den Armen, will eine ihrer Hütten besuchen, stößt dabei aber auf Ablehnung. Die Abwehr lockert sich später, schlägt aber erst dann in vertraute Aufnahme um, als der Ingenieur einem Seemann den mächtigen Stein, den dieser in einer Prozession trägt, von den Schultern nimmt und statt zur Kirche in die besagte Hütte trägt. Nach dieser symbolträchtigen Tat sagt man zu ihm: *Setz dich zu uns.*[151]

Die Erzählung *Die Stummen (Les Muets)* spielt in einer Böttcherwerkstatt, wie sie Camus als Kind durch seinen Onkel kennen gelernt hatte. Als die Arbeiter nach einem erfolglosen Streik in die Werkstatt zurückkehren, macht der Chef ihnen gegenüber joviale Annäherungsversuche, die sie in stummer, zorniger Ohnmacht abblocken. Plötzlich jedoch tritt der Chef in ganz anderer Lage vor die Arbeiter: Da sein Kind gefährlich erkrankt ist, sucht er Mitgefühl und Hilfe. Davon sind die Arbeiter berührt, wissen ihrer Bewegung aber nicht Ausdruck zu geben. Hier spiegelt sich noch einmal Camus' Kindheitserfahrung sozialer Hürden und ihrer Auswirkung auf den intimen menschlichen Umgang.

Aus dem verhaltenen und differenzierenden Ton der Erzählungen fällt *Der Abtrünnige oder Ein verwirrter Geist (Le Rénégat ou Un esprit confus)* durch seine Extremlage heraus. Hier wird Glaubensbedürftigkeit in ihren Folgen – Fanatismus und Destruktivität – vorgeführt: Ein Missionar, für den das Christentum nur ein Mittel zur Unterwerfung seiner Mitmenschen ist, trifft in Taghâza, der Stadt im Salz, auf seine Meister: Hier regiert der Gott des Bösen in einer Vollkommenheit, wie sie das Prinzip des Guten nie erlangen kann. In masochistischer Lust an Qual und Unterwerfung betet der Missionar nun den Fetisch des Bösen an mit einer monologischen Wortkaskade, die, analog zu *Der Fall*, die gesamte Erzählung ausmacht – bis auf den letzten Satz, der da lautet: *Eine Handvoll Salz verschloß den Mund des geschwätzigen Sklaven*[152]; die Henker haben für die verbale Machtanbetung des Intellektuellen nur souveräne Verachtung übrig.

Der autobiographische Erlebnishintergrund ist bei den beiden Erzählungen *Der Gast (L'Hôte)* und *Jonas oder Der Künstler bei der Arbeit (Jonas ou L'Artiste au travail)* offenkundig. In *Der Gast* ist die Gestalt des zum Tode Verurteilten in die Ereignisse des Algerienkriegs einbezogen – dargestellt aber wird dies aus der Sicht eines humanistischen französischen Lehrers, der aus Überzeugung und Liebe zu dem Land in Algerien arbeitet. Zu diesem Lehrer kommt ein Polizist und übergibt ihm einen algerischen Gefangenen zur Aufbewahrung für eine Nacht und zur anschließenden Übergabe an die Polizeibehörde. Der Algerier soll einen Angehörigen erschlagen haben, aber sein Dorf deckt ihn; die französische Polizei greift hier in die autochthone Justiz ein – weniger, um universelle Gerechtigkeitsnormen durchzusetzen, sondern vor allem, um einer heraufziehenden Revolte gegenüber ihre repressive Macht zu zeigen. Mit den Worten: *Wenn sie sich erheben, ist keiner sicher, wir sitzen alle im gleichen Boot* [153] will der Polizist den Lehrer, den solche Handlangerdienste anwidern, auf die Interessen Frankreichs verpflichten. Die Nacht, die die beiden Männer allein in der Schule verbringen, ist spannungsgeladen: Der Lehrer behandelt den Gefangenen als Gleichen, schützt sich auch im Schlaf nicht durch eine Waffe und ist doch unruhig: Er wünscht, dass der Gefangene die Gelegenheit zur Flucht nutze, und fürchtet zeitweise eine Attacke. Der Franzose und der Algerier sind füreinander unwägbare Größen. Am Morgen bringt der Lehrer den Gefangenen nicht, wie ihm geheißen, zur Polizei, sondern schiebt diesem die Entscheidung zu. Er erklärt ihm den kurzen Weg zur Gendarmerie und den längeren in die Freiheit und gibt ihm Proviant für zwei Tage sowie Geld. Von seinem Beobachtungspunkt aus sieht der Lehrer betroffen, dass der Algerier den Weg zur Gendarmerie einschlägt. An der Wandtafel seines Klassenzimmers findet er dann die Inschrift vor: *Du hast unseren Bruder ausgeliefert. Das wirst du büßen.* [154] Die Achtung vor dem Menschen, die der Lehrer bewiesen hat, wurde missverstanden. Im letzten Satz der Erzählung charakterisiert Camus die Situation des Lehrers so, wie er seine eigene sieht: *In diesem weiten Land, das er so sehr geliebt hatte, war er allein.*[155]

Einsamkeit und das Gegenbild Gemeinsamkeit sind die tragenden Pole der Jonas-Erzählung, mit der Camus auf seinen künstlerischen Werdegang und dessen Gefährdungen durch den Ruhm anspielt. Anfangs ist der Maler Jonas ein unbekümmerter Mensch, für den nichts zählt als die Kunst. Nachdem Frau und Kinder in sein Leben eingetreten sind, fordern sie ihren Platz; über solches Tauziehen zwischen dem arbeitswilligen Vater und den lärmenden Kindern schreibt Camus halb amüsiert, halb bitter an seinen Freund Grenier: *Der Wettkampf schließlich zwischen meinen Kindern und mir hat mit dem Sieg der ersteren geendet: Ich arbeite nicht mehr zu Hause, sondern versuche, das in meinem Verlagsbüro bei zugesperrter Tür und abgestelltem Telefon zu tun. Die Sieger nehmen nunmehr das gesamte eroberte Territorium ein und verhalten sich dort, wie alle Sieger, zynisch.*[156] Um die Familie zu ernähren, muss sich Jonas auf Verträge einlassen, das heißt die Resultate seines Schaffens schon im voraus verkaufen. In seiner engen Wohnung macht sich ein snobistischer Klüngel breit, hindert Jonas am Arbeiten und tritt zwischen ihn, seine Familie und einen letzten treuen Freund. Um dieser misslichen Situation zu entkommen, flieht Jonas schließlich sein Zuhause. Selbsterhaltungstrieb und Anhänglichkeit an die Familie lassen ihn zurückkehren; nun richtet er sich aber in den hohen Räumen seines Heims (die Familie Camus' bewohnte zeitweise tatsächlich eine so angelegte Wohnung) einen Hängeboden ein, um dort zu arbeiten und wieder zu sich selbst zu finden. Er wird zum Einsiedler auf dem Hängeboden und verfällt einem manischen Schaffenstrieb; erst als das Bild fertig ist, nimmt er von unten das Sprechen und Lachen seiner Familie wahr und spürt: *Wie sehr er sie liebte! Er löschte die Lampe, und da, in der zurückgekehrten Dunkelheit, war da nicht sein Stern [...]? Er war es, er erkannte ihn, sein Herz war voll Dankbarkeit, und er schaute ihn noch immer an, als er lautlos zu Boden fiel.*[157] Jonas wird von den Seinen krank aus seinem Versteck geholt; die Leinwand, an der er verbissen gearbeitet hat,

Camus'
Mutter,
1957

ist weiß, auf ihr steht nur ein Wort, das *solitaire* oder *solidaire* heißen kann, «einsam» oder «gemeinsam».

Dass die Besessenheit von einem Schaffensideal ihn seinen Nächsten entfremdete, empfand Camus schon lange als Konflikt; in den *Carnets* beschreibt er – in unpersönlicher Formulierung wie meist – diesen Prozess: *Der Schöpfer. [...] beschließt, sein großes Werk zu schreiben. Er schreibt einzig dieses Werk, immer und immer wieder. Allmählich nistet sich Bedrängnis im Haus ein und dann das Elend. Alles bricht zusammen, er aber lebt in einem fürchterlichen Glück. [...] An dem Tag, an dem seine Frau im Krankenhaus stirbt, setzt er den Schlußpunkt. [...] Endlich!* (T, 10) Es findet sich auch eine durchaus persönliche Notiz, in der

Camus erklärt, so sehr *auf Freiheit* versessen zu sein, dass er *eine Einsamkeit, die gefährlich werden kann* (T, 257), mutwillig vergrößere. Daraus entstehen Schuldgefühle, die er aphoristisch umschreibt: *Gott ist nicht notwendig, um die Schuld zu schaffen oder zu strafen. Die Menschen genügen dafür.* (T, 150)

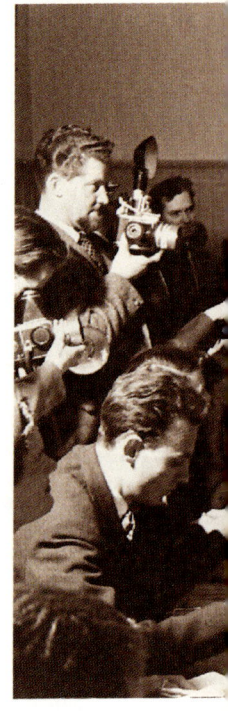

Albert Camus, der mit den Erzählungen von *Das Exil und das Reich* seine Vorstellungen vom «Reich» auf ihre Realisierbarkeit überprüfen wollte, kommt zu einem verhaltenen, aber nicht hoffnungslosen Fazit: Die «Ehebrecherin» bekennt sich nicht zu ihrem Ausbruch, geht wieder in das «tote Leben» zurück, der Ingenieur hingegen lässt sich nicht entmutigen in seinem Ringen um unverfälschte menschliche Gemeinschaft und findet schließlich das ersehnte Echo. Der französische Lehrer in Algerien ist hoffnungslos allein, aber Jonas, der Künstler, kann – vielleicht – seine Einsamkeit in einem schwierigen Balanceakt zwischen den Anforderungen der Kunst und des Lebens überwinden.

Im Jahr der Veröffentlichung von *Das Exil und das Reich* erlangte Camus die höchste literarische Ehrung, die für ihn zu einer psychischen Zerreißprobe wurde: «Für sein bedeutendes literarisches Werk, das mit durchdringendem Ernst die Probleme beleuchtet, die sich dem Gewissen der Menschen in unseren Tagen stellen»[158], wurde ihm der Nobelpreis zuerkannt. Auf die erste Nachricht über die bevorstehende Nobelpreisverleihung reagiert er in den *Carnets* mit: *Nobelpreis. Eigenartiges Gefühl von Niedergeschlagenheit und Melancholie. Mit zwanzig Jahren, arm und nackt, habe ich den wahren Ruhm gekannt.* (T, 270) Abgesehen davon, dass Camus André Malraux als den würdigeren Preisträger ansieht, verstärkt die Auszeichnung die heftigen

Pressekonferenz bei Camus' Ankunft in Stockholm

Zweifel an Arbeitsfähigkeit und Gestaltungskraft, die ihn ohnehin quälen. Diese Selbstzweifel werden, wie nicht anders zu
erwarten, durch prompt einsetzende gehässige Angriffe ver-
tieft – bis zu der infamen und unsinnigen Behauptung eines
früheren Faschisten, Camus gelüste es nach dem Befehl über
ein Exekutionskommando. Derartige Gemeinheiten prallen
nicht an ihm ab; auf die ersten Reaktionen hin notiert Camus:
*Erschrocken über das, was mir zustößt und was ich nicht verlangt ha-
be. Und um das Maß voll zu machen so gemeine Angriffe, daß es mir
das Herz zuschnürt.* (T, 271) Dennoch konnte und wollte Camus
den Preis nicht ablehnen. Auf die erste Nachricht hin hatte er
sofort mit seiner Mutter in Algier telefoniert, denn die Auszeichnung galt in seinen Augen auch seiner Herkunft und sei-

nen ersten Förderern. Also schrieb er an den Primarschullehrer, der ihm die Gymnasialausbildung ermöglicht hatte: *[...] als ich die Nachricht erhielt, galt mein erster Gedanke, nach meiner Mutter, Ihnen. Ohne Sie, ohne diese liebevolle Hand, die Sie dem armen kleinen Kind gereicht haben, das ich war, ohne Ihre Unterweisung und Ihr Beispiel wäre nichts von alledem geschehen.*[159]

Anfang Dezember 1957 fuhr Camus mit seiner Frau nach Stockholm zur Preisverleihung. Bei all seinen öffentlichen Auftritten musste er darauf gefasst sein, wegen seiner nunmehrigen Zurückhaltung in dem voll entflammten Algerienkonflikt angegriffen zu werden. Am 10. Dezember wurden ihm und den anderen Preisträgern von König Gustav VI. von Schweden die Urkunden überreicht, und auf dem folgenden Bankett hielt Camus seine Dankesansprache[160]. An Jean Grenier schrieb er: *Die Corrida geht zu Ende, der Stier ist tot, oder beinahe.*[161]

Am 14. Dezember hielt Camus in Uppsala eine Rede, *Der Künstler und seine Zeit*, mit der er sein Credo als Schriftsteller ablegte. Er sprach eingangs von der Verunsicherung des Künstlers, die noch nie so stark gewesen sei wie jetzt, da künstlerische Anstrengung angesichts des ungeheuren Elends in der Welt eitel und überflüssig erscheine. Für dieses Dilemma gebe es keine Patentlösung; der Künstler müsse unablässig und stets aufs Neue die schwierige Balance zwischen den eigengesetzlichen Anforderungen der Kunst und dem Gebot der Realität anstreben. Das Grundmotiv seines Schaffens, das Stehen zwischen Ja und Nein, bestimmt Camus' Aussage über das Wesen der Kunst: *[...] die Größe der Kunst, die in der ständigen Spannung zwischen Schönheit und Schmerz besteht, zwischen der Liebe zum Menschen und dem Wahn der Schöpfung, der unerträglichen Einsamkeit und der zermürbenden Menge, der Ablehnung und der Bejahung*[162].

In dieser Rede fällt das Wort von der *société marchande*, der verhassten, unproduktiven, vom Geld regierten *Händler-Gesellschaft*[163]. An ihr bricht sich, wie Camus im gleichen Jahr notiert, diese seine Vorstellung von Aufgabe und Sinn der Kunst: *Habe immer geglaubt, das Werk sei ein Dialog. Aber mit wem? [...] Mit der*

Der schwedische König Gustav VI. überreicht Camus
die Nobelpreisurkunde.

Gesellschaft schlechthin? Ein Volk, das nicht liest, ein Bürgertum, das im Jahr die Zeitung und zwei Bücher liest, die gerade in Mode sind. (T, 261) Zu diesem Zweifel an seiner Leserschaft gesellt sich wie so oft auch der Selbstzweifel – ausgelöst diesmal durch die Konfrontation mit einem literarischen Meisterwerk, einem Roman Dostojewskijs: *Nach der Lektüre von «Schuld und Sühne» zum ersten Mal totaler Zweifel an meiner Berufung. Ich überlege mir ernstlich die Möglichkeit aufzugeben. [...] In Wahrheit kann ein Schöpfer heute nur ein einsamer Prophet sein, besessen, aufgefressen von einer maßlosen Schöpfung. Bin ich ein solcher Schöpfer? Ich habe es geglaubt.* (T, 261) Wie schon früher an einem toten Punkt, erscheint Camus auch diesmal die Theaterarbeit als möglicher Ausweg: *Ich könnte mich dem Theater widmen, [...] ich wäre vielleicht frei* (T, 262). Sein Theatervorhaben gilt diesmal Dostojewskij, dem am höchsten verehrten Romancier; Camus schreibt über ihn: *Ich habe sein Werk mit zwanzig Jahren kennengelernt, und die Erschütterung [...] dauert noch an. [...] Zuerst habe*

ich Dostojewskij wegen seiner Enthüllungen der menschlichen Natur bewundert. [...] Aber sehr bald, je grausamer ich das Drama meiner Epoche miterlebte, habe ich in Dostojewskij den geliebt, der unser historisches Geschick am tiefsten durchlebt und zum Ausdruck gebracht hat. [...] Darum beherrscht er mit seiner ganzen Gestalt unsere Literaturen und unsere Geschichte. Noch heute hilft er uns, zu leben und zu hoffen.[164] Nicht von ungefähr hebt Camus Dostojewskijs ahnungsvolle Gestaltung historischen Geschicks hervor, denn er widmet sich der Bühnenbearbeitung des Ro-

Fjodor Michailowitsch
Dostojewskij, 1879

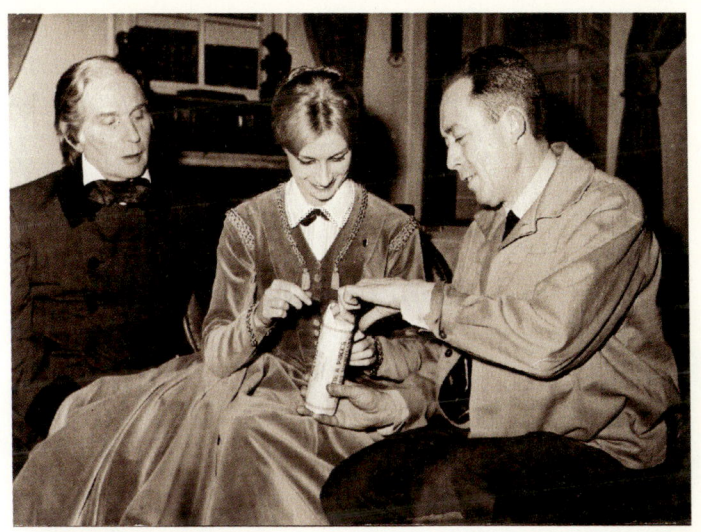

Bei den Proben zu «Die Besessenen», mit Jeanine Patrick und Pierre Blanchar

mans «Die Dämonen», in dem in einer grandiosen Roman-handlung die Entstehung totalitärer Denk- und Aktionsweisen aus der Saat des Nihilismus gestaltet ist.

In Camus' Bühnenadaptation mit dem Titel *Die Besessenen (Les Possédés)* wird die Fülle prägnanter Gestalten Dostojew-skijs und deren sorgfältige und differenzierte Charakterisie-rung notwendigerweise reduziert und vereinfacht, und den-noch bleibt es ein personenreiches Stück voller Anforderun-gen. Im Wesentlichen werden hier zwei Formen, Nihilismus auszuleben, vorgeführt: Die «anständigere», individuelle des jungen adligen Helden, der zwar alle, die mit ihm in Berüh-rung kommen, ins Verderben reißt – zumal die Frauen –, der aber in letzter Konsequenz seine Lebensverneinung mit dem Freitod bezahlt; und die absolut perfide eines sozial zu kurz Gekommenen, der terroristische Urteile über Leben und Tod anderer fällt, um Ressentiments zu stillen und seinen materiel-len Vorteil wahrzunehmen. – Am Erfolg dieses Stückes, das Camus am Herzen lag wie kein anderes, bestätigte sich seine

Publikumseinschätzung: Die von ihm selbst besorgte Inszenierung, die Anfang 1959 herauskam, fand nach einem glanz-
vollen Auftakt nur geringen Zuspruch. Daher beabsichtigte
Camus, mit dem Stück auf Tournee zu gehen. Er hatte vorüber-
gehend erwogen, selbst darin mitzuwirken, von dem Plan jedoch Abstand genommen. Am 4. Januar 1960, dem Tag seines
tödlichen Unfalls, spielte seine Truppe im Norden Frankreichs.
Noch einige Tage nach Camus' Tod trafen bei ihr Briefe von
seiner Hand mit Regiehinweisen ein.

Sprechen von sich selbst: «Der erste Mensch»

Ende der fünfziger Jahre arbeitete Camus hoffnungsvoll an der Überwindung seiner schweren Krise. Dass er für die Freisetzung neuer Schaffensenergien einen anderen Lebensraum als Paris brauchte, lag für ihn auf der Hand: *Ich will Paris verlassen, wo ich immer mehr ersticke*[165], schrieb Camus seinem Freund, dem Dichter René Char, der in der Provence lebte. Auch Camus fand dort in der kleinen Ortschaft Lourmarin, vor der Bergkette des Lubéron gelegen, ein Haus, das ihm die Möglichkeit des Rückzugs bot. Der Ort hatte für Camus Geschichte: Sein Lehrer und Freund Jean Grenier hatte sich oft dort aufgehalten und sein Erleben der Landschaft in dem Buch «Sagesse de Lourmarin» («Die Weisheit Lourmarins») festgehalten. Kurz nach Kriegsende war Camus selbst dort gewesen und hatte in den *Carnets* notiert: *Lourmarin. Der erste Abend nach so vielen Jahren. Der erste Stern über dem Lubéron, das gewaltige Schweigen, die Zypresse, deren Wipfel in der Tiefe meiner Müdigkeit bebt. Ein Land, feierlich und herb – trotz seiner überwältigenden Schönheit.* (Tr, 220 f.) Im September 1958 schreibt er nun nach einem Besuch bei René Char und einer Kammwanderung über die Höhen des Lubéron: *Das heftige Licht und die unendliche Weite begeistern mich. Wieder möchte ich hier leben, das für mich richtige Haus finden, endlich ein wenig seßhaft werden.* (T, 325) Camus fand ein Haus in Lourmarin und kaufte es. Der einstöckige Bau liegt in einer schmalen Straße, die rückwärtige Terrasse gewährt den Blick in das Tal der Durance, auf das Schloss von Lourmarin und den Friedhof.

Dieses Haus sollte zur Heimstatt werden – zum Inbegriff von Zugehörigkeit, Geschütztsein, zum sicheren Ort für die Arbeit. Anfang der fünfziger Jahre, als ihm all dies in seinem Pariser Umfeld abhanden gekommen war, hatte Camus in den *Carnets* als Ausdruck seines eigenen Empfindens aus einer

eben miterlebten «Medea»-Aufführung zitiert: *«Wie groß ist das Unglück des Mannes ohne Heimstatt.»* – *«Oh, macht, daß ich nicht ohne Heimstatt bleibe», spricht der Chor.* Dem hatte Camus den Satz hinzugefügt: *Ich habe keine Heimstatt.* (T, 47)

Das Haus in der Provence war ein Schritt zurück zu den Ursprüngen, zu den Wurzeln, die für Camus Bedingung seiner Kreativität waren. Und Kreativität war zur Rechtfertigung seines Lebens geworden; Anfang der fünfziger Jahre findet sich in den *Carnets* eine Eintragung von erschreckend rigorosem Anspruch an sich selbst: *Ich habe für mein Leben keine andere Rechtfertigung gefunden als diese schöpferische Anstrengung. In beinahe allem anderen habe ich versagt. Und wenn dies mich nicht rechtfertigt, verdient mein Leben keine Verzeihung.* (T, 94)

Von dem Leben in Lourmarin versprach sich Camus neue schöpferische Kräfte. Sein bisheriges Werk gruppierte sich für ihn in zwei Zyklen, denen er nun einen dritten hinzufügen wollte: *[...] ich wollte zuerst die Negation zum Ausdruck bringen. In drei Formen: Der des Romans: das war «Der Fremde». Der drama-*

tischen: «Caligula», «Das Mißverständnis». Der ideologischen:
«Der Mythos des Sisyphos». [...] Ich wußte, daß man in der Nega-
tion nicht leben kann, und ich kündigte das im Vorwort zu «Der
Mythos des Sisyphos» an; ich sah das Positive wiederum unter drei
Formen ab. Der des Romans: «Die Pest». Der dramatischen: «Der
Belagerungszustand» und «Die Gerechten». Der ideologischen:
«Der Mensch in der Revolte». Ich ahnte schon eine dritte Schicht,
gruppiert um das Thema der Liebe.[166]

Das dramatische und das essayistische Projekt, die diesem
dritten Zyklus angehören sollten, sind beide nur bis zu Notizen,
Skizzen, Titelvorschlägen gediehen. Schon in der Jugendzeit in
Algier wollte Camus ein Drama über Don Juan schreiben; sein
Verständnis dieser Gestalt als eines großen Liebenden – durch
Quantität, nicht durch Qualität – und eines luziden Provoka-
teurs konventioneller Moral hatte er bereits in *Der Mythos des
Sisyphos* dargelegt. Nun schwebte ihm eine Synthese des Le-
bensprinzips von Don Juan und Faust in einem Drama vor; die
Existenz eines solchen Planes ist jedoch nur durch Titelent-
würfe wie *Don Juan Faust* in den *Carnets* (T, 110) und ausführen-
de Notizen belegt.

Etwas weiter gediehen sind seine Vorarbeiten zu dem Essay, der sich in den Zyklus der Liebe eingliedern sollte: *Der Mythos von Nemesis* (Tr, 278). Als Göttin des Maßes ist Nemesis Garant des für Camus nunmehr wichtigsten Begriffes. *Nemesis
wacht, die Göttin des Maßes, nicht der Rache. Alle, die die Grenzen
überschreiten, werden unerbittlich von ihr bestraft*[167], schreibt er
schon in *Helenas Exil*, einem der Sonnenessays aus dem Jahre
1948. Maß ist der von Camus in der letzten Lebensdekade am
höchsten veranschlagte Wert: Durch ihn werde die Grenze
zwischen Ja und Nein bestimmt, er ordne beidem, Affirmation
und Negation, den ihnen zukommenden Raum zu und verhin-
dere so die Verabsolutierung einer der beiden Seiten. Darin
sieht Camus das Gegengift gegen die Verführung zum Alles
oder Nichts, zum Totalitarismus – insofern hat sein Begriff des
Maßes durchaus praktisch-politischen Gehalt. Die Tugend des
Maßhaltens als zähes, geduldiges Aushalten von Widersprüchen ist auch die einzige für Camus akzeptable individuelle

Lebensform: *Maß. Sie halten es für die Lösung des Widerspruchs. Es kann nichts anderes sein als Bestätigung des Widerspruchs und der heroische Entschluß, sich darin zu halten und ihn zu überleben.* (T, 32)

Das wichtigste, weit vorangetriebene und für Camus' Persönlichkeit und Schaffensprozess ungemein aufschlussreiche Projekt ist das Fragment des weitgehend autobiographischen Romans *Der erste Mensch*, das 1994, vierunddreißig Jahre nach Camus' Tod, von der Tochter Catherine herausgegeben wurde. Das Registrieren rein subjektiven inneren und äußeren Erlebens hatte Camus früher gemieden; noch in seinen letzten *Carnet*-Niederschriften erklärt er – und spricht hier bezeichnenderweise zum ersten Mal von *journal (Tagebuch)*: *Ich zwinge mich, dieses Tagebuch zu führen, aber mein Widerwille ist groß. Ich weiß jetzt, warum ich es nie getan habe: Für mich ist das Leben geheim. [...] ich darf es nicht in Worten kundtun. Heimlich und ohne Formulierung, so ist es für mich am reichsten.* (T, 318)

Die Kehrseite dieser Zurücknahme des eigenen Ich vor dem Reichtum des Lebens war jedoch die Scheu vor der Erforschung des Innern, eine Abneigung gegen das Ausloten seelischer (Un-)Tiefen. Die antipsychologische Haltung Camus' hat mehrere Gründe: Zum einen wollte und konnte er sich der Bedrückungen, Zwänge, Schamgefühle, die aus der Diskrepanz zwischen seiner Herkunft und seinem Bildungsgang entstanden, nicht immer vollständig bewusst werden; der Weg der Verdrängung war einfacher und zuweilen lebensnotwendig. Zum anderen lehnte es Camus später, als er die Möglichkeit psychischer Motivationen im menschlichen Handeln reflektierte, bewusst ab, solche Motive in seinem Urteil zu berücksichtigen, da damit moralische Kriterien verwischt, wenn nicht gar gegenstandslos würden: *Man kann nicht an Güte, an Moral, an Selbstlosigkeit glauben – wegen der Psychologie* (Tr, 273), heißt es da.

Nun allerdings, in *Der erste Mensch*, bei der Annäherung an sich selbst, an seine Vergangenheit als prägende Kraft seiner gegenwärtigen Existenz, kann er sich der psychischen Dimension seines damaligen und seines heutigen Daseins, der Bedeutung kollektiver und individueller Traditionen, Erinnerungen und Träume nicht verschließen. Es ist bekannt und teilweise in den *Carnets* dokumentiert, dass sich Camus in den letzten Jahren seines Lebens intensiv mit Alfred Adler und Carl Gustav Jung beschäftigte, die beide auf unterschiedliche und originelle Weise den psychoanalytischen Ansatz Freuds weiterentwickelt haben. Damit wurde Camus der Weg zu sich selbst frei, den er immerhin schon in einer *Carnet*-Eintragung von 1949 als sein schriftstellerisches Ziel benannt hatte: *Von meinen ersten Büchern [...] bis zu [...] «Der Mensch in der Revolte» habe ich mich immer bemüht, mich zu entpersönlichen [...]. Nachher werde ich in meinem eigenen Namen sprechen.* (Tr, 270)

Der erste Mensch ist das Werk Camus', in dem er unumwunden im eigenen Namen spricht, dies jedoch, da der Tod ihn darin unterbrach, nicht bis zu Ende tun konnte. In dem Romanfragment, das uns vorliegt, hat Camus noch andere Varianten der Handlungsführung durch Randnotizen skizziert und keine endgültige Anordnung der Kapitel getroffen.

Mit dem Titel des Romans, *Der erste Mensch*, sind der Vater und der autobiographische Held gemeint. Der Vater steht als Abkomme armer französischer Einwanderer für all die mittellosen europäischen Siedler in Algerien, die sich ohne materielle Sicherheit, fern von der kulturellen Tradition Europas, ein neues Leben schaffen mussten. Und Camus selbst (im Roman trägt er den Namen seiner Großmutter, Cormery) ist ein «erster Mensch», weil er seine Persönlichkeit aufbauen muss, ohne sich auf eine väterliche Autorität und ein geistiges und materielles Erbe stützen zu können. Ohne Tradition und Erbschaft ins Leben geworfen zu sein ist also das Schicksal von Camus' Vater, von Camus selbst und schließlich aller europäischen Ansiedler; hier fließen Individual- und Kollektivgeschichte zusammen. Und weil die mühsam der Traditionslosigkeit abgerungene Verwurzelung in Algerien das Einzige sei, was sie alle an Sicherheit besäßen, bedeute der Verlust des Landes für diese Vaterlosen die *endgültige Anonymität und den Verlust der einzigen heiligen Spuren ihres Wandelns auf diesem Boden [...]*[168].

Für die eigene Persönlichkeitsentwicklung, die Camus in dem Roman nachvollzieht, sind die Kindheit und die Gestalt des Vaters von konstitutiver Bedeutung. *Was für ein Mann wäre ich, wenn ich nicht das Kind gewesen wäre, das ich war!* (Tr, 199) heißt es in den *Carnets* ebenso doppeldeutig, wie Camus über seinen autobiographischen Helden sagt: *[...] die Kindheit, [...] von der er nie erlöst worden war, zu diesem Geheimnis aus Licht und warmherziger Armut, die ihm geholfen hatte zu leben und alles zu meistern.*[169]

Um sich der unabdingbaren Persönlichkeitskonstituenten Kindheit und Vater zu bemächtigen, ist Camus/Cormery auf die Erinnerung anderer angewiesen – im Falle des Vaters sogar ausschließlich. Was aber findet er auf seiner Suche? Er fährt zur Mutter nach Algier und möchte, dass sie ihm vom Vater erzählt. Sie aber kann nicht erzählen – nicht nur, weil ihr die Worte zum plastischen Darstellen fehlen, sondern auch aus dem tieferen Grund, dass sie ohne Erinnerung, ohne Geschichte und Geschichten, lebt. Denn Erinnerung, so sinniert der mit

Im Vordergrund: Camus und Michel Gallimard

dem Schweigen oder der Einsilbigkeit der Mutter konfrontierte Cormery, sei ein Luxus der Reichen: *Die verlorene Zeit wird
nur bei den Reichen wiedergefunden. [...] Außerdem darf man sich,
um es auszuhalten, nicht allzuviel erinnern, man mußte sich ganz
dicht an die Tage halten, Stunde auf Stunde, wie seine Mutter es tat
[...].*[170] Der Vater gehört schon lange nicht mehr zu dieser sehr
beschränkten Welt; hier kann der Held also nichts über ihn erfahren. Er reist zum Grab des Vaters nach Saint-Brieuc, in die
Bretagne, und wird, als er auf dem Grabstein Geburts- und To-
desjahr liest, von der plötzlichen Erleuchtung getroffen, dass
der hier begrabene Mann jünger ist als er selbst. Das erschüttert ihn als Verstoß gegen die natürliche Ordnung und zerstört
all seine mühsam gewonnene Gefasstheit: *Er war nur mehr dieses lebensgierige, gegen die tödliche Ordnung der Welt aufbegehren-
de verängstigte Herz, das ihn vierzig Jahre lang begleitet hatte und
noch immer mit derselben Kraft gegen die Mauer schlug, die es vom
Geheimnis allen Lebens trennte [...].*[171] Nun erscheint Cormery der
Vater *näher [...] als irgendein Mensch auf der Welt*[172].

Woraus besteht das *geheimnisvolle Band, das ihn mit dem
Toten von Saint-Brieuc* verband[173]? Aus *der gleichen Beklemmung, [...] die seinen Vater gequält hatte und die er ihm als einziges
offensichtliches und gewisses Erbe hinterlassen hatte*[174]. Als Beleg
der väterlichen Angst dient die einzige überlieferte Geschichte
über den Vater – seine freiwillige Anwesenheit bei einer Hinrichtung und sein abgrundtiefes Angeekeltsein danach. Später
dann habe der Vater nie von dem Erlebten gesprochen. Dass
sich der Vater wider eigenes Erwarten mit dem Opfer identifiziert habe, macht Camus besonders mit der Aussage deutlich,
dass der Vater *nicht gedacht hatte, daß er eines gewaltsamen Todes
sterben könnte*[175].

Dies alles ist eingebettet in die Erzählung eines *vorrangigen
Alptraums*[176] von immer gleichem Ablauf, den Camus seinen
autobiographischen Helden träumen lässt und den er mit gleichem Inhalt in den *Carnets* als den seinigen wiedergibt: den
Traum von der eigenen Hinrichtung. Während es Cormery in
der Jugend aber möglich gewesen sei, darauf erleichtert in die
gute Realität zurückzufinden, *in der absolut keine Aussicht be-*

stand, daß er hingerichtet würde[177], ist das in seinen Mannesjahren ganz anders geworden: *[...] die Geschichte um ihn herum war so geworden, daß eine Hinrichtung durchaus zu den Ereignissen gehörte, mit denen zu rechnen nicht unwahrscheinlich war, und die Realität erleichterte nicht mehr von den Träumen, sondern wurde im Gegenteil sehr [präzise] Jahre hindurch von [...] Beklemmung genährt [...].*[178] Bilder des Todes sind es also, die den autobiographischen Helden mit seinem Vater verbinden.

Die Familie hingegen, die zurückhaltende, gehemmte Mutter, die autoritäre Großmutter und ein liebenswerter, schwerhöriger Onkel, bieten dem Kind Schutz gegen Angst und Tod; und sie sind auch die Menschen, von denen es erstmals Liebe erfährt. Auch untereinander sind sie durch heftige Gefühle verbunden: Die Großmutter ist dem Sohn gegenüber ungewohnt weich und zärtlich, der Sohn wiederum sinkt nach einer heftigen Auseinandersetzung, die beinahe mit Schlägen geendet hätte, in sich zusammen und versichert, dass er seine Mutter nie anrühren werde, denn sie sei für ihn *wie der liebe Gott*[179]. Seiner Schwester gegenüber baut sich der Onkel jedoch als strenger Sittenwächter auf: Als sie ein wenig aus ihrer Demut und Zurückhaltung heraustritt, weil ihr ein Bekannter der Familie den Hof macht, beschimpft er sie und schlägt den Verehrer mit Fausthieben in die Flucht. Man tut einander weh und man steht einander bei – nach dieser einfachen Formel verläuft der Umgang der drei Erwachsenen miteinander.

Dem Kind gegenüber bezeigen sie ihr Bedürfnis nach Weichheit und Offenheit – in kleinen, sparsamen Gesten, fast stumm. Mit dem Onkel geht der Junge auf die Jagd, und bei der Heimkehr fragt dieser ihn: *Bist du zufrieden?* Das Kind wusste nicht zu antworten, aber *schob [...] seine kleine Hand in die harte, schwielige Hand seines Onkels, der sie fest drückte. Und so kamen sie schweigend nach Hause.*[180] Eine ähnliche Szene verbindet den Jungen mit der Großmutter: Als der Primarschullehrer ihm zusätzliche Stunden zu geben verspricht, wendet die Großmutter ein, dass man das nicht bezahlen könne; der Lehrer entgegnet darauf, dass das Kind ihm Lohn genug sei. Dann heißt es: *[...] die Großmutter nahm Jacques bei der Hand [...], und zum er-*

stenmal drückte sie ihm die Hand, sehr fest, mit einer Art verzweifel-
ter Zärtlichkeit. «Mein Kleiner», sagte sie, «mein Kleiner.»[181]

Um die Mutter wirbt der Sohn; dafür, dass sie ihn liebt,
gibt es in Worten und Gesten kaum Anhaltspunkte – allenfalls
kann ihre harte Arbeit für die Kinder als Liebesbeweis gelten.
Mit größter Deutlichkeit erinnert sich der Junge daher dieses
Augenblicks: *Der bebende, sanfte, fiebrige Blick seiner Mutter ruhte
mit einem solchen Ausdruck auf ihm, daß das Kind zurückwich und
davonlief. ‹Sie liebt mich, sie liebt mich also›, dachte er auf der Treppe, und gleichzeitig wurde ihm klar, daß er sie rasend liebte, daß er
mit aller Kraft gewünscht hatte, von ihr geliebt zu werden, und bis
dahin immer daran gezweifelt hatte.*[182] Der Mutter ist dieses Buch
denn auch gewidmet – mit der paradoxen Formulierung: *Dir,
die Du dieses Buch nie wirst lesen können*[183].

Die Suche nach der verlorenen Zeit, die der Erzähler dreißig Jahre später aufnimmt, kann bei den noch lebenden Fami-
lienangehörigen, Mutter und Onkel, kein verbales Echo auslösen; aber *durch ihr bloßes Dasein eröffneten sie neue Quellen in ihm,
die aus einer elenden und glücklichen Kindheit heraufgekommen waren; er war nicht sicher, ob diese so reichen, so in ihm sprudelnden Erinnerungen wirklich dem Kind entsprachen, das er gewesen war*[184].

An *Der erste Mensch* arbeitete Camus beharrlich das Jahr
1959 hindurch. Im November fuhr er nach Lourmarin, um
dort bis zum Jahreswechsel zu bleiben; danach, in Paris, wollte er ein eigenes Theater übernehmen, eventuell auch die
männliche Hauptrolle in dem Film «Moderato cantabile»
nach Marguerite Duras' Erzählung spielen. Die Weihnachtsta-
ge verbrachte Camus mit seiner Familie in dem Haus in der
Provence, und zum Neujahrsfest kam die Familie Michel Gallimards zu ihnen. Am 2. Januar musste Camus' Frau mit den
Kindern wegen des Schulbeginns nach Paris zurückkehren;
die Gallimards schlugen Camus vor, am Tag darauf mit ihnen
im Auto zu fahren. Man wollte sich Zeit lassen und gut essen,
hatte also zwei Tage für die Rückfahrt vorgesehen. Am 4. Januar aß die Reisegesellschaft in Sens, ca. hundert Kilometer vor
Paris, zu Mittag. Dann fuhr man auf der Nationalstraße weiter
durch eine Reihe kleiner Dörfer. Bei Villeblevin kam der Wa-

gen ohne ersichtliche Ursache ins Schleudern und prallte frontal gegen einen Baum. Außer Camus, der neben dem Fahrer
saß, wurden alle aus dem Auto geschleudert: Michel Gallimard
war schwer verletzt und wurde mit Frau und Tochter, die keine
sichtbaren Verletzungen aufwiesen, ins Krankenhaus gebracht; er starb wenige Tage später.

Camus hatte einen Schädelbruch und einen Bruch der
Wirbelsäule erlitten. Das war eine Art des gewaltsamen Todes,
der ihn im Traum beschäftigt hatte, *ein Tod,* wie Camus 1951 in
den *Carnets* schrieb, *der es entschuldbar macht, daß man gegen das*

Entreißen der Seele aufbegehrt (Tr, 310). Dem setzt er entgegen *ein langes, klarsichtiges Ende, damit wenigstens nicht gesagt werden könne, ich sei überraschend mitgenommen worden* (Tr, 310)

Camus' Leichnam wurde im Saal der Bürgermeisterei von Villeblevin aufgebahrt und am nächsten Morgen nach Lourmarin überführt. Zwei Tage nach dem Unfall fand dort die Beerdigung statt; an der Spitze des großen Trauerzugs gingen Francine Camus, Camus' Bruder und René Char. Man trug den Sarg nicht in die Kirche, sondern direkt auf den Friedhof, der Camus' Haus in einiger Entfernung gegenüberliegt. Dort hat Camus sein Grab, in einer Reihe mit den Grabstellen der Dorfbewohner, von gleicher Größe, mit einem schlichten Stein.

Die Aktentasche, die Camus im Moment des Todes bei sich hatte, enthielt das Manuskript des Romans *Der erste Mensch*. 1994 erklärte die Tochter Camus' das lange Zögern der Familie, das Manuskript zugänglich zu machen, folgendermaßen: Die Witwe Camus' und Freunde hätten davon Abstand

Der Trauerzug in Lourmarin

Gedenkstele von Louis Bénisti für Camus in Tipasa mit der
Inschrift: «Hier verstehe ich, was Herrlichkeit heißt: das Recht,
ohne Maß zu lieben. Albert Camus»

genommen, weil Camus den Roman in dieser unfertigen Form mit den überaus starken autobiographischen Bezügen vermutlich nicht veröffentlicht hätte. Gehässige Stimmen, die sich in den siebziger und achtziger Jahren gegen Camus erhoben, hätten auch befürchten lassen, dass der Romanentwurf nur zur Bekräftigung abfälliger Meinungen benutzt werde. Am Ausgang der achtziger Jahre jedoch sei ein Stimmungsumschwung zugunsten Camus' eingetreten, der solche Befürchtungen gegenstandslos gemacht habe.[185]

Die Veröffentlichung des Buches wurde zum großen literarischen Ereignis. Camus, der zu Lebzeiten öffentlicher Aufmerksamkeit eher skeptisch begegnet war, geriet noch einmal in den Mittelpunkt des Interesses. Trotz der unfertigen, nicht autorisierten Fassung, in der das Buch nun vorliegt, ist den Lesern ein Werk zugänglich geworden, in dem eine Ahnung aufscheint von dem Gleichgewicht, nach dem Camus seine ganze schriftstellerische Laufbahn hindurch gesucht hat: *zwischen dem, was ich bin, und dem, was ich sage*[186].

Albert Camus

ANMERKUNGEN

Die am häufigsten zitierten Bücher sind in den Anmerkungen unter folgenden Abkürzungen verzeichnet:

TRN: Albert Camus: Théâtre Récits Nouvelles. Paris 1962

E: Albert Camus: Essais. Paris 1965

EM: Albert Camus: Der erste Mensch. Reinbek 1995

A.C. – J.G.: Corr.: Albert Camus, Jean Grenier: Correspondance 1932–1960. Paris 1981

Die Aussagen Camus' sowie alle anderen Zitate, von denen keine deutschen Übersetzungen vorliegen, wurden von der Autorin unter Angabe der Originalquelle ins Deutsche übertragen.

In einigen Fällen – zumal dann, wenn sich schlichtere stilistische Varianten anboten – wurden an den von Guido G. Meister besorgten deutschen Übersetzungen der *Carnets* geringfügige Veränderungen vorgenommen.

1 Albert Camus: Vorwort zu Licht und Schatten. In: Literarische Essays. Reinbek 1959, S. 21

2 Ebenda, S. 23

3 Zitate aus Albert Camus: Tagebücher 1935–1951. Reinbek 1972, sind im Text mit **Tr** und Seitenzahl, Zitate aus Albert Camus: Tagebuch 1951–1959. Reinbek 1991, sind im Text mit **T** und Seitenzahl ausgewiesen.

4 EM, S. 79, Anmerkung b

5 EM, S. 84

6 EM, S. 73

7 EM, S. 63

8 EM, S. 102 f.

9 EM, S. 314

10 Ebenda

11 EM, S. 342

12 EM, S. 96

13 EM, S. 346

14 EM, S. 355

15 EM, S. 368

16 EM, S. 341

17 EM, S. 156

18 EM, S. 158

19 Nach einer Angabe von 1930 erhielten nur fünf Prozent der algerischen Kinder eine Grundschulausbildung. Vgl.: Jacqueline Lévi-Valensi, André Abbou (Hg.): Fragments d'un combat. 1938–1940. Alger républicain, Soir républicain. 2 Bde. Paris 1978, Bd. 1, S. 101

20 EM, S. 174

21 EM, S. 173

22 Ebenda

23 EM, S. 177 f.

24 EM, S. 181

25 EM, S. 181 f.

26 EM, S. 199 f.

27 EM, S. 228 f.

28 EM, S. 278

29 EM, S. 280

30 EM, S. 230

31 EM, S. 231

32 EM, S. 289

33 EM, S. 301

34 EM, S. 291

35 EM, S. 258 f.

36 EM, S. 187

37 EM, S. 218 f.

38 EM, S. 366

39 EM, S. 52

40 A. C. – J. G.: Corr., S. 179

41 Jean Grenier: Carnets 1944–1971. Édition établie et annotée par Claire Paulhan. Paris 1991

42 Rencontres avec André Gide. In: E, S. 1117 f.

43 Sur «Les Îles» de Jean Grenier. In: E, S. 1157

44 Rencontres avec André Gide. In: E, S. 1118 f.

45 S. dazu: Heinz Robert Schlette, Franz Josef Klehr (Hg.): «Helenas Exil». Albert Camus als Anwalt des Griechischen in der Moderne. Stuttgart 1991

46 Diese Arbeit wurde erst nach Camus' Tod veröffentlicht in: E, S. 1224–1313. Eine deutsche Übersetzung wurde von Michael Lauble herausgegeben: Albert Camus:

Christliche Metaphysik und Neo-
platonismus. Diplôme d'Études
Supérieures de Philosophie 1936.
Reinbek 1978
47 Zitiert nach: Jean Grenier: Albert
Camus. Souvenirs. Paris 1968, S. 65
48 Vgl. dazu: Pour Dostoievski. In:
TRN, S. 1878f.
49 S. ebenda, S. 1879: «Ich stelle
‹Die Dämonen› den drei oder vier
großen Werken zur Seite, der
‹Odyssee›, ‹Krieg und Frieden›,
‹Don Quichote› und den Dramen
Shakespeares» […].
50 EM, S. 349
51 Zitiert nach: Herbert R. Lottman:
Albert Camus. Paris 1978, S. 52
52 Marguerite Dobrenn, eine der beiden, hat später den Briefwechsel
zwischen Camus und Grenier herausgegeben.
53 A. C. – J. G.: Corr., S. 25
54 Rencontres avec André Gide. In:
E, S. 1117f.
55 Den Werdegang Camus' als Prosa-
schriftsteller hat Jacqueline Lévi-
Valensi in ihrer Habilitations-
schrift: Genèse de l'œuvre romanesque d'Albert Camus. Paris 1980,
überzeugend dargestellt.
56 In: Brigitte Sändig (Hg.): Albert
Camus: Zwischen Ja und Nein. Frühe Schriften. Leipzig und Weimar
1986, S. 108–122
57 Ebenda, S. 123–133
58 Teilweise in: E, S. 1209–1213;
vollständig in: Paul Viallaneix
(Hg.): Le Premier Camus suivi des
Écrits de jeunesse d'Albert Camus.
Paris 1973, S. 271–287
59 Diese Fragmente sind im Anhang
von Jacqueline Lévi-Valensi: Genèse
de l'œuvre romanesque de Camus.
A. a. O., S. 810–822, nachzulesen.
60 Der Roman wurde 1971 post
um veröffentlicht als Heft 1 der
«Cahiers Albert Camus»; dt.:
Der glückliche Tod, Reinbek
1971
61 Albert Camus: Der glückliche
Tod. A. a. O., S. 136

62 So der Titel des ersten Essays von
«Hochzeit des Lichts»
63 Albert Camus: Literarische Essays. A. a. O., S. 80
64 Ebenda, S. 103
65 Lettre à Jean de Maisonseul. In:
E, S. 1219
66 EM, S. 316f.
67 A. C. – J. G.: Corr., S. 23
68 Camus' Prozessberichte sind
nachzulesen in: Jacqueline Lévi-
Valensi, André Abbou (Hg.): Fragments d'un combat. A. a. O.,
S. 351–595
69 Abgedruckt in: Jacqueline
Lévi-Valensi, André Abbou (Hg.):
Fragments d'un combat. A. a. O.,
S. 267–336; den größeren Teil dieser Artikel hat Camus unter leichten Veränderungen in den Band
«Actuelles III. Chroniques algériennes, 1939–1958» aufgenommen
(E, S. 903–938)
70 So in einer neuen algerischen
Arbeit: Hamuda Ouahiba: Albert
Camus à l'épreuve d'«Alger républicain». Alger 1991
71 Als wichtigste Kommentare:
Jean-Paul Sartre: Explication de
l'Étranger. In: Ders.: Situations I,
Paris 1947, S. 99–121 (dt.: «Der
Fremde» von Camus. In: Situationen. Essays. Reinbek 1965) sowie
Nathalie Sarraute: L'Ère du soup-
çon. Paris 1956 (dt.: Das Zeitalter
des Argwohns. Über den Roman.
Köln, Berlin 1963)
72 Alain Costes: Albert Camus ou la
parole manquante. Étude psychanalytique. Paris 1973
73 Tayeb Baguerra: Le dit et le
non-dit: à propos de l'Algérie et de
l'Algérien chez Albert Camus. Alger
1989
74 Préface à l'édition américaine. In:
TRN, S. 1920
75 Ebenda
76 Albert Camus: Der Fremde. Reinbek 1994, S. 60
77 So der Originaltitel von Sartres
umfangreicher und normbildender

Rezension bei Erscheinen des Romans; s. Anmerkung 71

78 Vgl.: Tr, 111: «Den ersten Teil des Absurden fertig gestellt.»

79 Albert Camus: Der Mythos von Sisyphos. Reinbek 1959, S. 9

80 Lettre à Pierre Bonnel. In: E, S. 1423

81 Albert Camus: Der Mythos von Sisyphos. A. a. O., S. 101

82 Albert Camus: Caligula. Texte établi d'après la dactylographie de février 1941 par A. James Arnold. Paris 1984 (Cahiers Albert Camus 4)

83 Dt. in: Albert Camus: Dramen. Reinbek 1959

84 S. z. B.: Im Angesicht der Toten. In: Brigitte Sändig (Hg.): Albert Camus. A. a. O., S. 137 – 139

85 Albert Camus: Dramen. A. a. O., S. 90

86 A. C. – J. G.: Corr., S. 74

87 Jean-Paul Sartre: «Der Fremde» von Camus. In: Situationen. A. a. O., S. 51

88 A. C. – J. G.: Corr., S. 88

89 Roland Barthes: L'Étranger, roman solaire. In: Jacqueline Lévi-Valensi (Hg.): Les Critiques de notre temps et Camus. Paris 1970, S. 61

90 Deux réponses à Emmanuel d'Astier de la Vigerie. In: E, S. 356

91 Ebenda

92 A. C. – J. G.: Corr., S. 88

93 Vgl.: Introduction aux «Poésies posthumes» de René Leynaud. In: E, S. 1471 ff.

94 Albert Camus: Briefe an einen deutschen Freund. In: Fragen der Zeit. Reinbek 1960, S. 27 f.

95 Ebenda, S. 9

96 Ebenda, S. 28

97 Préface à «L'Allemagne vue par les écrivains de la résistance française» de Konrad Bieber. In: E, S. 1487 f.

98 Images de l'Allemagne occupée. In: Combat, Éd. magazine vom 1. 7. 1945

99 Ebenda

100 Ebenda

101 Simone de Beauvoir: In den besten Jahren. Reinbek 1961, S. 480

102 A. C. – J. G.: Corr., S. 99

103 Zürich – Hamburg 1954, Arche Verlag; die französische Originalausgabe erschien unter dem Titel *Le Désir attrapé par le queue 1945 im Verlag Gallimard, Paris*

104 S. dazu Maria Casarès: Résidente privilégiée. Paris 1980

105 S. dazu: Teodosio Vertone: L'œuvre et l'action d'Albert Camus dans la mouvance de la tradition libertaire. Lyon 1984

106 Jean-Louis Barrault: Souvenirs pour demain. Paris 1972

107 Deux réponses à Emmanuel d'Astier de la Vigerie. In: E, S. 355

108 Albert Camus: Der Mensch in der Revolte. Reinbek 1953, S. 15

109 In: E, S. 1682 ff.

110 Albert Camus: Der Mensch in der Revolte. A. a. O., S. 323

111 Ebenda, S. 329 f.

112 In deutscher Übersetzung unter dem Titel «Heimkehr nach Tipasa» erschienen

113 Aus einem Interview mit Camus von 1954. In: E, S. 1837

114 Albert Camus: Kleiner Führer durch Städte ohne Vergangenheit. In: Literarische Essays. A. a. O., S. 161

115 Ebenda, S. 181 f.

116 Ebenda, S. 183

117 Ebenda, S. 182

118 Ebenda, S. 184

119 Ebenda, S. 186 f.

120 Albert Camus: Conférence prononcée à Athènes sur l'avenir de la tragédie. In: TRN, S. 1699 ff.

121 Ebenda, S. 1700

122 Albert Camus: La vraie démission (Artikel in «Express» vom 25. 10. 1955). In: Paul-F. Smets (Hg.): Albert Camus éditorialiste à l'Express (mai 1955 – février 1956). Paris 1987, S. 77

123 Vgl. die Wiedergabe einer diesbezüglichen Aussage Camus' durch

den Journalisten Jean Daniel: [...] Algerien ist ein von zwei Völkern bewohntes Territorium, [...] beide Völker haben das gleiche Recht [...] ihr Vaterland zu bewahren. Jawohl, ein Vaterland. Keine Nation! Es gibt keine algerische Nation. (Jean Daniel. In: Études méditerranéennes, 1960, H. 7, S. 21)

124 Albert Camus: La Charte de janvier (Artikel in «Express» vom 4. 11. 1955). In: Paul-F. Smets (Hg.): Albert Camus éditorialiste à l'Express (mai 1955 – février 1956). A. a. O., S. 87

125 Mouloud Feraoun: La source de nos communs malheurs. Lettre d'un algérien musulman à Albert Camus. In: Preuves, supplément no 139, septembre 1962

126 Albert Camus: Aufruf für einen Burgfrieden in Algerien. In: Fragen der Zeit. A. a. O., S. 159

127 Ebenda, S. 160

128 Ebenda, S. 158

129 Ebenda, S. 160f.

130 Ebenda, S. 163

131 Ebenda, S. 158

132 Ebenda, S. 165

133 Zitiert nach: Roger Quilliot: Commentaires. Chroniques algériennes. In: E, S. 1843

134 Albert Camus: Vorwort zur Algerischen Chronik. In: Fragen der Zeit. A. a. O., S. 151

135 Ebenda, S. 148

136 Vgl. ebenda, S. 146

137 Ebenda, S. 147

138 Ebenda, S. 149

139 EM, S. 78

140 Ebenda

141 EM, S. 371

142 Albert Camus: Der Fall. Reinbek 1957, S. 23

143 Ebenda, S. 76

144 Albert Camus: Extraits d' interviews. In: TRN, S. 1872

145 Ebenda

146 Albert Camus: Der Künstler und seine Zeit. In: Fragen der Zeit. Reinbek 1960, S. 215

147 Albert Camus: Notes et variantes. La chute. In: TRN, S. 2014

148 Dossier B3 (1) des Fonds Camus im Institut Mémoires de l'édition contemporaine in Paris

149 Albert Camus: Das Exil und das Reich. Erzählungen. Reinbek 1958, S. 28

150 Ebenda, S. 36

151 Ebenda, S. 196

152 Ebenda, S. 61

153 Ebenda, S. 90

154 Ebenda, S. 103

155 Ebenda

156 A. C. – J. G.: Corr., S. 151

157 Albert Camus: Das Exil und das Reich. A. a. O., S. 147

158 So die Begründung der Schwedischen Akademie; zitiert nach: Roger Quilliot: Commentaires. Discours de Suède. In: E, S. 1893

159 Zitiert nach: Ebenda, S. 1894

160 Albert Camus: Rede anlässlich der Entgegennahme des Nobelpreises am 10. Dezember 1957 in Stockholm. In: Fragen der Zeit. A. a. O., S. 199–203

161 A. C. – J. G.: Corr., S. 216

162 Albert Camus: Der Künstler und seine Zeit. In: Fragen der Zeit. A. a. O., S. 218

163 Ebenda, S. 217

164 Pour Dostoievski. In: TRN, S. 1879f.

165 Zitiert nach: Roger Quilliot: Commentaires. Discours de Suède. In: E, S. 1895

166 Zitiert nach: Roger Quilliot: Commentaires. L'Homme révolté. In: E, S. 1610

167 Albert Camus: Helenas Exil. In: Literarische Essays. A. a. O., S. 166

168 EM, S. 222

169 EM, S. 51

170 EM, S. 93

171 EM, S. 35

172 EM, S. 36

173 EM, S. 96

174 Ebenda

175 Ebenda

176 EM, S. 95

177 EM, S. 96
178 Ebenda
179 EM, S. 138
180 EM, S. 130
181 EM, S. 186
182 EM, S. 107
183 EM, S. 11
184 EM, S. 153

185 S. die Aussage Catherine Camus'
in: Bulletin d'information. Société
des Études Camusiennes, No. 33,
Mai 1994, S. 15
186 Albert Camus: Vorwort zu
Licht und Schatten. In: Literarische
Essays. A.a.O., S. 21

ZEITTAFEL

1909 Eheschließung von Lucien Auguste Camus, Abkomme armer französischer Einwanderer in Algerien, und Catherine Sintès, deren Familie von den Balearen stammt.

1910 Geburt des ältesten Sohnes Lucien

1913 Am 7. November wird in Mondovi (Ostalgerien) der zweite Sohn, Albert, geboren.

1914 Nach einer Verwundung in der Marneschlacht stirbt Lucien Auguste Camus in einem Lazarett in der Bretagne; Catherine Camus lebt seitdem mit den Kindern im Haushalt ihrer Mutter in Belcourt, einem ärmlichen Stadtviertel Algiers.

1918–1923 Albert Camus besucht die École primaire von Belcourt.

1924–1931 Gymnasialbildung als Stipendiat

1930 Ausbruch der Lungentuberkulose; Begegnung mit Jean Grenier

1933–1936 Philosophiestudium an der Universität Algier

1934 Heirat mit Simone Hié; Beitritt zur Kommunistischen Partei Algeriens

1935 Lizentiat der Philosophie; Kulturarbeit an der «Maison de la culture» in Algier; Gründung des «Théâtre du Travail»

1936 Erlangung des Diploms in Philosophie; Reise nach Mitteleuropa; Trennung von Simone Hié

1937 Ausschluss oder Austritt aus der KP

1938 Mitarbeiter der Zeitung «Alger républicain»

1939 Camus' freiwillige Meldung zum Wehrdienst wird aufgrund seiner Lungenkrankheit abgelehnt.

1940 Verbot des «Soir républicain», der Nachfolgezeitung von «Alger républicain»; Camus zieht nach Paris und arbeitet bei «Paris-Soir»; Scheidung von Simone Hié und Heirat mit Francine Faure in Lyon.

1941 Nach Verlust der Arbeitsstelle Aufenthalt bei der Familie Faure in Oran.

1942 Aus Gesundheitsgründen in Südfrankreich

1943–1944 Camus arbeitet als Journalist für die Widerstandszeitung «Combat», übernimmt dann deren Leitung; ab Ende 1943 Lektor bei Gallimard; Bekanntschaft mit Jean-Paul Sartre.

1945 Geburt der Zwillinge Jean und Catherine

1946 März–Juni: Vortragsreise durch die USA und Kanada

1947 Camus gibt die Leitung der Zeitung «Combat» ab; das Erscheinen des Romans *Die Pest* macht ihn zur Berühmtheit.

1949 Juni–August: Vortragsreise durch Südamerika; neuerlicher schwerer Krankheitsausbruch

1952 Infolge der Veröffentlichung von *Der Mensch in der Revolte* Kontroverse mit Jean-Paul Sartre; beide brechen die Beziehung zueinander ab.

1953 Theaterarbeit in Angers

1955 April/Mai: Griechenland-Fahrt; Stellungnahmen zum Algerienkrieg in «L'Express»

1956 Reise nach Algerien: öffentliche Aufforderung an die kämpfenden Parteien, Zivilisten von den Kampfhandlungen zu verschonen; Stellungnahme zugunsten des Volksaufstands in Ungarn.

1957 Am 10. Dezember erhält Camus den Nobelpreis für Literatur.

1958–1959 Adaptation und Inszenierung von Dostojewskijs Roman «Die Dämonen»; Arbeit an *Der erste Mensch*

1960 4. Januar: Tödlicher Unfall
im Wagen von Michel Gallimard
auf der Fahrt von Lourmarin nach

Paris; 22. September: Camus'
Mutter stirbt in Algier.

1979 Tod Francine Camus'

Zeugnisse

Hannah Arendt

[...] mehr noch tut mir leid, daß Sie Camus nicht kennengelernt haben. Er gehört zu jenen jungen Menschen aus der Résistance, von denen Sie schreiben. Er ist absolut ehrlich und hat große politische Einsicht. Es gibt jetzt aus allen europäischen Ländern stammend plötzlich einen neuen Typus Mensch, der einfach und ohne allen «europäischen Nationalismus» Europäer ist [...]. Camus gehört auch dazu.

Brief vom 11. 11. 1946 an Karl Jaspers

Nathalie Sarraute

Aber vielleicht hat Albert Camus uns auch im Gegenteil, wie in einer Wette gegen sich selbst, beweisen wollen, dass es in unseren Breiten unmöglich ist, ohne Psychologie auszukommen. Wenn dies seine Absicht war, so ist es ihm vollkommen gelungen.

Das Zeitalter des Argwohns, 1947

Jean-Paul Sartre

Ein Gemisch aus unbewußter Selbstgefälligkeit und Verwundbarkeit in Ihrem Wesen hat mich bisher stets davon abgehalten, Ihnen reinen Wein einzuschenken. Das Ergebnis ist, daß Sie einer dumpfen Maßlosigkeit zum Opfer gefallen sind, die Ihre inneren Schwierigkeiten verhüllt und die Sie, glaube ich, das mittelmeerische Maß nennen.

Offener Brief Sartres an Camus, 1952

Kateb Yacine

Mein lieber Landsmann. Ausgestoßen aus dem gleichen Reich, sind wir wie zwei feindliche Brüder, [...] die hochmütig ihr Erbteil zurückgewiesen haben, um es nicht teilen zu müssen.

Aus dem einzigen Brief Kateb Yacines an Camus, 1957

Mohammed Dib

Camus ist in einer Welt der Ruinen angekommen, des Geschmacks von Asche und Sonne, in der der Mensch nicht einmal mehr ein Überlebender ist, sondern schon der Schatten des Menschen von Hiroshima. Und vom Anfang bis zum Ende hat sich sein Werk der geringsten Abmilderung dieses Gefühls verweigert; er hat diese blind machende Realität voll angenommen und sie uns auferlegt als die einzige Heimstatt des Menschen. Ja, Camus ist über die Entdeckung Dostojewskijs: Gott ist tot! hinausgegangen. Sogar der Mensch ist tot, und alle Hoffnung ist verboten. Das ist die Lehre dieses Werkes, die seine düstere Größe und seine Schwäche darstellt.

Simoun, 1960

Roland Barthes

Jetzt ist Camus ein Mythos, und es hat nicht mehr viel Sinn, mit ihm einverstanden zu sein oder nicht. Die einzige Frage, die ich mir noch stellen kann, ist diese: Könnte eines Tages eine Avantgarde Camus wiederentdecken und auf neue und fruchtbare Weise erschließen? Ich muß gestehen, daß ich daran nicht glaube.

In einer Diskussion der Frage: Warum gefällt Camus noch immer? In: Arts, 1965

Ahmed Taleb Ibrahimi

(algerischer Erziehungs-, Kultur- und Außenminister)

Camus hat es in der Stunde der Entscheidungen an Mut und Klarsicht gefehlt. Seine Intelligenz und seine Kultur haben nicht verhindert, daß er Reflexen den Vorrang vor der Reflexion gegeben hat, daß ihm die Verteidigung einer Menschengruppe über die Verteidigung der universellen Werte ging. [...] Die Algerier erwarteten zu Recht mehr von einem Nobelpreisträger. Diese Auszeichnung ist nicht nur eine große Ehre, sondern auch eine schwere Verpflich-

tung. Sie verleiht eine Art von Über-Nationalität [...]. Camus ist nicht auf der Höhe dieses Ideals gewesen.
Albert Camus aus der Sicht eines Algeriers. Vortrag in Algier und Beirut, 1967

Charles Bukowski
Ich will mir hier nicht wie Camus den Heiligenschein des engagierten Aktivisten aufsetzen, der sich um das Wohl der Menschheit sorgt [...]. Als Camus anfing, vor den verstaubten Geistern der Akademien Reden zu halten, ging seine Schriftstellerei den Bach runter. Und was ihn umbrachte, war kein Autounfall.
Aufzeichnungen eines Außenseiters, 1969

Patrick Modiano
Ich glaube, daß Camus zu Lebzeiten auf einen Sockel gehoben worden ist, von dem er sich sehr gern freigemacht hätte.
In einer Debatte «Für und wider Camus». In: Figaro littéraire, 1970

Jean-Louis Barrault
Wir arbeiteten euphorisch zusammen. Ich würde sogar sagen, in voller Unschuld. Wir fühlten, wir waren «im Kommen». Es genügte, den Tod zu ohrfeigen, und er wich zurück. Während der ganzen Zeit der Stück-Komposition und dann während der Proben genossen wir eine Art von Glück. Freude wäre das rechte Wort. Die Freude, zu schaffen [...].
Souvenirs pour demain, 1972 – Über die Zusammenarbeit an dem Stück «Der Belagerungszustand» im Jahre 1947

James Baldwin
Man könnte Camus vielleicht als radikalen Humanisten beschreiben, er war jung, er war intelligent, und es war anzunehmen, daß er – mit der Autorität eines Kenners des Landes – diese schönen Eigenschaften auch in die Beurteilung des französisch-alge-

rischen Konfliktes einbringen würde. Ich habe diesen Schriftsteller nie so hoch eingeschätzt, wie viele andere es tun. Ich war betroffen, weil für Camus der europäische Humanismus an den Grenzen Europas zu enden schien: Es war so, daß sich Camus, solange die Sache der Europäer vertreten wurde, der Idee der Freiheit verpflichtet fühlte, daß ihm aber, sobald es um die Sache Algeriens ging, nichts einfiel, als von «Gerechtigkeit» zu faseln.
Eine Straße und kein Name, 1972

Eintrag in der Staatssicherheitsakte von Rainer Kunze
Von diesem kleinbürgerlichen Konzept her, das K. philosophisch mit der existentialistischen Philosophie von Albert Camus verknüpfte, betrachtete er sich vor allem als dichterischer Anwalt des Einzelnen, der den Zwängen der Gesellschaft ausgesetzt ist, die ihn zu manipulieren und zu deformieren sucht. [...] K. will (nach Camus) Auge in Auge mit dem Nichts leben und im Bewußtsein der Absurdität dieses Daseins Mensch sein wollen; er will dem Einzelnen helfen – Solidarität üben; will kein Unrecht im Großen wie im Kleinen unwidersprochen hinnehmen [...]. Für R. K. existiert das Absurde auch in der DDR.
1977

Günter Grass
Was vor allem von Camus gelernt werden kann, ist seine Haltung: dieses Aushalten einer deprimierenden Zeit, dieser lange Atem im Widerstand gegen Ausbeutung, Zerstörung und Haß. Diese Haltung ist ja heute angesichts des katastrophalen Gefälles auf vielen Gebieten, dem der Wirtschaft, der Rüstung, der Umwelt, noch viel nötiger als zu Camus' Zeiten. [...] Camus könnte hilfreich sein, wenn es darauf ankommt, trotz hoff-

nungslos erscheinender Zukunft nicht aufzugeben, nicht zu resignieren, weiter Widerstand zu leisten. Camus und mein Privatheiliger: Sisyphos.
Gespräch mit Oskar Negt, 1985

Émile Michel Cioran

Ich habe Camus einmal getroffen. Das lief gar nicht gut. Ich hatte ihn gelesen und hatte eine gewisse Achtung für ihn, vor allem, weil er mir als anständiger Kerl erschien: ich hielt ihn, wenn nicht für mittelmäßig, so doch für einen Autor zweiten Ranges. Er hatte bei Gallimard das Manuskript des «Précis de décomposition» («Die Lehre vom Zerfall», 1953) gelesen und sagte mir nun folgendes: «Jetzt kommt es darauf an, daß Sie sich in den Kreislauf der Ideen einbringen.» – «Leck mich am Arsch», habe ich gesagt. Der da wollte mir gute Lehren erteilen, verstehen Sie, mit seinem Grundschullehrer-Niveau! Er hatte ein paar Schriftsteller gelesen, aber er hatte nicht die geringste philosophische Kultur …
Aus einem Interview von 1990

Alain Robbe-Grillet

Der enorme Apparat von Kolloquien und Universitätsschriften, mit denen Camus in aller Welt seit vierzig Jahren geehrt wird, verbunden mit seinem zu großen unmittelbaren und bleibenden Publikumserfolg, ganz zu schweigen von seiner endgültigen Vereinnahmung durch die Lehrbücher für Gymnasien, stellen für ihn heute beinahe eine negative Empfehlung dar.
Dennoch bin ich nicht der einzige Schriftsteller – in meinem Alter oder unter den viel jüngeren –, die ihn als eine der wichtigsten Begegnungen nennen, von denen ihr Werdegang bestimmt wurde.
In: Magazine littéraire, 1990

Bernard-Henri Lévy

Ich liebe Camus. In dieser Ahnengalerie ist er einer der wenigen, denen ich mich wirklich nahe fühle.
Les Aventures de la liberté, 1991

Rachid Mimouni

Wenn man von Camus' Beziehung zu Algerien spricht, muß man seinen bekannten Ausspruch anführen, wonach ihm seine Mutter mehr wert sei als die Gerechtigkeit. Man vergißt dabei zu Unrecht eine andere Erklärung von ihm: Als man ihn aufforderte, seine Meinung zu dem algerischen Konflikt zu äußern, hat er geantwortet, daß er, gäbe es eine Partei derer, die über keinerlei Sicherheiten verfügen, dieser Partei angehören würde. […] Camus zweifelte mehr als jeder andere. Er hat über die moralischen Werte nachgedacht, durch die man die Menschengemeinschaft zusammenschließen könnte, und wußte, daß er damit nie ans Ziel gelangen werde. Auch wenn er sich getäuscht hat, sind wir davon überzeugt, daß er immer nach seinem Gewissen gehandelt hat.
Camus et l'Algérie intégriste, in: Nouvel Observateur, 1994

Edward W. Said

… sind Conrad und Camus nicht bloß Repräsentanten eines «westlichen Bewußtseins», sondern vielmehr westlicher *Dominanz* in der nicht-europäischen Welt.
Kultur und Imperialismus, 1994

Czesław Miłosz

Ich bin Anfang der fünfziger Jahre nach Frankreich gekommen. Ich hatte gerade mit dem Warschauer Regime gebrochen. Ich war im Exil. Ich war gereizt gegenüber dem intellektuellen Paris dieser Jahre, wo der Geist von «Temps modernes» triumphierte, von man mich systematisch als Verräter am Sozialismus zurückwies. Das war wie ein kollektiver

Wahn. Jenseits von dieser Böswillig-
keit und dieser Femestimmung gab
es Albert Camus. Camus hatte mit
diesem Pariser Milieu nichts gemein.
Er war sehr freundschaftlich.
In: Nouvel Observateur, 1994

Elie Wiesel
Sagen wir es rundheraus: Es tut
wohl, von Albert Camus und seinem Werk zu sprechen. Trotz der Melancholie, die von einigen seiner
Werke ausgeht, geht man gestärkt, ja
ermutigt daraus hervor.
In: Europe, 1999

BIBLIOGRAPHIE

1. Bibliographische Hilfsmittel

Di Pilla, Francesco: Albert Camus e la critica. Bibliografia internazionale (1937–1971). Lecce 1973

Schlette, Heinz Robert: Wege der deutschen Camus-Rezeption. Darmstadt 1975

Gay-Crosier, Raymond: Camus. Darmstadt 1976

Roeming, Robert F.: Camus. A Bibliography. Milwaukee ¹³1997

Camus-Nummern der Zeitschrift «Revue des lettres modernes», Albert Camus 1(1968) – 18(1999)

2. Werke

I. Gesamtausgaben

Œuvres complètes. Notices de Roger Grenier. Bd. 1 – 9. Paris 1983, Club de l'Honnête Homme

II. Teilsammlungen

a) Französisch:
Théâtre Récits Nouvelles. Préface par Jean Grenier. Textes établis et annotés par Roger Quilliot. Paris 1962, Gallimard

Essais. Introduction par Roger Quilliot. Textes établis et annotés par R. Quilliot et L. Faucon. Paris 1965, Gallimard

b) In deutscher Übersetzung:
Dramen. Reinbek 1959, Rowohlt [Enthält: Caligula, Das Missverständnis, Der Belagerungszustand, Die Gerechten, Die Besessenen]

Literarische Essays. Reinbek 1959, Rowohlt [Enthält: Licht und Schatten, Hochzeit des Lichts, Heimkehr nach Tipasa]

Fragen der Zeit. Reinbek 1960, Rowohlt [Enthält: Briefe an einen deutschen Freund, ausgewählte Beiträge aus Actuelles I, II, III, Die Guillotine, Der Künstler und seine Zeit]

Kleine Prosa. Reinbek 1961, Rowohlt [Enthält: Rede anlässlich der Entgegennahme des Nobelpreises, Der Künstler und seine Zeit, Licht und Schatten, Briefe an einen deutschen Freund, vier Erzählungen aus «Das Exil und das Reich»]

Gesammelte Erzählungen. Reinbek 1966, Rowohlt

Verteidigung der Freiheit. Politische Essays. Reinbek 1968, Rowohlt [Enthält: Ausgewählte Beiträge aus Actuelles I, II, III]

Ziel eines Lebens. Essays. Frankfurt a. M. 1974, Suhrkamp

Erzählungen. Berlin-Ost 1974, Volk und Welt

Prosa. Der Fremde, Die Pest, Der Fall, Das Exil und das Reich. Berlin-Ost 1977, Volk und Welt

Horst Wernicke (Hg.): Unter dem Zeichen der Freiheit. Camus-Lesebuch. Reinbek 1985, Rowohlt

Brigitte Sändig (Hg.): Zwischen Ja und Nein. Frühe Schriften. Leipzig und Weimar ²1992, Kiepenheuer

III. Einzelausgaben

a) Französisch:
Révolte dans les Asturies. Essai de création collective. Algier 1936, Charlot

L'Envers et l'endroit. Algier 1937, Charlot

Noces. Algier 1939, Charlot

L'Étranger. Paris 1942, Gallimard

Le Mythe de Sisyphe. Essai sur l'absurde. Paris 1942, Gallimard

Le Malentendu. Pièces en trois actes, suivi de Caligula. Paris 1944

Lettres à un ami allemand. Paris 1945, Gallimard

La Peste. Paris 1947, Gallimard

L'État de siège. Spectacle en trois parties. Paris 1948, Gallimard

Actuelles I. Chroniques 1944–1948. Paris 1950, Gallimard

Les Justes. Pièce en cinq actes. Paris 1950, Gallimard

L'Homme révolté. Paris 1951, Gallimard

Actuelles II. Chroniques 1948–1953. Paris 1953, Gallimard

L'Été. Essais. Paris 1954, Gallimard

La Chute. Paris 1956, Gallimard

L'Exil et le royaume. Nouvelles. Paris 1957, Gallimard

Réflexions sur la guillotine. Paris 1957, Gallimard

Actuelles III. Chroniques algériennes, 1939–1958. Paris 1958, Gallimard

Discours de Suède. Paris 1958, Gallimard

Les Possédés. Pièce en trois parties. Paris 1959, Gallimard

La Mort heureuse. Roman. Introduction et notes de Jean Sarocchi. Paris 1971, Gallimard (Cahiers Albert Camus 1)

Le Premier homme. Paris 1994, Gallimard (Cahiers Albert Camus 7)

b) In deutscher Übersetzung

Der Fremde. Boppard, Bad Salzig 1948, Rauch; Neuübers. Reinbek 1994, Rowohlt

Die Pest. Innsbruck 1948, Abendlandverlag; Neuübers. Reinbek 1997, Rowohlt

Der Mythos von Sisyphos. Ein Versuch über das Absurde. Reinbek 1950, Rowohlt; Neuübers. unter dem Titel «Der Mythos des Sisyphos». Reinbek 1999, Rowohlt

Hochzeit des Lichts. Impressionen am Rande der Wüste. Zürich 1950, Arche Verlag

Der Mensch in der Revolte. Essays. Reinbek 1953, Rowohlt

Heimkehr nach Tipasa. Zürich 1957, Arche Verlag

Der Fall. Roman. Reinbek 1957, Rowohlt

Das Exil und das Reich. Erzählungen. Reinbek 1958, Rowohlt

Der glückliche Tod. Roman. Reinbek 1972, Rowohlt

Christliche Metaphysik und Neoplatonismus (Diplôme d'Études Supérieures de Philosophie, 1936). Reinbek 1978, Rowohlt

Der erste Mensch. Reinbek 1995, Rowohlt

3. Lebenszeugnisse vom Autor selbst

Carnets. Mai 1935–février 1942. Paris 1962

Carnets. Janvier 1942–mars 1951. Paris 1964

dt.: Tagebücher 1935–1951. Reinbek 1972

Carnets III. Mars 1951–décembre 1959. Paris 1989

dt.: Tagebuch 1951–1959. Reinbek 1991

Journaux de voyage. Texte établi, présenté et annoté par Roger Quilliot. Paris 1978

dt.: Reisetagebücher. Reinbek 1980; Freude des Lichts. Reisebilder. Freiburg i. Br., Basel, Wien 1992

Albert Camus – Jean Grenier: Correspondance 1932–1960. Avertissement et notes par Marguerite Dobrenn. Paris 1981

Présence d'Albert Camus. Textes et commentaires dits par l'auteur. (3 Schallplatten). Adès

Albert Camus vous parle. Avec la collaboration de Maria Casarès, Alain Cuny, Serge Reggiani (Schallplatte)

4. Lebenszeugnisse

Casarès, Maria: Résidente privilégiée. Paris 1980

Grenier, Jean: Albert Camus. Souvenirs. Paris 1968

–: Carnets 1944–1971. Édition établie et annotée par Claire Paulhan. Paris 1991

Grenier, Roger (Hg.): Albert Camus. Iconographie choisie et commentée. Paris 1982

Lenzini, José: L'Algérie de Camus. Aix-en-Provence 1987, ²1998

Roblès, Emmanuel: Albert Camus et la trêve civile. Philadelphia 1988

Vecchiali, Paul, Cécile Clairval (Regie): Film mit Aussagen von Lebenszeugen Albert Camus'. Paris 1974

Vertone, Teodosio: L'œuvre et l'action d'Albert Camus dans la mouvance de la tradition libertaire. Lyon 1989

5. Gesamtdarstellungen

Brée, Germaine: Albert Camus, Gestalt und Werk. Hamburg 1960

Brisville, Jean-Claude: Camus. Paris 1970

Feldhoff, Heiner: Paris, Algier. Die Lebensgeschichte des Albert Camus. Weinheim, Basel 1991, ²1998

Grenier, Roger: Albert Camus, Soleil et ombre. Une biographie intellectuelle. Paris ²1991

Lottmann, Herbert R.: Albert Camus. Das Bild eines Schriftstellers in seiner Epoche. München 1988

–: Camus. Eine Biographie. Hamburg 1986

Pieper, Annemarie: Albert Camus. München 1984

Quilliot, Roger: La Mer et les prisons. Essai sur Albert Camus. Paris 1970

Sändig, Brigitte: Albert Camus. Eine Einführung in Leben und Werk. Leipzig ³1992

Sarocchi, Jean: Le Dernier Camus ou le premier homme. Paris 1995

Schillinger-Kind, Asa A.: Albert Camus zur Einführung. Hamburg 1999

Todd, Olivier: Camus, une vie. Paris 1996; dt: Reinbek 1999, Rowohlt

6. Aufsatzsammlungen

Camus (Sammelband). Paris 1964

Europe no 846, 1999 (77.Jg): Albert Camus, Paris

Gay-Crosier, Raymond (Hg.): Albert Camus 80. Gainesville 1980

Gay-Crosier, Raymond, Jacqueline Lévi-Valensi (Hg.): Albert Camus. Œuvre fermée, œuvre ouverte? Paris 1985 (Cahiers Albert Camus 5)

Guérin, Jeanyves (Hg.): Camus et la politique. Paris 1986

Lauble, Michael (Hg.): Der unbekannte Camus. Zur Aktualität seines Denkens. Düsseldorf 1979

Lévi-Valensi, Jacqueline (Hg.): Camus et le théâtre. Paris 1992

–: Les Critiques de notre temps et Camus. Paris ²1976

Pieper, Annemarie (Hg.): Die Gegenwart des Absurden. Studien zu Albert Camus. Tübingen, Basel 1994

Sändig, Brigitte, Rainer Graupner (Hg.): Ich revoltiere, also sind wir. Albert Camus – 40 Jahre «Der Mensch in der Revolte». Berlin 1991

Schlette, Heinz Robert (Hg.): Wege der deutschen Camus-Rezeption. Darmstadt 1975

–, Franz Josef Klehr (Hg.): «Helenas Exil». Albert Camus als Anwalt des Griechischen in der Moderne. Stuttgart 1991

Walker, David H. (Hg.): Albert Camus: Les extrêmes et l'équilibre. Amsterdam 1994

7. Untersuchungen

Baguerra, Tayeb: Le dit et le non-dit: A propos de l'Algérie et de l'Algérien chez Albert Camus. Algier 1989

Balz, Heinrich: Aragon, Malraux, Camus. Korrektur am literarischen Engagement. Stuttgart 1970

Broyelle, Claudie et Jacques: Les Illusions retrouvées. Sartre a toujours raison contre Camus. Paris 1982

Di Meglio, Ingrid: Antireligiosität und Kryptotheologie bei Albert Camus. Bonn 1975

Dramm, Sabine: Dietrich Bonhoeffer

und Albert Camus. Analogien im Kontrast. Gütersloh 1998

Gassin, Jean: L'Univers symbolique d'Albert Camus. Essai d'interprétation psychanalytique. Paris 1981

Gay-Crosier, Raymond: Les envers d'un échec. Étude sur le théâtre d'Albert Camus. Paris 1967

Guérin, Jeanyves: Camus – Portrait de l'artiste en citoyen. Paris 1993

Kohlhase, Norbert: Dichtung und politische Moral. Eine Gegenüberstellung von Brecht und Camus. München 1965

Kreiner, Klaus: «Exil» und «Reich» als Grundpole im Denken Albert Camus' und Ernst Blochs. Frankfurt a. M., Bern, New York 1985

Lauble, Michael: Sinnverlangen und Welterfahrung. Albert Camus' Philosophie der Endlichkeit. Düsseldorf 1984

Mailhot, Laurent: Albert Camus ou l'imagination du désert. Montréal 1973

Marin, Lou: Ursprung der Revolte. Albert Camus und der Anarchismus. Heidelberg 1998

Michel, Andreas: Denken in der Krise: «Ökologisches Denken» bei Albert Schweitzer, Max Horkheimer, Albert Camus und Bertrand Russell; Aspekte einer immanenten Dialektik. Hamburg 1991

Mino, Hiroshi: Le Silence dans l'œuvre d'Albert Camus. Paris 1987

Neudeck, Rupert: Die politische Ethik bei Jean-Paul Sartre und Albert Camus. Bonn 1975

Rehbein, Jürgen: Albert Camus. Vermittlung und Rezeption in Frankreich. Über Bedingungen literarischen Erfolgs. Heidelberg 1978

Rizzuto, Antony: Camus: Love and sexuality. Gainesville 1998

Royle, Peter: The Sartre-Camus Controversy: A Literary and Philosophical Critique. Ottawa 1982

Schlette, Heinz Robert: «Der Sinn der Geschichte von morgen», Albert

Camus' Hoffnung. Frankfurt a. M. 1995

–: Albert Camus. Welt und Revolte. Freiburg, München 1980

Stuby, Gerhard: Recht und Solidarität im Denken von Albert Camus. Frankfurt a. M. 1965

Vargas Llosa, Mario: Entre Sartre y Camus. Puerto Rico 1981

Wernicke, Horst: Albert Camus. Aufklärer, Skeptiker, Sozialist. Essay über einen Entwurf vom brüderlichen Menschen. Hildesheim, Zürich, New York 1984

Weyembergh, Maurice: Albert Camus et la mémoire des origines. Paris, Bruxelles 1998

8. Uraufführung von Theaterstücken Camus'

Das Missverständnis. Théâtre des Mathurins, Paris, 3. 6. 1944. Regie: Marcel Herrand

Caligula. Théâtre Hébertot, Paris, 26. 9. 1945. Regie: Paul Oettly

Der Belagerungszustand. Théâtre Marigny, Paris, 27. 10. 1948. Regie: Jean-Louis Barrault

Die Gerechten. Théâtre Hébertot, Paris, 15. 12. 1949. Regie: Paul Oettly

Requiem für eine Nonne (nach Faulkner). Théâtre des Mathurins, Paris, 20. 9. 1956. Regie: Albert Camus

Die Besessenen (nach Dostojewskij). Théâtre Antoine, Paris, 30. 1. 1959. Regie: Albert Camus. 1983/84 Inszenierung durch Andrzej Wajda, Teatr Stary Krakau

9. Verarbeitung von Werken Camus' durch andere Medien

a) Verfilmungen:

Der Fremde. Regie: Luchino Visconti. Mit: Marcello Mastroianni, Anna Karina, Bernard Blier, Georges Wilson. Frankreich, Italien 1967

The Plague/La Peste (nach Motiven des Romans von Camus). Regie; Luis Puenzo. Frankreich, Argentinien 1992

b) Vertonungen:

Gerhard, Roberto: Die Pest. Uraufführung London 1964. Dirigent: Antal Dorati

Hahne, Dietrich: Komposition und Film nach Motiven aus Albert Camus' «Der Abtrünnige» für Chor, Orchester und Spielfilm. 1992 (Folkwang-Texte 2)

c) Einige Theateradaptationen:

La Peste. Einpersonenstück. Théâtre Marigny/La Compagnie Francis Huster, Paris, 1989. Adaptation, Regie und Schauspiel: Francis Huster

La Chute. Centre de développement et d'animation concertée, Belfort, 1976. Regie: Marcel Guignard; Centre International, Grasse, 1982. Regie: Georges Robert d'Eshougues; Théâtre des Trente, Lyon, 1987. Regie: Michel Belletante; Maxim-Gorki-Theater, Berlin, 1990. Regie: Wolfgang Mochmann

L'Hôte et le Rénégat. Théâtre Action Tréteaux, Besançon, 1986. Regie: Anne Petit und Hichem Rostom

Das obszöne Werk: Caligula Bataille/Camus. Volksbühne Berlin, 2000. Regie: Frank Castorf

ÜBER DIE AUTORIN

Brigitte Sändig, geb. 1944 in Dresden; Studium der Romanistik und Germanistik in Leipzig; 1970/71 als Entwicklungshelfeim im Algerien; 1973 Promotion; 1990 Habilitation. 1973–1991 wissenschaftliche Mitarbeiterin am Zentralinstitut für Literaturgeschichte der Akademie der Wissenschaften, 1992–1995 am Forschungsschwerpunkt für Literaturwissenschaft in Berlin. 1994–1997 Lehrstuhlvertretungen für französische Literaturwissenschaft in Trier und Osnabrück, Gastprofessur an der Penn State University (USA); seit 1997 Professorin für Romanistische Literaturwissenschaft / Französisch an der Universität Potsdam.

Veröffentlichungen: Albert Camus. Eine Einführung in Leben und Werk. Leipzig 1983, 1988, 1992; Herausgabe von Werken Camus', Gides, Malraux' und Chateaubriands; Studien zur Rezeptionsgeschichte, zur frankophonen Literatur Afrikas, zum Verhältnis von Literatur und Kolonialismus sowie zur Wirkung der Aufklärung im 19. und 20. Jahrhundert; zahlreiche Aufsätze zur französischen Literatur, besonders des 19. und 20. Jahrhunderts; Initiatorin einer Dokumentation der Wirkung Camus' in den osteuropäischen Ländern. Aktuelles Forschungsinteresse: Spannungsbeziehung zwischen Individualität und Gemeinsamkeit in der Literatur der letzten zwei Jahrhunderte.

Nachbemerkung

Etwas von dem Willen zu freund-
schaftlicher Verbundenheit, den
Camus in seinem Leben bekundet
hat, ist charakteristisch auch für die,
die sich mit ihm beschäftigen. Ich
habe von der «Société des Études
Camusiennes», besonders von ihrer
Präsidentin, Jacqueline Lévi-Valensi,
dem Vize-Präsidenten, Maurice
Weyembergh, sowie ihren tragenden
Stützen auf deutscher und Schweizer
Seite, Heinz Robert Schlette und
Annemarie Pieper, Offenheit und
Unterstützung erfahren in einer Zeit,
da ich jeder Hilfe von außen drin-
gend bedurfte.
Auch die Kontakte zu Robert F. Roeming, Martina Yadel, Jeanyves Guérin und Horst Wernicke, die aus der
gemeinsamen Beschäftigung mit
Camus erwuchsen, waren für mich
außerordentlich hilfreich und
fruchtbar; ebenfalls hat mich das
Engagement von Virginia Baciu in
Rumänien tief beeindruckt. Ihnen
allen sei an dieser Stelle aufrichtig
gedankt.
Anhaltende Unterstützung wurde
mir vonseiten der früheren Lektorin
des Reclam-Verlags in Leipzig, Hel-
gard Rost, zuteil. Mein Lebensgefähr-
te, Christian Noack, für den Camus
ähnlich große Bedeutung hat wie für
mich, hat mein Unternehmen geis-
tig und praktisch mitgetragen. Auch
ihnen beiden gilt mein nachdrück-
licher freundschaftlicher Dank.